Marcus Disselkamp

Praxis im Wirtschaftsausschuss von A bis Z

Das Lexikon
für die Arbeit im Wirtschaftsausschuss

Marcus Disselkamp

Praxis im Wirtschaftsausschuss von A bis Z

Das Lexikon für
die Arbeit im Wirtschaftsausschuss

3. Auflage

Bibliografische Information Der Deutschen Nationalbibliothek
Die Deutsche Nationalbibliothek verzeichnet diese Publikation in der Deutschen Nationalbibliografie; detaillierte bibliografische Daten sind im Internet über http://dnb.d-nb.de abrufbar.

3. Auflage 2015
© 2005 by Bund-Verlag GmbH, Frankfurt am Main
Herstellung: Julia Walch, Bad Soden
Umschlag: Neil McBeath, Stuttgart
Satz: Dörlemann Satz, Lemförde
Druck: Druckerei C.H. Beck, Nördlingen
Printed in Germany 2015
ISBN 978-3-7663-6422-7

Alle Rechte vorbehalten,
insbesondere die des öffentlichen Vortrags,
der Rundfunksendung
und der Fernsehausstrahlung,
der fotomechanischen Wiedergabe,
auch einzelner Teile.

www.bund-verlag.de

Vorwort

Der Wirtschaftsausschuss ist die zentrale Datendrehscheibe für den Betriebsrat bei allen wirtschaftlichen Sachverhalten eines Unternehmens. Er ist der Experte, der im Auftrag des Betriebsrats die Daten zur wirtschaftlichen und finanziellen Lage des Unternehmens sammelt, analysiert und interpretiert. Der Betriebsrat erhält dadurch einen besseren Einblick in die wirtschaftliche Lage, um seine Mitbestimmungsrechte zweckmäßig einsetzen zu können. Auswirkungen der Handlungen des Arbeitgebers werden für den Betriebsrat absehbarer und verständlicher, aktuelle und zukünftige Bedrohungen können besser eingeschätzt werden und geeignete Maßnahmen im Rahmen der Mitbestimmungsrechte des Betriebsrats sinnvoller geplant und vorbereitet werden.

Der Wirtschaftsausschuss ist ein Kontroll- und Frühwarninstrument. Die Unternehmensdaten, auf die der Wirtschaftsausschuss Anrecht hat, beziehen sich nicht nur auf die Vergangenheit, sondern auch auf die Zukunft des Unternehmens. So gewährt beispielsweise die operative Unternehmensplanung Einblicke in zukünftige Handlungen des Arbeitgebers und mögliche Auswirkungen auf die Beschäftigten. Der Wirtschaftsausschuss kann im Voraus sowohl Tendenzen des Arbeitgebers als auch generelle Risiken im Unternehmen erkennen und an den Betriebsrat melden.

Schon in der ersten Auflage beklagte ich die Tatsache, dass der Wirtschaftsausschuss in vielen Unternehmen eher ein Schattendasein führt und seine ihm durch den Gesetzgeber zugedachte Rolle nicht erfüllt. Dies hat sich leider in den vergangenen Jahren wenig geändert! Die Gründe hierfür können vielfältig sein. Zu ihnen gehören die häufige Verkennung der Bedeutung des Wirtschaftsausschusses durch den Betriebsrat, die fehlende Qualifikation der WA-Mitglieder, eine unzureichende Kenntnis über die Informationsrechte des Wirtschaftsausschusses oder gar eine fehlende Konfliktbereitschaft des Betriebsrats, wenn dem Wirtschaftsausschuss die ihm nach Gesetz zustehenden Rechte vom Arbeitgeber bestritten oder missachtet werden.

Es bleibt wichtig, dass ein aktiver Wirtschaftsausschuss den Betriebsrat in seiner Arbeit unterstützt! Denn viele Unternehmen sehen weiterhin nur in der Reduzierung der Personalkosten ihre Chancen auf eine Sicherung oder

Verbesserung der Gewinne. Dabei gibt es weitere Stellschrauben für die Erzielung von Gewinnen. Nur werden diese sehr gerne übersehen. In diesem Spannungsfeld zwischen Wirtschaftskrise, Kostensenkungen und dem legitimen Anspruch von Unternehmen, Gewinne zu erzielen, kann der Wirtschaftsausschuss die Aussagen der Arbeitgeber überprüfen und gegebenenfalls gegenüber dem Betriebsrat und auch den Arbeitnehmern richtig stellen.

Einem möglichen Schattendasein des Wirtschaftsausschusses möchte diese Publikation entgegenwirken.

Ich wünsche Ihnen viel Spaß und gute Anregungen bei der Lektüre dieses Buches. Vielen Dank für die bisherigen Anregungen aus der Praxis, für die ich weiterhin sehr dankbar bin.

München, September 2014
Marcus Disselkamp

Inhaltsverzeichnis

Vorwort	5
Abkürzungsverzeichnis	9
Abbildungsverzeichnis	11
Abschreibungen	13
Anhang des Jahresabschlusses	21
Aufgaben des Wirtschaftsausschusses	25
Aufwandskennzahlen	35
Benchmarking	39
Beschäftigungssicherung durch Innovationen	43
Betriebsänderung	51
Betriebs- und Geschäftsgeheimnis	59
Bilanz	64
Bilanzanalyse	71
Bilanzpolitik	79
Business Process Reengineering	86
Cashflow	90
Controlling	97
Controlling-Instrumente	104
Einigungsstelle	118
Forderungsmanagement	122
Gewinn- und Verlustrechnung	126
Informationsquellen für den Wirtschaftsausschuss	137
Informationsrechte des Wirtschaftsausschusses	147
Internationale Rechnungslegungsstandards	161
Insolvenz	171
Investitionsrechnung	185

8 Inhaltsverzeichnis

Jahresabschluss 191

Kapital 197
Kapitalgesellschaft und Genossenschaft 205
Konzern 212
Konzernabschluss 220
Kostenrechnung 226
Kreditwürdigkeit und Unternehmensrating 232

Lagebericht 240
Lean Management 246
Liquidität 250

Organisation des Wirtschaftsausschusses 258

Personengesellschaften 264
Personalplanung 272

Rechte und Pflichten des Wirtschaftsausschusses und
seiner Mitglieder 280
Rechtsformen 291
Rentabilität 297
Risikomanagement 302
Rückstellungen 312

Standortpolitik 317

Total Quality Management 323

Unternehmenskrisen 327
Unternehmensplanung 333
Unternehmensziele 344

Vermögen 350

Wertorientierte Unternehmensführung 357
Wirtschaftsprüfungsbericht 362

Stichwortverzeichnis 370

Abkürzungsverzeichnis

Abs.	Absatz
AfA	Absetzung für Abnutzung
AG	Aktiengesellschaft
AktG	Aktiengesetz
BetrVG	BetrVG
BMWA	Bundesministerium für Wirtschaft und Arbeit
BR	Betriebsrat
BSC	Balanced Scorecard
DKKW	Däubler/Kittner/Klebe/Wedde, BetrVG Kommentar, 14. Auflage 2014
DSGV	Deutscher Sparkassen- und Giroverband
EBIT	Earnings before Interest and Taxes
EBITDA	Earnings before Interest, Taxes, Depreciation and Amortization
EStG	Einkommenssteuergesetz
EStR	Einkommensteuerrichtlinien
EuGH	Europäischer Gerichtshof
GAAP	Generally Accepted Accounting Principles
GBR	Gesamtbetriebsrat
GbR	Gesellschaft bürgerlichen Rechts
GmbH	Gesellschaft mit beschränkter Haftung
GmbHG	GmbH-Gesetz
GuV	Gewinn- und Verlustrechnung
HGB	Handelsgesetzbuch
HR	Handelsregister
IDW	Institut der Wirtschaftsprüfer in Deutschland e.V.
IFRS	International Financial Reporting Standards
InsO	Insolvenzordnung
KBR	Konzernbetriebsrat
KER	Kurzfristige Erfolgsrechnung
KG	Kommanditgesellschaft
KGaA	Kommanditgesellschaft auf Aktien
KonTraG	Gesetz zur Kontrolle und Transparenz

MitbestG	Mitbestimmungsgesetz
NYSE	New York Stock Exchange
OHG	Offene Handelsgesellschaft
PublG	Publikationsgesetz
Rn.	Randnummer
TQM	Total Quality Management
UmwG	Umwandlungsgesetz
UWG	Gesetz gegen den unlauteren Wettbewerb
WA	Wirtschaftsausschuss
WP	Wirtschaftsprüfer
WpÜG	Wertpapierübertragungsgesetz
z. B.	zum Beispiel
ZPO	Zivilprozessordnung

Abbildungsverzeichnis

Abbildung 1:	Lineare Abschreibung eines Wirtschaftsguts	15
Abbildung 2:	Degressive Abschreibung eines Wirtschaftsguts	16
Abbildung 3:	AfA Tabelle	18
Abbildung 4:	Funktion des Wirtschaftsausschusses	25
Abbildung 5:	Aufwandskennzahlen	38
Abbildung 6:	Aufbau einer Bilanz	67
Abbildung 7:	Gliederung der Aktivseite einer Bilanz	68
Abbildung 8:	Gliederung der Passivseite einer Bilanz	69
Abbildung 9:	Vor- und Nachteile einer hohen Eigenkapitalquote	73
Abbildung 10:	Argumente für und gegen eine hohe Anlagenintensität	74
Abbildung 11:	Ansatzalternativen der materiellen Bilanzpolitik	82
Abbildung 12:	Aufbau einer Kapitalflussrechnung	95
Abbildung 13:	Strategisches und operatives Controlling	100
Abbildung 14:	ABC-Analyse	105
Abbildung 15:	Grundaufbau der Deckungsbeitragsrechnung	105
Abbildung 16:	Lebenszyklus von Produkten	106
Abbildung 17:	Portfolio-Matrix	109
Abbildung 18:	SWOT-Analyse	111
Abbildung 19:	Wirtschaftsausschuss: eigene SWOT-Analyse	111
Abbildung 20:	Die vier Perspektiven der Balanced Scorecard	113
Abbildung 21:	Leitsätze zur Balanced Scorecard	114
Abbildung 22:	Grundstruktur einer Gewinn- und Verlustrechnung in Staffelform	128
Abbildung 23:	Besonderheiten einer Banken-GuV	135
Abbildung 24:	Monatliche Erfolgsrechnung	140
Abbildung 25:	Liquiditätsplanung	143
Abbildung 26:	Grundregeln bei der Bilanzierung nach HGB, IAS/IFRS und US-GAAP	166
Abbildung 27:	Mindestgliederung der Aktivseite einer US-GAAP-Bilanz	167
Abbildung 28:	Mindestgliederung der Passivseite einer US-GAAP-Bilanz	168

Abbildungsverzeichnis

Abbildung 29:	Mindestgliederung einer Gewinn- und Verlustrechnung nach US-GAAP	169
Abbildung 30:	Möglichkeiten zur Optimierung der Ein- und Ausgaben	180
Abbildung 31:	Kostenvergleichsrechnung	186
Abbildung 32:	Nutzenvergleichsrechnung	187
Abbildung 33:	Break-Even-Analyse	188
Abbildung 34:	Amortisationsanalyse	189
Abbildung 35:	Größenklassen von Kapitalgesellschaften (§ 267 HGB)	194
Abbildung 36:	Vor- und Nachteile aus Verbindlichkeiten	202
Abbildung 37:	Verbindlichkeiten nach Laufzeiten	203
Abbildung 38:	Beispiel einer Konzernstruktur	215
Abbildung 39:	Beispiel eines Konzernabschlusses mit Beteiligung zu 100%	222
Abbildung 40:	Beispiel eines Konzernabschlusses mit Beteiligung zu 80%	223
Abbildung 41:	Aufbau der Kostenrechnung	227
Abbildung 42:	Schematischer Kostenartenplan eines Industriebetriebs	228
Abbildung 43:	Kostenstellenplan für einen Industriebetrieb	229
Abbildung 44:	Rating Benotung von Standard & Poor und Moody's	237
Abbildung 45:	Auswirkungen des Ratings auf die Zinsen	238
Abbildung 46:	Wirtschaftsausschuss im Einbetriebs-Unternehmen mit über 100 Mitarbeitern	281
Abbildung 47:	Wirtschaftsausschuss in Mehrbetrieb-Unternehmen	282
Abbildung 48:	Wirtschaftsausschüsse in Konzernstrukturen	284
Abbildung 49:	Die Möglichkeiten der Rückstellungen nach § 249 HGB	313
Abbildung 50:	Beweggründe der Standortwahl	318
Abbildung 51:	Wirtschaftliche Standortfaktoren	319
Abbildung 52:	Vor- und Nachteile eines Standorts in Deutschland	321
Abbildung 53:	Ablauf von Unternehmenskrisen	328
Abbildung 54:	Gliederung des Prüfungsberichts der Wirtschaftsprüfer nach IDW PS 450	365

Abschreibungen

Was sind Abschreibungen?

Gegenstände des Anlagevermögens (→ **Bilanz**) erfahren durch ihre Nutzung im Betrieb Wertminderungen. Maschinen, Kraftwagen, Grundstücke, Gebäude, Büroeinrichtungen verlieren durch ihre Abnutzung, Verschleiß, technischen Fortschritt oder fallende Preise an Wert. Dieser Umstand muss berücksichtigt werden, wenn im → **Jahresabschluss** die Vermögens- und Ertragslage des Unternehmens korrekt dargestellt werden soll. Der Wert der Vermögensgegenstände wird daher durch Abschreibungen – im Rahmen der gesetzlichen Vorschriften – korrigiert und als Aufwand in der → **Gewinn- und Verlustrechnung** verbucht.

Mit anderen Worten: Abschreibungen stellen eine Wertminderung der Vermögensgegenstände des Anlagevermögens dar. Wird ein LKW z. B. über fünf Jahre von einem Unternehmen eingesetzt, so verliert der LKW als Vermögensgegenstand über die fünf Jahre kontinuierlich an Wert. Nach fünf Jahren aktiver Nutzung liegt ein möglicher Verkaufspreis des LKW weit unter dem ursprünglichen Anschaffungswert.

Abschreibungen haben für den Wirtschaftsausschuss eine sehr hohe Bedeutung, stellen sie doch für ein Unternehmen eine der Stellschrauben zur Anpassung des Unternehmensgewinns oder -verlusts dar. Je nach Festlegung der Nutzungsdauer eines Wirtschaftsguts sowie der Abschreibungsarten fällt die Wertminderung in einem Jahr höher oder geringer aus. Dies beeinflusst als Aufwand die Gewinn- und Verlustrechnung und damit die Höhe des Jahresüberschusses (im Volksmund: Gewinn).

> **Wichtig!**
> Möchte ein Unternehmen am Ende des Jahres einen niedrigeren Gewinn ausweisen, als es eigentlich erwirtschaftet hat, so kann es dies durch eine Erhöhung der außerplanmäßigen Abschreibungen realisieren (→ **Bilanzpolitik**).

In der Vergangenheit gab es noch weitere Möglichkeiten, Gewinne dank Abschreibungen zu reduzieren, wie z. B. mittels Veränderungen der Nutzungsdauern.

14 Abschreibungen

> **Beispiel:**
> Wird die Nutzungsdauer des oben genannten LKW von fünf auf vier Jahre reduziert, so erhöht sich sofort der Abschreibungsbetrag der noch verbliebenen vier Jahre. Da die Abschreibungen direkt als Aufwendungen auf die Gewinn- und Verlustrechnung wirken, führen erhöhte Aufwendungen zu einer Reduzierung des ausgewiesenen Jahresüberschusses.

Überhöhte Abschreibungen, wie durch die Annahme kürzerer Lebensdauern, führen ferner zu einer Unterbewertung des Anlagevermögens. In diesem Falle spricht man dann von nicht sichtbaren, sogenannten »stillen Reserven«.

> **Tipp!**
> Der Wirtschaftsausschuss findet Informationen über die Höhe der Abschreibungen zuallererst in der Gewinn- und Verlustrechnung des Jahresabschlusses (§ 275 HGB), monatlich aber auch bei vielen Unternehmen in der kurzfristigen Erfolgsrechnung. Detailaussagen über einzelne Abschreibungspositionen lassen sich nur in der Kostenrechnung finden.

Man unterscheidet verschiedene Arten der Abschreibungen:

- Planmäßige Abschreibungen, zu diesen gehören die lineare Abschreibung, die degressive Abschreibung, die Leistungsabschreibung und die vereinfachte Abschreibung und
- Außerplanmäßigen Abschreibungen.

Was sind planmäßige Abschreibungen?

Als planmäßige Abschreibungen bezeichnet man die Wertminderungen der abnutzbaren Vermögensgegenstände des Anlagevermögens. Die Abschreibungen stellen eine Verteilung der Anschaffungs- oder Herstellungskosten von Gegenständen dar, deren Nutzung zeitlich begrenzt ist, und werden auf die gesamte Nutzungsdauer des Vermögensgegenstands verteilt. Im Steuerrecht werden planmäßige Abschreibungen als Absetzung für Abnutzung (AfA) bezeichnet.

> **Gesetzliche Grundlage (§ 253 Abs. 3 Satz 1 und 2 HGB)**
> »Bei Vermögensgegenständen des Anlagevermögens, deren Nutzung zeitlich begrenzt ist, sind die Anschaffungs- oder Herstellungskosten um planmäßige Abschreibungen zu vermindern. Der Plan muss die Anschaffungs- oder Herstellungskosten auf die Geschäftsjahre verteilen, in denen der Vermögensgegenstand voraussichtlich genutzt werden kann.«

Abschreibungen 15

Es gibt nicht nur Vermögensgegenstände des Anlagevermögens mit zeitlich begrenzter Nutzung, sondern auch solche mit unbefristeter Nutzungsdauer. Zu diesen gehören beispielsweise Grundstücke, auf denen ein Unternehmen ein Bürogebäude oder eine Lagerhalle errichtet hat. Solche Vermögensgegenstände mit unbegrenzten Nutzungsmöglichkeiten werden nicht abgeschrieben.

Die Gründe für die notwendige Wertminderung der abnutzbaren Anlagegüter sind:

- Die Abnutzung der Anlagegüter, wie z.B. der Verschleiß, die Korrosion oder der Substanzabbau (Bergbau, Erdölförderung).
- Der technische Fortschritt, z.B. bei Rechten und Patenten.

Bei der linearen Abschreibung, einer Methode der planmäßigen Abschreibung, werden die Anschaffungs- oder Herstellungskosten von Anlagegütern gleichmäßig auf die geschätzte Nutzungsdauer verteilt. Jedes Jahr fallen dadurch die gleichen Abschreibungsbeträge an. Die einfachste zeitliche Abschreibung ist jene, bei der man die Anschaffungs- oder Herstellungskosten durch die Nutzungsdauer teilt und so einen für alle Jahre der Nutzung gleichen Abschreibungsbetrag ermittelt.

Beispiel:
Ein Vermögensgegenstand wird im Januar für 2100 Euro gekauft und soll sieben Jahre lang genutzt werden. Im ersten Jahr ergeben sich demnach bereits eine Abschreibung von 300 Euro und ein Restwert des Gegenstands von 1800 Euro. Der Restwert errechnet sich aus den Anschaffungskosten von 2100 Euro abzüglich der Abschreibungen von 300 Euro. Man bezeichnet den Restwert auch als Buchwert.

Eine zweite Methode der planmäßigen Abschreibung ist die degressive Abschreibung. Bei dieser werden die Anschaffungs- oder Herstellungskosten eines Anlageguts mittels sinkender Abschreibungsbeträge auf die Nutzungsdauer verteilt. Im ersten Jahr ist daher die Abschreibung höher und der Buchwert sinkt stärker als gegen Ende der Nutzungsdauer.

Ende des Jahres	Abschreibung	Buchwert
1	300,00 Euro	1800,00 Euro
2	300,00 Euro	1500,00 Euro
3	300,00 Euro	1200,00 Euro
4	300,00 Euro	900,00 Euro
5	300,00 Euro	600,00 Euro
6	300,00 Euro	300,00 Euro
7	300,00 Euro	– Euro

Abbildung 1: Lineare Abschreibung eines Wirtschaftsguts

16 Abschreibungen

> **Beispiel:**
> Betrachtet man erneut den Vermögensgegenstand aus dem ersten Beispiel mit den Anschaffungskosten von 2100 Euro und einer Nutzungsdauer von sieben Jahren, so kann der Gegenstand auch mit einem degressiven Abschreibungssatz von beispielsweise 20 Prozent in ihrem Wert gemindert werden. Die Abschreibung richtet sich dann jeweils auf den letzten Buchwert multipliziert mit dem ausgewählten Abschreibungssatz in Prozent, so dass die jährlichen Abschreibungsbeträge fallend sind.

Ende des Jahres	Abschreibung	Buchwert
1	420,00 Euro	1680,00 Euro
2	336,00 Euro	1344,00 Euro
3	268,80 Euro	1075,20 Euro
4	215,04 Euro	860,16 Euro
5	172,03 Euro	688,14 Euro
6	137,63 Euro	550,50 Euro
7	110,10 Euro	440,40 Euro

Abbildung 2: Degressive Abschreibung eines Wirtschaftsguts

Der Restwert kann nicht Null werden, daher wird er im letzten Jahr der geschätzten Nutzungsdauer voll abgeschrieben.

Steuerrechtlich ist die Methode der degressiven Abschreibung nur erlaubt, wenn

- der degressive Abschreibungssatz nicht höher als das Dreifache des linearen Abschreibungssatzes ist und
- der degressive Abschreibungssatz 20 Prozent (30 Prozent bis zum Jahr 2000) nicht übersteigt.

Gerade für die Anfangsjahre nach der Anschaffung oder Herstellung eines Wirtschaftsguts ist die degressive Abschreibung interessanter, da sie höhere Abschreibungsbeträge und damit höhere Refinanzierungs- und vor allem höhere Steuersparpotenziale bietet. Auch Firmen, die ihren aktuellen Jahresüberschuss in der Bilanz geringer ausfallen lassen möchten als wirklich erwirtschaftet, profitieren bei der degressiven Abschreibung von den höheren Abschreibungswerten, die die Aufwendungen in der Gewinn- und Verlustrechnung erhöhen und dadurch den Jahresüberschuss reduzieren.

Abschreibungen 17

> **Wichtig!**
> Die Möglichkeit zum Wechsel zwischen der linearen und degressiven Abschreibungsmethode ist nur beschränkt möglich, weil die Abschreibung den tatsächlichen Wertverlust spiegeln soll und nicht zu noch mehr wirtschaftlichen Vorteilen verhelfen soll. Daher ist steuerrechtlich nur der Wechsel von der degressiven zur linearen Abschreibung erlaubt, der umgekehrte Weg nicht.

Bei der Leistungsabschreibung als der dritten Methode planmäßiger Abschreibung wird als Kriterium nicht die geschätzte Nutzungsdauer zugrunde gelegt, sondern die tatsächlich nachweisbare Leistung (§ 7 Abs. 1 Satz 3 EStG) innerhalb des Wirtschaftsjahres.

> **Beispiel:**
> Ein Unternehmen kauft eine Maschine für 8000 Euro. Die geschätzte Gesamtleistung der Maschine beträgt 10000 Stunden. Im vergangenen Geschäftsjahr hatte die Maschine eine Leistung von 1500 Stunden. Die Kalkulation der Leistungsabschreibung sieht dann folgendermaßen aus: Kaufpreis × Anteil an Gesamtleistung. Der Anteil der Gesamtleistung liegt dabei bei 1500 Std./Jahr geteilt durch die 10000 Stunden Gesamtleistung, also bei einem Faktor von 15 %. Für das abgelaufene Geschäftsjahr ergibt sich in diesem Beispiel eine Leistungsabschreibung von 15 % des Kaufpreises, folglich von 1200 Euro.

Für geringwertige Wirtschaftsgüter gilt die sogenannte vereinfachte Abschreibung. Als geringwertige Wirtschaftsgüter zählen selbstständig nutzbare Wirtschaftsgüter mit einem Wert unter 410 Euro. Diese können komplett im Jahr der Anschaffung oder Herstellung als Betriebsausgabe abgezogen werden.

Wer bestimmt die Höhe der planmäßigen Abschreibungen?

Die voraussichtliche Nutzungsdauer eines Vermögensgegenstands könnte prinzipiell bei jedem genutzten Gegenstand individuell geschätzt werden. Da der damit verbundene Arbeitsaufwand und die Gefahr möglicher Manipulationen sehr groß sind, hat das Bundesfinanzministerium amtliche Tabellen für die Abschreibungen, sogenannte AfA-Tabellen, herausgegeben. Anders als bei der Steuerbilanz dienen AfA Tabellen handelsrechtlich nur der Orientierung.

18 Abschreibungen

• Auto/PKW (6 Jahre) • Autotelefon, Handy (5 Jahre) • Betonmauer (14 Jahre) • Bildschirme (3 Jahre) • Bierzelte (8 Jahre) • Bohrmaschinen, stationär (16 J.) • Büromöbel (13 Jahre) • Computer, PC, Notebook (3 J.) • Container, Transport (10 Jahre) • Druckluftanlage (12 Jahre) • Emissionsgeräte (8 Jahre)	• Golfplätze (20 Jahre) • Heizluftballon (5 Jahre) • Hochregallager (15 Jahre) • Photovoltaikanlagen (20 Jahre) • Sattelschlepper/LKW (9 Jahre) • Schienenfahrzeuge (25 Jahre) • Tennishalle (20 Jahre) • Verpackungsmaschinen (13 J.) • Windkraftanlage (16 Jahre) Gültig seit 1.8.2014

Abbildung 3: AfA Tabelle (Auszug)

Wichtig!
Eine Abweichung von der in der AfA-Tabelle angegebenen Nutzungsdauer ist möglich, denn die AfA-Tabelle dient für Handelsbilanzen lediglich als Orientierungshilfen. Anders ist dies bei Steuerbilanzen.

Tipp!
Für alle Arten von Vermögensgegenständen gibt es offizielle Abschreibungssätze in amtlichen AfA-Tabellen, die beim Finanzamt erhältlich sind. Im Internet gibt es Auszüge zu mehr als 12000 Wirtschaftsgütern unter www.steuernetz.de/afa/tabellen/.

Was sind außerplanmäßige Abschreibungen?

Im Gegensatz zu den planmäßigen Abschreibungen können außerplanmäßige Abschreibungen auf alle Vermögensgegenstände, also auch nicht abnutzbare, angewendet werden.

Gesetzliche Grundlage (§ 253 Abs. 3 Satz 3 HGB)
»Ohne Rücksicht darauf, ob ihre Nutzung zeitlich begrenzt ist, können bei Vermögensgegenständen des Anlagevermögens außerplanmäßige Abschreibungen vorgenommen werden, um die Vermögensgegenstände mit dem niedrigeren Wert anzusetzen, der ihnen am Abschlussstichtag beizulegen ist; sie sind vorzunehmen bei einer voraussichtlich dauernden Wertminderung.«

Solch eine außerplanmäßige Abschreibung kann ihren Grund z.B. darin haben, dass die technische Kapazität einer Maschine überschätzt wurde oder mit einem LKW ein Unfall mit Totalschaden stattfand.

Abschreibungen 19

> **Wichtig!**
> Wenn ein Konzernchef einen möglichst geringen Jahresüberschuss haben möchte, so helfen schon einfache außerplanmäßige Abschreibungen, um einen Gewinn in einen Fehlbetrag/Verlust zu wandeln. Mit anderen Worten: Ein Unternehmen, das eigentlich gutes Geld verdient, wird auf einmal als Verlustbringer ausgewiesen – gerne auch um mit dieser Argumentation Arbeitsplätze abzubauen.
>
> **Beispiel:**
> Eine Börsenfirma könnte eigentlich einen Gewinn von 50 Mio. Euro ausweisen. Gibt es nun eine verlustreiche Tochter, deren Firmenwert z.B. mit 250 Mio. Euro in der Bilanz ausgewiesen ist, so kann das Management im Rahmen einer schlechten Langfristprognose für das Unternehmen eine Wertminderung von beispielsweise 100 Mio. Euro ansetzen. Damit hätte sich der ursprüngliche Gewinn von 50 Mio. Euro bereits in einen Verlust von 50 Mio. Euro gewandelt.

Was ist die Abschreibungsquote?

Die Abschreibungsquote ist eine der klassischen Kennzahlen der Finanz- und → **Bilanzanalyse**. Ihr Ziel ist es, ein Urteil über die Wachstumstendenzen eines Unternehmens sowie das durchschnittliche Alter des Sachanlagevermögens zu gewinnen. Hierzu berechnet man:

$$\text{Abschreibungsquote für Sachanlagen} = \frac{\text{Kummulierte Abschreibungen}}{\text{Historische Anschaffungskosten}} \times 100 = x\,\%$$

Die Abschreibungsquote sagt aus, wie modern das Sachanlagevermögen ist. Liegt die Quote z.B. bei dem sehr schlechten Wert von 90 %, dann wurden die vorhandenen Anlagen bereits fast vollständig abgeschrieben. Die Vermutung liegt also nahe, dass das Unternehmen nur noch über veraltete Anlagen verfügt. Umgekehrt wird ein Wert von 40 % als sehr gut bezeichnet. Dieser besagt, dass bisher nur 40 % aller Anschaffungskosten in der Gewinn- und Verlustrechnung berücksichtigt wurden. Entweder sind die Anlagen noch sehr modern oder das Unternehmen hat sehr lange Abschreibungszeiträume gewählt.

> **Tipp!**
> Die Daten zur Berechnung der Abschreibungsquote für Sachanlagen findet man im Anlagenspiegel des Jahresabschlusses (→ **Anhang des Jahresabschlusses**).

20 Abschreibungen

Während die Abschreibungsquote für Sachanlagen eine Betrachtung über mehrere Jahre darstellt, dient die sogenannte jährliche Abschreibungsquote der alleinigen Betrachtung des letzten Geschäftsjahres.

$$\text{Jährliche Abschreibungsquote} = \frac{\text{Abschreibung auf Sachanlagen}}{\text{Umsatzerlöse}} \times 100 = x\,\%$$

Diese Kennzahl gibt an, wie viel Prozent des Umsatzes im letzten Geschäftsjahr für Abschreibungen aufgewendet wurde. Sie ist damit auch für Wirtschaftsausschüsse sehr interessant, da wie oben schon erwähnt die Abschreibungen bekanntlich eine der klassischen Instrumente der Unternehmensleitung sind, um die Gewinne eines Unternehmens in der Bilanz zu schmälern. Ist die jährliche Abschreibungsquote nun im Vergleich zu den Vorjahren besonders hoch, so kann dies zwei Gründe haben: Entweder wurde wirklich im letzten Jahr intensiv in neue Sachanlagen investiert oder Gewinne wurden im Rahmen der Bilanzpolitik geglättet.

Anhang des Jahresabschlusses

Dem Wirtschaftsausschuss ist nach § 108 Abs. 5 BetrVG vom Arbeitgeber der Jahresabschluss zu erläutern. Der Jahresabschluss beinhaltet dabei bei einer Kapitalgesellschaft auch den sogenannten Anhang.

Warum hat der Jahresabschluss einen Anhang?

Zum → **Jahresabschluss** einer → **Kapitalgesellschaft** gehört zwingend auch der Anhang. Dies regelt § 264 HGB:

> **Gesetzliche Grundlage (§ 264 Abs. 1 Satz 1 HGB)**
> »Die gesetzlichen Vertreter einer Kapitalgesellschaft haben den Jahresabschluss (§ 242) um einen Anhang zu erweitern, der mit der Bilanz und der Gewinn- und Verlustrechnung eine Einheit bildet, sowie einen Lagebericht aufzustellen.«

Der Anhang hat die Funktion, wichtige ergänzende Informationen zur → **Bilanz** und der → **Gewinn- und Verlustrechnung (GuV)** zu geben. Dies dient der Übersicht über die wirtschaftliche Lage. So gilt es zum Beispiel, dass einzelne Posten, die in einer Bilanz nicht ausgewiesen werden (wie z.B. Haftungsverhältnisse), dann jedoch im Anhang darzulegen sind.

> **Wichtig!**
> Die Bilanz und die Gewinn- und Verlustrechnung stellen die wirtschaftliche Lage nur in einer hohen Verdichtung und oft nur unvollkommen dar. Erst der Anhang ermöglicht dem Wirtschaftsausschuss eine detailliertere Einsicht in die Unternehmenslage und die kritische Analyse des Jahresabschlusses.

→ **Personengesellschaften** brauchen je nach Unternehmensgröße keinen Anhang aufzustellen. Möchte eine Personengesellschaft allerdings freiwillig einen Anhang aufstellen, kann sie dies ungehindert machen. Die geltenden Grundsätze über Aufbau und Inhalt eines Anhangs können dabei als Orientierung gelten.

Welche Inhalte vermittelt der Anhang eines Jahresabschlusses?

Der Anhang hat die Aufgabe, einem Bilanzleser den Erkenntniswert der Bilanz und der Gewinn- und Verlustrechnung zu verbessern, und zwar dadurch, dass er die Bilanz und die GuV erläutert. Dies regelt § 284 HGB:

> **Gesetzliche Grundlage (§ 284 HGB)**
> »In den Anhang sind diejenigen Angaben aufzunehmen, die zu den einzelnen Posten der Bilanz oder der Gewinn- und Verlustrechnung vorgeschrieben oder die im Anhang zu machen sind, weil sie in Ausübung eines Wahlrechts nicht in die Bilanz oder in die Gewinn- und Verlustrechnung aufgenommen wurden.«

Um die allgemeine Informationspflicht zu erfüllen, hat der Anhang mehrere Einzelfunktionen:

- Erläuterung: Im Anhang ist das durch die → **Bilanz** und die → **Gewinn- und Verlustrechnung** vermittelte finanzielle Bild zu verdeutlichen und gegebenenfalls zu begründen.
- Entlastung: Nicht alle im HGB vorgeschriebenen Bilanzpositionen sind direkt in der Bilanz oder der Gewinn- und Verlustrechnung auszuweisen, sondern können erst im Anhang gemacht werden. Die Bilanz und die Gewinn- und Verlustrechnung werden dadurch überschaubarer und übersichtlicher.
- Relativierung: Das HGB erlaubt bestimmte Bilanzierungs- und Bewertungswahlrechte (→ **Bilanzpolitik**). Durch die Angaben im Anhang können diese Wahlrechte identifiziert werden. Dies fördert die Transparenz über die tatsächliche wirtschaftliche Lage.
- Ergänzung: Im Anhang werden auch solche Sachverhalte erläutert, die – obwohl nicht bilanzierungsfähig – wichtig für die Beurteilung der wirtschaftlichen Lage sind.

> **Wichtig!**
> Wirtschaftsausschüsse von Kapitalgesellschaften benötigen dringend den Anhang zur Analyse des Jahresabschlusses. Ansonsten sind sie nicht in der Lage, die wirtschaftliche Lage des Unternehmens kritisch zu erfassen und zu beurteilen.

Diverse Paragraphen des HGB – allen voran §§ 284 und 285 – regeln, welche konkreten Informationen ein Anhang beinhalten muss, wie beispielsweise:

Anhang des Jahresabschlusses 23

- Angaben zu den angewendeten Bilanzierungs- und Bewertungsmethoden (§ 284 Abs. 2 Nr. 1 HGB);
- Angabe und Begründung von Änderungen der Bilanzierungs- und Bewertungsmethoden. Darstellung des Einflusses von Bewertungsänderungen auf die Vermögens-, Finanz- und Ertragslage des Unternehmens (§ 284 Abs. 2 Nr. 3 HGB);
- Grundlagen der Währungsumrechnung (§ 284 Abs. 2 Nr. 2 HGB);
- Angaben über die Einbeziehung von Zinsen für Fremdkapital in die Herstellungskosten (§ 284 Abs. 2 Nr. 5 HGB);
- Gesamtbetrag der bilanzierten Verbindlichkeiten mit einer Restlaufzeit von mehr als fünf Jahren (§ 285 Nr. 1 HGB);
- Gesamtbetrag gesicherter Verbindlichkeiten unter Angabe von Art und Form der Sicherheiten (§ 285 Nr. 1 HGB);
- Aufgliederung der Umsatzerlöse (nicht des Gewinns) nach Tätigkeitsbereichen (Produkte oder Firmenbereiche) sowie nach geographisch bestimmten Märkten, wie Regionen oder Tochtergesellschaften (§ 285 Nr. 4 HGB);
- Bei Anwendung des Umsatzkostenverfahrens (→ **Gewinn- und Verlustrechnung**) Angabe des Personal- und Materialaufwands gegliedert nach § 275 Abs. 2 HGB (§ 285 Nr. 8 HGB);
- Übersicht über die durchschnittliche Zahl der während des Geschäftsjahres beschäftigten Arbeitnehmer getrennt nach Gruppen (§ 285 Nr. 7 HGB); die Gruppierung kann dabei z. B. nach Teilzeit/Vollzeit, Qualifikation/Abschluss, Alter (Lebensalter/Betriebszugehörigkeit), Funktionen oder Geschlecht stattfinden.
- Alle vollständigen Namen der Mitglieder der Geschäftsführung und des Aufsichtsratsvorsitzenden (§ 285 Nr. 9 HGB);
- Aufstellung aller Gesamtbezüge (Gehälter, Gewinnbeteiligungen, Bezugsrechte, Aufwandsentschädigungen etc.) aller Geschäftsführungsmitglieder und des Aufsichtsratsvorsitzenden sowie die Gesamtbezüge der früheren Mitglieder der Geschäftsführung und des Aufsichtsrats (§ 285 Nr. 9a und 9b HGB).
- Angaben zu gewährten Vorschüssen und Krediten gegenüber Mitgliedern der Geschäftsführung, des Aufsichtsrats, des Beirats oder ähnlicher Einrichtungen(§ 285 Nr. 9c HGB);
- Auflistung aller wesentlichen Beteiligungen (im Sinne von § 271 HGB) mit Angabe der Anteile, des Eigenkapitals und des Ergebnisses des letzten Geschäftsjahres bzw. Hinweis darauf, bei welchem Amtsgericht diese Aufstellung hinterlegt wurde (§ 285 Nr. 10 HGB);
- Erläuterungen zu Rückstellungen, die in der Bilanz unter dem Posten der

sonstigen Rückstellungen nicht gesondert ausgewiesen wurden, aber einen nicht unerheblichen Umfang haben (§ 285 Nr. 12 HGB);
- Nennung der Gründe für die planmäßige Abschreibung von Geschäfts- oder Firmenwerten nach § 255 HGB (§ 285 Nr. 13 HGB);
- Angaben zum Namen und Sitz des Mutterunternehmens;
- Zusätzliche Angaben, wenn der Jahresabschluss trotz Anwendung der Grundsätze ordnungsgemäßer Buchführung kein den tatsächlichen Verhältnissen entsprechendes Bild vermittelt (§ 264 Abs. 2 Satz 2 HGB);
- Angaben, wenn Beträge der Bilanz sowie der Gewinn- und Verlustrechnung nicht mit den Vorjahresbeträgen vergleichbar sind (§ 265 Abs. 2 Satz 2 HGB) sowie
- Gesonderter Ausweis von den Posten, die in der Bilanz oder Gewinn- und Verlustrechnung aus Gründen der Klarheit zusammengefasst wurden (§ 265 Abs. 7 Nr. 2 HGB).
- Angaben zu Geschäften, die nicht zu marktüblichen Bedingungen zustande kamen und soweit sie wesentlich sind, mit nahe stehenden Unternehmen und Personen, einschließlich Angaben zur Art der Beziehung, zum Wert der Geschäfte sowie weiterer Angaben, die für die Beurteilung der Finanzlage notwendig sind. Ausgenommen sind Geschäfte mit und zwischen mittel- oder unmittelbar in 100-prozentigem Anteilsbesitz stehenden in einen Konzernabschluss einbezogenen Unternehmen (§ 285 Nr. 21 HGB).

Literatur

Ossola-Haring C., Cremer U.: Jahresabschluss und Bilanz, Landsberg / Lech, 2001.

Aufgaben des Wirtschaftsausschusses

Wozu gibt es den Wirtschaftsausschuss?

Der Wirtschaftsausschuss ist die zentrale Datendrehscheibe für den Betriebsrat zu allen wirtschaftlichen Sachverhalten eines Unternehmens. Er ist der Experte, der im Auftrag des Betriebsrats die Daten zur wirtschaftlichen und finanziellen Lage des Unternehmens sammelt, analysiert und interpretiert. Der Betriebsrat erhält dadurch einen besseren Einblick in die wirtschaftliche Lage, um seine Mitbestimmungsrechte zweckmäßig einsetzen zu können. Auswirkungen aus den Handlungen des Arbeitgebers werden für den Betriebsrat absehbarer und verständlicher, aktuelle und zukünftige Bedrohungen können besser eingeschätzt werden und geeignete Maßnahmen im Rahmen der Mitbestimmungsrechte des Betriebsrats sinnvoller geplant und vorbereitet werden.

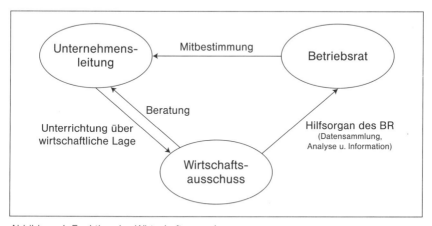

Abbildung 4: Funktion des Wirtschaftsausschusses

Der Wirtschaftsausschuss steht dabei nicht zwischen der Unternehmensleitung und dem Betriebsrat, sondern verbindet beide zum gegenseitigen Verständnis über die wirtschaftliche Lage. Gegenüber dem Betriebsrat ist der Wirtschaftsausschuss ein Dienstleister (gemäß DKKW, § 106 Rn. 2 ein

»Hilfsorgan des Betriebsrats«) zur Sammlung, Analyse und Interpretation der wirtschaftlichen Daten (siehe auch → **Rechte und Pflichte des Wirtschaftsausschusses**). Dadurch erhält der Betriebsrat, der vielleicht selbst nicht über detaillierte betriebswirtschaftliche Kenntnisse verfügt, eine bessere Transparenz z. B. bezüglich der Gewinnsituation des Unternehmens, der Umsätze, Kosten, Liquidität und Unternehmensplanung.

> **Wichtig!**
> Gerade in der aktuellen Wirtschaftslage, in der viele Unternehmen nur die Kostenschraube zur Verbesserung des Gewinns kennen, dient der Wirtschaftsausschuss als kritischer Gegenpol zur Bewertung der wirtschaftlichen Lage. Nicht selten kann der Wirtschaftsausschuss dem Arbeitgeber nachweisen, dass die wirtschaftliche Lage nicht so dramatisch ist, wie es der Arbeitgeber gerne bekundet. Dies hilft dem Betriebsrat in der Ausübung der Mitbestimmungsrechte und in der Sicherung der Beschäftigung.

Besonders die Instrumente der → **Bilanzpolitik** erlauben es jedem Unternehmen, legal den Jahresüberschuss (»Gewinn«) nach unten oder oben anzupassen. Damit nun diese Mittel jedoch nicht gegen die Arbeitnehmer ausgespielt werden, verfügt der Wirtschaftsausschuss über genügend Rechte und hoffentlich auch über fachliche Kompetenzen, um solche Aussagen kritisch zu überprüfen und gegebenenfalls zu widersprechen.

Umgekehrt soll der Wirtschaftsausschuss wirtschaftliche Angelegenheiten mit dem Unternehmer beraten. Dies bedeutet, dass der Wirtschaftsausschuss das Wissen, das er über ein Unternehmen aufgrund der eigenen Datenanalyse hat, auch dem Arbeitgeber zur Verfügung stellen kann.

> **Rechtliche Grundlage (§ 106 Abs. 1 Satz 2 BetrVG)**
> »Der Wirtschaftsausschuss hat die Aufgabe, wirtschaftliche Angelegenheiten mit dem Unternehmer zu beraten und den Betriebsrat zu unterrichten.«

Sobald man sich intensiver mit den Fakten und Daten eines Unternehmens beschäftigt, so wie es das Ziel des Wirtschaftsausschusses ist, finden sich auch eigene Ideen zur Verbesserung der wirtschaftlichen Lage (z. B. Umsatz, Gewinn, Liquidität) oder zur Vermeidung unnötiger Aufwendungen. Oft kennt der Wirtschaftsausschuss aus der eigenen Erfahrung im Betrieb Chancen zur Steigerung der Umsätze (z. B. durch neue Produkte oder Kunden), zur Senkung unnötiger Kosten (z. B. zu hohe Einkaufspreise) oder zur Sicherstellung der Liquidität (z. B. zentrale Verwaltung der flüssigen Mittel).

Diese Erfahrungen und Ideen des Wirtschaftsausschusses sollen laut § 106 BetrVG auch der Unternehmensleitung zur Verfügung gestellt werden. Leider aber zeigt die Praxis, dass nur wenige Topmanager aktiv auf dieses Wissen zugreifen. Lieber engagieren sie betriebsfremde, externe Berater, um im Rahmen ihrer Analysen Möglichkeiten zur Verbesserung der wirtschaftlichen Lage zu erarbeiten.

> **Wichtig!**
> Noch trauriger ist es, dass viele Unternehmer keineswegs die durch das Gesetz geregelte Bringschuld an Daten über die wirtschaftliche Lage erfüllen. Sie lassen den Wirtschaftsausschuss im Dunkeln, indem sie ihm noch nicht einmal die elementaren Daten (wie z. B. den Jahresabschluss) zur Einsicht geben. Das Kapitel »Rechte und Pflichten des Wirtschaftsausschusses und seiner Mitglieder« zeigt Möglichkeiten auf, diese Rechte einzufordern.

Welche Aufgaben hat der Wirtschaftsausschuss?

Der Wirtschaftsausschuss hat keine Mitbestimmungsrechte. Laut § 106 BetrVG ist der Wirtschaftsausschuss ein Hilfsorgan des Betriebsrats mit der Aufgabe, diesen in wirtschaftlichen Angelegenheiten zu informieren und zu beraten. Vor allem soll er dabei dem Betriebsrat helfen, die wirtschaftlichen Daten, Hintergründe und Konsequenzen des Unternehmens zu verstehen sowie gegebenenfalls Alternativen zu entwickeln.

Daraus ergeben sich die folgenden konkreten Aufgaben des Wirtschaftsausschusses:

- Zentrale Informationsschaltstelle der Interessenvertretung über alle wirtschaftliche Angelegenheiten;
- Kontrollorgan über die Aussagen des Arbeitgebers;
- Frühwarninstrument der Interessenvertretung;
- Plattform zur Beratung mit dem Unternehmer in wirtschaftlichen Angelegenheiten und
- Plattform zur Erarbeitung eigener Vorschläge.

Der Wirtschaftsausschuss ist die **zentrale Informationsschaltstelle** der Interessenvertretung über alle wirtschaftliche Angelegenheiten (§§ 106 Abs. 1, 108 Abs. 4 BetrVG). Wie bereits erwähnt, sammelt, analysiert und interpretiert der Wirtschaftsausschuss alle verfügbaren Wirtschaftsdaten für den Betriebsrat, damit dieser seine Mitbestimmungsrechte zielgerecht ausüben kann. So gilt es beispielsweise, durch die kritische Betrachtung der → **Unternehmensplanung** mit dem Teilaspekt der Personalplanung, die Auswirkungen der Planung auf die Beschäftigten festzustellen (§ 106 Abs. 2 BetrVG). Mit anderen Worten: Plant z. B. die Unternehmensleitung bereits

28 Aufgaben des Wirtschaftsausschusses

weitere Schritte zum Abbau von Personal? Wenn ja, so gilt es für den Betriebsrat, schnellstmöglich im Rahmen der Mitbestimmung soziale Maßnahmen für die Beschäftigten (z. B. Sozialplan) einzuleiten.

Spricht man im Rahmen des Wirtschaftsausschusses von der Analyse und Interpretation von Wirtschaftsdaten, so ist eine der zentralen Datenquellen der → **Jahresabschluss** des Unternehmens. Nach § 108 Abs. 5 BetrVG hat der Unternehmer diesen einmal pro Jahr dem Wirtschaftsausschuss unter Beteiligung des Betriebsrats zu erläutern. Aus diesem Grund beschreibt die vorliegende Publikation den Jahresabschluss, seine Analyse und die Möglichkeiten für die Arbeitnehmervertreter ausführlich in separaten Kapiteln (→ **Jahresabschluss**).

> **Wichtig!**
> Das Wort »erläutern« impliziert, dass die Unternehmensleitung nicht einfach nur dem Wirtschaftsausschuss den Jahresabschluss kurz und oberflächlich vorlegt, sondern dieser im Detail zu besprechen ist. Damit der Wirtschaftsausschuss aber überhaupt in der Lage ist, ein solches Gespräch kompetent zu führen, benötigt er eine fachliche Vorbereitung mit den hierfür notwendigen Daten.

Der Wirtschaftsausschuss hat weiterhin die Aufgabe, die Aussagen des Arbeitgebers zu kontrollieren. Die Funktion des Kontrollorgans erlaubt es dem Wirtschaftsausschuss, Aussagen des Arbeitgebers (z. B. hinsichtlich des Unternehmensgewinns, vordergründig notwendiger Rationalisierungsmaßnahmen oder Betriebsänderungen) gegenüber dem Betriebsrat und auch den Arbeitnehmern richtig zu stellen. Dies gilt z. B. anlässlich des vierteljährlichen Berichts des Arbeitgebers über die wirtschaftliche Lage und Entwicklung des Unternehmens (§ 110 Abs. 1 und 2 BetrVG).

> **Gesetzliche Grundlage (§ 110 Abs. 1 BetrVG)**
> »In Unternehmen mit in der Regel mehr als 1000 ständig beschäftigten Arbeitnehmern hat der Unternehmer mindestens einmal in jedem Kalendervierteljahr nach vorheriger Abstimmung mit dem Wirtschaftsausschuss oder den in § 107 Abs. 3 genannten Stellen und dem Betriebsrat die Arbeitnehmer schriftlich über die wirtschaftliche Lage und Entwicklung des Unternehmens zu unterrichten.«

Aber auch in Unternehmen mit weniger als 1000 ständig beschäftigten Arbeitnehmern, doch in der Regel mit mehr als 20 zur Wahl eines Betriebsrats berechtigten ständigen Arbeitnehmern, hat eine Unterrichtung über die wirtschaftliche Lage zu erfolgen. In diesem Fall ist allerdings nur mündlich zu informieren (§ 110 Abs. 2 BetrVG), dies kann jedoch vom Betriebsrat protokolliert werden.

Der Wirtschaftsausschuss ist ein Frühwarninstrument! Indem er die ihm zur Verfügung stehenden Daten nicht nur sammelt, sondern auch analysiert, kann der Wirtschaftsausschuss oft schon im Voraus Tendenzen des Arbeitgebers als auch generelle Risiken im Unternehmen erkennen. So gewährt beispielsweise die Absatz-, Produktions-, Beschaffungs- und Personalplanung (→ **Unternehmensplanung**) Einblicke in zukünftige Handlungen des Arbeitgebers und mögliche Auswirkungen auf die Beschäftigten. Plant der Arbeitgeber zum Beispiel den Kauf einer neuen Maschine, so kann der WA schon früh darauf hinweisen, dass zur Bedienung höhere Qualifikationsanforderungen und damit bestimmte Fort- und Weiterbildungsmaßnahmen für die betroffenen Beschäftigten notwendig sind.

> **Wichtig!**
> Der Wirtschaftsausschuss hat dem Betriebsrat nach § 108 Abs. 4 BetrVG unverzüglich über jede Sitzung vollständig zu berichten. Dies geschieht üblicherweise mündlich durch den vollständigen Wirtschaftsausschuss gegenüber dem vollständigen Betriebsrat.

Weitere spannende Datenquellen mit dem Potenzial auf frühzeitige Erkenntnisse sind die monatliche Erfolgsrechnung, die monatliche Liquiditätsplanung und auch der Jahresabschluss, obwohl dieser erst Monate nach Ende des Geschäftsjahres veröffentlicht wird. Damit aber die Funktion des Frühwarninstruments überhaupt gelebt werden kann, muss sich der Wirtschaftsausschuss regelmäßig treffen und mit den Daten beschäftigen. Daher bestimmt das BetrVG, dass der Wirtschaftsausschuss monatlich einmal zusammentreten soll (§ 108 Abs. 1 BetrVG).

Wie bereits erwähnt gibt § 106 Abs. 1 Satz 2 BetrVG vor, dass der Wirtschaftsausschuss wirtschaftliche Angelegenheiten mit dem Unternehmer beraten kann. Obwohl dies in der Praxis eher selten umgesetzt wird, sollte die Unternehmensleitung das Wissen des Wirtschaftsausschusses aktiv und von sich aus nutzen. Umgekehrt kann der Wirtschaftsausschuss auf seine Beratungsmöglichkeiten bestehen. Zwar können die Vorschläge des Wirtschaftsausschusses rechtlich nicht durchgesetzt werden, da in wirtschaftlichen Angelegenheiten keine erzwingbaren Mitbestimmungsrechte bestehen. Doch kann bei der Beratung zukünftiger Maßnahmen der Wirtschaftsausschuss den Arbeitgeber darauf hinweisen, dass die Arbeitnehmervertretung bestimmte, erkennbar negative Auswirkungen für die Arbeitnehmer nicht akzeptieren wird. Die vom Wirtschaftsausschuss hoffentlich rechtzeitig identifizierten wirtschaftlichen Angelegenheiten bewirken oft personelle und soziale Konsequenzen bei den Beschäftigten, bei denen der Betriebsrat klare gesetzliche Mitbestimmungsrechte hat.

30 Aufgaben des Wirtschaftsausschusses

Wie auch der Betriebsrat kann der Wirtschaftsausschuss eigene Vorschläge erarbeiten. Er hat dabei ein Initiativrecht. Niemand ist so nah dran am operativen Geschehen wie die Beschäftigten, die vom Betriebsrat und dessen Wirtschaftsausschuss repräsentiert werden. Der Wirtschaftsausschuss ist daher der zentrale Partner für den Unternehmer und den Betriebsrat, wirtschaftlich kompetent über Verbesserungen innerhalb der betrieblichen Abläufe, Strukturen und Sortimente zu diskutieren. Die Ideen selbst brauchen gar nicht vom Wirtschaftsausschuss stammen, sondern können von jedem Arbeitnehmer kommen. Rechtlich gesehen kann sich der Wirtschaftsausschuss dabei auf den § 106 Abs. 1 BetrVG berufen, oder aber seine Vorschläge dem Arbeitgeber über den Betriebsrat mitteilen, wobei sich dieser auf § 92a BetrVG beziehen kann.

Welche wirtschaftlichen Angelegenheiten sind für den Wirtschaftsausschuss relevant?

Das Betriebsverfassungsgesetz listet beispielhaft eine Reihe von Themenfeldern auf, die zu den wirtschaftlichen Angelegenheiten im Sinne des § 106 Abs. 1 BetrVG gehören. Diese Beispiele reichen von der Absatzlage, den Investitionen bis zu Unternehmensverkäufen oder -übernahmen.

> **Rechtliche Grundlage (§ 106 Abs. 3 BetrVG)**
> Zu den wirtschaftlichen Angelegenheiten im Sinne dieser Vorschrift gehören insbesondere:
> 1. Wirtschaftliche und finanzielle Lage des Unternehmens;
> 2. Produktions- und Absatzlage;
> 3. Produktions- und Investitionsprogramm;
> 4. Rationalisierungsvorhaben;
> 5. Fabrikations- und Arbeitsmethoden, insb. die Einführung neuer Arbeitsmethoden;
> 5a. Fragen des betrieblichen Umweltschutzes;
> 6. Einschränkung oder Stilllegung von Betrieben oder Betriebsteilen;
> 7. Verlegung von Betrieben oder Betriebsteilen;
> 8. Zusammenschluss oder Spaltung von Unternehmen oder Betrieben;
> 9. Änderung der Betriebsorganisation oder des Betriebszwecks;
> 9a. die Übernahme des Unternehmens, wenn hiermit der Erwerb der Kontrolle verbunden ist, sowie
> 10. sonstige Vorgänge und Vorhaben, welche die Interessen der Arbeitnehmer des Unternehmens wesentlich berühren können.

Unter der wirtschaftlichen und finanziellen Lage des Unternehmens versteht man alle Gegebenheiten, die für die unternehmerische Planung von Bedeutung sind. Hierzu zählen beispielsweise: Verluste, Gewinne, Risiken (z.b. Absatz- oder Kreditschwierigkeiten), Auftragsvolumen, Versorgungslage (z.B. Rohstoffe, Lieferanten), Lieferzeiten, Preisgestaltung und deren Kalkulationsgrundlage, Kostensituation (inkl. Löhne, Gehälter und Steuern), Außenstände und Konkurrenz und Branchenentwicklung. Aber auch Informationen über Exportabhängigkeit und Wechselkurse, Liquidität und die Absicht, ein Insolvenzverfahren zu eröffnen. Kein Recht hat der Wirtschaftsausschuss hingegen auf Informationen zu privaten Vermögens- und Einkommensverhältnissen des Unternehmensträgers.

Die Absatzlage betrifft die Markt- und Kundenbeziehungen des Unternehmens. Anhand von Bestell-, Verkaufs- und Umsatzstatistiken ist zu evaluieren, inwieweit das Unternehmen überhaupt in der Lage ist, aus seinem operativen Geschäft Gelder zur Deckung der Kosten zu verdienen. Es interessieren die aktuellen Verkaufsdaten, die künftigen Absatzchancen als auch die möglichen Vertriebskanäle und Zielkunden, über die heutige und zukünftige Umsätze generiert werden. Die Produktionslage hängt direkt mit der Absatzlage zusammen. Nur wenn Absatzmöglichkeiten gegeben sind, lohnt sich die Produktion! Die Absatzlage ist zuerst mit dem Vorratsbestand und dann mit dem Kapazitätsbestand abzugleichen, um dann in einen Produktionsplan einzugehen.

Das Produktionsprogramm legt fest, welche Waren und Dienstleistungen wann, wo und in welchen Mengen erzeugt werden sollen. Zum Investitionsprogramm gehören Anschaffungen von Ersatzmaschinen, neuen Produktionsanlagen oder Betriebsmitteln aber auch Investitionen in Finanzanlagen (z.B. Unternehmensbeteiligungen).

Unter Rationalisierungsvorhaben fallen alle Maßnahmen zur Umgestaltung bisheriger Arbeitsvorgänge mit dem Ziel, diese wirtschaftlicher (d.h. meistens kostengünstiger) durchzuführen. Hierzu gehören Rationalisierungen im Arbeitsablauf (z.B. durch nur IT-Anlagen), Outsourcing oder Produktionsverlagerungen ins Ausland. Auch der Einsatz von Leiharbeitnehmern oder betriebsorganisatorische Maßnahmen, die sich auf den Einsatz der Arbeitnehmer sowohl zeitlich als auch personell auswirken, gelten als Rationalisierungsvorhaben. Viele Rationalisierungsvorhaben schlagen sich auch in dem bereits aufgezählten Investitionsprogramm eines Unternehmens nieder, da solche Maßnahmen meistens zuerst einmal höhere Investitionen (Kosten) erfordern, bevor sie (wenn überhaupt) wirtschaftliche Vorteile bieten.

Auch der fünfte Punkt in der Aufzählung des § 106 Abs. 3 BetrVG steht im Zusammenhang mit schon bereits genannten wirtschaftlichen Angelegenheiten: Unter Fabrikations- und Arbeitsmethoden versteht man die technischen Herstellungsverfahren für die Produktion von Gütern oder Dienstleistungen. Sie umschreiben den Einsatz der menschlichen Arbeitskraft (z. B. Gruppenarbeit oder Fließbandarbeit) sowie organisatorischer Abläufe (z. B. produktionssynchrone Beschaffung/Just-in-Time-Produktion oder den Einsatz sog. Systemlieferanten).

> **Wichtig!**
> Im Zusammenhang mit der Änderung von Fabrikations- und Arbeitsmethoden sind eine Vielzahl von Mitbestimmungs- und Mitwirkungsrechten des Betriebsrats betroffen, wie z. B. § 90 Nr. 2–4, § 91 und § 111 Nr. 5 BetrVG.

Mit § 106 Abs. 3 Nr. 5a BetrVG ist im Rahmen der Novellierung des Betriebsverfassungsgesetzes zum 25.9.2001 ein neues Informations- und Beratungsrecht des Wirtschaftsausschusses für den Bereich des betrieblichen Umweltschutzes hinzugekommen. Dabei folgt der Gesetzgeber dem Gedanken, dass der Umweltschutz immer mehr zu einem bedeutsamen wirtschaftlichen Faktor der Unternehmen wird. Es sind nicht nur die Kosten für verwirklichte oder geplante Umweltmaßnahmen zu berücksichtigen, sondern vor allem die Auswirkungen der Umweltschutzmaßnahmen auf die wirtschaftliche Situation, wie z. B. auf die Wettbewerbslage, Steuerlage oder auf die Arbeitsplätze.

Der § 106 BetrVG zählt weiter die Einschränkung oder Stilllegung von Betrieben oder von Betriebsteilen zu den wirtschaftlichen Angelegenheiten des Wirtschaftsausschusses. Dieser Punkt korrespondiert mit dem § 111 Nr. 1 BetrVG, mit dem einzigen, wichtigen Unterschied, dass der Wirtschaftsausschuss auch bei Veränderungen bei kleineren (nicht wesentlichen) Betriebsteilen zu unterrichten ist! Es kommt ferner auch nicht darauf an, ob mit der Änderung wesentliche Nachteile für die Arbeitnehmer verbunden sind, sondern es gilt für alle Einschränkungen oder Stilllegungen jeglicher Art. Die Zuständigkeit des Wirtschaftsausschusses ist auch nicht davon abhängig, ob es in dem betroffenen Betrieb einen Betriebsrat gibt! Der Wirtschaftsausschuss nimmt bekanntlich seine Funktion unternehmensbezogen wahr.

> **Wichtig!**
> Der Wirtschaftsausschuss ist über Betriebseinschränkungen oder -stilllegungen jeglicher Art sowie jegliche Betriebsverlegungen, Zusammenschlüsse oder Spaltungen zu unterrichten, unabhängig davon, ob der betroffene Betrieb über einen Betriebsrat verfügt und welche Auswirkungen für die Arbeitnehmer entstehen.

Der Gesetzgeber führt diesen Aspekt in seiner Aufzählung im § 106 BetrVG weiter aus: Auch die Verlegung von Betrieben und Betriebsteilen zählt zu den Themen, über die der Unternehmer den Wirtschaftsausschuss zu unterrichten hat. Diese Bestimmung entspricht erneut dem § 111 BetrVG mit dessen Abs. 2, wiederum mit der Unterscheidung, dass der Wirtschaftsausschuss auch bei der Verlegung kleinerer Betriebsteile zu unterrichten ist. Erneut kommt es nicht auf die Nachteile für die Arbeitnehmer an.

Der Zusammenschluss oder die Spaltung von Unternehmen oder Betrieben, also die Frage nach Fusionen (engl. Merger), Firmenkäufe (engl. Aquisitions) oder Verkäufe von Unternehmensteilen, gehören zu zentralen Diskussionsthemen zwischen Wirtschaftsausschuss und Unternehmer. Diese Regelung korrespondiert erneut mit § 111 BetrVG, diesmal mit Abs. 3. Und erneut gilt dies ohne Berücksichtigung der Auswirkungen für die Arbeitnehmer. Zudem steht diese Bestimmung im engen Zusammenhang mit Ausführungen des Umwandlungsgesetzes (UmWG) und des Wertpapiererwerbs- und Übernahmegesetzes (WpÜG), wie an anderer Stelle unter → **Informationsrechte des Wirtschaftsausschusses** aufgeführt. Dort werden auch eindeutige Unterrichtungsfristen (ein Monat im Voraus!) aufgeführt.

Der neunte Punkt der Aufzählung nach § 106 Abs. 3 BetrVG, den Änderungen der Betriebsorganisation oder des Betriebszwecks, steht im Zusammenhang mit § 111 Abs. 4 BetrVG. Wieder gilt aber der Vorteil für den Wirtschaftsausschuss, dass es ohne Bedeutung ist, ob es sich um eine grundlegende Änderung handelt und ob diese mit wesentlichen Nachteilen für die Arbeitnehmer verbunden ist. Der Gesetzgeber hat den Wirtschaftsausschuss hierzu von jeglicher Beweispflicht entbunden. Unter Betriebsorganisation versteht man nun die Regelungen der gesamten Arbeitsabläufe, Aufbauorganisation, Hierarchien und Abteilungsstrukturen. Der Betriebszweck ist die formelle Vorgabe des Unternehmers zur Erreichung der jeweiligen Unternehmensziele.

Neueren Datums ist der Punkt 9a, der die Übernahme des Unternehmens als wirtschaftliche Angelegenheit des Wirtschaftsausschusses bezeichnet, wenn hiermit der Erwerb der Kontrolle verbunden ist. Mit anderen Worten: Ergänzend zu den schon sehr konkreten vorherigen Beispielen mit Firmenübernahmen und -veräußerungen, weist der Gesetzgeber darauf hin, dass Unternehmensleitungen ihre Wirtschaftsausschüsse rechtzeitig und umfassend auf eine anstehende Übernahme des eigenen Unternehmens zu informieren haben.

Relevant ist hierbei im Gesetz die Bestimmung, dass im Falle einer anstehenden Unternehmensübernahme und bei Fehlen eines Wirtschaftsausschusses, der Betriebsrat direkt zu informieren ist.

34 Aufgaben des Wirtschaftsausschusses

> **Rechtliche Grundlage (§ 109a BetrVG – Unternehmensübernahme)**
> In Unternehmen, in denen kein Wirtschaftsausschuss besteht, ist im Fall des § 106 Abs. 3 Nr. 9a der Betriebsrat entsprechend § 106 Abs. 1 und 2 zu beteiligen; § 109 gilt entsprechend.

Mit § 106 Abs. 3 Nr. 10 BetrVG kommt nun ein »Rundumschlag« bzw. eine »Generalklausel« zugunsten des Wirtschaftsausschusses zutage. Mit anderen Worten: Die meisten Vorgänge in einem Unternehmen haben wirtschaftliche Auswirkungen: Entweder erhöhen sie die Kosten, sollen diese reduzieren oder haben Einfluss auf die Absatz-, Service- bzw. Wettbewerbssituation. Mit § 106 Abs. 3 Nr. 10 BetrVG fällt all dies in den Aufgabenbereich des Wirtschaftsausschusses.

> **Wichtig!**
> Grundsätzlich ist der Wirtschaftsausschuss ständig über die allgemeine wirtschaftliche und finanzielle Lage des Unternehmens zu unterrichten! Dies ergibt sich schon im Zusammenhang mit § 108 Abs. 5 BetrVG und besonders mit Punkt 10 der obigen Aufzählung (§ 106 Abs. 3 Satz 10 BetrVG).

Dieser zehnte Punkt indiziert eindeutig, dass diese Aufzählung nur einige Beispiele an wirtschaftlichen Angelegenheiten nennt, bei denen der Wirtschaftsausschuss als die zentrale Informationsdrehscheibe Informationsrechte besitzt. Grundsätzlich hat der Wirtschaftsausschuss ein generelles Recht, zu jeder wirtschaftlichen Angelegenheit informiert zu werden, die die Interessen der Arbeitnehmer des Unternehmens wesentlich berühren können. Diese wirtschaftlichen Angelegenheiten sind demzufolge weit zu verstehen und umfassen auch die personellen und sozialen Konsequenzen. Mit anderen Worten: Da ein Unternehmen eine wirtschaftliche Einheit ist, und die meisten Entscheidungen der Unternehmensleitung die Interessen der Arbeitnehmer positiv oder negativ beeinflussen können, hat der Wirtschaftsausschuss sehr breite Rechte als zentrale Informationsschaltstelle.

Literatur

Cox P.M., Offermann J.: Wirtschaftsausschuss, Frankfurt a.M., 2004.
Laßmann N., Rupp R.: Handbuch Wirtschaftsausschuss, Frankfurt a.M., 2014.

Aufwandskennzahlen

Bei den Aufwandskennzahlen handelt es sich um verschiedene Kennzahlen zur Analyse der → **Gewinn- und Verlustrechnung** sowie der monatlichen Erfolgsrechnung (→ **Informationsquellen für den WA**). Zu den klassischen Aufwandskennzahlen zählen die Personal-, die Material- und die Zinsaufwandsquote. Des Weiteren finden sich in diesem Punkt diverse BR- und WA-spezifische Kennzahlen, die speziell zur Vertretung der Interessen der Beschäftigten wichtig sind.

Was versteht man unter einer Personal-Aufwandsquote?

Die Personalaufwandsquote wird als Verhältnis des Personalaufwands zur Gesamtleistung in Form der Umsatzerlöse gemessen.

$$\text{Personalaufwandsquote} = \frac{\text{Personalaufwand}}{\text{Umsatzerlöse}} \times 100 = x\,\%$$

Als Personalaufwand bezeichnet man dabei die Summe aller Gehälter und Löhne, soziale Abgaben sowie die Aufwendungen für Altersversorgungen für alle eigenen Mitarbeiter und Mitarbeiterinnen eines Unternehmens. Das heißt hierin laufen auch die Kosten für leitende Angestellte, die Geschäftsführer/Vorstände sowie Halbtagskräfte. Nicht eingerechnet werden die Personalkosten für externe Dienstleister und Leiharbeiter.

> **Tipp!**
> Die Personalaufwandsquote ist gerade bei Diskussionen um zu hohe Personalkosten ein möglicher Ansatz für Gegenargumente.

Während absolut gestiegene Personalaufwendungen noch manchem Arbeitgeber als Beleg für zu hohe Personalkosten gelten können, erlaubt die Personalaufwandsquote den objektiveren Vergleich z.B. zum Vorjahr. Erst in einem direkten Vergleich zwischen einem gesteigerten Personalaufwand mit einem gesteigerten Umsatz lässt sich erkennen, ob die erhöhten Personalaufwendungen durch den Mehrumsatz oder aber wirklich durch höhere Löhne und soziale Abgaben begründet sind. Die Personalaufwandsquote kann auch aus monatlichen Gewinn- und Verlustrechnungen (der sogenannten monatlichen oder kurzfristigen Erfolgsrechnung) errechnet werden.

Ein weiterer Grund für die hohe Bedeutung der Personalaufwandsquote liegt darin, dass der Personalaufwand für die meisten Unternehmen Fixkosten darstellt und es somit problematisch ist, wenn die Umsatzerlöse sinken.

Tipp!
Eine Bewertung der Personalaufwandsquote ist nur branchenspezifisch möglich.

Mit anderen Worten: Hier sollten nur Unternehmen mit den gleichen Tätigkeiten in der gleichen Branche miteinander verglichen werden. Der Grund hierfür ist, dass z.B. Dienstleister, wie Handwerker oder Anwälte, ihre Leistungserbringung nur durch Menschen generieren, während Industrieunternehmen seit der Industrialisierung die menschliche Arbeit durch Maschinen ersetzen. Tendenziell aber kann man sagen, dass bei Dienstleistungsunternehmen eine Personalaufwandsquote von 60 Prozent eher gut ist (70 Prozent noch akzeptabel), während bei Industrieunternehmen eine Quote von 30 Prozent als Zielgröße anzusehen ist.

Was bezeichnet die Materialaufwandsquote?

Analog der Personalaufwandsquote lässt sich auch die Materialaufwandsquote als Verhältnis zwischen dem Materialaufwand und den Umsatzerlösen mal 100 errechnen.

$$\text{Materialaufwandsquote} = \frac{\text{Materialaufwand}}{\text{Umsatzerlöse}} \times 100 = x\,\%$$

Die Materialaufwandsquote ist traditionell im Handel sehr hoch, da hier große Vorräte an Waren gelagert werden, während die Quote bei Dienstleistungsunternehmen meist sehr niedrig ist.

Was charakterisiert die Zinsaufwandsquote?

Die Zinsaufwandsquote ähnelt in ihrer Berechnung den vorangegangenen Aufwandskennzahlen. Als Zinsaufwand nimmt man dabei die Position »Zinsen und ähnliche Aufwendungen« aus der jährlichen oder quartalsweisen Gewinn- und Verlustrechnung oder der monatlichen Erfolgsrechnung.

$$\text{Zinsaufwandsquote} = \frac{\text{Zinsaufwand}}{\text{Umsatzerlöse}} \times 100 = x\,\%$$

Die Zinsaufwandsquote hat ihre Bedeutung vor allem im Hinblick auf die Finanzierung eines Unternehmens. Je größer diese Quote ist, desto mehr muss das betroffene Unternehmen für Fremdkapitalzinsen bezahlen und desto abhängiger ist es von Fremdkapitalgebern (z. B. Banken, ähnlichen Kreditinstituten oder Muttergesellschaften).

Tipp!
Interessant ist die Zinsaufwandsquote besonders im Vergleich mit der Eigenkapitalquote (→ **Kapital**).

Eine hohe Zinsaufwandsquote bedeutet auch, dass ein großer oder sogar der größte Teil des Umsatzes direkt für die Kosten des Fremdkapitals verbraucht werden. Damit bleibt wenig zur Deckung des Personal- und Materialaufwands. Bricht der Umsatz dann in Zukunft ein, so birgt dies ein hohes Risiko für das Unternehmen, da die Fremdkapitalzinsen auch bei Verlusten anfallen. Zudem indiziert eine hohe Zinsaufwandsquote eine hohe Liquiditätsbindung und Einschränkungen in der unternehmerischen Selbstständigkeit.

Es gibt keine klassischen Vergleichswerte für die Zinsaufwandsquote, doch sprechen manche Experten davon, dass eine Quote von 10 % bei anlagenintensiven Unternehmen noch akzeptabel sei. Eine höhere Quote muss zudem nicht gleich negativ sein: Sie kann z. B. aus einer besonderen Investition in die Zukunft, wie z. B. in neue Maschinen oder die Übernahme eines Wettbewerbers, resultieren, für die aktuell vermehrt Fremdkapital benötigt wurde.

Welche weiteren Aufwandskennzahlen kann der WA nutzen?

Neben den bisher aufgezeigten Aufwandskennzahlen, die vorwiegend aus der → **Bilanzanalyse** stammen, existieren noch weitere für den Wirtschaftsausschuss relevante Kennzahlen. Diese sollen in der folgenden Übersicht kurz vorgestellt werden:

Aufwandskennzahl	Berechnung	Aussage
Mitarbeiterleistung	Umsatz / Mitarbeiterzahl	Produktivität der Mitarbeiter. Dieser Kennzahl ist sehr branchenabhängig.
Lohn pro Mitarbeiter	Personalaufwand / Mitarbeiteranzahl	Entwicklung der Löhne, Kontrolle über die Einhaltung von Tarifvereinbarungen
Auftragsbestand	Auftragsbestand in Euro / Menge	Sicherheit der zukünftigen Leistungserbringung und Beschäftigung
Krankenstand	Anzahl Krankentage aller Mitarbeiter / Anzahl Arbeitstage aller Mitarbeiter	Überforderung, ungesunde Arbeitsbedingungen, schlechtes Betriebsklima
Fluktuation	Anzahl abgegangener Mitarbeiter / Anzahl aller Mitarbeiter	Schleichender Personalabbau, schlechte Personalentwicklung oder Betriebsklima

Abbildung 5: Aufwandskennzahlen

Benchmarking

Was bedeutet der Ansatz des Benchmarkings?

Benchmarking ist eine Methode, mit der die Leistung einer Geschäftseinheit oder eines Unternehmens mit beliebigen anderen Einheiten verglichen werden kann. Die Werte der führenden Industrieunternehmen geben dabei die Maßstäbe bzw. Kennzahlen (benchmarks) vor, die zu Richtlinien der eigenen Leistung erhoben werden. Die Ergebnisse des Vergleichs sollen dann helfen, die Effektivität und Qualität der eigenen Produkte und Dienstleistungen zu verbessern.

Entwickelt wurde der Ansatz des Benchmarkings 1979 bei der Firma Xerox, dem amerikanischen Hersteller von Kopierern, Faxgeräten und Druckern. Xerox sah die Notwendigkeit, seine eigenen Schwächen und Stärken mit anderen Wettbewerbern, aber auch branchenfremden, führenden Industrieunternehmen zu überprüfen. Bekannt wurden die Ergebnisse erst 1989, also zehn Jahre später, durch die Publikation von Robert C. Camp »Benchmarking – The Search for Industry Best Practices that lead to superior Performance« (frei übersetzt: Benchmarking – Die Suche nach den besten Beispielen aus der Industrie führt zu einer gesteigerten Leistungsfähigkeit). Damit diskutierte er zum ersten Mal eine eigene Vorgehensweise für einen Unternehmensvergleich und gab den Anstoß für die heutige Benchmarking-Diskussion.

Camp definiert Benchmarking konsequenterweise als die Suche nach Lösungen, die auf den besten Methoden und Verfahren der Industrie, den »Best Practices«, den besten Praktiken, basieren und ein Unternehmen zu Spitzenleistungen führen. Die zentrale Frage des Benchmarkings lautet: Warum machen es andere besser? Oder mit anderen Worten: Was kann ich von den anderen lernen? Die wohl einfachste, umfassendste und verständlichste Definition für Benchmarking heißt daher: »Benchmarking is nothing else than: Copy With Pride!« (Benchmarking ist nichts anderes als: Kopiere mit Stolz). Oder anders ausgedrückt: Es ist keine Schande, hemmungslos abzukupfern, was bei anderen gut funktioniert.

40 Benchmarking

> **Wichtig!**
> Hemmungsloses Abkupfern bedeutet aber nicht ein bloßes Nachahmen. Vielmehr betrachtet das Benchmarking auch branchenfremde »Champions«, sofern deren Bestleistungen auf das eigene Unternehmen übertragbar sind.

Ursprünglich hatte man die Messdaten zur Unternehmensleistung mit entsprechenden Daten aus demselben Unternehmen zu verschiedenen früheren Zeitpunkten verglichen. Dadurch ließen sich zwar Verbesserungen innerhalb des Unternehmens verfolgen, eine absolute Leistungsbeurteilung war jedoch nicht möglich. Daher entwickelten sich mit der Zeit vier Varianten von Benchmarking:

- Internes Benchmarking: eine Art Qualitätsmanagement, eine interne Überprüfung der Unternehmensstandards, um zu erkennen, wo sich Verschwendung reduzieren und Effizienz verbessern lässt.
- Wettbewerbsorientiertes Benchmarking: der Vergleich der Standards eines Unternehmens mit denen eines anderen (konkurrierenden) Unternehmens.
- Brancheninternes Benchmarking: der Vergleich der Standards eines Unternehmens mit denen der gesamten Branche, der es angehört.
- Branchenübergreifendes Benchmarking: der Vergleich des Leistungsniveaus eines Unternehmens mit den weltbesten, ohne Rücksicht auf Branchen und nationale Märkte. Die Japaner verwenden dafür das Wort Dantotsu, was so viel bedeutet wie »der Beste unter den Besten sein«.

Dieser erweiterte Blickwinkel macht es möglich, dass ein Unternehmen sogar den eigenen Branchenprimus, also den besten eigenen Wettbewerber, überflügeln kann.

> **Beispiel:**
> Das Fastfood-Restaurant McDonalds wollte von der Idee der »Just-In-Time Production« lernen. Deshalb studierte das Unternehmen monatelang die schlanke und effiziente Automobil-Fertigung im japanischen Toyota-Werk, das seit den Studien für Lean Management als weltweit beste Referenz galt. Am Ende entwickelte McDonalds z.B. einen 25 000 Dollar teuren High-Tech-Bratofen, als eine Art vollautomatisierter Fastfood-Fertigungsstraße – analog der Fertigungsstraße bei der PKW-Produktion. Mit Hilfe dieses Bratofens konnte McDonalds nun innerhalb von 90 Sekunden nach der Bestellung seine hungrige Kundschaft bedienen, was einen erneuten Sprung im Kampf um den Kunden und damit gegen den eigenen Wettbewerb darstellte.

Benchmarking ist in den Vereinigten Staaten und Japan mittlerweile allgemeine Praxis und kommt auch in Europa immer häufiger zur Anwendung. Der deutsche Elektro- und Elektronikhersteller Siemens beispielsweise hat sich ausgiebig mit Wettbewerbern und Unternehmen aus anderen Branchen (zum Beispiel im Einzelhandel) verglichen, um in Erfahrung zu bringen, wie er sich etwa im Bereich Kundenservice verbessern kann.

Welche Auswirkungen hat das Benchmarking für die Beschäftigten?

Bei Benchmarking handelt es sich zuerst einmal um einen guten Ansatz. Er hilft Struktur und Transparenz in die eigenen Abläufe eines Unternehmens zu bringen und Stärken und Schwächen sowie Chancen für die Zukunft zu identifizieren. Ferner erlaubt Benchmarking:

- Analyse des eigenen Unternehmens,
- Vergleich des Unternehmens/von Bereichen mit Dritten,
- Definition von Bestleistungen,
- Identifikation von Leistungsdefiziten,
- Bewertung von Lösungsalternativen,
- Erzeugung von Verständnis für die eigenen Geschäftsabläufe,
- Anregungen für die Unternehmensziele,
- Überprüfung der Unternehmensstrategie(n),
- Stärkung der Wettbewerbsfähigkeit sowie
- Initiierung eines kontinuierlichen Verbesserungsprozesses.

> **Wichtig!**
> Doch wie so oft hat auch das Benchmarking eine zweite Seite, die mit Vorsicht zu genießen ist. Das Sich-Vergleichen von Funktionen, Produkten, Strategien, Kosten sowie Organisationsstrukturen kann bei den Beschäftigten zu Ängsten und Sorgen führen.

Das Sich-Vergleichen mit anderen Unternehmensbereichen oder Unternehmen kann leider auch negative Auswirkungen auf die Beschäftigten haben:

- Störung effizienter Abläufe: Vor allem externe Berater werden immer wieder mit der Durchführung von Benchmarking beauftragt. Während ihrer Analysephase der internen Abläufe können sie diese empfindlich stören, wie z.B. durch aufwändige Interviews und Beobachtungen der Beschäftigten.
- Unsicherheit: Das »Sich-Vergleichen« kann zu einem »Sich-In-Frage-Stellen« führen. Dies fördert die Unsicherheit der Beschäftigten. Auch ständige Veränderungen aufgrund der Benchmarking-Ergebnisse lassen Unsicherheit und Ängste wachsen.

- Fehlende Stabilität: Die genannte Unsicherheit reduziert die Stabilität, die viele von ihrem Arbeitsplatz erwarten.
- Angst vor Arbeitsplatzverlust: Unsicherheit und fehlende Stabilität steigert die Angst vor einem Arbeitsplatzverlust.

Literatur

Camp R.: Benchmarking – The Search for Industry Best Practices that lead to superior Performance, Milwaukee, 1989.

Beschäftigungssicherung durch Innovationen

Beschäftigungssicherung und Beschäftigungsförderung ist und bleibt in der betrieblichen Wirklichkeit ein hochaktuelles Thema für Betriebsräte und Wirtschaftsausschüsse. Das im Jahr 2001 novellierte BetrVG greift diesen Bereich ausdrücklich auf und hat mit den §§ 80 Abs. 1 Nr. 8 und 92a BetrVG neue Möglichkeiten für Betriebsräte geschaffen, aktive Politik für Beschäftigungssicherung und Beschäftigungsförderung zu betreiben. Kerngedanke ist dabei die Möglichkeit für Arbeitnehmervertretungen, eigene Vorschläge zur Sicherung und Förderung der Beschäftigung dem Arbeitgeber darzulegen.

Wichtig!
Wirtschaftsausschüsse können und sollten den Betriebsrat als dessen Dienstleister in wirtschaftlichen Angelegenheiten beim Finden und Ausarbeiten von Vorschlägen mit ihrer betriebswirtschaftlichen Kompetenz und Fachwissen über das Unternehmen unterstützen. Denn Unternehmer interessieren vor allem kaufmännisch vorteilhafte Vorschläge, durch die die Rentabilität gesteigert oder die Liquidität gesichert werden kann.

Die Vorschläge der Betriebsräte können dabei alle Themengebiete eines Unternehmens zum Gegenstand haben und sich z.B. auf Arbeitszeiten, Arbeitsabläufe und -strukturen, auf Produktions- oder Investitionsprogramme sowie auf neue Produkte und Dienstleistungen beziehen.

Gesetzliche Grundlage (§ 92a Abs. 1 BetrVG)
»Der Betriebsrat kann dem Arbeitgeber Vorschläge zur Sicherung und Förderung der Beschäftigung machen. Dieses können insbesondere eine flexible Gestaltung der Arbeitszeit, die Förderung von Teilzeitarbeit und Altersteilzeit, neue Formen der Arbeitsorganisation, Änderungen der Arbeitsverfahren und Arbeitsabläufe, die Qualifizierung der Arbeitnehmer, Alternativen zur Ausgliederung von Arbeit oder ihrer Vergabe an andere Unternehmen sowie zum Produktions- und Investitionsprogramm zum Gegenstand haben.«

Mit anderen Worten: Der Betriebsrat – aber auch der Wirtschaftsausschuss als sein Dienstleiter – kann jegliche Art von Innovationen anstoßen. Der Betriebsrat hat dabei ein Initiativrecht zur Erarbeitung und Kommunikation eigener Vorschläge und sogar die Möglichkeit, innerbetriebliche Kommunikationsstörungen zu überspringen oder auszuschalten. Kommunikationsstörungen sind leider immer öfter im mittleren Management anzutreffen und verhindern den regen Austausch an Informationen und Ideen innerhalb des Unternehmens. Der Betriebsrat unterliegt trotz der Mitwirkungsrechte der §§ 80 Abs. 1 Nr. 8 und 92a BetrVG einigen Restriktionen: Der Vorrang der Tarifparteien darf durch sein Handeln nicht unzulässig tangiert werden. Vorschläge z. B. zur Verkürzung der Wochenarbeitszeit mit oder ohne Lohnausgleich fallen demnach vorrangig und ausschließlich in die Regelungskompetenz der Tarifvertragsparteien. Ausnahmen gelten nur, wenn Regelungen auf betrieblicher Ebene von diesen gebilligt oder durch tarifliche Öffnungsklauseln ausdrücklich ermöglicht werden.

> **Tipp!**
> Betriebsräte und Wirtschaftsausschüsse müssen nicht alle Vorschläge selbst finden. Die meisten Ideen befinden sich bereits in den Köpfen der Beschäftigten, da diese die Arbeitsprozesse, die Produkte und Verbesserungspotenziale bestens kennen und im direkten Kontakt mit Kunden und Lieferanten stehen.

Was sind Innovationen?

Gemäß § 92a BetrVG hat der Betriebsrat das Recht, dem Arbeitgeber Vorschläge zur Sicherung und Förderung der Beschäftigung zu unterbreiten. Was aber sind überhaupt »Vorschläge«? Unter dem Begriff »Vorschlag« versteht das Deutsche Wörterbuch:

> *Ein Vorschlag ist eine »Empfehlung und Rat, etwas in einer bestimmten Art und Weise zu handhaben«.*

Um eine solche Empfehlung oder Rat aussprechen zu können, benötigt es zuerst eine Idee.

> *Eine Idee ist ein plötzlicher Einfall oder Plan, eine Ahnung, eine Vorstellung, ein Grundsatz, eine Einstellung oder gar eine Philosophie.*

Damit kann eine Idee mehr sein als ein plötzlicher Einfall. Auch schon längst vorhandene Erkenntnisse und Erfahrungen des Betriebsrats, des Wirtschaftsausschusses und aller Beschäftigten können als deren Ideen Grundlagen für Vorschläge an den Arbeitgeber darstellen. Dieser Aspekt hat eine besondere Wirkung auf die Frage nach Innovationen.

Innovationen sind Ideen, die von einer bestimmten Gruppe als neu wahrgenommen und auch als nützlich anerkannt werden.

Mit anderen Worten: Man benötigt nicht nur **neue** Ideen, um eine Innovation zu realisieren. Auch schon längst vorhandene Meinungen, Einstellungen oder Vorstellungen können zu einer Innovation führen – solange diese von einer Zielgruppe, wie zum Beispiel Kunden, Aktionären oder Kollegen, als eine Verbesserung gesehen werden. Der Begriff »Innovation« stammt selbst aus dem lateinischen Wort »Innovatio«, welcher Erneuerung, aber auch »sich Neuem hingeben« besagt. Dabei bedeutet Erneuerung nicht, dass etwas komplett neu sein muss, sondern dass die Innovation als ein neuer Vorteil zu verstehen ist. Eine Innovation beruht demnach auf einer erfolgreich umgesetzten Idee.

Wichtig!
Unter Innovationen sind aber nicht nur, wie oft allgemein im sprachlichen üblich, neue oder verbesserte Produkte zu verstehen. Vielmehr sind Innovationen im Ergebnis qualitativ neuartige Produkte, Dienstleistungen, Verfahren und Strukturen.

Man unterscheidet dementsprechend verschiedene Arten betrieblicher Innovationen:

- Produktinnovationen sind Erneuerungen bei den absatzfähigen Leistungen von Unternehmen. Die Funktionen eines Produkts oder einer Dienstleistung werden optimiert. Verfolgte Ziele können z.B. sein, die Überlebens- und Wettbewerbsfähigkeit zu sichern oder die Gewinnsituation zu verbessern.
- Prozess- oder Verfahrensinnovationen sind Erneuerungen bei den Leistungserstellungsprozessen im Unternehmen. Sie verfolgen Ziele wie z.B. die Sicherheit zu erhöhen, die Produktivität zu steigern oder die Umwelt zu schonen.
- Marktmäßige Innovationen dienen der Erschließung neuer Absatz- und Beschaffungsmärkte, wie neue Kunden- Lieferantengruppen, um dadurch den Umsatz zu steigern, die Einkaufspreise zu senken oder die Qualität der bezogenen Leistungen zu steigern.
- Finanzwirtschaftliche Innovationen betrachten die Funktionen der Planungs-, Informations- und Kontrollsysteme in den Bereichen Finanzierung und Rechnungswesen. Ihre Zieldimension liegt entweder in der Reduzierung von Verfahrensaufwendungen, Erhöhung der Flexibilität, Sicherheit von Investitionen oder Steigerung der Kontrollfunktion über betriebliche Vorgänge.

- Organisatorische und personale Innovationen sind Erneuerungen in der Funktionalität einer Arbeitsstruktur. Hierzu gehören zum Beispiel die Einführung neuer Arbeitszeitmodelle, Arbeitsplatzmodelle oder verbesserte Verfahren der Personalentwicklung. Sie dienen der Steigerung der Mitarbeitermotivation und -qualifikation oder der Rationalisierung von betrieblichen Abläufen.
- Sozialinnovationen sind Verbesserungen im Sozialbereich sowohl bei Individuen als auch im Beziehungsgefüge zwischen Individuen. Die Übernahme von sozialer Verantwortung oder die Erhöhung der Attraktivität auf dem internen und externen Arbeitsmarkt gehören zu den angestrebten Zielen.

Tipp!
Gerade das Wissen um interne Abläufe und den Markt, verbunden mit Kreativität und Kommunikation, macht die eigenen Mitarbeiter eines Unternehmens zum entscheidenden Erfolgsfaktor für Innovationen. Einfache Instrumente, wie Innovationswettbewerbe, runde Tische oder Projektteams helfen dann, diese Ideen im Sinne der Beschäftigten freizusetzen.

Warum sind Innovationen so wichtig?

Innovationen sind wichtig! Sie bieten einen Ausweg aus den vielerorts desaströsen Preiskämpfen am Markt und den damit verbundenen Kostensenkungs- und Personalabbau-Maßnahmen in den Unternehmen. Innovative Produkte und Dienstleistungen mit klaren Nutzenvorteilen sind die Basis für neue Umsätze und zukünftige Unternehmensgewinne. Und Gewinne benötigen privatwirtschaftliche Unternehmen, sonst landen sie in der Überschuldungsfalle und verschwinden vom Markt. Innovationen sind somit ein wichtiger Baustein zur Sicherung von Arbeitsplätzen.

Kontinuierliche Verbesserung der Arbeitsabläufe und -strukturen, neue Produkte sowie Dienstleistungen sichern immer wieder die Überlebensfähigkeit der Unternehmen in dem immer härter werdenden, globalen Wettbewerb. Unternehmen müssen stets versuchen, ihre Produkte entweder noch kostengünstiger oder von noch höherem Nutzen für ihre Kunden herzustellen. Dazu benötigen sie regelmäßige Innovationen, die aber nicht nur darauf abzielen dürfen, Kosten zu senken. Innovationen sind wichtig für

- die Identifikation von Fehlern, Schwachstellen und Kostenpotenzialen,
- die Neuentwicklung und Verbesserung von Produkten und Dienstleistungen,

Beschäftigungssicherung durch Innovationen 47

- die Zusammenarbeit zwischen Abteilungen und Geschäftspartnern,
- die interne Struktur und Arbeitsabläufe,
- den Gesundheitsschutz am Arbeitsplatz,
- den Umwelt- und Datenschutz und
- die langfristige Existenz des Unternehmens und damit für die Arbeitsplatzsicherheit.

Beispiel:
Schon im Sinne des Marketings lassen sich langfristige Gewinne nur realisieren, wenn ein Unternehmen seine Kunden und deren Bedürfnisse profitabel und »besser« befriedigt als die Wettbewerber. Dabei ist unter dem Begriff »besser« entweder die kostengünstigere oder die nutzenorientiertere Bedürfnisbefriedigung zu sehen. Mit anderen Worten: Ein Hersteller oder Dienstleister muss entweder Kosten- oder Nutzenführer sein, um langfristig im Markt Gewinne zu erwirtschaften. All jene Unternehmen, die sich mit ihrem Leistungsangebot weder als klarer Kosten- und/oder Nutzenführer positionieren, sind am Markt austauschbar und langfristig existenzgefährdet.

Für die Positionen des Kosten- und/oder Nutzenführers bedarf es Innovationen. Nur die planvolle und zielgerichtete Weiterentwicklung von Verfahrensweisen (Prozessen), Strukturen, Produkten und Dienstleistungen garantiert einem Unternehmen, als Kostenführer günstiger als der Wettbewerb zu sein oder als Nutzenführer seinen Kunden mit neuen Funktionen, Diensten oder Merkmalen einen höheren Nutzen bis hin zu emotionalen Vorteilen zu bieten. Kostenführer konzentrieren sich nicht nur auf wenige Leistungen, sondern reizen alle Einsparungspotenziale in ihren Prozessen, Rohstoffen und Halbfabrikaten – auch durch Innovationen – auf das Maximum aus. Nutzenführer versuchen durch Innovationen mittels neuer bzw. verbesserter Produkte und Dienstleistungen jenen Mehrnutzen für ihre Kunden zu generieren, für den diese bereit sind, mehr Geld auszugeben bzw. die Wettbewerber zu verlassen.

Es gibt jedoch auch Gefahren durch Innovationen. Besonders jene Unternehmen, die auf eine Kostenführerschaft zielen, nutzen gerne Verfahrensinnovationen zur Rationalisierung der Arbeitsplätze. In diesem Fall dienen dann Innovationen **nicht** der Beschäftigungssicherung. Dies muss jedoch nicht bei allen Kostenführern gelten, wie es zum Beispiel der Kostenführer im Lebensmittel-Einzelhandel, die Firma Aldi, zeigt.

Organisatorische und persönliche Innovationen können ebenfalls wichtige und sinnvolle Erneuerungen für die Beschäftigten sein. Gerade die Liste möglicher Vorschläge, wie sie der § 92a BetrVG aufzählt, streben organisatorische und persönliche Verbesserungen an, wie z.B. Vorschläge zu Arbeitszeiten und -modellen. Flexiblere Arbeitszeiten dienen dazu, das berufliche Leben mit dem Privat- und Familienleben natürlicher abzustimmen. Auch die teilweise Einführung von Telearbeit (Homeoffice) bringt die Mitarbeiter ihrem privaten Umfeld wieder näher.

Welche Einflussmöglichkeiten hat der Wirtschaftsausschuss?

Grundsätzlich liegt das Vorschlagsrecht nach § 92a BetrVG beim Betriebsrat. Doch hat der Wirtschaftsausschuss mindestens zwei Möglichkeiten, positiv auf die Beschäftigungssicherung durch Innovationen einzuwirken.

Erstens kann der Wirtschaftsausschuss dem Betriebsrat als Dienstleister oder sogar Hilfsorgan in wirtschaftlichen Angelegenheiten zur Seite stehen. Im Rahmen der Er- und Ausarbeitung von Vorschlägen nach § 92a BetrVG kommt dem Wirtschaftsausschuss dabei die wichtige Rolle zu, alle Vorschläge so weit wie möglich auf ihre ökonomischen Konsequenzen zu überprüfen und Argumentationen zur erfolgreichen Vermarktung gegenüber dem Arbeitgeber zu finden. Mit anderen Worten: Der Wirtschaftsausschuss hilft mit seinem Wissen über die wirtschaftliche Lage im Unternehmen, Vorschläge des Betriebsrats – wenn möglich – als wirtschaftliche Vorteile für den Unternehmer aufzubereiten.

Zweitens gewährt das BetrVG dem Wirtschaftsausschuss eigene Rechte zur Erarbeitung und Weiterleitung von Vorschlägen.

> **Gesetzliche Grundlage (§ 106 Abs. 1 BetrVG)**
> »... Der Wirtschaftsausschuss hat die Aufgabe, wirtschaftliche Angelegenheiten mit dem Unternehmer zu beraten und den Betriebsrat zu unterrichten.«

Die hier genannte Beratungsfunktion beinhaltet das Recht, dem Unternehmer Vorschläge zu unterbreiten. Diese Vorschläge können dabei alle Aspekte des Unternehmens und der Beschäftigten abdecken.

Doch was geschieht, wenn der Arbeitgeber den Vorschlägen der Arbeitnehmervertreter nicht zustimmt? Der Wirtschaftsausschuss hat in diesem Falle keine eigenen, direkten rechtlichen Möglichkeiten zur weitergehenden Intervention. Vielmehr liegen die Chancen zur gesetzlichen Einflussnahme beim Betriebsrat, da der Arbeitgeber Vorschläge des Betriebsrats, die nach § 92a BetrVG eingereicht wurden, nicht ohne Begründung ablehnen kann. Hält der Arbeitgeber Vorschläge für ungeeignet, so muss er diese in seiner Ablehnung begründen. In Betrieben mit mehr als 100 Arbeitnehmern hat die Begründung schriftlich zu erfolgen (§ 92a Abs. 2 BetrVG).

Wie lassen sich Innovationen managen?

Die Sammlung von Ideen und die Feststellung, wo im Unternehmen welches Wissen vorhanden ist, führen bereits zu wichtigen neuen Erkenntnissen. Oft aber scheitern Verbesserungsvorschläge an ihrer Umsetzung. Aus diesem Grunde regelt ein zielorientiertes Innovationsmanagement den kompletten Kreislauf des Wissens. Der Autor hat diesen Kreislauf im Rahmen wiederholter Innovationsprojekte in eine Methodik namens »Kenkyudoo (ein japanisches Kunstwort) – Der Weg zum strukturierten Wissen« eingebunden.

Die einzelnen Instrumente des Innovationsmanagement erstrecken sich auf das folgende Ablauf- und Vorgehensmodell:

- Herausfinden: Diese Phase des Innovationsprozesses beinhaltet die Identifikation von Ideen und deren Kommunikation, z.B. mittels richtigem Betriebsklima, Zielen, Organisationsformen und Kreativitätstechniken.
- Strukturierung: Nach dem Finden müssen Ideen sortiert und verdichtet werden. Dabei helfen Techniken wie das Clustering und der Morphologische Kasten.
- Bewertung: Die bisher unkommentierten Ideen für Verbesserungsvorschläge sind in dieser Phase zu bewerten, zu gewichten und zu priorisieren. Als Instrumente dienen hierbei die Kosten-/Nutzen-Analyse, die Machbarkeitsanalyse, die Wirtschaftlichkeitsanalyse, Investitionsrechnungen und die eigens entwickelte Innovations-Scorecard.
- Auswahl und Planung: Umwandlung von Ideen in konkrete Projekte. Dabei werden die Regeln und Techniken des klassischen Projektmanagements angewandt.
- Vermarktung: Frühe Einbindung aller Beteiligten und Betroffenen von Vorschlägen durch den Betriebsrat zur Information, Sensibilisierung und Motivation. Ansonsten entstehen Missverständnisse und Barrieren, die eine Umsetzung außerordentlich erschweren. Ein Mittel ist hierbei die aktive Kommunikation (Kampagnen, Öffentlichkeitsarbeit, Veranstaltungen etc.).
- Umsetzung: Ohne die Realisierung hat ein Vorschlag nur einen geringen Wert. Doch gerade an der Umsetzung scheitern die meisten Projekte. Es bedarf deshalb eines konsequenten Projektmanagements mit klaren Vorgaben, Terminen und Verantwortlichkeiten, die offen und regelmäßig transparent kommuniziert werden.
- Kontrolle: Die genannten Aufgaben und Termine innerhalb des Projektmanagements sind kontinuierlich auf ihre Einhaltung zu überprüfen. Bei Abweichungen sind rasche Konsequenzen zu planen und einzuleiten.

- Weiterentwicklung: Innerhalb der meisten Projekte ergeben sich im Laufe der Zeit neue Erkenntnisse und Ideen. Diese sind zu gegebener Zeit aufzunehmen und entweder sofort zu integrieren oder aber in späteren, neuen Projekten zu verwirklichen.

> **Wichtig!**
> Gerade für die Phase der Bewertung benötigt der Betriebsrat dringend die fachliche Unterstützung des Wirtschaftsausschusses. Sein Hintergrundwissen und seine Fachkompetenz erlauben es erst, Vorschläge der Beschäftigten oder des Betriebsrats auf die wirtschaftlichen Konsequenzen und Vorteile hin beurteilen zu können.

Das Engagement des Betriebsrats und des Wirtschaftsausschusses endet also nicht mit der Annahme des Vorschlags durch den Arbeitgeber. Vielmehr sind die Arbeitnehmervertreter aufgefordert, die konkrete Realisierung zu begleiten. Nur durch die aktive Mitarbeit kann gewährleistet werden, dass der Vorschlag im Sinne des Initiators, also der Beschäftigten, umgesetzt wird. Dazu gehört auch, dass Betriebsrat und Wirtschaftsausschuss bei der späteren Umsetzung kontrollierend eingebunden sind, wobei der Begriff »Kontrolle« nicht negativ zu verstehen ist. Vielmehr dient eine Kontrolle auch dem weiteren, fortlaufenden Lernen, umso gegebenenfalls auf weitere Ideen und Verbesserungen reagieren zu können.

Literatur

Brandl K.H., Disselkamp M., Wedde P.: Beschäftigungssicherung durch Innovationen, Frankfurt a.M., 2005.
Disselkamp M.: Innovationsmanagement, Frankfurt a.M., 2012.
Disselkamp M.: Wissensmanagement, in: Arbeitsrecht im Betrieb, Nr. 12, 2002.

BETRIEBSÄNDERUNG

Was ist eine Betriebsänderung?

Als Betriebsänderung gilt jede Änderung der betrieblichen Organisation, der Struktur, der Arbeitsabläufe, der Tätigkeiten, des Standorts etc. Bei Betriebsänderungen sind sowohl der Betriebsrat als auch der Wirtschaftsausschuss zu informieren. Der Betriebsrat ist zu informieren, sofern solche Maßnahmen wesentliche Nachteile bereits für einen Teil der Belegschaft haben.

Gesetzliche Grundlage (§ 111 Abs. 1 BetrVG)
»In Unternehmen mit in der Regel mehr als zwanzig wahlberechtigten Arbeitnehmern hat der Unternehmer den Betriebsrat über geplante Betriebsänderungen, die wesentliche Nachteile für die Belegschaft oder erhebliche Teile der Belegschaft zur Folge haben können, rechtzeitig und umfassend zu unterrichten und die geplanten Betriebsänderungen mit dem Betriebsrat zu beraten.

Dieses Informationsrecht gilt für den Betriebsrat. Der Wirtschaftsausschuss ist ebenfalls über anstehende Betriebsänderungen rechtzeitig und umfassend zu unterrichten.

Gesetzliche Grundlage (§ 106 BetrVG)
»...
(2) Der Unternehmer hat den Wirtschaftsausschuss rechtzeitig und umfassend über die wirtschaftlichen Angelegenheiten des Unternehmens unter Vorlage der erforderlichen Unterlagen zu unterrichten.
(3) Zu den wirtschaftlichen Angelegenheiten im Sinne dieser Vorschrift gehören insbesondere
1. die wirtschaftliche und finanzielle Lage des Unternehmens;
2. die Produktions- und Absatzlage;
3. das Produktions- und Investitionsprogramm;
4. Rationalisierungsvorhaben;
5. Fabrikations- und Arbeitsmethoden, insbesondere die Einführung neuer Arbeitsmethoden;
5a. Fragen des betrieblichen Umweltschutzes;
6. die Einschränkung oder Stilllegung von Betrieben oder von Betriebsteilen;

7. die Verlegung von Betrieben oder Betriebsteilen;
8. der Zusammenschluss oder die Spaltung von Unternehmen oder Betrieben;
9. die Änderung der Betriebsorganisation oder des Betriebszwecks sowie
9a. die Übernahme des Unternehmens, wenn hiermit der Erwerb der Kontrolle verbunden ist sowie
10. sonstige Vorgänge und Vorhaben, welche die Interessen der Arbeitnehmer des Unternehmens wesentlich berühren können.«

Gerade die Textstellen in § 106 Abs. 3 Satz 1, 5, 6, 7, 8 und 9 können sich auf Betriebsänderungen beziehen und diesbezügliche Informationsrechte des Wirtschaftsausschusses nach sich ziehen. Dabei gilt für den Wirtschaftsausschuss keine Einschränkung dahingehend, dass er nur dann vom Arbeitgeber zu informieren sei, wenn sich für die Beschäftigten wesentliche Nachteile durch die Betriebsänderung ergeben würden.

Wichtig!
1. Der Wirtschaftsausschuss ist immer über geplante Betriebsänderungen zu informieren, da sie zu den wirtschaftlichen Angelegenheiten zählen und sie die Interessen der Arbeitnehmer wesentlich berühren können (§ 106 Abs. 3 Nr. 10 BetrVG).
2. Der Betriebsrat – als Auftraggeber des Wirtschaftsausschusses – hat eine Vielzahl eigener Regelungen zu Betriebsänderungen. Dies betrifft z.B. Sozialpläne, Rationalisierungsschutzabkommen und Regelungen zu Insolvenzen (siehe hierzu DKKW zu § 111 BetrVG).

Was heißt Fabrikations- und Arbeitsmethoden? (§ 111 Nr. 5 sowie § 106 Abs. 3 Nr. 5 BetrVG)

Unter Fabrikationsmethoden sind die technischen Vorgehensweisen bei der Leistungserstellung von Produkten zu verstehen. Hierzu gehören z.B. Herstellungsverfahren wie die Einzel- oder Serienfertigung, die Just-in-Time-Produktion und Simoultaneous Engineering. Unter Arbeitsmethoden wird die Gestaltung der menschlichen Arbeit verstanden. Es geht um den Einsatz und die Verwendung der menschlichen Arbeitskraft bis hin zu konkreten methodischen Vorgehensweisen der Beschäftigten bei der Leistungserstellung von Produkten und Dienstleistungen.

Werden solche Fabrikations- und Arbeitsmethoden in einem Unternehmen geändert, so ist der Wirtschaftsausschuss hierüber rechtzeitig und umfassend zu unterrichten. Beispielsweise gelten die Einführungen von Gruppenarbeit, Telearbeit, PC-Arbeit oder der innerbetrieblichen EDV-Vernetzung als Änderungen der Arbeitsmethoden. Selbst Änderungen der Arbeitszeitstruktur oder die Einführung einer Balanced Scorecard werden zu den Änderungen von Arbeitsmethoden gezählt.

Was heißt Einschränkung oder Stilllegung von Betrieben oder Betriebsteilen (§ 111 Nr. 1 sowie § 106 Abs. 3 Nr. 6 BetrVG)?

Unter einer Einschränkung von Betrieben oder Betriebsteilen versteht man die Herabsetzung der Leistungsfähigkeit des Betriebs (BAG v. 22.5.1979, AP Nr. 4 zu § 111 BetrVG 1972; BAG v. 7.8.1990, NZA 91/114). Eine solche Herabsetzung der Leistungsfähigkeit lässt sich meistens quantitativ nachweisen, wie z.B. durch eine Reduktion der Stückzahlen, Arbeitsstunden oder erledigten Aufträge. Eine Absenkung der Qualität ist auch denkbar. Damit eine Einschränkung des Betriebs vorliegt, muss diese ungewöhnlich sein. So gelten betriebstypische Schwankungen, wie das Weihnachtsgeschäft oder das Sommerloch, nicht als Einschränkungen des Betriebs. Keine Betriebseinschränkung liegt ferner vor, wenn die Leistung dieselbe bleibt, jedoch mit einer geringeren Anzahl von Stunden erbracht werden soll.

Ein Personalabbau ist nur dann eine Betriebseinschränkung, wenn diese in einer bestimmten Größe stattfindet. Dabei können die Zahlen und Prozentangaben des § 17 Abs. 1 KSchG (BAG v. 7.8.1990 – 1 AZR 445/89) als Richtschnur dienen, doch müssen auf jeden Fall mindestens 5% der Belegschaft des Betriebs betroffen sein:

Betriebsgröße	beabsichtigter Personalabbau
21– 59 Arbeitnehmer	mehr als 5 Arbeitnehmer
60–499 Arbeitnehmer	mehr als 25 Arbeitnehmer oder 10%
500–600 Arbeitnehmer	mindestens 30 Arbeitnehmer
ab 601 Arbeitnehmer	mindestens 5%

Eine Stilllegung von Betrieben oder Betriebsteilen liegt vor, wenn die Gesellschafter den ernstlichen und endgültigen Entschluss fassen, einen Betrieb zu schließen (BAG v. 27.9.1984, AP Nr. 39 zu § 613a BGB oder BAG v. 21.6.2001, NZA 02/212). Damit kündigt das Unternehmen die Betriebs- und Produktionsgemeinschaft zwischen Arbeitgeber und Arbeitnehmer. Keine

Stilllegung liegt vor, wenn das Unternehmen oder der Betrieb an einen Dritten verkauft wird oder wenn die Produktion nach einiger Zeit wieder aufgenommen werden soll. Ohne Bedeutung ist, wenn über den Stilllegungszeitraum hinaus einige Mitarbeiter mit Abwicklungsarbeiten weiterbeschäftigt werden.
Die Formulierung von § 106 Abs. 3 Nr. 6 BetrVG entspricht fast wörtlich der des § 111 Satz 3 Nr. 1 BetrVG. Während sich die Unterrichtung des Betriebsrats nach § 111 BetrVG auf die Fälle der Einschränkung und Stilllegung des ganzen Betriebs oder von wesentlichen Betriebsteilen bezieht, ist die Größe oder die Bedeutung der Betriebsteile für die Unterrichtung des Wirtschaftsausschusses unbedeutend. In jedem Fall ist der Wirtschaftsausschuss über die Einschränkung oder Stilllegung – auch unbedeutender Betriebsteile – zu unterrichten.

Was heißt Verlegung von Betrieben oder Betriebsteilen (§ 111 Nr. 2 sowie § 106 Abs. 3 Nr. 7 BetrVG)?

Die Verlegung ist eine Veränderung der örtlichen Lage. Eine ganz geringfügige Änderung wie der Umzug innerhalb eines Gebäudes ist keine Betriebsänderung (BAG v. 17.8.1982, AP Nr. 11 zu § 111 BetrVG 1972). Es handelt sich aber um eine Betriebsänderung, sobald der neue Standort in derselben Großstadt mehr als 4,3 Kilometer vom alten Standort entfernt ist (BAG v. 17.8.1982, AP Nr. 11 zu § 111 BetrVG 1972). Dasselbe gilt, wenn der Betrieb in eine andere Stadt, Gemeinde oder ins Ausland verlegt wird. Unbedeutend für die Betriebsänderung ist die arbeitsvertragliche Situation, also ob der Arbeitgeber den Umzug anordnen kann oder ob er eine Änderungskündigung aussprechen muss.

Was heißt Zusammenschluss oder Spaltung von Unternehmen oder Betrieben (§ 111 Nr. 3 sowie § 106 Abs. 3 Nr. 8 BetrVG)?

Unter einem Zusammenschluss von Betrieben versteht man den Fall, dass sich zwei Betriebe des gleichen Unternehmens zu einer neuen Einheit vereinigen. Ein Zusammenschluss liegt auch vor, wenn ein Betrieb den anderen aufnimmt. Gehören beide Betriebe nicht zum gleichen Unternehmen, so kann der Zusammenschluss nur stattfinden, wenn ein sogenannter Gemeinschaftsbetrieb gebildet wurde.

Als Spaltung eines Betriebs bezeichnet man die Aufteilung oder Zerstückelung eines Betriebs. Dies kann die Aufteilung in eine Besitz- und eine Produktionsgesellschaft sein, bei der z. b. die Immobilien eines Händlers (z. B. Filialen, Warenlager) in eine Besitzgesellschaft überführt werden, während die Mitarbeiter einer Produktionsgesellschaft zugeordnet werden. Im Anschluss muss dann die Produktionsgesellschaft, eventuell sogar zu überhöhten Preisen, ihre ehemals eigenen Filialen von der zweiten Gesellschaft mieten. Denkbar ist weiter, dass ein Betrieb in mehrere Teile zerlegt wird, dass z. b. einzelne Standorte separate Betriebe werden oder einzelne Teile eines Betriebs mehreren Unternehmen zugeordnet werden. Im letzten Fall entsteht ein sogenannter gemeinsamer Betrieb.

Von der Spaltung eines Betriebs zu unterscheiden ist die Übertragung von bisherigen Aufgaben oder Funktionen auf andere Unternehmen. Dies als Outsourcing oder Fremdvergabe bezeichnete Modell beschreibt die Vergabe von Aufträgen für Leistungen an Dritte, die bisher im auftragsvergebenden Unternehmen selbst erbracht wurden. Hierbei bleiben zwar die unternehmensrechtlichen Strukturen unverändert, aber die Breite der Aufgaben und die Tiefe der Fertigung können sich erheblich verringern.

> **Wichtig!**
> Von der »Betriebsänderung«, inkl. der soeben angesprochenen »Betriebsübertragung«, abzugrenzen ist der sog. »Betriebsübergang« nach § 613a BGB. Hier tritt ein Käufer als neuer Inhaber des Betriebs in die Rechte und Pflichten aus den Arbeitsverhältnissen ein, die im Zeitpunkt des Übergangs bestehen!

Ein Zusammenschluss mit einem anderen Unternehmen, wie durch eine Fusion oder eine Übernahme/Akquisition, fällt ebenfalls unter § 106 BetrVG, jedoch nicht unter § 111 BetrVG. Dafür aber gewährt das Umwandlungsgesetz (UmwG) klar definierte Informationsrechte für die Arbeitnehmervertreter. Das Gesetz von 1994 schafft für Unternehmen vielfältige Möglichkeiten, die bisherigen unternehmensrechtlichen Strukturen zu verändern. Ein wesentlicher Grundsachverhalt von umwandlungsrechtlichen Veränderungen ist die Übertragung von Vermögenswerten (z. B. Betriebe, Betriebsteile) eines Unternehmens auf ein anderes Unternehmen, wobei im Gegenzug den Gesellschaftern des vermögensübertragenden Unternehmens Anteile an dem anderen vermögensaufnehmenden Unternehmen gewährt werden.

Das Umwandlungsgesetz kennt folgende vier Umwandlungsarten:

- Verschmelzung von Unternehmen (Fusion, wie bereits oben beschrieben);
- Spaltung von Unternehmen (Aufspaltung, Abspaltung, Ausgliederung),
- Vermögensübertragung sowie
- Formwechsel (also Änderung der → **Unternehmensrechtsform**).

Das Umwandlungsgesetz regelt in allen vier Fällen die Informationspflicht des Unternehmers gegenüber dem Betriebsrat und damit indirekt auch gegenüber dem Wirtschaftsausschuss. Steht eine Übernahme, Spaltung oder ein Zusammenschluss mit einem anderen Unternehmen an, so ist der Betriebsrat demnach mindestens einen Monat vor der endgültigen Entscheidung zu unterrichten (§§ 5, 126 und 194 UmwG).

Auch außerhalb des UmwG gibt es weitere Möglichkeiten für Unternehmen, die unternehmensrechtlichen Strukturen zu verändern. Hierzu gehören vor allem die Veräußerung von Gesellschafteranteilen (Gesellschafterwechsel) gegen Entgelt und der Verkauf von ganzen Betrieben bzw. von Betriebsteilen. Diese Fälle regelt u.a. das Bürgerliche Gesetzbuch (§ 613a BGB) und das Wertpapiererwerbs- und Übernahmegesetz (WpÜG), das ebenfalls dem Betriebsrat klare Informationsrechte einräumt (§ 10 WpÜG).

Mit den Maßnahmen der Spaltung oder des Zusammenschlusses sind häufig vielfältige Konsequenzen für die Beschäftigten und für die Arbeitnehmervertretungen verbunden. Häufig verändern sich sowohl die Zugehörigkeiten zu einzelnen Betrieben oder Unternehmen als auch die Mitbestimmungsstrukturen. Nicht selten ergeben sich Arbeitgeberwechsel (Betriebsübergang gemäß § 613a BGB) sowie nachteilige Auswirkungen auf tarifvertragliche Bindungen und für den Fortbestand von Betriebsvereinbarungen.

> **Wichtig!**
> Bei Zusammenschlüssen oder Spaltungen ergibt sich oft, zur Absicherung der Beschäftigung und des Einkommens, die Notwendigkeit von Verhandlungen über einen Interessenausgleich und Sozialplan gemäß § 112 BetrVG.

Was heißt Änderung der Betriebsorganisation oder des Betriebszwecks (§ 106 Abs. 3 Nr. 9 BetrVG)?

Eine Betriebsänderung liegt auch dann vor, wenn ein Betrieb seine Identität oder seinen Standort behält, sich aber wesentliche Arbeitsbedingungen ändern. Dabei reichen bereits Änderungen in der Betriebsorganisation oder des Betriebszwecks oder die Veränderung der Betriebsanlagen (BAG

v. 17.12.1985, AP Nr. 15 zu § 111 BetrVG 1972) aus. Die Änderung muss aber grundlegend sein, und nicht nur marginal.

Die Betriebsorganisation betrifft die Art und Weise, wie Menschen und Betriebsanlagen koordiniert und strukturiert werden. Eine Änderung findet z. b. statt, wenn Entscheidungsbefugnisse nach unten verlagert oder dezentralisiert werden, wenn Profit-Center eingeführt werden oder eine Matrix-Organisation initiiert wird. Eine Umgestaltung der inneren Struktur oder Anzahl von Betriebsabteilungen, die Einführung von Großraumbüros, Rechenzentren oder Gruppenarbeit gelten ebenso als Änderung der Betriebsorganisation. Die Fremdvergabe an Leiharbeiterfirmen führt meist auch zu Änderungen der Betriebsorganisation.

Unter dem Betriebszweck versteht man den konkreten arbeitstechnischen Zweck des Betriebs, also die Bestimmung des betrieblichen Vermögens und Ressourcen, mit denen Gewinne erzielt oder Bedürfnisse befriedigt werden sollen (BAG v. 17.12.1985, AP Nr. 15 zu § 111 BetrVG 1972). So liegt z. B. eine Änderung des Betriebszwecks vor, wenn ein anderes Produktsortiment oder eine Dienstleistung mit einem anderen Inhalt angeboten wird. Daher gilt es als Änderung des Betriebszwecks, wenn eine Spielbank das bisherige Leistungspaket mit Glücksspiel und Roulette um elektronische Glücksspielautomaten ergänzt. Kleinere Verbesserungen oder einzelne Produktentwicklungen stellen keine Änderungen des Betriebszwecks dar. Umgekehrt zählen Outsourcing, also die Fremdvergabe bisheriger Eigenfertigung, sowie das Offshoring, also die Verlagerung von Teilen der Fertigung ins kostengünstigere Ausland, zu den Änderungen des Betriebszwecks bzw. beim Offshoring auch zu einer Verlagerung von Betriebsteilen.

Was hat der Wirtschaftsausschuss zu beachten?

Die Unterrichtung des Unternehmers über anstehende Betriebsänderung hat rechtzeitig und umfassend zu geschehen. Mit anderen Worten: Der Unternehmer hat bereits im Planungsstadium den Wirtschaftsausschuss umfassend zu informieren und die geplante Maßnahme zu beraten. Kommt der Unternehmer dieser Informationspflicht nicht nach, so begeht er eine Ordnungswidrigkeit gemäß § 121 BetrVG, die mit einer Geldbuße bis zu 10 000 Euro geahndet werden kann.

Eine umfassende Unterrichtung bedeutet, dass der Unternehmer die Gründe für die geplante Maßnahme sowie deren Auswirkungen auf die Arbeitnehmer und den Zeitplan der einzelnen Maßnahmen offen legt. Die rechtzeitige Information ist dabei von besonderer Bedeutung, da der Wirtschaftsausschuss umgekehrt den Betriebsrat zu informieren hat und ihm als Berater zur Seite stehen soll.

Die Verhandlungen zum Interessenausgleich und Sozialplan (§§ 112 und 112a BetrVG) liegen dagegen alleine in der Verantwortung des Betriebsrats. Kommt es zwischen Unternehmer und Betriebsrat zu einer Einigung über die geplante Betriebsänderung, dann wird darüber ein Interessenausgleich abgeschlossen, der das Ob, Wann und Wie einer Betriebsänderung regelt. Ziel soll es dabei sein, Nachteile einer Betriebsänderung möglichst zu vermeiden. Obwohl der Betriebsrat bei Nichteinigung mit dem Unternehmer die Einigungsstelle (§ 76 BetrVG) anrufen kann, ist ein Interessenausgleich durch den Betriebsrat letztlich nicht erzwingbar. Die Einigungsstelle kann lediglich das Scheitern des Interessenausgleichs feststellen.

Sind Nachteile durch die geplante Betriebsänderung auch nach Abschluss eines Interessenausgleichs nicht völlig auszuschließen, was der Regelfall sein wird, dann kann der Betriebsrat den Abschluss eines Sozialplans notfalls auch gegen den Widerstand des Unternehmers in einer Einigungsstelle durchzusetzen versuchen (§ 112 Abs. 1 u. Abs. 4 BetrVG). Der Sozialplan regelt den Ausgleich oder die Milderung der wirtschaftlichen Nachteile, die den Beschäftigten durch die geplante Betriebsänderung entstehen können.

Versucht der Arbeitgeber, die Betriebsänderung umzusetzen, ohne vorher den ernsthaften Versuch eines Interessenausgleichs unternommen zu haben, dann kann der Betriebsrat versuchen, dem Arbeitgeber die Umsetzung im Wege einer einstweiligen Verfügung zu untersagen. Hat der Unternehmer nicht ernsthaft einen Interessenausgleich versucht, dann können Arbeitnehmer, die durch die Betriebsänderung einen Nachteil erleiden, den Arbeitgeber auf Zahlung eines Nachteilsausgleichs (§ 113 BetrVG) verklagen. Nach der Rechtsprechung des Bundesarbeitsgerichts liegt ein ernsthafter Versuch erst dann vor, wenn der Arbeitgeber alle gesetzlichen Möglichkeiten ausgeschöpft hat. Hierzu gehört auch, dass der Interessenausgleich in einer Einigungsstelle durch den Vorsitzenden als gescheitert erklärt worden ist (BAG v. 18.12.1984, AP Nr. 11 zu § 113 BetrVG).

Literatur

Däubler W. u.a.: BetrVG, Frankfurt a.M., 2014 (zit.: DKKW).

Betriebs- und Geschäftsgeheimnis

Wirtschaftsausschüssen wird oft der Einblick in Wirtschaftsdaten des Unternehmens mit dem Verweis auf Betriebs- und Geschäftsgeheimnisse verweigert.

Welche Rechte hat der Wirtschaftsausschuss bei Betriebs- und Geschäftsgeheimnissen?

Das Management verweist hierbei auf § 106 Abs. 2 BetrVG, nachdem der Unternehmer den Wirtschaftsausschuss nur dann rechtzeitig und umfassend zu unterrichten hat, soweit dadurch nicht Betriebs- oder Geschäftsgeheimnisse des Unternehmens gefährdet werden.

Gesetzliche Grundlage (§ 106 Abs. 2 BetrVG)
»Der Unternehmer hat den Wirtschaftsausschuss rechtzeitig und umfassend über die wirtschaftlichen Angelegenheiten des Unternehmens unter Vorlage der erforderlichen Unterlagen zu unterrichten, soweit dadurch nicht die Betriebs- und Geschäftsgeheimnisse des Unternehmens gefährdet werden, sowie die sich daraus ergebenden Auswirkungen auf die Personalplanung darzustellen.«

Diese gesetzliche Regelung wird gerade von der Arbeitgeberseite sehr gerne falsch interpretiert.

Wichtig!
Grundsätzlich sind die Mitglieder des Wirtschaftsausschusses auch über Betriebs- und Geschäftsgeheimnisse zu informieren.

Die Mitglieder des Wirtschaftsausschusses sind auch über Betriebs- und Geschäftsgeheimnisse zu informieren (BAG v. 11.7.2000, DB 01/600). Bereits ein Blick in die ausführliche Auflistung der wirtschaftlichen Angelegenheiten, über die nach § 106 Abs. 3 BetrVG ein Wirtschaftsausschuss zu unterrichten ist, offenbart, dass die Rechte aus § 106 BetrVG zur Farce würden, könnte der Unternehmer schon dann ein Zurückhaltungsrecht ausüben, wenn ein Geheimnis vorläge (vgl. DKKW, § 106 Rn. 59ff.). Mit anderen Worten: Wie soll der Wirtschaftsausschuss seine Funktion ausüben, wenn ihm z.B. keine wirtschaftlichen Daten über die aktuelle Finanzlage oder geplante Investitionen vorgelegt werden? Weder die Tatsache alleine, dass ein Betriebs- oder Geschäftsgeheimnis vorliegt, noch die bloße Behauptung, es handele sich um ein solches, begründen ein Verweigerungsrecht des Unternehmers.

Wichtig!
Weder die Tatsache alleine, dass ein Betriebs- oder Geschäftsgeheimnis vorliegt, noch die bloße Behauptung, es handele sich um ein solches, begründen ein Verweigerungsrecht des Unternehmers.

Der Unternehmer darf vom Verweigerungsrecht nur im Ausnahmefall und nach klaren Kriterien Gebrauch machen. Ein solcher Ausnahmefall kann nur angenommen werden, wenn eine Gefährdung des Bestandes oder der Entwicklung des Unternehmens besteht und zusätzlich die konkrete Befürchtung begründet ist, dass Informationen von Mitgliedern des Wirtschaftsausschusses trotz der ihnen auferlegten strafrechtlichen Sanktionen an Außenstehende weitergegeben werden (DKKW, § 106 Rn. 58 und BAG v. 11.7.2000, DB 01/600).

Tipp!
Kommt keine Einigung mit dem Unternehmer hinsichtlich der Weitergabe von Informationen zustande, hat der Wirtschaftsausschuss zunächst den Betriebsrat oder Gesamtbetriebsrat einzuschalten. Erzielen diese erneut keine Einigung mit dem Unternehmer, ist die Einigungsstelle nach § 109 BetrVG anzurufen.

Welche Mittel hat der Wirtschaftsausschuss zur Durchsetzung seiner Rechte in Fragen des Betriebs- und Geschäftsgeheimnisses?

Trotz der soeben aufgezeigten Rechte zur Einsicht von Informationen, die Betriebs- und Geschäftsgeheimnisse beinhalten, verweigern viele Arbeitgeber ihrem Wirtschaftsausschuss die Einsicht in solche Daten. In diesen Fällen kann der Wirtschaftsausschuss eine Einigungsstelle nach § 109 BetrVG zur Klärung der Meinungsverschiedenheit einberufen.

Rechtliche Grundlage (§ 109 BetrVG)
Wird eine Auskunft über wirtschaftliche Angelegenheiten des Unternehmens im Sinne des § 106 entgegen dem Verlangen des Wirtschaftsausschusses nicht, nicht rechtzeitig oder nur ungenügend erteilt und kommt hierüber zwischen Unternehmer und Betriebsrat eine Einigung nicht zustande, so entscheidet die Einigungsstelle. Der Spruch der Einigungsstelle ersetzt die Einigung zwischen Arbeitgeber und Betriebsrat. Die Einigungsstelle kann, wenn dies für ihre Entscheidung erforderlich ist, Sachverständige anhören; § 80 Abs. 4 gilt entsprechend. Haben der Betriebsrat oder der Gesamtbetriebsrat eine anderweitige Wahrnehmung der Aufgaben des Wirtschaftsausschusses beschlossen, so gilt Satz 1 entsprechend.

Voraussetzung für die Anrufung einer Einigungsstelle ist, dass der Wirtschaftsausschuss ausdrücklich die Erteilung einer Auskunft verlangt und der Unternehmer diese verweigert hat. Des Weiteren hat sich in einem solchen Streitfall der Wirtschaftsausschuss zuerst an seinen Betriebsrat (BR/GBR) zu wenden, der mit dem Unternehmer über die Beilegung der Meinungsverschiedenheit zu verhandeln hat. Erst wenn der Streitfall auf diese Weise nicht gütlich beigelegt werden kann, entscheidet auf Antrag des BR/GBR die Einigungsstelle.

Die Entscheidung der Einigungsstelle über die Art und Weise der Information über wirtschaftliche Angelegenheiten unterliegt der Rechtskontrolle der Arbeitsgerichte. Das gilt auch für die Frage, ob eine Gefährdung von Betriebs- und Geschäftsgeheimnissen der Auskunft entgegensteht (BAG v. 11.7.2000 – 1 ABR 43/99).

Tipp!
Einigungsstellen helfen auch, wenn die Unternehmensleitung die Auskunft unter Berufung auf ein Geschäftsgeheimnis verweigert.

Welche Pflichten hat der Wirtschaftsausschuss bei Betriebs- und Geschäftsgeheimnissen?

Im Gegenzug ist der Wirtschaftsausschuss nach § 79 Abs. 2 BetrVG seinerseits zur Wahrung der Geheimhaltung verpflichtet. Das heißt, seine Mitglieder sind verpflichtet, Betriebs- und Geschäftsgeheimnisse, die ihnen wegen ihrer Zugehörigkeit zum WA bekannt geworden sind und vom Arbeitgeber ausdrücklich als geheimhaltungsbedürftig bezeichnet worden sind, nicht an Dritte weiterzugeben.

Betriebs- und Geschäftsgeheimnis

Rechtliche Grundlage (§ 79 BetrVG)
(1) Die Mitglieder und Ersatzmitglieder des Betriebsrats sind verpflichtet, Betriebs- oder Geschäftsgeheimnisse, die ihnen wegen ihrer Zugehörigkeit zum Betriebsrat bekannt geworden und vom Arbeitgeber ausdrücklich als geheimhaltungsbedürftig bezeichnet worden sind, nicht zu offenbaren und nicht zu verwerten. Dies gilt auch nach dem Ausscheiden aus dem Betriebsrat. Die Verpflichtung gilt nicht gegenüber Mitgliedern des Betriebsrats. Sie gilt ferner nicht gegenüber dem Gesamtbetriebsrat, dem Konzernbetriebsrat, der Bordvertretung, dem Seebetriebsrat und den Arbeitnehmervertretern im Aufsichtsrat sowie im Verfahren vor der Einigungsstelle, der tariflichen Schlichtungsstelle (§ 76 Abs. 8) oder einer betrieblichen Beschwerdestelle (§ 86).

(2) Absatz 1 gilt sinngemäß für die Mitglieder und Ersatzmitglieder des Gesamtbetriebsrats, des Konzernbetriebsrats, der Jugend- und Auszubildendenvertretung, der Gesamt-, Jugend- und Auszubildendenvertretung, der Konzern-Jugend und Auszubildendenvertretung, des Wirtschaftsausschusses, der Bordvertretung, des Seebetriebsrats, der gemäß § 3 Abs. 1 gebildeten Vertretungen der Arbeitnehmer, der Einigungsstelle, der tariflichen Schlichtungsstelle (§ 76 Abs. 8) und einer betrieblichen Beschwerdestelle (§ 86) sowie für die Vertreter von Gewerkschaften oder von Arbeitgebervereinigungen.

Die Geheimhaltung gilt für den Wirtschaftsausschuss nicht gegenüber dem Betriebsrat. Vielmehr hat nach § 108 Abs. 4 BetrVG der Wirtschaftsausschuss den Betriebsrat über jede Sitzung unverzüglich und vollständig zu informieren. Mit anderen Worten: Innerhalb des Wirtschaftsausschusses und gegenüber dem Betriebsrat (inkl. BR, GBR und KBR) gilt keine Schweigepflicht bei Betriebs- und Geschäftsgeheimnissen. Die Pflicht des Schweigens gilt erst gegenüber Personen außerhalb dieser Gremien.

Informiert ein Mitglied des Wirtschaftsausschusses oder des Betriebsrats doch eine Person außerhalb der genannten Gremien, kann dies eine grobe Pflichtverletzung sein und z.B. zum Ausschluss aus dem Betriebsrat führen (§ 23 Abs. 1 BetrVG). Vorsätzliche Verstöße gegen § 79 BetrVG werden auf Antrag strafrechtlich verfolgt und können mit einer Freiheitsstrafe bis zu einem Jahr oder mit einer Geldstrafe geahndet werden (§ 120 Abs. 1 BetrVG).

Rechtliche Grundlage (§ 120 Abs. 2 BetrVG)
Ebenso wird bestraft, wer unbefugt ein fremdes Geheimnis eines Arbeitnehmers, namentlich ein zu dessen persönlichen Lebensbereich gehörendes Geheimnis offenbart, das ihm in seiner Eigenschaft als Mitglied oder Ersatzmitglied des Betriebsrats oder im Rahmen einer der in § 79 Abs. 2 bezeichneten Stellen bekannt geworden ist und über das nach den Vorschriften dieses Gesetzes Stillschweigen zu bewahren ist.

Erhält die schuldige Person bei der Verwertung oder Preisgabe von Betriebs- und Geschäftsgeheimnissen sogar Geld für die Preisgabe der Daten, so kann die Freiheitsstrafe bis zu zwei Jahren betragen (§ 120 Abs. 3 BetrVG). Dem Arbeitgeber steht ein Unterlassungsanspruch gegen die zur Geheimhaltung verpflichteten Personen zu, wenn diese die Verschwiegenheitspflicht gebrochen haben oder ein solches Vergehen droht. Bei schuldhaftem Bruch der Schweigepflicht kann der Arbeitgeber nach § 823 Abs. 2 BGB Schadenersatzansprüche geltend machen.

Was versteckt sich hinter einem Betriebs- und Geschäftsgeheimnis?

Betriebs- oder Geschäftsgeheimnisse sind Tatsachen technischer oder wirtschaftlicher Art, die mit dem Geschäftsbetrieb im Zusammenhang stehen, noch nicht offenkundig sind und an deren Geheimhaltung ein berechtigtes Interesse des Arbeitgebers besteht (BAG v. 26.2.1987 – 6 ABR 46/84). Ein solches Interesse liegt vor, wenn die Konkurrenz durch die unberechtigte Weitergabe von betrieblichen Informationen zu Wettbewerbsvorteilen kommen würde. Zur Verdeutlichung dienen die folgenden Beispiele:

- Beispiele für Betriebsgeheimnisse: Konstruktionszeichnungen, Produktionsverfahren, Unterlagen über Mängel der hergestellten Produkte, Diensterfindungen, eine bestimmte Rezeptur etc.
- Beispiele für Geschäftsgeheimnisse: Kunden- und Lieferantendaten, Absatzplanung, Unterlagen über die Kalkulation und Preisgestaltung, unter Umständen auch Lohn- und Gehaltslisten, sofern ihr Inhalt Rückschlüsse auf die Kalkulation hat.

Um die Betroffenen zur Geheimhaltung zu verpflichten, muss der Arbeitgeber ausdrücklich darauf hinweisen, dass eine bestimmte Angelegenheit als Geschäfts- oder Betriebsgeheimnis zu betrachten und darüber Stillschweigen zu bewahren ist.

Literatur
Däubler W. u.a.: BetrVG, Frankfurt a.M., 2013 (zit.: DKKW).

Bilanz

Was ist eine Bilanz?

Die Bilanz ist eine Gegenüberstellung von Vermögen und Kapital zu einem bestimmten Stichtag, dem letzten Tag eines Geschäftsjahres. Sie lässt damit auf einen Blick erkennen, woher das Unternehmen sein Kapital hat (Mittelherkunft) und wo es im Einzelnen angelegt worden ist (Mittelverwendung). Nach § 242 HGB ist die Bilanz zudem ein Bestandteil des → **Jahresabschlusses**.

> **Gesetzliche Grundlage (§ 242 Abs. 1 HGB)**
> Der Kaufmann hat zu Beginn seines Handelsgewerbes und für den Schluss eines jeden Geschäftsjahrs einen das Verhältnis seines Vermögens und seiner Schulden darstellenden Abschluss (Eröffnungsbilanz, Bilanz) aufzustellen.
>
> **Gesetzliche Grundlage (§ 242 Abs. 3 HGB)**
> Die Bilanz und die Gewinn- und Verlustrechnung bilden den Jahresabschluss.

Dieser letzte Aspekt wird für Kapitalgesellschaften noch erweitert, indem auch der Anhang und teilweise auch der Lagebericht für eine Kapitalgesellschaft zwingend notwendig sind (§ 264 HGB).

Welche Arten von Bilanzen gibt es?

In der Betriebswirtschaft unterscheidet man verschiedene Arten von Bilanzen:

- Handelsbilanzen,
- Steuerbilanzen,
- Liquiditätsbilanz sowie
- Sonderbilanzen.

Für die Handelsbilanz enthält das Handelsgesetzbuch (HGB) die nirgends festgeschriebenen, aber allgemein anerkannten Grundsätze ordnungsmäßiger Buchführung und Bilanzierung (GoB). Das Aktiengesetz setzt die Grenzen. Die handelsrechtliche Bilanz legt für die breite Öffentlichkeit die Übersicht über das Vermögen, die Schulden und das Eigenkapital eines Unternehmens offen.

> **Wichtig!**
> In einem Jahresabschluss wird grundsätzlich die Handelsbilanz ausgewiesen. Damit ist diese das im BetrVG angesprochene Informationsinstrument für den Wirtschaftsausschuss (§ 108 BetrVG). Aus diesem Grund konzentriert sich dieses Nachschlagewerk für Wirtschaftsausschüsse auf die Handelsbilanz.

Seit 2005 gilt aber, dass alle Unternehmen, die am so genannten Kapitalmarkt tätig sind, ihren → **Konzernabschluss** nach dem internationalen Rechnungslegungsstandard IFRS (→ **internationale Rechnungslegungsstandards**) erstellen müssen. Am Kapitalmarkt tätig sind dabei all jene Konzerne, die entweder Anleihen, Aktien oder andere Wertpapiere über den Kapitalmarkt (z. B. Börse) handeln.

Dies betrifft aber nicht den für individuelle Wirtschaftsausschüsse relevanten Jahresabschluss eines Unternehmens. Das einzelne Unternehmen muss weiterhin seinen HGB-Abschluss erstellen, und dieser ist auch für die Arbeit des WAs ausschlaggebend. Nur WA im Dienste von Konzernbetriebsräten (KBR) müssen sich intensiv mit den Bilanzierungsstandards des IFRS und ggfs. des US-GAAP auseinandersetzen.

Die Steuerbilanz basiert auf dem Einkommensteuergesetz (EStG) und den ergänzenden Steuerverordnungen. Sie basiert grundsätzlich auf der Handelsbilanz, wenn nicht besondere steuerrechtliche Vorschriften zu beachten sind. Mit anderen Worten: Wenn keine besonderen Vorschriften eingreifen, so sind Handels- und Steuerbilanz identisch. Daher haben Unternehmen auch nur dann eine separate Steuerbilanz aufzustellen, wenn Abweichungen zwischen den steuerrechtlichen und handelsrechtlichen Vorschriften auftreten (§ 60 Abs. 2 EStDV).

Die Liquiditätsbilanz wird nur dann erstellt, wenn ein Unternehmen seine Zahlungsfähigkeit prüfen möchte. Im Gegensatz zur Handelsbilanz werden die Vermögenswerte der Liquiditätsbilanz mit ihren Liquidationswerten angesetzt, also so, als wenn das Unternehmen aufgelöst würde. Gleichzeitig werden die Vermögensposten nach dem Grad ihrer Liquidierbarkeit, also der Möglichkeit der Veräußerung bzw. Verkäuflichkeit, und die Schulden nach ihrer Fälligkeit gegliedert.

Aufgrund besonderer Anlässe, wie der Gründung eines Unternehmens, Fusion, Umwandlung, Vergleich oder Konkurs, können weitere, periodisch nicht regelmäßig wiederkehrende Sonderbilanzen erstellt werden.

Worauf ist bei der Erstellung einer Bilanz zu achten?

Bei der Erstellung einer Handelsbilanz hat ein Unternehmen verschiedene Regelungen zu beachten. Neben den gesetzlichen Vorgaben aus dem Handelsgesetzbuch gelten die Grundsätze ordnungsgemäßer Buchführung und Bilanzierung (GoB), die nur zum Teil gesetzlich dokumentiert sind. Beispiele dieser GoB sind:

- **Vorsichtsprinzip:** Das Vorsichtsprinzip besagt, dass die im Jahresabschluss anzusetzenden Werte vorsichtig ermittelt werden müssen (§ 252 Abs. 1 Nr. 4 HGB). Zum Vorsichtsprinzip gehören eine Reihe weiterer Prinzipien, wie z. B. das sogenannte Imparitätsprinzip, nach dem nicht realisierte Gewinne im Jahresabschluss nicht ausgewiesen werden dürfen, nicht realisierte Verluste dagegen ausgewiesen werden müssen.
- **Niederstwertprinzip:** Das Niederstwertprinzip existiert in der gemilderten und in der strengen Form. Das strenge Niederstwertprinzip (§ 253 Abs. 3 HGB) gilt für das Umlaufvermögen und bedeutet, dass sowohl dauerhafte und vorübergehende Wertminderungen zu berücksichtigen sind. Für das Anlagevermögen gilt das gemilderte Niederstwertprinzip (§ 253 Abs. 2 HGB). Dieses besagt, dass lediglich dauerhafte Wertminderungen für das Anlagevermögen zu berücksichtigen sind. Grund für das Niederstwertprinzip ist der Schutz der Gläubiger, so dass immer die möglichst niedrigsten und damit sichersten Vermögenswerte in der Bilanz stehen.
- **Bilanzidentität und Bilanzwahrheit:** In dem Grundsatz der Bilanzidentität wird gefordert, dass die Schlussbilanz eines Geschäftsjahres mit der Eröffnungsbilanz des darauf folgenden Geschäftsjahres identisch sein muss. Der Grundsatz der Bilanzwahrheit fordert einen richtigen Ausweis des Vermögens und des Kapitals. Das heißt, es dürfen keine falschen Angaben gemacht werden.

Ferner gibt es die Grundsätze der Vollständigkeit sowie der Klarheit und Übersichtlichkeit. So verlangt der Grundsatz der Vollständigkeit, dass alle relevanten Positionen im Jahresabschluss enthalten sein müssen. Der Grundsatz der Klarheit und Übersichtlichkeit fordert weiter, dass sich jeder Interessent leicht in einem Jahresabschluss zurechtfinden muss. Aus diesem Grunde ist für die Bilanz und die Gewinn- und Verlustrechnung der Kapitalgesellschaften ein eindeutiges Gliederungsschema vorgeschrieben.

> **Gesetzliche Grundlage (§ 247 Abs. 1 HGB)**
> In der Bilanz sind das Anlage- und das Umlaufvermögen, das Eigenkapital, die Schulden sowie die Rechnungsabgrenzungsposten gesondert auszuweisen und hinreichend aufzugliedern.

Bilanz 67

Für Kapitalgesellschaften gilt eine Gliederung der Bilanz gemäß § 266 HGB. Demnach ist die Bilanz in der Kontoform zu erstellen, die – wie bei der doppelten Buchführung – auf der linken Seite die Aktiva (Mittelverwendung) und auf der rechten Seite die Passiva (Mittelherkunft) darstellt.

Aktiva (Mittelverwendung)	Passiva (Mittelherkunft)
I. Anlagevermögen II. Umlaufvermögen	I. Eigenkapital II. Fremdkapital (Schulden)
= Vermögen (Bilanzsumme)	= Kapital (Bilanzsumme)

Abbildung 6: Aufbau einer Bilanz

Beispiel:
Ein Unternehmen kauft einen LKW zu 60 000 €. Die Hälfte wird per Bankkredit (Schulden) finanziert, die andere Hälfte erfolgt aus eigenem Kapital. Wenn das Unternehmen keine weiteren Vermögenswerte hätte, ergäbe sich die folgende Bilanz:

Aktiva (Mittelverwendung)	Passiva (Mittelherkunft)
I. Anlagevermögen: LKW 60 000 €	I. Eigenkapital: 30 000 € II. Fremdkapital: Bankkredit 30 000 €
= Vermögen (Bilanzsumme): 60 000 €	= Kapital (Bilanzsumme): 60 000 €

Wie in dem Beispiel ersichtlich, ist die Summe des Vermögens gleich hoch wie die Summe des Kapitals. Dies muss so sein! Eine Bilanz hat stets eine ausgeglichene Aktivseite und Passivseite, beide ergeben in der Summe die gleiche Bilanzsumme. Dieser Grundgedanke findet sich bereits in der Herkunft des Begriffs »Bilanz«, der aus dem italienischen »Bilancia« kommt und Waage bedeutet. Die Bilanz befindet sich mit den Bilanzsummen stets im Gleichgewicht.

Das Handelsgesetzbuch (HGB) gibt im § 266 Abs. 2 und 3 HGB weitere Details für die Gliederung der einzelnen Bilanzpositionen vor. Für die Aktivseite (Aktiva), also die Seite des Vermögens (→ **Vermögen**) ergibt sich dabei folgende Struktur:

Bilanz

A. Anlagevermögen:
I. Immaterielle Vermögensgegenstände:
1. Konzessionen, gewerbliche Schutzrechte und ähnliche Rechte und Werte sowie Lizenzen an solchen Rechten und Werten;
2. Geschäfts- oder Firmenwert;
3. geleistete Anzahlungen;

II. Sachanlagen:
1. Grundstücke, grundstücksgleiche Rechte und Bauten einschließlich der Bauten auf fremden Grundstücken
2. technische Anlagen und Maschinen
3. andere Anlagen, Betriebs- und Geschäftsausstattung
4. geleistete Anzahlungen und Anlagen im Bau

III. Finanzanlagen:
1. Anteile an verbundenen Unternehmen
2. Ausleihungen an verbundene Unternehmen
3. Beteiligungen
4. Ausleihungen an Unternehmen, mit denen ein Beteiligungsverhältnis besteht
5. Wertpapiere des Anlagevermögens
6. sonstige Ausleihungen

B. Umlaufvermögen:
I. Vorräte:
1. Roh-, Hilfs-, und Betriebsstoffe
2. unfertige Erzeugnisse
3. fertige Erzeugnisse und Waren
4. geleistete Anzahlungen

II. Forderungen und sonstige Vermögensgegenstände:
1. Forderungen aus Lieferungen und Leistungen
2. Forderungen gegen verbundene Unternehmen
3. Forderungen gegen Unternehmen, mit denen ein Beteiligungsverhältnis besteht
4. sonstige Vermögensgegenstände

III. Wertpapiere:
1. Anteile an verbundenen Unternehmen.
2. eigene Anteile
3. sonstige Wertpapiere

IV. Schecks, Kassenbestand, Bundesbank- und Postgiroguthaben, Guthaben bei Kreditinstituten

C. Rechnungsabgrenzungsposten

Abbildung 7: Gliederung der Aktivseite einer Bilanz

Für die Passivseite, also die Seite der Mittelherkunft (→ **Kapital**), sieht die gesetzliche Struktur wie folgt aus:

A. Eigenkapital:
I. Gezeichnetes Kapital
II. Kapitalrücklage
III. Gewinnrücklage
1. gesetzliche Rücklage
2. Rücklage für eigene Anteile
3. satzungsmäßige Rücklagen
4. andere Gewinnrücklagen
IV. Gewinnvortrag/Verlustvortrag
V. Jahresüberschuss/Jahresfehlbetrag

B. Rückstellungen:
1. Rückstellungen für Pensionen und ähnliche Verpflichtungen
2. Steuerrückstellungen.
3. sonstige Rückstellungen

C. Verbindlichkeiten:
1. Anleihen, davon konvertibel
2. Verbindlichkeiten gegenüber Kreditinstituten
3. erhaltene Anzahlungen auf Bestellungen
4. Verbindlichkeiten aus Lieferungen und Leistungen
5. Verbindlichkeiten aus der Annahme gezogener Wechsel und der Ausstellung eigener Wechsel
6. Verbindlichkeiten gegenüber verbundenen Unternehmen
7. Verbindlichkeiten gegenüber Unternehmen, mit denen ein Beteiligungsverhältnis besteht
8. sonstige Verbindlichkeiten

D. Rechnungsabgrenzungsposten

Abbildung 8: Gliederung der Passivseite einer Bilanz

Die konkreten Bestandteile und Details zu den einzelnen Positionen des → **Vermögens** und des → **Kapitals** werden in separaten Kapiteln ausführlich besprochen.

Welche Freiräume gewährt eine Bilanz?

In der Festlegung der einzelnen Bilanzpositionen gibt es eine Reihe von Freiräumen, die ein Unternehmen in Anspruch nehmen kann. Es geht dabei um das Interesse des Unternehmens, gegenüber den Lesern einer Bilanz (z.B. Beschäftigte, Aktionäre, Gläubiger) einen bestimmten Eindruck hervorzurufen. Diese Freiräume finden Niederschlag in der → **Bilanzpolitik**.

Tipp!
Zur Analyse der Bilanz empfehlen sich die Instrumente der → **Bilanzanalyse**.

Literatur
Coenenberg A.: Jahresabschluss und Jahresabschlussanalyse, Landsberg / Lech, 2000.
Engel-Bock J., Laßmann N., Rupp R.: Bilanzanalyse leicht gemacht, Frankfurt a.M., 2012.
Ossola-Haring C., Cremer U.: Jahresabschluss und Bilanz, Landsberg / Lech, 2001.

Bilanzanalyse

Was versteht man unter Bilanzanalyse?

Die Bilanzanalyse – oder korrekter die Jahresabschlussanalyse – dient der systematischen Analyse und Verarbeitung des Informationspotenzials des → **Jahresabschlusses**. Es gilt, Einsichten und Erkenntnisse über die »wahre« wirtschaftliche Lage und Zukunftsaussichten eines Unternehmens zu erlangen. Der originäre Jahresabschluss beantwortet diese Fragen auf den ersten Blick nicht ohne weiteres. Die → **Bilanzpolitik** erschwert es jedem, eine objektive Aussage aus dem Jahresabschluss zu erhalten.

So unterschiedlich die Informationsbedürfnisse der verschiedenen Interessengruppen, wie z.B. Aktionäre, Beschäftigte, Kunden, Lieferanten und Banken auch sein mögen, ihre Fragen konzentrieren sich gemeinsam auf folgende Problemstellungen der Analyse: die Fähigkeit Gewinne zu erzielen (Ertragskraft), die Stabilität und Solidität der Finanzierung (Liquidität), die Stärken und Schwächen zur Einschätzung der Erfolgspotenziale sowie die gesellschaftlichen Konsequenzen ihrer Aktivitäten, Erfolge und Misserfolge für Lieferanten, Kunden und vor allem für die Arbeitnehmer.

Der erste Schritt der Bilanzanalyse besteht aus der Aufbereitung des Zahlenmaterials und Erstellung einer Strukturbilanz. Durch Bereinigung, Umbewertung, Saldierungen, Aufspaltungen, Umgruppierung und Verdichtung werden die einzelnen Positionen der Bilanz und der Gewinn- und Verlustrechnung in eine neutralisierte Strukturbilanz überführt, die als Basis für die spätere Kennzahlenrechnung dient.

> **Tipp!**
> Bereits in dieser frühen Phase der Bilanzanalyse erlaubt eine ausführliche Betrachtung der Bilanz, trotz der erwähnten Bilanzpolitik, einige erste Eindrücke von einem Unternehmen. Zu diesen gehören z.B.: Nahm das Vermögen zu oder ab? Hat das Unternehmen überhaupt noch Eigenkapital und wie entwickelte sich dieses in den letzten beiden Jahren? Gab es im letzten Jahr einen Jahresüberschuss oder -fehlbetrag?

Ein besonderes und effizientes Instrument zur Auswertung der gesammelten Jahresabschlussdaten ist die Bildung von Kennzahlen. Unter Kennzahlen versteht man dabei hochverdichtete Maßgrößen, die in einer konzentrierten Form komplizierte Strukturen und Prozesse abbilden, um einen möglichst schnellen und umfassenden Überblick über die wirtschaftliche Lage eines Unternehmens zu erhalten. Sie machen Sachverhalte sichtbar, die anders nicht sofort zu erkennen sind, wie z.B. die Rentabilität eines Unternehmens. Sie erhöhen ferner die Transparenz und helfen, die finanzielle und wirtschaftliche Situation eines Unternehmens, auch im Vergleich zu anderen Unternehmen innerhalb oder außerhalb der Branche, zu beurteilen.

> **Wichtig!**
> Aber Vorsicht: Kennzahlen stellen nur eine Momentaufnahme des Unternehmens dar. So wie jede Bilanz an sich nur eine vergangenheitsorientierte Betrachtung ist, ist der Aussagewert der Kennzahlen zeitgebunden. Sie beziehen sich lediglich auf die Situation des Betriebs am Bilanzstichtag. Die Werte können sich seit dem Stichtag des Jahresabschlusses und der Auswertung weit verändert haben. Dennoch sind Kennzahlen ein äußerst geeignetes Mittel zur Untersuchung und Bewertung von Unternehmen. Die Kunst liegt vielmehr darin, die jeweils zweckmäßigen Kennzahlen auszuwählen und richtig zu interpretieren.

Wie analysiert man die Kapitalseite einer Bilanz?

Die Analyse der Kapitalstruktur (→ **Kapital**) auf der Passivseite zielt vor allem auf die Fragestellung, in welchem Verhältnis Eigenkapital und Fremdkapital zueinander stehen. Zeigt die Passivseite eines Unternehmens eine Unterdeckung an Eigenkapital auf, so hat dies gravierende Auswirkungen auf die Bonität (→ **Kreditwürdigkeit**) und langfristige Existenzsicherung. Daher ist die wichtigste Kennzahl über die Kapitalstruktur die sogenannte Eigenkapitalquote. Sie wird wie folgt definiert:

$$\text{Eigenkapitalquote} = \frac{\text{Eigenkapital}}{\text{Gesamtkapital}} \times 100 = x\,\%$$

Die Eigenkapitalquote gibt an, wie hoch der Anteil des Eigenkapitals am Gesamtkapital ist.

> **Wichtig!**
> Die finanzielle Lage eines Unternehmens ist umso stabiler, je höher der Eigenkapitalanteil ist.

Bilanzanalyse 73

Eigene Mittel stehen dem Unternehmen auf Dauer zur Verfügung, während für das Fremdkapital unaufschiebbare Zins- und Tilgungsverpflichtungen bestehen. Ein hoher Eigenkapitalanteil garantiert die unternehmerische Dispositionsfreiheit und weitgehende Unabhängigkeit von Kreditgebern (z.B. Banken). Aus Sicht der Gläubiger stellt das Eigenkapital Haftungskapital dar. Je größer das Eigenkapital ist, desto besser sind die Gläubiger vor Verlusten geschützt.

Vorteile einer hohen EK Quote	Nachteile einer hohen EK Quote
Gute Kreditwürdigkeit	Keine optimale Anlage, wenn das Eigenkapital nicht hoch genug verzinst wird
Hohe Unabhängigkeit von Banken und weiteren Kreditgebern	Zwang zur guten Verzinsung durch Verzinsungsanspruch der Gesellschafter (→ **Shareholder Value**)
Geringer Zinsaufwand für Verbindlichkeiten	
Bessere Liquidität durch geringeren Kapitaldienst	

Abbildung 9: Vor- und Nachteile einer hohen Eigenkapitalquote

Ableitend aus den Vor- und Nachteilen einer hohen Eigenkapitalquote definiert man als gesunde Eigenkapitalquote einen Wert von ca. 50%. Doch aktuelle Untersuchungen zeigen, dass die meisten Firmen weit von dieser Zielgröße entfernt sind.

Der Deutsche Giro- und Sparkassenverband analysiert beispielsweise immer wieder die aktuellen Eigenkapitalquoten. In einer seiner letzten Studien berichtet er zwar von einem Anstieg der Eigenkapitalquoten in den letzten Jahren, begründet mit der positiven gesamtwirtschaftlichen Konjunktur. Die Umsatzlage vieler Unternehmen hätte sich deutlich gebessert, die Ertragslage stabilisiert, was eine solide Grundlage für einbehaltene Gewinne und eine Steigerung des Eigenkapitals bedeutet.

Dennoch meldet der DSGV für 2010, dass kleine Unternehmen (mit 0 bis 1 Mio. Euro Jahresumsatz) durchschnittlich 12,1% Eigenkapitalquoten haben, der Mittelstand mit Umsätzen zwischen 0 und 50 Mio. Euro ca. 18,3% sowie Großunternehmen mit über 50 Mio. Euro Umsatz ca. 30,3% Eigenkapitalquote (Quelle: DSGV: Diagnose Mittelstand 2012, S. 43f.). Damit liegen diese Eigenkapitalquoten weit unter dem guten Wert von 50%.

Noch schlimmer: Leider aber haben laut DSGV immer noch mindestens 36% aller kleinen Firmen bzw. 25,3% des sog. Mittelstands gar kein Eigenkapital mehr in ihrer Bilanz. Damit basiert ihre Existenz nur noch auf Schulden! Gerade in der Diskussion um Basel II bzw. III (→ **Kreditwürdigkeit**) verlieren die betroffenen Unternehmen damit weiter an Kreditwürdigkeit, was wiederum zu erhöhten Kosten für Fremdkapital und zu einer Reduzierung des Gewinns führt.

Wie analysiert man die Vermögensseite einer Bilanz?

Die Analyse der Vermögensseite (→ **Vermögen**) fragt vor allem nach dem Verhältnis von Anlagevermögen und Umlaufvermögen. Das Anlagevermögen umfasst dabei diejenigen Vermögensgegenstände, die langfristig im Unternehmen gebunden sind, während das Umlaufvermögen die kurzfristig gebundenen Vermögensgegenstände beinhaltet.

Eine der klassischen Kennzahlen zur Analyse der Vermögensseite ist die Anlagenintensität. Diese überprüft die Fristigkeit der Vermögensbindung. Oder mit anderen Worten: Wie viel der Bilanzsumme ist in langfristige Anlagen gebunden und kann nicht kurzfristig, zum Beispiel zur Tilgung von Schulden, verwendet werden.

$$\text{Anlagenintensität} = \frac{\text{Anlagevermögen}}{\text{Gesamtvermögen}} \times 100 = x\,\%$$

Für die Anlagenintensität gibt es keinen branchenübergreifenden Optimalwert. Viel zu sehr hängt die Notwendigkeit der Investition in Anlagen (wie z.B. Gebäude, Maschinen, Unternehmen, Lizenzen etc.) von der Art der Leistungserbringung des jeweiligen Unternehmens ab. Ein produzierendes Industrieunternehmen braucht grundsätzlich mehr Anlagen, um seine Leistungen überhaupt erbringen zu können. Demgegenüber benötigen manche Dienstleister (z.B. Händler, Rechtsanwälte) weniger langfristige Anlagen für ihr Kerngeschäft. Es gilt aber, je höher die Anlagenintensität, desto höher sind auch die Fixkosten. Zudem wird mehr Kapital gebunden.

Argumente für eine hohe Anlagenintensität	Argumente gegen eine hohe Anlagenintensität
Gute Kreditsicherheit (allerdings abhängig vom individuellen Anlageobjekt und seinem Verkehrswert)	Hohe Fixkosten, hohe Kapitalbindung und damit weitere Kosten
Eventuell stille Reserven	Eine Liquidation ist unter Umständen problematisch
Hohe Unabhängigkeit, da Eigentum	Geringe Flexibilität

Abbildung 10: Argumente für und gegen eine hohe Anlagenintensität

Manche Betriebsräte und Wirtschaftsausschüsse beäugen obendrein eine über die Jahre wachsende Anlagenintensität, da diese eine Verlagerung menschlicher Arbeit auf Maschinen, also eine Rationalisierung, beinhalten kann.

> **Tipp!**
> Die Anlagenintensität macht als Kennzahl nur bei jenen Firmen Sinn, die ihre Anlagen im eigenen Besitz haben. Viele Unternehmen sind jedoch in der Praxis dazu übergegangen, ihre Anlagen (z.B. Maschinen und Fuhrpark) zu leasen oder zu mieten.

Analog der Anlagenintensität lässt sich auch die Umlauf- sowie die Vorratsintensität berechnen. Anstelle des Anlagevermögens erscheint dann nur entweder das gesamte Umlaufvermögen oder die Summe aller Vorräte im Zähler.

Die Vorratsintensität ist nur für jene Unternehmen von hoher Bedeutung, die viel Kapital in ihren Vorräten gebunden haben. Dies gilt zum Beispiel für Einzel- und Großhändler sowie für weiterverarbeitende Industrieunternehmen. In diesen Fällen gilt es branchenspezifische Vergleichswerte oder Benchmarks (→ **Benchmarking**) zu sammeln und mit dem eigenen Unternehmen zu vergleichen.

Generell sagt man, dass ein kleiner Wert der Vorratsintensität besser ist, da ansonsten zu viel Kapital in den Vorräten gebunden sei und dies zu unnötigen Kosten führe. Dies ist auch der Grund für eine Reihe moderner Produktionsverfahren, wie zum Beispiel die Produktionssynchrone Beschaffung, in der Rohstoffe und Zwischenerzeugnisse erst dann angeliefert werden, wenn die Produktion den akuten Bedarf meldet (Just-in-Time-Konzept). Eine Ausnahme gibt es aber auch: höhere Vorräte können jedoch auch positiv sein, wenn sie beispielsweise besonders billig eingekauft wurden. Dann gilt es jedoch die Kosten für die Lagerhaltung den Einsparungen beim Kauf kritisch gegenüber zu stellen.

Analog der bisherigen Vermögenskennzahlen lässt sich auch die Forderungsquote berechnen. Sie verdeutlicht das Verhältnis zwischen den Forderungen des Unternehmens (→ **Forderungsmanagement**) und dem Gesamtvermögen.

Bei der Forderungsquote gilt, dass diese möglichst niedrig sein sollte, um wenig Außenstände und somit ein geringes Ausfallrisiko zu haben. Umgekehrt würde eine hohe Forderungsquote bedeuten, dass dem Unternehmen noch viele Zahlungen von Seiten der Kunden zustehen würden. Würden diese nicht rechtzeitig und erfolgreich eingehen, so könnte ein Unternehmen trotz guter Umsätze in eigene Zahlungsschwierigkeiten kommen.

76 Bilanzanalyse

Im schlimmsten Falle drohen eine eigene Insolvenz und der Verlust aller Arbeitsplätze.

Eine weitere Kennzahl zur Analyse der Vermögensseite ist die Abschreibungsquote, die im Rahmen der → **Abschreibungen** ausführlich beschrieben wird.

Wie analysiert man die Liquidität in einer Bilanz?

Ein Unternehmen, das seinen Zahlungsverpflichtungen (z.B. gegenüber Lieferanten oder Mitarbeitern) nicht mehr nachkommen kann, läuft große Gefahr in eine Insolvenz zu rutschen. Dies bedeutet oft den Verlust aller Arbeitsplätze. Die Überprüfung der Liquidität (Zahlungsfähigkeit) eines Unternehmens gehört daher zu den wichtigen Funktionen einer Bilanzanalyse.

Im Gegensatz zu den bisher aufgezeigten einseitigen Analysen der Kapitalstruktur und Vermögensstruktur, untersuchen eine Reihe von Liquiditätskennzahlen das Verhältnis zwischen Kapitalstruktur und Vermögensstruktur in Hinblick darauf, ob genügend kurzfristig verfügbares Vermögen vorhanden ist, um die Verbindlichkeiten der nächsten zwölf Monate zu bezahlen. Die einzelnen Liquiditätskennzahlen werden in einem separaten Kapital zusammen mit der Liquidität ausführlich beschrieben (→ **Liquidität**).

Was versteht man unter Deckungsrechnung in einer Bilanz?

Wie die Liquiditätskennzahlen untersucht auch die Deckungsrechnung das Verhältnis zwischen der Kapitalseite und der Vermögensseite. Diesmal jedoch nicht hinsichtlich der Zahlungsfähigkeit unter Beachtung der kurzfristigen Verbindlichkeiten, sondern mit Fokus auf die langfristige und damit sichere Finanzierung des Anlagevermögens. Es wird also das Verhältnis des sicheren Eigenkapitals zum Anlagevermögen untersucht. Mit Hilfe dieser Kennzahlen soll untersucht werden, ob nach der »Goldenen Bilanzregel« finanziert wurde.

> **Wichtig!**
> Die Goldene Bilanzregel besagt, dass langfristig gebundenes Vermögen auch mit langfristig gebundenem Kapital finanziert werden soll.

Bilanzanalyse 77

Der Deckungsgrad I zeigt an, wie viel Prozent des Anlagevermögens mit Eigenkapital finanziert sind. Ein Deckungsgrad I von 60 Prozent bedeutet beispielsweise, dass 60 Prozent des Anlagevermögens mit Eigenkapital finanziert sind und somit Teile des Anlagevermögens (40 %) mit Fremdkapital finanziert werden müssen.

$$\frac{\text{Anlagendeckung}}{\text{(Deckungsgrad I)}} = \frac{\text{Eigenkapital}}{\text{Anlagevermögen}} \times 100 = x\%$$

Neben dem Eigenkapital, das dem Unternehmen langfristig zur Verfügung steht, gibt es aber auch langfristiges Fremdkapital (→ **Kapital**). Dazu gehören u.a. die Pensionsrückstellungen und Bankkredite mit einer Laufzeit von über einem Jahr, die dem Unternehmen langfristig für Finanzierungszwecke zur Verfügung stehen.

$$\frac{\text{Anlagendeckung}}{\text{(Deckungsgrad II)}} = \frac{\text{EK + langfr. FK}}{\text{Anlagevermögen}} \times 100 = x\%$$

Auch der Deckungsgrad II zeigt an, wie viel Prozent des Anlagevermögens langfristig finanziert sind, diesmal jedoch inklusive des langfristigen Fremdkapitals. Ein Deckungsgrad II von 90 Prozent bedeutet beispielsweise, dass 90 Prozent des Anlagevermögens langfristig und die restlichen 10 Prozent kurzfristig finanziert werden. Da das Anlagevermögen langfristig gebunden ist, sollte es in der Regel auch langfristig finanziert werden. Ansonsten müssten im schlimmsten Fall Teile des Anlagevermögens veräußert werden, um Fremdkapital den Gläubigern zurückzuzahlen. Damit würde die Grundlage der Leistungserbringung (z.B. mittels Maschinen oder Fahrzeugen) gefährdet. Der Deckungsgrad II sollte daher mindestens 100 Prozent betragen. Werte über 100 Prozent zeigen an, dass auch betriebsnotwendiges Umlaufvermögen mit langfristigem Charakter (z.B. Mindestbestände) abgedeckt ist.

Tipp!
Die Deckungsrechnung macht nur bei jenen Firmen Sinn, die ihre Anlagen im eigenen Besitz haben. Viele Unternehmen sind jedoch in der Praxis dazu übergegangen, ihre Anlagen (z.B. Maschinen und Fuhrpark) zu leasen oder zu mieten. In diesem Falle bringt die Untersuchung der Deckungsgrade wenig Mehrwert.

Literatur

Coenenberg A.G.: Jahresabschluss und Jahresabschlussanalyse, Landsberg / Lech, 2000.
Disselkamp M.: Überblick über die wichtigsten Kennzahlen für die Bilanzanalyse, in: Arbeitsrecht im Betrieb, Mai 2003.
Engel-Bock J., Laßmann N., Rupp R.: Bilanzanalyse leicht gemacht, Frankfurt a.M., 2012.
Kreese W.: Die Kunst, Bilanzen zu lesen, Stuttgart, 1988.
Reichmann T.: Controlling mit Kennzahlen, München, 1990.

BILANZPOLITIK

Was versteht man unter dem Begriff »Bilanzpolitik«?

Als Bilanzpolitik bezeichnet man die gezielte und beabsichtigte Beeinflussung der Darstellung von Daten und Fakten des → **Jahresabschlusses** innerhalb der gesetzlich möglichen Grenzen. Bei internen bzw. externen Lesern (z.B. Beschäftigte, Aktionäre, Gläubiger) soll ein bestimmter Eindruck über die wirtschaftliche Lage des Unternehmens hervorgerufen werden.

> **Wichtig!**
> Bilanzpolitik ist der legale Ansatz, die Ergebnisse innerhalb der Bilanz und der Gewinn- und Verlustrechnung im Interesse der Unternehmensleitung anzupassen.

Meist gelten die folgenden Ziele im Rahmen der Bilanzpolitik:

- In der Regel: Gewinnglättung, kontinuierliche Dividendenpolitik.
- In guten Jahren: Reduktion des auszuweisenden Ausschüttungspotenzials, Zukunftsvorsorge, Substanzerhaltung, Substanzmehrung.
- In schlechten Jahren: Verbesserung des Bilanzbildes, angemessenes Eigenkapital, Vergrößerung des Ausschüttungspotenzials auf das notwendige Mindestmaß, Verschleierung von Fehlentwicklungen.

Besonders Publikumsgesellschaften mit Managern als Vorständen bzw. Geschäftsführern betreiben in größerem Umfang Ergebnisglättungen als inhabergeführte Unternehmen. Als Ursache gilt bei Experten der stärkere Rechtfertigungsdruck von Managern gegenüber den Eigenkapitalgebern. Gerade wenn die Zahlen in Wahrheit nicht so gut sind, dann möchte man die Aktionäre, wie z.B. Großinvestoren, Fonds etc., nicht noch mehr verunsichern.

> **Wichtig!**
> Durch die Instrumente der Bilanzpolitik können Unternehmer die wirtschaftliche Lage eines Unternehmens im Jahresabschluss auch gegenüber den Beschäftigten und Tarifparteien wesentlich schlechter aussehen lassen.

Weist umgekehrt ein Unternehmen eine in Wahrheit sehr gute wirtschaftliche und finanzielle Lage aus, so dient Managern eine Gewinnglättung nach unten im Rahmen der Bilanzpolitik, z. B. zur Erlangung einer besseren Verhandlungsposition gegenüber Gewerkschaften und Betriebsräten in den Tarifverhandlungen. Doch auch Eigentümer von Personengesellschaften können die Instrumente der Bilanzpolitik dazu verwenden, ihre Steuern zu senken.

Tipp!
Vorsicht bei vom Betriebsergebnis abhängigen Prämienzusagen: Der Arbeitgeber kann das Betriebsergebnis alleine durch Abschreibungen bzw. Rückstellungen so schmälern, dass die Empfänger von Prämien dabei leer ausgehen. Es empfiehlt sich dann noch eher eine Bewertung der Prämienzahlung anhand des sogenannten EBITDA, also dem Betriebsergebnis vor Abschreibungen, Zinsen und Steuern.

Welche Instrumente der Bilanzpolitik gibt es im deutschen HGB?

Die Bilanzpolitik betrifft zwei unterschiedliche Bereiche, die in der Praxis schwer voneinander zu unterscheiden sind, weil sie sich gegenseitig beeinflussen:

- Formelle Bilanzpolitik: Bei der formellen Bilanzpolitik wird vor allem die Struktur der Bilanz und Gewinn- und Verlustrechnung beeinflusst.
- Materielle Bilanzpolitik: Hier geht es um die Beeinflussung der Höhe des im Jahresabschluss ausgewiesenen Ergebnisses (Jahresüberschuss oder Jahresfehlbetrag).

Tipp!
Jeder Wirtschaftsausschuss sollte die legalen Instrumente der Bilanzpolitik kennen, um so jeden Jahresabschluss kritischer betrachten zu können.

Zu den Instrumenten der formellen Bilanzpolitik gehört beispielsweise die Umschichtung von Umlauf- in Anlagevermögen (→ **Vermögen**). Haben etwa kurzfristig gehaltene Wertpapiere (d. h. im Umlaufvermögen) einen Wertverlust hinnehmen müssen, so wäre das Unternehmen gezwungen, den Wert dieser Papiere auf den neuen aktuellen Wert zu bereinigen (→ **Abschreibungen**). Dies hätte zur Folge, dass die Abschreibungen zu erhöhten Aufwendungen und damit einem geringeren Jahresüberschuss (»Gewinn«) führten.

Ein Unternehmen, das aber einen besseren Jahresüberschuss ausweisen möchte, kann versuchen, diese Wertpapiere aus dem Umlauf- in das Anlagevermögen umzuschichten. Dies ist möglich, solange die Wertpapiere nicht innerhalb eines Jahres verkauft werden und sie keinen dauerhaften Wertverlust darstellen. Dank dieser Maßnahme gibt es dann keine Notwendigkeit für Abschreibungen und der Jahresüberschuss wäre nicht negativ betroffen.

Weitere strukturelle Maßnahmen der formellen Bilanzpolitik sind die Umschichtung von Fremd- in Eigenkapital (z. B. durch Gesellschafterdarlehen) oder die Umschichtung von Anlagevermögen in gemietete Objekte. Die Umschichtung von Anlagevermögen in gemietete Objekte bezeichnet man auch als sogenanntes Sale-and-Lease-Back-Verfahren. Dabei verkauft ein Unternehmen Teile seines Anlagevermögens, wie z. B. Fahrzeuge, Maschinen oder Gebäude, an einen Dritten. Dieser Käufer wird dann zum Leasinggeber für die soeben erworbene Anlage und vermietet diese an das Unternehmen zurück. Der Vorteil für das Unternehmen liegt zuerst einmal in einer erhöhten → **Liquidität** sowie darin, dass die Anlagen nun nicht mehr in der Bilanz erscheinen.

Die Instrumente für die materielle Bilanzpolitik lassen sich in die Ansatzalternativen und die Bewertungsalternativen unterscheiden:

- Bei den Ansatzalternativen steht die Frage im Vordergrund, ob bestimmte Sachverhalte überhaupt in die Bilanz aufgenommen werden müssen.
- Bei den Bewertungsalternativen geht es um die Frage, mit welchen Werten die in der Bilanz erfassten Posten ausgewiesen werden müssen.

Bei den Gestaltungsmöglichkeiten der Ansatzalternativen spricht man auch von den sogenannten Bilanzierungswahlrechten, die durch die Gesetze für die Handelsbilanz (→ **Bilanz**) ausdrücklich eingeräumt werden. Unternehmen haben dabei die Wahl, ob sie bestimmte Positionen überhaupt auf der Aktivseite einer Bilanz »aktivieren« oder auf der Passivseite einer Bilanz »passivieren« möchten.

> **Tipp!**
> Es gilt die Faustregel: Je niedriger der ausgewiesene Gewinn ausfallen soll, desto weniger sollte aktiviert werden, desto mehr sollte aber passiviert werden.

Umgekehrt gilt es für eine Erhöhung des Gewinns so viel wie möglich auf der Aktivseite einer Bilanz zu aktivieren und auf der Passivseite wenig zu passivieren.

Wichtig!

Im Rahmen der Einführung des Bilanzrechtsmodernisierungsgesetzes (kurz: BilMoG) wurden viele der früher zahlreicheren Instrumente der Bilanzpolitik eliminiert.

Beispiele für einzelne übriggebliebene Ansatzalternativen bzw. Bilanzierungswahlrechte sind:

Aktivierungswahlrechte	Passivierungswahlrechte
• Selbst geschaffene immaterielle Vermögensgegenstände des Anlagevermögens können als Aktivposten in die Bilanz aufgenommen werden (§ 248 Abs. 2 Satz 1 HGB). • Latente Steuern: § 274 Abs. 2 HGB. • Ein Aktivierungswahlrecht besteht für geringwertige Wirtschaftsgüter. Sie müssen zwar in der Anlagenbuchhaltung gesondert geführt werden, müssen aber nicht in der Bilanz ausgewiesen werden, sondern können im Jahr der Anschaffung vollständig abgeschrieben werden (§ 6 Abs. 2 EStG).	• Pensionsrückstellungen vor 1.1.1987: Nach § 28 EGHGB steht es dem Unternehmen frei, jene Pensionsrückstellungen in der Bilanz anzugeben, deren Ansprüche vor dem 1.1.1987 erworben wurden.

Abbildung 11: Ansatzalternativen der materiellen Bilanzpolitik (Bilanzierungswahlrechte)

Neben den Ansatzalternativen gehören auch die Bewertungsalternativen bzw. Bewertungswahlrechte zu den Instrumenten der materiellen Bilanzpolitik. Hierbei geht es um die Frage, mit welchen Werten die in der Bilanz erfassten Posten ausgewiesen werden müssen. Die Bewertungsalternativen ergeben sich aus Spielräumen, die das deutsche Handelsgesetzbuch Unternehmen bei der Bewertung von Vermögens- und Kapitalpositionen einräumt. Die unterschiedlichen Bewertungen haben dabei einen direkten Einfluss auf die Jahresüberschüsse und somit auf die abzuführenden Steuern, Dividenden etc. Allerdings müssen die Positionen im Jahresabschluss ausgewiesen werden. Sie können nur in ihrer Höhe frei gestaltet werden, nicht aber in der Frage, ob man die Positionen überhaupt ausweisen muss. Beispiele solcher Bewertungswahlrechte sind:

- Wahl des Abschreibungsverfahrens: linear oder degressiv;
- Festlegung der Nutzungsdauer bei Vermögensgegenständen: Je länger ein Vermögensgegenstand offiziell genutzt wird, desto weniger Aufwand entsteht in einem Jahr und desto weniger wird der Jahresüberschuss reduziert. Hierzu existieren grundsätzlich zwar einige Vorgaben

Bilanzpolitik 83

(siehe → **Abschreibungen**), die in der Praxis aber einige Spielräume freilassen.
- Bewertung der Rückstellungen: z.b. § 256 HGB sowie
- Berechnung der Herstellungskosten bei selbst erstellten Anlagen oder Erzeugnissen: Laut § 255 HGB brauchen z.b. die Gemeinkosten oder die Fremdkapitalzinsen nicht in die Herstellkosten kalkuliert werden. Dies führt zu einem niedrigeren Aufwand des Unternehmens und zu einem entsprechend höheren Überschuss.

Tipp!
Sowohl bei den Bilanzierungs- wie auch bei den Bewertungswahlrechten sind es vor allem zwei Positionen, die der Wirtschaftsausschuss besonders beachten sollte: Abschreibungen und Rückstellungen. Allerdings haben sich durch das BilMoG die Möglichkeiten der Bilanzpolitik sehr verringert.

Welche weiteren Spielräume gibt es in den internationalen Rechnungslegungsvorschriften?

Deutschen Unternehmen eröffnen sich weitere bilanzpolitische Spielräume, sobald sie einen Konzernabschluss nach einem der Standards der → **internationalen Rechnungslegung** – besonders den IFRS (International Financial Reporting Standards) – erstellen. Zwar ist der Einzelabschluss einer individuellen Gesellschaft weiterhin nach den Vorgaben des Handelsgesetzbuches (HGB) zu formulieren, doch darf parallel ein Konzernabschluss nach den Richtlinien des IFRS erstellt werden. Ab 2005 werden die IFRS Regeln sogar zur Pflicht für alle börsennotierten Konzernabschlüsse (befreiende Wirkung nur nach § 292a HGB).

Wichtig!
Die Regeln der internationalen Rechnungslegungsvorschriften bieten noch mehr Möglichkeiten, die wahre wirtschaftliche und finanzielle Situation eines Konzerns zu verschleiern.

Tipp!
Eine Analyse der Universität Münster im Auftrag des Manager Magazins im Frühjahr 2003 ergab, dass es nicht etwa junge Hightech-Firmen sind, die die Freiräume der nationalen und internationalen Rechnungslegungsstandards nach Kräften ausnutzen, sondern vielmehr erste Adressen der deutschen Konzerne. Als Beispiele werden Siemens, Deutsche Telekom und Daimler Chrysler genannt.

Welche Möglichkeiten gibt es noch zur Anpassung der Gewinne?

In der Presse und in der Fachliteratur finden sich noch weitere Tricks, mit denen Unternehmen Gewinne manipulieren können. Dabei werden u.a. diese Möglichkeiten erwähnt:

- Verluste aus dem operativen Geschäftsbetrieb werden im außerordentlichen Ergebnis versteckt: Dies beeinflusst zwar nicht das Jahresergebnis bzw. den Jahresfehlbetrag, dafür aber umso mehr das Betriebsergebnis (→ **Gewinn- und Verlustrechnung**).
- Zinssatz für Pensionsrückstellungen wird geändert: Diese Maßnahme muss jedoch im Anhang des Jahresabschlusses erläutert werden und ist somit leicht zu erkennen.
- Forderungen an bedrohte Kunden werden nicht abgeschrieben: Die Wirkung ist ein höherer Gewinn in diesem Geschäftsjahr. Der endgültige Ausfall der Forderungen zeigt dann jedoch im nächsten Geschäftsjahr seine volle Wirkung.
- Vermögen wird bei Minderheitsbeteiligung geparkt: Die Bilanz zeigt damit weniger Substanz; eine Maßnahme, die nur sehr schwer zu erkennen ist.
- Hohe Verrechnungspreise: Gewinne von Töchtern werden über hohe Verrechnungspreise für geleistete Dienstleistungen oder Waren in die Einzelbilanz der Mutter gelenkt. Die Töchter haben damit einen geringeren Gewinn, die Mutter dafür einen gesteigerten Jahresüberschuss. Bei Konzernbilanzen gleicht sich dieses Vorgehen wieder aus.
- Hohe Konzernumlagen: Gewinne von Töchtern werden über hohe Konzernumlagen der Muttergesellschaften abgeschöpft. Die Töchter haben damit einen geringeren Gewinn, die Mutter dafür einen gesteigerten Jahresüberschuss. Wie bei den hohen Verrechnungspreisen gleicht sich dieses Vorgehen bei den Konzernbilanzen wieder aus, weshalb die Aktionäre ein solches Vorgehen wenig stört.

> **Tipp!**
> Besonders zu hohe Verrechnungspreise oder Konzernumlagen erlauben es Konzernen, einzelne Tochterunternehmen schlechter in ihrer Kostenstruktur und Rentabilität darzustellen als die wirtschaftliche Lage in Wahrheit ist. Dieses Instrument wird vor allem gerne gegenüber den Beschäftigten, Tarifparteien und in Standortdiskussionen ausgespielt.

Literatur

Coenenberg A.G.: Jahresabschluss und Jahresabschlussanalyse, Landsberg / Lech, 2000.
Disselkamp M.: Bilanzpolitik, in: Disselkamp M., Thome-Braun A.: Der Professionelle Betriebsrat, Augsburg, 2003.
Döhle P., Papendick U.: Die Blendwerk AG, in: Manager Magazin 5/03, 2003.
Ossola-Haring C., Cremer U.: Jahresabschluss und Bilanz, Landsberg / Lech, 2001.

Business Process Reengineering

Bei dem Business Process Reengineering handelt es sich um einen Managementansatz mit extrem starken Auswirkungen auf die Beschäftigten.

Was versteht man unter Business Process Reengineering?

Das Business Process Reengineering (BPR) hinterfragt die gesamte Ablauf- und Aufbauorganisation eines Unternehmens im Hinblick auf die Optimierung der Geschäftsprozesse. Die bisherige Organisation mit ihren eingefahrenen Abläufen wird in Frage gestellt und den aufgedeckten Defiziten unmittelbar und radikal (!) mit organisatorischer Umgestaltung begegnet. Ziel ist dabei die Verschlankung von Abläufen und Hierarchien eines Unternehmens zwecks Reduzierung der unternehmerischen Kosten und der Festigung einer extremen Kundenorientierung.

Die Idee des Reengineering wurde erstmals von Michael Hammer, einem Informatikprofessor am Massachusetts Institute of Technology (MIT), im Rahmen eines Artikels in der Harvard Business Review von Juli/August 1990 vorgestellt. Basierend auf den Erfahrungen der gleichen Hochschule mit dem Konzept des Lean Managements, folgte dann 1993 das erste Buch zum Business Process Reengineering von Michael Hammer und James Champy, dem Chef der Managementberatung CSC. Es handelte sich um einen neuen Ansatz zur Unternehmensveränderung, der von seinen Erfindern beschrieben wurde als »ein grundsätzliches Umdenken und die radikale Umgestaltung von Geschäftsprozessen, um deutliche Verbesserungen bei wichtigen Leistungsindikatoren wie Kosten, Qualität, Service und Geschwindigkeit zu erzielen«.

> **Wichtig!**
> Beim Business Reengineering geht es nicht alleine darum, die bestehenden Abläufe zu optimieren. Business Reengineering ist ein völliger Neubeginn – eine Radikalkur.

Die Tatsache der Radikalkur zeigt sich vor allem daran, dass bei der Suche nach Verbesserungsmöglichkeiten innerhalb einer Unternehmung oder einer Abteilung man so vor vorgeht, als ob diese neu auf der grünen Wiese aufgebaut werden kann. Es gibt keine Rücksicht auf althergebrachte (und häufig irrelevante) Funktionsgrenzen. Grund dafür ist, dass diese Funktionseinheiten häufig argwöhnisch über ihre Informationen und ihre Position im Unternehmensgefüge wachen. Dies ist bestenfalls ineffizient. Indem diese Einheiten in ihre einzelnen Prozesse zerlegt und in einer weniger vertikalen Form neu zusammengesetzt werden, zeigte sich, wo die Unternehmen überschüssiges »Fett« angesetzt hatten und eine Verschlankung gebrauchen konnten. Umgekehrt gibt es für die Lösung auf der grünen Wiese keine bestehenden Strukturen und Kompetenzen, gelebte Kulturen sowie persönliche Interessen und Unternehmenspolitik.

Business Process Reengineering verspricht laut den beiden Erfindern, Hammer und Chanpy, Quantensprünge an Leistungsverbesserungen. Dabei gehe es nicht um Fortschritte von fünf oder zehn Prozent, sondern um Sprünge von dreißig Prozent und mehr. So werden gerne die Reduzierung von Durchlaufzeiten in der Größenordnung von sieben auf drei Tage oder die Halbierung der Entwicklungsdauer als Beispiele für diese These angegeben.

Welche Auswirkungen hat BPR auf die Beschäftigten?

Die kritische Analyse aller existierenden Abläufe nach ihrem Beitrag zu den Geschäftsprozessen, der Kundenorientierung und der Rentabilität, sowie die dann folgende Konzeption neuer Prozessabläufe und Unternehmensstrukturen führen dazu, dass das Business Process Reengineering enorme Auswirkungen auf die Beschäftigten hat:

- Störung effizienter Abläufe: BPR-Projekte können bereits während der Analysephase operative Abläufe stören, wie z.B. durch aufwändige Interviews und Beobachtungen der Beschäftigten. Zudem können oberflächliche, neue Konzepte eingefahrene Abläufe stören.
- Unsicherheit: Die radikale Infragestellung aller bestehenden Abläufe und Strukturen generiert Unsicherheit bei vielen Beteiligten. Besonders schlimm wird es, wenn Unternehmen kontinuierlich BPR betreiben.
- Fehlende Stabilität: Die genannte Unsicherheit reduziert die Stabilität, die viele von ihrem Arbeitsplatz erwarten.

- Angst vor Arbeitsplatzverlust: Die radikale Infragestellung durch BPR steigert die Angst um den Arbeitsplatzverlust.
- Brachiale Rationalisierung: Gerade Business Process Reengineering dient gelegentlich Managern als Alibi für oberflächliche Rationalisierungsmaßnahmen. Nach dem Motto: »alles muss besser werden«, werden alle eingefahrenen Verfahren und Strukturen leichthin rationalisiert, ohne Beachtung vorhandener Kulturen, Bedürfnisse, Erfahrungen etc.

So kam es auch, dass seit Mitte der 90er Jahre mit BPR-Projekten vor allem Personalreduzierungen assoziiert wurden. Damit dies nicht ganz so offensichtlich wurde, änderte z. b. das Beratungsunternehmen von einem der Väter von BPR, CSC den Namen des Konzepts in Business Process Improvement (BPI). Grundidee war, dass BPI eine Prozessverbesserung erlaubt, die nicht notgedrungen zu Entlassungen führen muss.

Wichtig!
Die meisten Business Process Reengineering-Projekte scheitern.

Wer sich auf Business Process Reengineering einlässt, geht ein hohes Risiko ein: Von bis zu 70 Prozent Fehlschlägen ist die Rede. Dabei liegen die Hauptgründe für die häufigen Misserfolge beim Business Process Reengineerings eben in der radikalen Veränderung der Organisationsformen und den daraus resultierenden harten Konsequenzen für die Beschäftigten. Die Analyse von über 300 Unternehmen durch die Firma Prosci in 2002 ergab, dass BPR-Projekte vor allem mit dem Ziel der Kostenminimierung sowie besserer Kundennähe lanciert werden. Doch zeigt die Studie auch klar, dass die größte Herausforderung von BPR-Projekten die Beschäftigten sind. Man spricht sogar davon, dass die Zurückhaltung der Mitarbeiter bei BPR-Projekten sechsmal höher wäre als bei normalen Projekten des Unternehmens.

Tipps an den Wirtschaftsausschuss

Der Wirtschaftsausschuss hat bei anstehenden oder laufenden BPR-Projekten verschiedene Aufgaben zu übernehmen:

- Zugriff auf sämtliche Informationen: Der Wirtschaftsausschuss muss von Anfang an schnellen Zugriff auf sämtliche Informationen haben, die in irgendeiner Beziehung zu den vom Reengineering betroffenen Unternehmensprozessen, Abteilungen und Beschäftigten stehen. Die rechtliche Grundlage liefert hierzu § 106 Abs. 3 BetrVG.

- Frühzeitige Analyse der Auswirkungen: Die gesamte BPR-Zielsetzung, Projektplanung sowie alle geplanten Modifikationen von Prozessen sind eingehend auf ihre Auswirkungen zu analysieren. Zu empfehlen ist eine frühzeitige Teilnahme des Wirtschaftsausschusses bei der Projektplanung, am besten mit einem Vertreter im BPR-Führungsteam. Dies kann im Rahmen von § 106 Abs. 1 und 3 BetrVG erstritten werden.
- Intensive Beachtung der menschlichen Konsequenzen: BPR-Projekte haben stets enorme Auswirkungen auf die Beschäftigten, weshalb eine hohe Priorität bei der Analyse der Auswirkungen auf den Faktor Mensch liegen muss.
- Laufende Berichterstattung an den Betriebsrat: Damit gegen negative Konsequenzen für die Beschäftigten vorgegangen werden kann, muss der Wirtschaftsausschuss den Betriebsrat laufend über die Inhalte und Auswirkungen des BPR unterrichten. Dieser kann dann im Rahmen seiner Mitbestimmungsrechte aktiv werden.
- Eigene Alternativen: Der Wirtschaftsausschuss sollte nicht nur passiv kontrollierend einwirken, sondern auch aktiv eigene Verbesserungsvorschläge für Arbeitsabläufe erarbeiten und kommunizieren. Dies ermöglicht auch der Gesetzgeber mittels § 106 Abs. 1 Satz 2 (WA als Berater) sowie über den Betriebsrat mittels § 92a BetrVG.
- Simulation: Durch Modellbildung und Simulation lassen sich sowohl die Alternativen der BPR-Projektgruppe als auch der Arbeitnehmervertreter testen und miteinander vergleichen sowie die damit verbundenen Vorteile (Kosten, Qualität, Zeit) und Nachteile (Stellenabbau, Frustration, Überforderung) abschätzen. Dabei kann sich der Wirtschaftsausschuss bei der Analyse und bei möglichen Gegenvorschlägen durch externe Berater unterstützen lassen (§ 108 Abs. 2 und § 111 BetrVG).

> **Wichtig!**
> Kein BPR-Projekt sollte an dem Wirtschaftsausschuss vorbeilaufen. Die Informationsrechte des Wirtschaftsausschusses geben genügend Möglichkeiten, sich über Business Process-Aktivitäten im Unternehmen zu informieren.

Literatur

Disselkamp M.: Business Process Reengineering, in: Disselkamp M., Thome-Braun A., Der Professionelle Betriebsrat, Augsburg, 2003.
Hammer, M, Champy J.: Business Reengineering – Die Radikalkur für das Unternehmen, Frankfurt, York, 1994.

Cashflow

Was ist der Cashflow?

Der Cashflow (Umsatzüberschuss, Finanzmittelüberschuss) ist der Teil des Umsatzes, der an Liquidität im Unternehmen zurückbleibt und für Investitionsausgaben, zur Schuldentilgung und zur Gewinnausschüttung zur Verfügung steht. Der Cashflow bezeichnet somit die innere Ertragskraft eines Unternehmens.

Die aus dem amerikanischen kommende Kennzahl bringt zum Ausdruck, inwieweit ein Unternehmen von der finanziellen Seite in der Lage ist, aus eigener Kraft die finanziellen Mittel zur Erfüllung der notwendigen oder existentiell wichtigen Aufgaben bereitzustellen. Anlass für den Cashflow ist das Problem, dass der in der Gewinn- und Verlustrechnung festgestellte Jahresüberschuss nur einen unvollständigen Überblick über die tatsächlichen Innenfinanzierungsmöglichkeiten eines Betriebs gibt. Insbesondere die Abschreibungen und die Zuführungen von langfristigen Rückstellungen (wie z.B. Pensionsrückstellungen) mindern als Aufwendungen den Jahresüberschuss, ohne dass es im Unternehmen wirklich zu einem entsprechenden Geldabfluss kommt.

> **Wichtig!**
> Der in der Praxis oft angewendete Cashflow bereinigt den Jahresüberschuss um einige der klassischen Instrumente der → **Bilanzpolitik**.

Mit anderen Worten: Der Jahresüberschuss eines Unternehmens kommt zustande, indem man von der Summe der Erträge die Summe der Aufwendungen abzieht. Dabei werden auch Ertragspositionen und Aufwandspositionen berücksichtigt, die nicht zahlungswirksam sind. So verringert sich der Jahresüberschuss, wenn ein Unternehmen Abschreibungen vornimmt. Dabei fließt aber keine Zahlung. Umgekehrt kann ein den Jahresüberschuss erhöhender Ertrag entstehen, ohne dass eine Einzahlung vorliegt, wenn das Unternehmen Rückstellungen auflöst. Die Schlussfolgerung hieraus ist, dass der Jahresüberschuss nicht feststellt, um wie viel mehr die Unternehmen eingenommen, als sie ausgegeben haben. Um dies festzustellen, sind die Effekte herauszurechnen, die bewirkt haben, dass diese Interpretation nicht möglich ist.

Vom Cashflow werden zwei Aussagen erwartet:

1. Er dient als Beurteilung der Liquidität, die sich mit dem Cashflow oft besser beurteilen lässt als mit Liquiditätskennzahlen.
2. Der Cashflow kann zur Analyse der Ertragskraft herangezogen werden, denn er enthält solche Posten, die häufig zur Anpassung des ausgewiesenen Gewinns herangezogen werden (z. B. Abschreibungen). Mit anderen Worten: Der Cashflow gibt einen objektiveren Überblick über den Überschuss aus dem Umsatz und an Finanzmitteln als die Gewinn- und Verlustrechnung mit dem Endwert des Jahresüberschusses.

Wichtig!
Der Cashflow dient als eine der zentralen Messgrößen (»Wertbeitrag«) der → **wertorientierten Unternehmensführung** – mit dem Wunsch nach der Steigerung des Unternehmenswertes.

Der Cashflow ist ein Maßstab für die Selbstfinanzierungskraft eines Unternehmens und zeigt die finanzielle Flexibilität und finanzielle Unabhängigkeit von außenstehenden Geldgebern an. Ein niedriger Cashflow führt zu einer Schwächung des Eigenkapitals, somit zu einem erhöhten Verschuldungsgrad und schließlich zwangsläufig zu einer wachsenden Zinslast. Das Wachstumspotenzial des Unternehmens wird eingeschränkt.

Wichtig!
Börsennotierte Konzerne müssen nach § 297 Abs. 1 HGB in ihrem → **Konzernabschluss** eine Cashflow-Rechnung publizieren.

Wie berechnet man den Cashflow?

Es gibt zwei grundsätzliche Verfahren für die Ermittlung des Cashflow-Wertes, nämlich die direkte und die indirekte Ermittlung. Bei der direkten Berechnung werden alle im Zusammenhang mit der laufenden Geschäftstätigkeit stehenden zahlungswirksamen Einnahmen von den zahlungswirksamen Ausgaben einer Periode subtrahiert. Dieses Verfahren erinnert sehr an den normalen Kontoauszug eines Kontoinhabers – auch von uns Privatpersonen. Auf diesem erscheinen alle Einnahmen und Ausgaben eines Monats sowie am Ende die übriggebliebene Liquidität, die der Person zur »freien« Verfügung steht.

92 Cashflow

> **Wichtig!**
> An die Daten der sehr aussagefähigen, direkten Cashflow-Berechnung kommt der Wirtschaftsausschuss nur über die Unternehmensleitung bzw. bei deren Freigabe über das Controlling. Die direkte Berechnung kann leider nicht über den Jahresabschluss hergeleitet werden.

Anders bei der indirekten Berechnung: Diese kann aus dem Jahresabschluss hergeleitet werden. Hierzu wird der bilanzielle Erfolg – in der Regel Gewinn (Jahresüberschuss oder Betriebsergebnis als Vorsteuergröße) – herangezogen. Dann werden die ausgabeneutralen Aufwendungen (die keine Zahlungswirkung haben und nur bilanzielle Verrechnungsposten sind), beispielsweise Abschreibungen, Erhöhung der Rückstellungen und der Rücklagen sowie außerordentliche (nur temporär angefallene) Aufwendungen addiert. Ausgabenneutrale Erträge hingegen wie Zuschreibungen und außerordentliche Erträge werden subtrahiert.

> **Wichtig!**
> Innerhalb der indirekten Cashflow-Berechnung gibt es keine offizielle Ermittlungsweise. Daher werden oft unterschiedliche Rechenwege verwendet, die zu Verwirrungen führen können.

Die einfachste Variante zur indirekten Berechnung des Cashflows gliedert sich wie folgt:

Jahresüberschuss (Gewinn)
+ Abschreibungen
+ Zuführung zu den Pensionsrückstellung
= **(Brutto) Cashflow (vereinfachte Formel)**

In der vereinfachten Formel zur Berechnung des Cashflows werden die Effekte von zwei der wichtigsten Instrumente der Bilanzpolitik eliminiert: Abschreibungen und Teile der Rückstellungen. Dies entspricht dem Wunsch, einen glaubwürdigen Ertragswert zu erhalten.

Aus dem Brutto-Cashflow können zwei weitere Kenngrößen abgeleitet werden, die eine Auskunft darüber geben, wie viel finanzielle Mittel für Investitionen und Dividendenzahlungen zur Verfügung stehen:

- **Netto-Cashflow** (Cashflow bereinigt u.a. um Steuerzahlungen, Finanzierungskosten, Rücklagenveränderungen)
- **Free Cashflow** (Cashflow vor Dividenden und nach laufenden Investitionen)

Zur Ermittlung des Netto-Cashflows und des Free Cashflows müssen ausgabenrelevante Aufwendungen nach der Bilanzaufstellung, wie Privatentnahmen und Investitionen, vom Cashflow abgezogen werden. Zahlungswirksame Erträge, die nach der Bilanzierung getätigt werden (beispielsweise De-Investitionen), müssen hingegen addiert werden.

Brutto Cashflow
- Steuerzahlungen (nur bei Ermittlung des Brutto Cashflows auf Basis eines Ergebnisses vor Steuern)
- Zinszahlungen (nur bei Ermittlung des Brutto Cashflows auf Basis eines Ergebnis vor Zinsen) und Tilgungszahlungen
- Privatentnahmen bei Personengesellschaften
+/- Rücklagenzuführung / -Auflösung
= **Netto Cashflow**

Netto Cashflow
- Investitionen (aus Geschäftstätigkeit, wie z.B. Ersatz- und Erweiterungsinvestitionen)
+ De-Investitionen
= **Free Cashflow**

Der Netto Cashflow zeigt auf, wie viele Mittel für Investitionen zur Verfügung stehen. Der Free Cashflow informiert über die Höhe der finanziellen Mittel, die einem Unternehmen nach Abzug der Investitionen immer noch zur freien Verfügung stehen. Diese freien Mittel können dann entweder zur Tilgung von Schulden oder als Dividenden für die Gesellschafter verwendet werden.

Was versteht man unter einem Discounted Cashflow?

Bei dem Discounted Cashflow Verfahren handelt es sich um ein Wertermittlungsverfahren. Das Einsatzfeld ist dabei weit gefächert: von der Unternehmensbewertung, der Projekt- und Teilprojektbewertung bis zu komplexen mietvertraglichen Regelungen.

Beim Discounted Cashflow wird der gesamte Zahlungsstrom für einen bestimmten zukünftigen Zeitabschnitt, z.B. die nächsten 10 bis 15 Jahre, dargestellt. Am Ende des Zahlungstromes wird ein gesondert zu ermittelnder Restwert angenommen. Schließlich wird der gesamte Zahlungsstrom auf den Bewertungsstichtag diskontiert, oder mit anderen Worten »auf heute zurück gerechnet«. Der so ermittelte Barwert oder auch Kapitalwert ist der diskontierte Cashflow.

Die Berechnung des Discounted Cashflows birgt einige Nachteile. Besonders schwierig ist die Bestimmung der folgenden Parameter:

- Die Schätzungen für die zukünftigen periodischen Cashflows.
- Die Bestimmung des Diskontierungssatzes, der zur Abzinsung der periodischen Cashflows zu verwenden ist.

Es ist wichtig, dass die Definitionen für den Cashflow und den Diskontierungssatz zusammenpassen, damit das Verfahren keine inkonsistenten Bewertungsergebnisse liefert.

Was ist eine Kapitalflussrechnung?

Der Cashflow ist obendrein die zentrale Größe in der Kapitalflussrechnung. Die Kapitalflussrechnung (auch Finanzflussrechnung, Zeitraumbilanz oder Fondsrechnung genannt) stellt für eine Abrechnungsperiode Herkunft und Verwendung verschiedener liquiditätswirksamer Mittel (Geld, Güter oder Leistungen) nach verschiedenen Gliederungskriterien dar.

Dabei betrachtet die Kapitalflussrechnung drei verschiedene Cashflows:

- Cashflow aus laufender Geschäftstätigkeit (auch Operativer Cashflow): nach Korrektur um kurzfristig erwirtschaftete bzw. verbrauchte Finanzmittel;
- Cashflow aus Investitionstätigkeit: nach Korrektur um Mittelverbrauch aus Investitionen und De-Investitionen sowie
- Cashflow aus Finanzierungstätigkeit: nach Korrektur um verbrauchte Mittel für Dividenden, Zinszahlungen und Darlehenstilgungen sowie zugegangene Mittel aus Kapitalerhöhung und Darlehensaufnahmen.

Nach dem HGB gehört eine Kapitalflussrechnung zwar nicht zu den Pflichtbestandteilen eines → **Jahresabschlusses**, jedoch haben börsennotierte Mutterunternehmen gemäß § 297 Abs.1 HGB den Konzernanhang um eine Kapitalflussrechnung zu erweitern. Auch hat das HGB keine gesetzlichen Regelungen zum Aufbau einer Kapitalflussrechnung. Es existieren nur Regelungen des Deutschen Standardisierungsrats (DRS 2).

> **Wichtig!**
> Für Unternehmen, die nach den IFRS bilanzieren, zählt die Kapitalflussrechnung zu den Pflichtbestandteilen des Abschlusses (z.B. IAS 7.1).

Die Kapitalflussrechnung ergänzt international als »drittes Standbein« des Jahresabschlusses die Bilanz und Erfolgsrechnung. Sie stellt dar, wie ein

Cashflow

Unternehmen finanzielle Mittel in der vergangenen Abrechnungsperiode erwirtschaftet hat und welche Investitions- und Finanzierungsmaßnahmen erfolgten. Sie beantwortet damit z.B. Fragen, wie der Jahresüberschuss verwendet worden ist, in welchem Verhältnis er zu den Investitionen beigetragen hat und wie die Ausweitung der Außenstände finanziert worden ist. Dadurch lässt sich u.a. beurteilen, ob ein Unternehmen seine Verbindlichkeiten begleichen kann, in Zukunft kreditwürdig bleibt und in der Lage ist, Kreditzinsen fristgerecht zurückzuzahlen.

+/– Jahresüberschuss/-fehlbetrag
+/– Abschreibungen/Zuschreibungen Anlagevermögen
+/– Bildung/Auflösung Sonderposten mit Rücklagenanteil
  (steuerliche Wertberichtigung)
+/– Zunahme/Abnahme der Rückstellungen
+/– Sonstige zahlungsunwirksame Aufwendungen/Erträge
  (z.B. AfA auf aktiviertes Disagio)
–/+ Gewinn/Verlust Abgang Anlagevermögen
–/+ Zunahme/Abnahme Vorräte
–/+ Zunahme/Abnahme Forderungen aus Lieferungen und Leistungen
–/+ Zunahme/Abnahme sonstiger Vermögensgegenstände/Wertpapiere/RAP
+/– Zunahme/Abnahme Verbindlichkeiten aus Lieferungen und Leistungen

Operativer Cash-Flow

\+ Einzahlungen aus Abgängen (z.B. Verkaufserlöse = Restbuchwerte + Gewinne – Verluste aus Anlagenabgang)
– Auszahlungen für Investitionen in Anlagevermögen

Cash-Flow aus Investitionen

\+ Einzahlungen aus Eigenkapitalzuführungen
– Ausschüttungen an Gesellschafter
+/– Einzahlungen aus der Begebung von Anleihen und Kreditaufnahmen/ Auszahlungen aus der Tilgung

Cash-Flow aus Finanzierung

Netto Cash-Flow (Summe aus Cash-Flows operatives Geschäft, Investitionen, Finanzierung)
\+ Finanzmittelbestand Anfang der Periode
= Finanzmittelbestand am Ende der Periode

Abbildung 12: Aufbau einer Kapitalflussrechnung

Die Kapitalflussrechnung stellt für Finanzanalysten, Banken und Kapitalanleger eine wichtige Informations- und Entscheidungsgrundlage dar (z.B. im Rahmen der Kreditwürdigkeitsprüfung). Sie wird aber auch unternehmensintern vor allem vom Finanzcontrolling und von der Geschäftsleitung u.a. als Steuerungsinstrument (z.B. zur Liquiditätsanalyse und -planung) eingesetzt. Eine Aufstellung über Herkunft und Verwendung von Einnahmen und Ausgaben interessiert nicht nur retrospektiv (Dokumentation vergangener Perioden), sondern auch als Plan für künftige Abrechnungszeiträume.

Wie berechnet sich die Cashflow-Rendite?

In Verbindung mit den unterschiedlichen Cashflows lassen sich auch Renditen errechnen. Die einfachste Cashflow-Rendite ist die Rentabilitätsrechnung mit dem vereinfachten Cashflow, die sehr der Umsatzrendite ähnelt:

$$\text{Cash Flow Rendite} = \frac{\text{(vereinfachter) Cash Flow}}{\text{Umsatz}} \times 100 = x\,\%$$

Des Weiteren lässt sich der sogenannte Cashflow ROI (vgl. → **Investitionskennzahlen**) errechnen. Diese Renditezahl stellt die Überrendite des gebundenen Kapitals dar. Sie gibt also an, um wie viel Prozent die Renditeerwartungen der Investoren und Anleger übertroffen wurden.

$$\text{Cash Flow ROI} = \frac{\text{Cash Flow (einer Investition)}}{\text{Investitionsbasis}} \times 100 = x\,\%$$

Literatur

Coenenberg A.G.: Jahresabschluss und Jahresabschlussanalyse, Landsberg / Lech, 2000.
Kaub M., Schäfer M.: Wertorientierte Unternehmensführung, Hans-Böckler-Stiftung, Düsseldorf, 2002.

Controlling

Was bedeutet »Controlling«?

Der Begriff »Controlling« kommt aus der englischen Sprache und bedeutet »steuern«, »führen« und »kontrollieren« (engl: to control). Damit umfasst das Aufgabengebiet des Controllings mehr als nur die reine Kontrolle und Revision. Es verknüpft die Ergebnisse aus Abweichungsanalysen zwischen Sollwerten (wie z. B. einem geplanten Umsatz) mit Istwerten (z. B. real angefallenem Umsatz). Die Abweichungen dienen dann als Ausgangspunkt für Entscheidungen, wie dem Einleiten von Gegenmaßnahmen oder einer Überprüfung / Anpassung des bisherigen Plans. Controlling zielt darauf, Störfaktoren frühzeitig aufzuspüren, dem Management bewusst zu machen und diesen zum Handeln zu zwingen. Damit ist das Controlling eine Synthese aus Kontrolle und Planung. Es reicht vom vergangenheitsbezogenen Überprüfen von wirtschaftlichen Daten, den Rückmeldungen an die Geschäftsleitung bis hin zur proaktiven Früherkennung möglicher Gefahren und Risiken für das Unternehmen.

Was sind die Aufgabengebiete des Controllings?

Das Aufgabengebiet des Controllings umfasst konkret verschiedene Funktionen:

- Informationsbeschaffung und -verwendung,
- Berichterstattung und Interpretation,
- Planung,
- Steuerung und Kontrolle,
- Beratung und
- Managementunterstützung.

Die Informationsbeschaffung und -verwendung beinhaltet die Identifikation, Suche, Aufbereitung und Weiterleitung wichtiger Daten über die wirtschaftliche und finanzielle Lage eines Unternehmens. Diese Daten werden dann vom Controlling an die Unternehmensleitung weitergeleitet, um damit die Basis für ein zielorientiertes Handeln der Geschäftsführung zu ermöglichen. Denn ohne die Daten aus dem Controlling können keine genauen Aussagen über die wirtschaftliche Lage und notwendige Maßnahmen und Entscheidungen getroffen werden.

> **Wichtig!**
> Ohne die Daten aus dem Controlling können keine genauen Aussagen über die wirtschaftliche Lage und notwendige Maßnahmen und Entscheidungen getroffen werden.

Voraussetzung zur Erfüllung der Aufgabe der Information ist, dass ein aussagefähiges Berichts- und Informationssystem eingerichtet ist. Dies beinhaltet nicht nur die technische Sammlung, Verdichtung, Aufbereitung und Analyse der Daten (z. B. Rechnungen und Umsätze), sondern auch die fehlerfreie Ein- und Weitergabe der Daten. Oft schon scheitert das Controlling an einer unzureichenden Datenqualität, weil z. B. im Rechnungswesen Rechnungen nicht den betroffenen Kostenstellen (→ **Kostenrechnung**) zugewiesen werden, sondern alle Rechnungen auf eine einzige Kostenstelle gebucht sind.

> **Wichtig!**
> Nicht nur für die Unternehmensleitung, auch für Betriebsräte sind die Berichte des Controllings die primäre Quelle zur Information über die wahre wirtschaftliche Lage eines Unternehmens oder einzelner Betriebsteile.

Die Funktion der Berichterstattung und Interpretation ist daher ein zentraler Aufgabenbereich des Controllings. So erstellt das Controlling regelmäßig, meist monatlich, Analysen über die Entwicklung aller Einnahmen (z. B. Umsatz) und Ausgaben (z. B. Sach- und Personalkosten). Daneben existieren Sonderanalysen und Abfragen, so z. B. zur Vorbereitung von Aufsichtsratssitzungen oder Hauptversammlungen. Fehlt die Funktion der Berichterstattung, dann werden Entscheidungen ohne fundierte Datenbasis über den Markt, Kunden, Lieferanten, Mitarbeiter, interne Prozesse, Produkte etc. getroffen. Die Gefahr von Fehlentscheidungen ist dann sehr groß. In der Praxis ist genau diese Situation leider immer wieder anzutreffen. Ohne ausreichender Analyse und Berichterstattung des Controllings werden Managemententscheidungen getroffen und es treten in der Folge Managementfehler auf.

Das Controlling koordiniert den Erstellungsprozess der gesamten → **Unternehmensplanung**. Damit ein Unternehmen seine Ziele erreichen kann, sind umfassende Planungstätigkeiten notwendig. Ohne diese Planung würde ein Unternehmen ansonsten orientierungslos durch den Markt gleiten und wäre allen externen und internen Einflussfaktoren schutzlos ausgeliefert. Die Planung selbst ist eine gedankliche Vorwegnahme zukünftigen Handelns. Es kommt zu einem Abwägen verschiedener Handlungsalternativen und zu Entscheidungen für den günstigsten Weg. Die Unternehmensplanung steht dabei vor dem schwerwiegenden Problem, dass es im Unternehmen nicht möglich ist, sofort einen Plan für das gesamte Unternehmen zu erstellen. Der Unternehmensgesamtplan wird vielmehr aus den abteilungsspezifischen Teilplänen zusammengesetzt und abgestimmt. Zu den Teilplänen der Unternehmensplanung zählen dabei der Absatzplan, der Produktionsplan, der Personalplan, der Beschaffungs- und Lagerhaltungsplan, der Investitionsplan und der Finanzplan. Hinzu kommt, dass auch diese Teilpläne in vielen Betrieben noch in Unter-Teilpläne aufgegliedert werden. So setzt sich z.B. der Absatzplan oft aus einem Sortimentsplan, einem Preisplan und einem Werbeplan zusammen. Der Unternehmensgesamtplan ergibt sich erst am Ende des Planungsprozesses. Er wird durch das Controlling zusammengetragen und an die Geschäftsleitung weitergereicht.

Die Steuerungs- und Kontrollfunktion liegt beim Controlling darin, Abweichungen zwischen Soll- und Istwerten von Berichtsgrößen festzustellen. Ziel ist aber keine bloße Feststellung irgendwelcher Abweichungen, sondern auch die Analyse der Ursachen für die Abweichungen, die Erarbeitung von Erklärungsversuchen sowie die Konsequenzen aus der Zielabweichung. Mit anderen Worten: Warum konnte das Ziel nicht erreicht werden, wie groß ist die Abweichung und welche Nachteile entstehen nun für das Unternehmen? Schließlich muss das Controlling Vorschläge erarbeiten, welche Gegensteuerungsmaßnahmen geeignet sind, um die Zielabweichungen zu korrigieren. Dies zusammen wird dann an die Unternehmensführung weitergeleitet, damit diese die entsprechenden Entscheidungen treffen kann. Die Funktion der Erarbeitung von Vorschlägen entspricht einer Beratung durch das Controlling.

Das Controlling plant und steuert, aber stets nur als Zulieferer und Unterstützer des Managements. Die einzelnen Führungskräfte auf den jeweiligen Hierarchiestufen sollen mit Hilfe dieser Managementunterstützung in die Lage versetzt werden, ihre Entscheidungen so zu treffen, dass die Unternehmensziele erreicht werden können. Das Controlling übernimmt damit eine Funktion der Entscheidungsvorbereitung für die Führungskräfte. Die letztendlichen Entscheidungsbefugnisse liegen jedoch bei der Unternehmensleitung bzw. den jeweiligen Abteilungen.

Was versteht man unter operativem Controlling?

Man unterscheidet das strategische vom operativen Controlling.

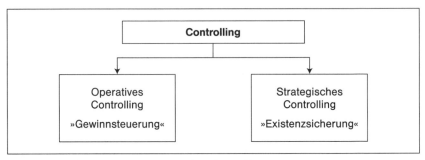

Abbildung 13: Strategisches und operatives Controlling

Mit Hilfe des operativen Controllings werden kurzfristige Maßnahmen, wie z.b. das Gegensteuern zu aktuellen Umsatzverlusten oder Gewinneinbußen, festgelegt. Ziel des operativen Controllings ist es, abgelaufene Prozesse und Geschäftsvorfälle (z.B. erwirtschaftete Umsätze, aber auch noch zu zahlende Rechnungen) transparent zu machen und Signale für eventuelle Anpassungen und Maßnahmen zu erkennen. Das operative Controlling umfasst folgende Aspekte:

- Auftrags-Controlling: Systematische Erfassung des Auftragseingangs, um frühzeitig Markt- und Kundenveränderungen zu erkennen.
- Sortiments-Controlling: Analyse der Bedeutung von Produkten und Produktgruppen, um festzustellen, welche Produkte »gut« laufen oder aber auszuwechseln sind.
- Ressourcen-Controlling: Unterauslastungen bzw. Überauslastungen bei Mitarbeitern und Maschinen aufdecken, um Leerlaufkosten und Arbeitsspitzen abzufedern.
- Risiko-Controlling: Erfassung und Bewertung der zu erwartenden Risiken aus Gewährleistungen, Rechtsstreitigkeiten, Vertragsstrafen, Produktionsproblemen, Diebstahl, Währungsrisiken, politischen Risiken etc.
- Funktionales Controlling: Analyse und Beurteilung der Produktivität und Qualität verschiedener Unternehmensfunktionen, wie dem Einkauf, Vertrieb, der Produktion und dem Personalwesen, anhand geeigneter Kennzahlen.
- Maßnahmen-Controlling: Systematische Verfolgung aller vereinbarten Maßnahmen auf die Einhaltung von Terminen, Verantwortlichkeiten, Zielerreichung etc.

- Finanz-Controlling: Überprüfung der Liquiditätsplanung und -steuerung sowie der Kosten- und Gewinnrechnung.

Ein Beispiel für einen Standardbericht des Finanzcontrollings zeigt z.B. die Abbildung 24: Monatliche Erfolgsrechnung (Standardbericht des Finanz-Controllings) auf der Seite 140. Diesen Bericht bezeichnet man auch als die kurzfristige Erfolgsrechnung (KER) eines Unternehmens oder eines Unternehmensteils (z.B. Betrieb).

Was versteht man unter strategischem Controlling?

Beim strategischen Controlling handelt es sich um einen langfristigen Betrachtungshorizont mit der systematischen Erkennung zukünftiger Chancen und Risiken. Ziel des strategischen Controllings ist die dauerhafte Sicherung der Existenz des Unternehmens. Die zentrale Frage lautet dabei: Mit welchen Produkten und Leistungen will das Unternehmen die Bedürfnisse des Kunden besser als die Wettbewerber befriedigen? Eine Fragestellung, die auch den Kern des strategischen Marketings ausmacht. Controlling und Marketing sind als Managementaufgaben demnach eng miteinander verbunden.

Das strategische Controlling betrachtet u.a. folgende Aspekte:

- Langfristige Marktbeobachtung hinsichtlich des Verhaltens der Kunden, der Wettbewerber und der Beschaffungsmärkte;
- Langfristige Analyse der rechtlichen, sozialen und politischen Umwelt;
- Langfristige Unternehmenszielsetzung;
- Abgleich Unternehmensziele mit der Unternehmensrealität sowie
- Entwicklung des unternehmerischen Gesamtplans (Unternehmensplan).

Wichtig!
Die Unternehmensleitung muss sich über die eigene Position des Unternehmens auf dem Markt klar werden. Die eigenen Stärken und Schwächen gilt es zu erkennen. Eine Planung über die zukünftige Entwicklung des Unternehmens ist ansonsten nicht möglich.

Warum ist das Controlling für den Wirtschaftsausschuss so wichtig?

Das Controlling stellt für den Wirtschaftsausschuss eine der wichtigsten Quellen zur Information über die wahre wirtschaftliche und finanzielle Lage des Unternehmens dar. Die Rohdaten aus der Kostenrechnung zusammen mit den Analysen des Controllings dienen auch der Unternehmensleitung zur Beurteilung der aktuellen sowie der zukünftigen Marktlage und Unternehmenssituation. Nach § 80 Abs. 2 BetrVG und § 92a BetrVG hat bereits der Betriebsrat das Recht, über den Arbeitgeber ausführlich, umfassend und rechtzeitig über die wirtschaftliche Lage informiert zu werden. Die hierfür notwendigen Daten entstammen zum großen Teil aus dem Controlling. Ist ein Wirtschaftsausschuss vorhanden, so kann sich dieser zudem auf die §§ 106 ff. BetrVG berufen, nach denen er über alle wirtschaftliche Angelegenheiten vom Arbeitgeber oder eine von ihm bestimmte Auskunftsperson (z. B. das Controlling) zu informieren ist.

> **Wichtig!**
> Das Controlling ist nicht nur die wichtigste Datenquelle zur Information über die wirtschaftliche und finanzielle Lage eines Unternehmens, die Entscheidungsvorlagen des strategischen Controllings können auch schwerwiegende Auswirkungen für die Beschäftigten haben.

So betrachtet das strategische Controlling z. B. die langfristige Stellung und Bedeutung einzelner Betriebsteile, wie einzelner Tochtergesellschaften, Standorte oder Sortimentsteile. Dabei kann es vorkommen, dass das strategische Controlling der Unternehmensleitung den Abbau oder den Verkauf bestimmter Betriebsteile empfiehlt. Mit anderen Worten: Das strategische Controlling erstellt Analysen und Berichte, von denen die Beschäftigten intensiv betroffen sein können. Der Betriebsrat ist daher gut beraten, frühzeitig Einblick in die Analysen und Präsentationen des Controllings zu verlangen, um rechtzeitig eigene Maßnahmen anzugehen.

> **Tipp!**
> Mitarbeiter des Controllings können Mitglieder eines Wirtschaftsausschusses oder zumindest informelle »Freunde« des Betriebsrats werden. Da auch ihre persönlichen Belange von den Arbeitnehmervertretern vertreten werden, kommt es in der Praxis immer wieder mal vor, dass Mitarbeiter des Controllings Betriebsräten offen gegenüber stehen. Wird dies geschickt und diplomatisch genutzt, so eröffnen sich für den Wirtschaftsausschuss und die Betriebsräte wichtige und detaillierte Informationsquellen.

Literatur

Disselkamp M.: Controlling, in: Arbeitsrecht im Betrieb, August 2004.

Controlling-Instrumente

Das Controlling bedient sich zur Erfüllung seiner Aufgaben der Kontrolle und Beratung einer Reihe sogenannter Controlling-Instrumente. Zu diesen gehören z. B. der Plan-Ist-Vergleich, die ABC-Analyse, die Deckungsbeitragsrechnung, die Lebenszyklus-Analyse, die Portfolio-Analyse, die Stärken-/Schwächen-Analyse (SWOT) und die Balanced Scorecard (BSC).

Ein einfaches Instrument ist der Plan-Ist-Vergleich. Hier werden z. B. monatliche Umsatz- und Kostenpläne mit den realen Abverkaufsdaten und Kosten abgeglichen. Fallen Abweichungen an, so dienen sie als ein Signal, um zu reagieren. Als ein Beispiel eines solchen Plan-Ist-Vergleichs kann die Abbildung 25: Liquiditätsplanung (Beispiel) auf Seite 143 gesehen werden.

Was ist eine ABC-Analyse?

Beim operativen Controllinginstrument der ABC-Analyse geht es besonders um die Ermittlung von Prioritäten in den Bereichen der Produktion, der Material- und Teilebeschaffung, Produktgruppen, Verkaufsgebiete, Kundengruppen oder der Zulieferer. Bei dieser Analyse erfolgt ein Vergleich nach Mengen und Werten. Als Ergebnis erhält man eine Übersicht, mit welchen Produkten ein Unternehmen am meisten Erfolg am Markt hat, welche Kunden oder Lieferanten besonders wichtig sind oder welche Verkaufsgebiete die schlechtesten Deckungsbeiträge zum Gesamtergebnis beisteuern.

Die Klassifizierung selbst erfolgt meist in drei Gruppen (ABC):

- A = sehr kleine Menge und hoher Wert
- B = geringe Menge und mittlerer Wert
- C = große Menge und kleiner Wert

Controlling-Instrumente

Beispiel:
Am Beispiel einer Kundenuntersuchung soll die ABC-Analyse verdeutlicht werden. Klassifiziert werden in diesem Beispiel alle Kunden eines Unternehmens nach ihrem Anteil am gesamten Umsatz des Unternehmens (Wert) sowie nach der Anzahl aller Kunden (Menge). Es ergibt sich dann beispielsweise folgende Tabelle:

Klasse	Anteil vom Umsatz	Anteil der Kunden
A-Kunden	75 %	5 %
B-Kunden	20 %	20 %
C-Kunden	5 %	75 %

Abbildung 14: ABC-Analyse (Beispiel)

Die ABC Analyse der gesamten Kunden ergibt oft, dass eine kleine Anzahl von Kunden (Klasse A) den größten Anteil (in diesem Beispiel 75 Prozent) am gesamten Umsatzes haben, während der Großteil der Kunden nur einen verschwindend kleinen Anteil (in diesem Beispiel 5 Prozent) am Gesamtumsatz vorweisen. Mit anderen Worten: Einige wenige Kunden des Unternehmens dominieren. Es wäre für das Unternehmen fatal, diese Kunden zu verlieren. Daher verdienen sie in den unternehmerischen Maßnahmen besondere Aufmerksamkeit, wie z. B. durch ein gezielten Kundenmanagement.

Was versteht man unter einer Deckungsbeitragsrechnung?

Die Deckungsbeitragsrechnung zeigt auf, in welchem Umfang ein beliebiger Kostenträger (z. B. Produkt, Auftrag, Kunde) zur Deckung der fixen Kosten bzw. zur Gewinnerzielung beiträgt. Die Berechnung nutzt dabei die Daten der → **Kostenrechnung**.

Umsatzerlöse
./. Variable Kosten
= **Deckungsbeitrag (1–2)**
./. Fixe Kosten (Fixkostenblock)
= **Betriebsergebnis (Deckungsbeitrag 3–4)**

Abbildung 15: Grundaufbau der Deckungsbeitragsrechnung

Die Deckungsbeitragsrechnung ist eine Art Teilkostenrechnung. Sie zeigt die Differenz zwischen dem Umsatz und den variablen Einzel- und Gemeinkosten. Damit informiert sie über den Umfang, den z. B. ein Produkt oder ein Kunde zur Deckung der Kosten beiträgt.

106 Controlling-Instrumente

> **Tipp!**
> Solange eine Produktart mit einem positiven Deckungsbeitrag zur Deckung der Fixkosten beiträgt, sollte sie im Sortiment gehalten werden. Ist die Summe der Deckungsbeiträge größer als der Fixkostenblock, dann entsteht ein positives Betriebsergebnis.

Was versteht man unter einer Lebenszyklus-Analyse?

Die Lebenszyklus-Analyse ist ein Instrument des strategischen Controllings. Hinter ihr verbirgt sich die Vorstellung, dass ein Produkt im Laufe der Zeit verschiedene Entwicklungsphasen durchläuft. Den Lebenszyklus von Produkten kann man in einer Abbildung veranschaulichen. Auf der x-Achse wird die Zeit abgetragen. Auf der y-Achse wird der mit dem Produkt erzielte Umsatz abgetragen.

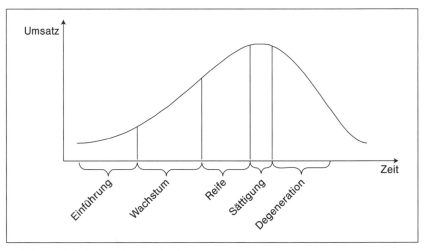

Abbildung 16: Lebenszyklus von Produkten

Die Einführungsphase kennzeichnet eine Phase, in der eine Produktinnovation das erste Mal auf den Markt gebracht wird. Die Umsätze sind wegen des mangelnden Bekanntheitsgrades des neuen Produkts noch gering. Die Konsumenten sind noch nicht bereit, das neue, unbekannte Produkt zu kaufen und verhalten sich abwartend. Die abwartende Haltung ist auch gegeben, da diese Produkte noch Kinderkrankheiten aufweisen. In dieser Phase ist ein hoher Werbeaufwand erforderlich, um das Produkt bekannt zu machen.

Nicht jede Produktinnovation schafft es bis in die Wachstumsphase. Doch wenn sich ein Produkt wegen eines immer höher werdenden Bekanntheitsgrad durchsetzen kann, steigen auch die Absatzmengen. Allerdings treten aufgrund des Erfolgs des Produkts parallel langsam die ersten Konkurrenten auf, die das Produkt nachbauen. Sie können das Produkt oftmals wesentlich günstiger anbieten, da sie keine Forschungs- und Entwicklungskosten hatten, die sie durch den Verkauf der Produkte zusätzlich decken müssen.

Die Reifephase ist dadurch gekennzeichnet, dass die Absatzmengen zwar absolut gesehen noch ansteigen, aber die Zuwachsraten immer kleiner werden. Lagen die Umsatzsteigerungen in der Wachstumsphase beispielsweise noch bei 8 Prozent, betragen sie in der Reifephase nur noch 2 Prozent oder 3 Prozent. Die sinkenden Zuwachsraten sind die Folge immer stärker werdender Konkurrenz. Durch den stärkeren Wettbewerb kommt es zu einem Kampf um die Marktanteile.

In der Sättigungsphase ist das maximale Absatzvolumen erreicht. Der Markt ist in dieser Phase gesättigt, was bedeutet, dass keine zusätzlichen Wachstumsraten mehr erreicht werden können.

Die Degenerationsphase ist durch rückläufige Umsätze gekennzeichnet. Der Umsatzrückgang kann damit begründet sein, dass durch technischen Fortschritt eine Veralterung des Produkts eingetreten ist. Ein Beispiel hierfür ist der Ersatz der Schreibmaschine durch Computer. Aufgrund des gesättigten Marktes werden oftmals die Preise gesenkt. Ziel ist es, den Marktanteil zu halten oder vorhandene Restbestände abzusetzen. Die Preissenkung einzelner Unternehmen kann allerdings einen ruinösen Preiskampf auslösen. Das Unternehmen muss in dieser Phase die Entscheidung treffen, ob das Produkt vom Markt genommen wird, da es durch die niedrigen Preise möglich ist, dass eine Kostendeckung nicht mehr erreicht werden kann.

> **Wichtig!**
> Durch die Ermittlung der jeweiligen Phase, in der sich das Produkt befindet, lassen sich Hinweise auf den Bedarf an Neu- oder Weiterentwicklungen von Produkten ableiten. Für Produkte in der Reifephase sollten dringend Forschungs- und Entwicklungsmaßnahmen eingeleitet werden. Damit ist es oft möglich, dass vor der Sättigungsphase eine erneute Wachstumsphase eingeleitet werden kann.

Für die Unternehmen ist es wichtig festzustellen, in welcher Phase des Lebenszykluses sich ihre Produkte befinden. Hat ein Unternehmen beispielsweise zu viele Produkte, die im Lebenszyklus weit fortgeschritten sind und die dann in einem Zug vom Markt genommen werden müssen, gefährdet das die langfristige Sicherheit. Damit einher geht regelmäßig ein Verlust von Arbeitsplätzen.

> **Wichtig!**
> Hat ein Unternehmen stark veraltete Produkte, die bereits die Sättigungsphase erreicht haben, dann gefährdet dies die langfristige Sicherheit des Unternehmens und der Arbeitsplätze.

Somit sollte sich auch der Wirtschaftsausschuss damit befassen, in welchem Lebenszyklus sich die Produkte des eigenen Unternehmens befinden, um hieraus Schlüsse für Arbeitsplatzgefährdungen ziehen zu können.

Was versteht man unter einer Portfolio-Analyse?

Das Anfang der 70er Jahre unter Mitarbeit der Boston Consulting Group (BCG) entwickelte Portfoliokonzept basiert auf der Grundidee, einzelne Geschäftseinheiten auf Ertrags- und Risikoaspekte zu überprüfen. Das klassische Portfoliokonzept betrachtet dabei strategische Geschäftsfelder innerhalb eines Unternehmens. Zu einer solchen Einheit gehören alle Produkt-Markt-Kombinationen, die aussagen, mit welchen Produkten ein Unternehmen auf welchem Markt vertreten ist. Das Ziel der Portfolio Analyse ist es, die Aktivitäten des Unternehmens auf solche Geschäftsfelder zu lenken, in denen die Marktaussichten günstig erscheinen und die Unternehmung Wettbewerbsvorteile nutzen kann.

Zur besseren Übersicht werden die strategischen Geschäftsfelder in die sogenannte Portfolio-Matrix eingetragen, die durch zwei Dimensionen gekennzeichnet ist, die jeweils wichtige Einflussfaktoren für zukünftige Erfolge darstellen:

- Auf der waagerechten Achse wird der Marktanteil eingetragen, also der Anteil des strategischen Geschäftsfeldes an seinem Markt.
- Auf der senkrechten Achse wird das Marktwachstum eingetragen, also ein Indikator für die Zukunftsaussichten des strategischen Geschäftsfelds.

In dieser Matrix werden nun beispielsweise als strategische Geschäftsfelder die Produkte eines Unternehmens positioniert. Ein Produkt wird durch einen Kreis dargestellt. Die jeweilige Größe des Kreises gibt die Bedeutung des Produkts (z.B. Deckungsbeitrag oder Umsatz) für das Unternehmen wieder.

Controlling-Instrumente 109

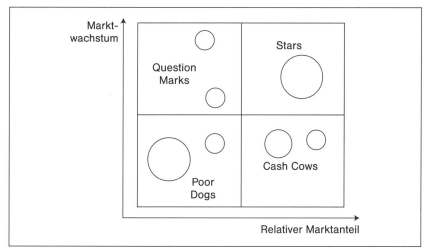

Abbildung 17: Portfolio-Matrix

Die vier Quadranten der Matrix werden folgendermaßen beurteilt:

- Question Marks (auf deutsch: Fragezeichen): Diese Produkte verfügen über einen niedrigen Marktanteil, doch in einem Markt mit einer hohen Wachstumsrate. Es ist noch unklar, was aus ihnen wird. Die Märkte bieten zwar günstige Entwicklungsmöglichkeiten, sie müssen sich dort aber noch durchsetzen. Die Unternehmensführung hat die Wahl zwischen einer Wachstums- oder Rückzugsstrategie. Diese Produkte haben einen hohen Finanzbedarf, dem nur geringe Einnahmen gegenüberstehen. Sowohl die Renditechancen als auch die Risiken sind sehr hoch.
- Stars (auf deutsch: Sterne) sind Produkte mit einem hohen Marktanteil in schnell wachsenden Märkten. Dies ist die günstigste aller Positionen, die auch für die Zukunft hohe Erträge verspricht. Zur Sicherung der Marktstellung sind hohe Investitionen nötig, die aus den erzielten Überschüssen finanziert werden.
- Cash Cows (auf deutsch: Geldkühe) sind erfolgreiche Produkte, jedoch auf reifen und damit stagnierenden Märkten (alternde Stars). Sie erwirtschaften aufgrund ihrer sehr guten Wettbewerbsposition hohe Erträge. Da der Markt kein großes, zukünftiges Erfolgspotenzial mehr verspricht, werden die Erträge nicht weiter investiert. Stattdessen werden die Cash Cows »gemolken«, das heißt ihre Gewinne werden abgeschöpft. In Cash Cows wird kaum noch investiert; wurden sie bis zum Ende gemolken, werden die Produkte aus dem Sortiment genommen.

- Poor Dogs (auf deutsch: Arme Hunde) haben eine schwache Wettbewerbsposition in unattraktiven Märkten. Die Gründer der Portfolio Matrix empfehlen für die Poor Dogs eine Rückzugsstrategie aus dem Markt, was mit anderen Worten das Ende des Produkts bedeutet.

Wichtig!
Werden Standorte oder Abteilungen als Cash Cows oder Poor Dogs bewertet, so ist damit zu rechnen, dass zukünftig in diese Geschäftsfelder keine neuen Investitionen fließen werden. Im schlimmsten Fall werden diese strategischen Geschäftsfelder kurz- bis mittelfristig komplett geschlossen, was den Verlust der Arbeitsplätze beinhaltet.

Beispiel:
Oft wundern sich Arbeitnehmervertreter, warum in ihre deutschen Standorte nur noch wenige bis gar keine Investitionen fließen, während die Unternehmensleitung vorwiegend im Ausland (z.B. Osteuropa) investiert. Dies kann oft mit einer vorhergehenden Portfolioanalyse zusammenhängen, nach der die deutschen Standorte häufig keine großen Wachstums-Chancen versprechen.

Wichtig!
Seit der Entwicklung der Portfolioanalyse aus den 70er Jahren haben verschiedene Autorenteams diese weiter entwickelt. So gibt es in der Zwischenzeit sowohl von den unterschiedlichsten Beratungsunternehmen als auch aus der Wissenschaft eine Vielzahl individueller Lösungen.

Was ist eine Stärken-/Schwächen-Analyse (SWOT)?

Eine Stärken-/Schwächen-Analyse gruppiert die jeweiligen Stärken eines zu untersuchenden Objektes (z.B. ein Betrieb, ein Produkt) auf der linken Seite, die Schwächen auf der rechten Seite einer Tabelle. In Form eines kurzen Brainstormings als Einzelperson oder in einer Gruppe lassen sich schnell die wichtigsten Stärken und Schwächen eines Unternehmens sammeln, visualisieren und diskutieren.

Eine interessante Weiterentwicklung erlebte die Stärken-/Schwächen-Analyse mit der SWOT-Analyse. In Ergänzung zu den beiden Feldern »Stärken« und »Schwächen« nimmt die SWOT-Analyse zwei weitere Kriterien zur Beurteilung eines Tatbestandes auf: die Risiken/Gefahren und die Chancen/Potenziale. Übersetzt man diese vier Begriffe nun in die englische Sprache, so ergibt sich die Namensgebung der Analyse: Stärken – Strengths, Schwächen – Weaknesses, Chancen – Opportunities und Gefahren – Threats.

Controlling-Instrumente 111

Beispiel:
Die SWOT-Analyse eines mittelständischen Industrie-Unternehmens könnte wie folgt aussehen:

Stärken	Schwächen
– persönlich haftender Inhaber – motivierte Mitarbeiter	– wenig Kapital für Investitionen – veraltete Produkte
Chancen	Risiken
– Identifikation neuer Produkte – Eintritt neuer Gesellschafter	– aggressive Wettbewerber – neue gesetzliche Regelungen

Abbildung 18: SWOT-Analyse (Beispiel)

Tipp!
Auch Betriebsräte und Wirtschaftsausschüsse können das Vorgehen der SWOT-Analyse für ihre eigene Arbeit einsetzen.

Beispiel:
So kann sich ein Wirtschaftsausschuss als Gremium mit seinen individuellen Stärken, Schwächen, Chancen und Risiken selbst analysieren, was dann folgendermaßen aussehen könnte:

Stärken	Schwächen
– hohe Motivation – Fachkompetenz (BetrVG)	– wenig BWL-Fachwissen – fehlender Teamgeist
Chancen	Risiken
– Weiterbildung Fachwissen – Zusammenarbeit mit (K)BR	– Ergebnisse externer Berater – Strategiewechsel Arbeitgeber

Abbildung 19: Wirtschaftsausschuss: eigene SWOT-Analyse (Beispiel)

Der Vorteil einer SWOT-Analyse ist, dass ein erster Entwurf sehr schnell erstellt werden kann. Sie bietet zudem eine sehr große, visuelle Übersicht und damit die Basis einer Entscheidungsvorlage.

Was ist eine Balanced Scorecard?

Das Konzept der Balanced Scorecard (BSC) als Instrument des Controllings wurde Anfang der 90er Jahre von Robert S. Kaplan und David P. Norton in enger Kooperation mit zwölf amerikanischen Unternehmen entwickelt. Eine erste Veröffentlichung des Konzeptes erfolgte 1992 im Rahmen eines Artikels von Kaplan und Norton in der Zeitschrift »Harvard Business Review«.

Die Grundidee der Balanced Scorecard von Kaplan und Norton ist, die traditionellen Controlling-Berichte (englisch Scorecard, also Berichts- bzw.

Kennzahlenbogen) mit ihren rein finanziellen Kennziffern um weitere unternehmensrelevante Kriterien zu ergänzen. Denn während die traditionellen, rein finanzwirtschaftlichen Kennzahlensysteme lediglich Aussagen wie z.B. über die Kosten, den Umsatz und den Erfolg eines Unternehmens in der Vergangenheit treffen, sagen sie nichts über die verschiedensten Erfolgsfaktoren sowie die Stellung im Wettbewerbsumfeld. Doch erst diese weiteren Informationen sichern die Existenz eines Unternehmens für die Zukunft.

Die Balanced Scorecard ergänzt die traditionelle, finanzwirtschaftliche Betrachtung eines Unternehmens nun um Informationen über die Kunden, betriebsinternen Prozesse sowie eine Innovations- und Wissensperspektive. Damit werden alle für eine Strategie kritischen Faktoren in diesen vier Perspektiven dargestellt, miteinander vernetzt, Synergien gefunden und für die Zukunft nutzbar gemacht. Die vier Perspektiven der Balanced Scorecard sind demnach:

- Finanzen: Die finanzielle Dimension eines Unternehmens wird traditionell in Jahres- oder Quartalsabschlüssen dargestellt. Sie beinhaltet Informationen über die Vermögens-, Finanz- und Ertragslage eines Unternehmens. Kennziffern dieser Perspektive sind beispielsweise Umsatz, Gewinn, Eigenkapitalrendite.
- Kunden: Eine kundenorientierte Sichtweise liefert Informationen über die Positionierung des Unternehmens in bestimmten Marktsegmenten, über die Kundenzufriedenheit oder die Kundenbindung. Kennzahlen sind unter anderem Marktanteile, Wiederkaufsrate, Weiterempfehlungsraten und das Verhältnis von Stammkunden zu Neukunden.
- Geschäftsprozesse: Auf Ebene der Geschäftsprozesse erfolgt die Beschreibung des Unternehmens anhand der einzelnen im Unternehmen implementierten Arbeitsabläufe. Klassische Kennziffern für die Bewertung von Geschäftsprozessen sind zum Beispiel Ausschuss, Produktivität und Durchlaufzeit.
- Lernen/Wachstum: Die vierte Dimension beinhaltet eher weiche Erfolgsfaktoren. Hierzu gehören z.B. die Motivation, Zufriedenheit und der Ausbildungsstand der Mitarbeiter, der Zugang zu relevanten externen Informationsquellen und die Organisation des Unternehmens. Zu den Indikatoren gehören Angstindikatoren, Krankenstand, Kosten für Weiterbildung und die Ergebnisse von Mitarbeiterbefragungen. Auch die Innovationsfähigkeit des Unternehmens wird also in dieser Perspektive betrachtet.

Die Verknüpfung der vier Balanced-Scorecard-Perspektiven folgt der Logik einer Ursache-Wirkungsbeziehung. Demnach müssen alle Ziele und Kennzahlen der BSC mit einem oder mehreren Zielen der finanziellen Perspektive

Controlling-Instrumente 113

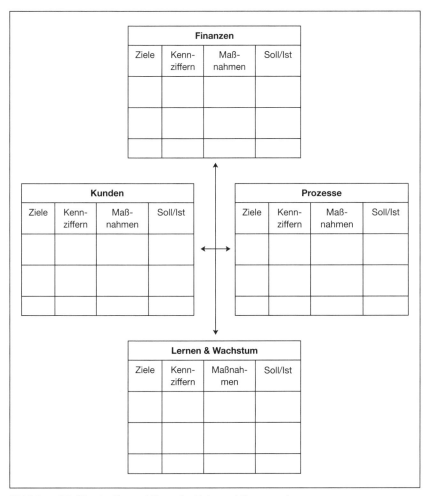

Abbildung 20: Die vier Perspektiven der Balanced Scorecard

verbunden sein. Denn die aus den Erwartungen der Kapitalgeber abgeleiteten monetären Ziele stehen an oberster Stelle. Aus ihnen lassen sich in dieser Reihenfolge die weiteren Zieldimensionen ableiten.

Tipp!
Die Balanced Scorecard beruht auf der Erkenntnis, dass finanzielle Erfolge (z.B. Rentabilität oder Umsatzsteigerung) nur mit zufriedenen Kunden erzielt werden können. Damit die Kunden aber mit den Leistungen

eines Unternehmens zufrieden sind, benötigt es effiziente Prozesse und motivierte sowie qualifizierte Mitarbeiter.

Die Balanced Scorecard ist mehr als ein neues Kennzahlensystem, das auch nichtfinanzielle Kennzahlen integriert. Nach den beiden Urhebern Robert S. Kaplan und David P. Norton soll es als umfassendes Managementsystem gesehen werden, das zwar finanzielle Ziele verfolgt, aber gleichzeitig den Fortschritt im Auge behält. Kompetenzen werden gefördert und immaterielle Vermögenswerte als Grundlage für zukünftiges Wachstum geschaffen.

Ein besonderes Ziel der beiden Erfinder war die Berücksichtigung des veränderten Wettbewerbsumfelds des Informationszeitalters, das gekennzeichnet ist durch funktionsübergreifendes Arbeiten, schnellen Technologiewechsel, Globalisierung und eine Neudefinition der Rolle der Mitarbeiter und Lieferanten. Vor diesem Hintergrund versucht die Balanced Scorecard den gesamten Planungs-, Steuerungs-, und Kontrollprozess des Unternehmens (neu) zu gestalten. Aus diesem Grund wird die Balanced Scorecard inzwischen auch als Instrument des strategischen Managements eingesetzt. Leistungstreiber, wie z.B. Fehlerquoten oder Durchlaufzeiten, treten an die Stelle von traditionellen Ergebniskennzahlen und auch Auswertungen über unterschiedliche Unternehmensbereiche (Konzerntöchter, Abteilungen, Beteiligungen etc.) können integriert werden.

Die wichtigsten Leitsätze zur Balanced Scorecard:
(1) Die BSC betrachtet das Unternehmen aus vier Perspektiven: Finanzwirtschaft, Kunden, interne Prozesse, Lernen und Wachstum. Damit verbindet sie finanzielle Steuerungsgrößen mit nichtfinanziellen Steuerungsgrößen.
(2) Eine korrekt implementierte Balanced Scorecard bindet die Mitarbeiter sowohl in ihrer Bedeutung als auch in den Entwicklungs- und Entscheidungsprozess ein.
(3) Die BSC ist viel eher ein Managementprozess als ein Messinstrument. Sie hilft, Strategien in Aktionen umzusetzen.
(4) Eine individuelle BSC kann jeweils die spezifische Strategie eines Konzerns, einer Geschäftseinheit, eines Bereiches oder einer Abteilung beschreiben. Einzelne BSCs innerhalb des gleichen Unternehmens müssen aber aufeinander abgestimmt sein.
(5) Die BSC ist das Vehikel im vierstufigen strategischen Managementprozess: Übersetzen der Vision, Kommunizieren und Verbinden, Planung, Lernen und Anpassen.
(6) In einer Business Scorecard stecken Kurzfristziele und Langfristziele, gewünschte Ergebnisse sowie die Treiber dieser Ergebnisse. Daher dient die Scorecard als Ziel, Kontroll- und Führungsinstrument.
(7) Der Prozess der Erstellung einer BSC hat eine genauso große Bedeutung wie die Resultate selbst.

Abbildung 21: Leitsätze zur Balanced Scorecard

Die Entwicklung der Balanced Scorecard erfolgt in mehreren Stufen: Zuerst wird die Strategie in Ziele für die Bereiche Finanzen, Kunden, Prozesse und Mitarbeiter herunter gebrochen. Da nur solche Ziele in die BSC aufgenommen werden, die auch Auswirkungen auf die anderen Bereiche haben, werden parallel die Ursache-Wirkungs-Beziehungen untersucht. Sind die Ziele für die einzelnen Perspektiven aus der Unternehmensstrategie abgeleitet, werden Messgrößen entwickelt. In einem dritten Schritt werden Zielwerte für die Kennziffern bestimmt. Die Maßnahmen, mit denen die Zielwerte erreicht werden sollen, runden das Zielsystem ab und stellen den vierten Arbeitsschritt dar. Nach den vier Stufen sollte die BSC übersichtlich sein: Je Perspektive werden nur die 4 bis 5 wichtigste Ziele, Kennziffern und Maßnahmen definiert. Gut ist es, wenn eine Scorecard auf einer Papier- oder Bildschirmseite darstellbar ist. Dann ist sie auch einfach kommunizierbar.

Die Zieldefinition der Balanced Scorecard ist nicht statisch. Wie auch die meisten Unternehmen stetigen Veränderungen ausgesetzt sind, müssen grundlegende Änderungen im Markt und im Unternehmen in der Scorecard aufgenommen werden. Die BSC wird daher laufend fortgeschrieben.

Welche Auswirkungen hat eine Balanced Scorecard?

Die Einführung und Verwendung einer Balanced Scorecard hat eine Reihe von direkten Auswirkungen auf die Arbeitnehmer und ihre Vertreter.

- Information: Beschäftigte haben durch die BSC ein klares Bild von den Unternehmensstrategien, den marktbedingten Herausforderungen, den zu erreichenden Finanzergebnissen, den geplanten Leistungstreibern und den von ihnen erwarteten Beiträgen. Dies schafft Transparenz und – bei fairen Vorgaben – Vertrauen.
- Zielorientierung: Die kommunizierten Vorgaben und Kennzahlen (Ist- und Sollwert) dienen der Zielfokussierung. Damit weiß jeder Beschäftigte, was von ihm verlangt wird. Dies schafft weitere Sicherheit.
- Kontrolle: Umgekehrt dient der Abgleich von monetären und nicht-monetären Ist- und Sollwerten der Kontrolle der individuellen Leistungen. Allerdings ist hierbei Kontrolle nicht nur als »Überwachung«, sondern auch als Instrument der Rückkoppelung zu sehen. Die Transparenz der Daten dient auch den Mitarbeitern und dem Betriebsrat zur »Kontrolle« ihres Managements.

- Basis für variable Entlohnung: Die Balance Scorecard kann als Basis für ergebnisorientierte Vergütungen (z.B. monetäre Prämien oder nicht-monetäre Incentives) verwendet werden.

Deshalb ist zunächst festzuhalten, dass das Instrument der Balanced Scorecard auch aus der Sicht der Arbeitnehmer ein sinnvolles Werkzeug zur strategieorientierten Führung sein kann. Allerdings nur, solange Visionen und Ziele stimmen. Der Betriebsrat und der Wirtschaftsausschuss als dessen Dienstleister sollten sich deshalb bei anstehenden BSC Projekten aktiv in die Einführung, Umsetzung und Weiterentwicklung einbinden. Die größte Chance liegt darin, mitarbeiterorientierte Bedürfnisse, Zielsetzungen und Maßnahmen in die Unternehmenssteuerung einzubringen. Im Rahmen der Balanced Scorecard kann gezeigt werden, dass die Wirkungen der mitarbeiterorientierten Maßnahmen über die Geschäftsprozesse bis hin zu den finanziellen Kennzahlen reichen. Sie liefern einen direkten Beitrag zu den Ergebnissen. So kann der Stellenwert der Mitarbeiterorientierung in einem Unternehmen erhöht werden.

Worauf hat der WA bei einer Balanced Scorecard zu achten?

Der Wirtschaftsausschuss hat bei der Einführung und Fortführung einer Balanced Scorecard auf folgende Punkte achten:

- Ursachen-Wirkungskette: Ohne die Ursachen-Wirkungskette fehlt die Ausrichtung an der Unternehmensstrategie, der Kundenorientierung und an den Mitarbeitern.
- Integration der Belegschaftsinteressen: Die Interessen der Mitarbeiter sind als Parameter in die BSC zu integrieren.
- Partizipation bei der Erstellung: Der Betriebsrat sollte deshalb auch an der Formulierung der Balanced Scorecard aktiv teilnehmen.
- Frühzeitige Information: Auch der Betriebsrat sollte die Kollegen frühzeitig und detailliert im Falle der Einführung einer BSC darüber informieren.
- Mitwirkung bei der Umsetzung: Der Betriebsrat sollte die Einführung der BSC kontrollieren und fördern.
- Mitwirkung bei der Wirksamkeitskontrolle: Der Betriebsrat sollte die Interpretation der erfassten Daten und die daraus abgeleiteten Maßnahmenplanung nicht allein dem Arbeitgeber überlassen.
- Betriebsrats BSC: Die Methode der Balanced Scorecard kann der Betriebsrat auch für seine eigene Arbeit verwenden.

Tipp!
Die Einführung einer Balanced Scorecard als Instrument des strategischen Controllings ist grundsätzlich empfehlenswert. Leider wird sie in der Praxis jedoch oft falsch oder unvollständig eingeführt, was dann negative Auswirkungen auf die Beschäftigten haben kann. Entweder wird die vierte Perspektive der BSC gleich weggelassen, oder die Ziele und Maßnahmen nur für die oberen Unternehmenshierarchien definiert. Dann ergeben sich für die Beschäftigten wenige Vorteile, nur eher Nachteile aus einer erhöhten Transparenz und Kontrolle.

Literatur
Disselkamp M.: Lieferantenrating, Wiesbaden, 2004.
Kaplan R. S., Norton, D. P.: The Balanced Scorecard – Measures that Drive Performance, in: Harvard Business Review, 1992.

Einigungsstelle

Was hat der Wirtschaftsausschuss mit der Einigungsstelle zu tun?

Ein Wirtschaftsausschuss, dem die ihm zustehenden Rechte verweigert werden, hat durchaus Möglichkeiten, diese rechtlich einzufordern. Kommt es in den genannten Streitfragen zu keiner gütlichen Einigung, kann z.B. die Einigungsstelle nach § 109 BetrVG zur Klärung der Meinungsverschiedenheit angerufen werden.

> **Rechtliche Grundlage (§ 109 BetrVG)**
> Wird eine Auskunft über wirtschaftliche Angelegenheiten des Unternehmens im Sinne des § 106 entgegen dem Verlangen des Wirtschaftsausschusses nicht, nicht rechtzeitig oder nur ungenügend erteilt und kommt hierüber zwischen Unternehmer und Betriebsrat eine Einigung nicht zustande, so entscheidet die Einigungsstelle. Der Spruch der Einigungsstelle ersetzt die Einigung zwischen Arbeitgeber und Betriebsrat. Die Einigungsstelle kann, wenn dies für ihre Entscheidung erforderlich ist, Sachverständige anhören; § 80 Abs. 4 gilt entsprechend. Hat der Betriebsrat oder der Gesamtbetriebsrat eine anderweitige Wahrnehmung der Aufgaben des Wirtschaftsausschusses beschlossen, so gilt Satz 1 entsprechend.

Voraussetzung für die Anrufung einer Einigungsstelle ist, dass der Wirtschaftsausschuss ausdrücklich die Erteilung einer Auskunft verlangt und der Unternehmer diese verweigert hat. Des Weiteren hat sich in einem solchen Streitfall der Wirtschaftsausschuss zunächst an seinen Betriebsrat (BR/GBR) zu wenden, der mit dem Unternehmer über die Beilegung der Meinungsverschiedenheit zu verhandeln hat. Der Betriebsrat muss zuerst mit dem Unternehmer sogenannte Beilegungsverhandlungen führen. In diesen gilt es den Unternehmer zu überzeugen, seine restriktive Informationspolitik zu beenden.

Zeigt sich der Unternehmer weiterhin nicht bereit, auf die Forderungen des Betriebsrats einzugehen, kann dieser im nächsten Schritt die Einigungsstelle oder das Arbeitsgericht anrufen.

Wichtig!
Bei der Frage, ob es sich bei der geforderten Information um eine Information über wirtschaftliche Angelegenheiten nach § 106 Abs. 3 BetrVG handelt, ist das Arbeitsgericht zuständig.
Bei der Frage, ob ein Unternehmer die Informationsanforderung des Wirtschaftsausschusses zu erfüllen hat, ist die Einigungsstelle zuständig. Die Entscheidung der Einigungsstelle kann von beiden Seiten angefochten werden, und unterliegt somit der gerichtlichen Kontrolle.

Tipp!
Das Verfahren über eine Einigungsstelle gilt auch für den Fall, dass die Unternehmensleitung die Auskunft unter Berufung auf ein Geschäftsgeheimnis verweigert (BAG v. 11. 7. 2000 – 1 ABR 43/99).

Wie funktioniert die Einigungsstelle?

Die Einigungsstelle ist ein vom BR, GBR oder KBR einerseits und dem Arbeitgeber andererseits gemeinsam gebildetes Organ. Sie dient als innerbetriebliche Schlichtungs- und Entscheidungsstelle bei Meinungsverschiedenheiten und Streitigkeiten.

Rechtliche Grundlage (§ 76 Abs. 1 Satz 1 BetrVG)
Zur Beilegung von Meinungsverschiedenheiten zwischen Arbeitgeber und Betriebsrat, Gesamtbetriebsrat oder Konzernbetriebsrat ist bei Bedarf eine Einigungsstelle zu bilden.

Die Einigungsstelle ist nicht zuständig bei Streitigkeiten zwischen dem Arbeitgeber und Dritten, zwischen dem Betriebsrat und Arbeitnehmern oder unter den Betriebsratsmitgliedern oder Arbeitnehmern. Der BR hat allerdings die Möglichkeit, auch die Interessen und Probleme einzelner Arbeitnehmer aufzugreifen und in eine Einigungsstelle einzubringen.

Die Einigungsstelle ist keine ständige Institution. Nur durch Betriebsvereinbarung kann sie auf Dauer eingerichtet werden (§ 76 Abs. 1 Satz 2 BetrVG). Durch Tarifvertrag kann zudem bestimmt werden, dass an die Stelle einer Einigungsstelle eine tarifliche Schlichtungsstelle tritt (§ 76 Abs. 8 BetrVG).

Im BetrVG ist auch die Zusammensetzung der Einigungsstelle geregelt:

Einigungsstelle

> **Rechtliche Grundlage (§ 76 Abs. 2 BetrVG)**
> Die Einigungsstelle besteht aus einer gleichen Anzahl von Beisitzern, die vom Arbeitgeber und Betriebsrat bestellt werden, und einem unparteiischen Vorsitzenden, auf dessen Person sich beide Seiten einigen müssen. Kommt eine Einigung über die Person des Vorsitzenden nicht zustande, so bestellt ihn das Arbeitsgericht. Dieses entscheidet auch, wenn kein Einverständnis über die Zahl der Beisitzer erzielt wird.

Im Regelfall besteht die Einigungsstelle aus je zwei Personen von der Arbeitgeber- und von der Arbeitnehmerseite. Eine höhere Zahl (bis zu vier) wird unter bestimmten Voraussetzungen für notwendig erachtet (LAG Hamburg v. 13.1.1999 – 4 TaBV 9/98). Die Beisitzer der Einigungsstelle müssen nicht Angehörige des Betriebs sein. Es können auch Rechtsanwälte, Sachverständige oder Vertreter der Gewerkschaften als Teilnehmer der Einigungsstelle bestellt werden. Kommt es über die Zahl oder Art der Beisitzer zum Streit, entscheidet auf Antrag das Arbeitsgericht. Der unparteiische Vorsitzende der Einigungsstelle muss nicht vom Arbeitsgericht bestellt werden. Er kann auch im Rahmen einer Betriebsvereinbarung im Voraus von beiden Seiten definiert sein.

Die Einigungsstelle hat unverzüglich tätig zu werden (§ 76 Abs. 3 BetrVG). Der gleiche Paragraph regelt auch die Beschlussfassung: So fasst die Einigungsstelle ihre Beschlüsse nach mündlicher Beratung mit Stimmenmehrheit. Bei der Beschlussfassung hat sich der Vorsitzende zunächst der Stimme zu enthalten; kommt eine Stimmenmehrheit nicht zustande, so nimmt der Vorsitzende nach weiterer Beratung an der erneuten Beschlussfassung teil. Die Beschlüsse der Einigungsstelle sind schriftlich niederzulegen, vom Vorsitzenden zu unterschreiben und Arbeitgeber und Betriebsrat zuzuleiten.

Der Spruch der Einigungsstelle ersetzt die Einigung zwischen Arbeitgeber und Betriebsrat.

> **Rechtliche Grundlage (§ 76 Abs. 5 Satz 4 BetrVG)**
> Die Überschreitung der Grenzen des Ermessens kann durch den Arbeitgeber oder den Betriebsrat nur binnen einer Frist von zwei Wochen, vom Tage der Zuleitung des Beschlusses an gerechnet, beim Arbeitsgericht geltend gemacht werden.

Bei freiwilligen Einigungsstellen, also in den nicht mitbestimmungspflichtigen Angelegenheiten, ersetzt die Einigungsstelle nicht die Einigung zwischen den Parteien, sondern enthält nur einen Einigungsvorschlag.

Die Kosten für die Einigungsstelle trägt, unabhängig vom Ergebnis des Verfahrens, der Arbeitgeber (§ 76a BetrVG). Zu den Kosten zählen insbesondere die Honoraransprüche des Vorsitzenden der Einigungsstelle sowie möglicher Sachverständiger und Vertreter der Gewerkschaften.

Literatur

Däubler W. u.a.: BetrVG, Frankfurt a.M., 2013 (zit.: DKKW).

Forderungsmanagement

Viele Unternehmen räumen ihren Kunden Zahlungsziele ein, nach denen die Kunden erst einige Tage oder Wochen nach Erhalt der Rechnungen diese begleichen müssen. Damit werden die Unternehmen zum Kreditgeber für diejenigen, die ihre Waren und Leistungen abnehmen. Auf der Seite der Kunden nennt sich eine solche Verbindlichkeit »Lieferantenkredit«.
Problematisch ist, dass sich Unternehmen dabei häufig nicht wie professionelle Kreditgeber verhalten. Sie kontrollieren viel zu wenig die Zahlungseingänge und Termine ihrer säumigen Kreditnehmer, der Kunden. Für den Erfolg eines Unternehmens ist es aber wichtig, diese Außenstände (Forderungen) zeitgenau zu beobachten und gegebenenfalls anzumahnen.

Was versteht man unter Forderungsmanagement?

Das Forderungsmanagement, oder auch Debitorenmanagement, leitet, gewährt und verwaltet die Kredite an die Kunden eines Unternehmens. Es hat seinen Ursprung in der angloamerikanischen Unternehmenspraxis (Credit & Collect). In Deutschland hat es sich in den achtziger Jahren als praktizierte Unternehmensfunktion etabliert und ist dem Rechnungswesen zugeordnet. Das Kredit- oder Forderungsmanagement zielt darauf ab, Forderungsausfälle so gering wie möglich zu halten und die notwendige → **Liquidität** des Unternehmens jederzeit zu wahren. Denn ist die Liquidität, also die Zahlungsfähigkeit eines Unternehmens gefährdet, so kann es im schlimmsten Fall zu einer → **Insolvenz** und dem Verlust aller Arbeitsplätze kommen.
Das Forderungsmanagement übernimmt einige wichtige Funktionen zur Kontrolle der Zahlungen der Kunden:

- **Kreditprüfung:** Noch vor Abschluss von Lieferverträgen empfiehlt es sich vor allem bei größeren Leistungsvolumen, den Kunden, seine Bonität (→ **Kreditwürdigkeit**) und seine Zahlungsmoral zu überprüfen. Solche Auskünfte kann man über externe Agenturen ab 20 € pro Auskunft beziehen.

- **Einräumung von Zahlungszielen:** Unternehmen sollten ihre Zahlungsziele nicht zu großzügig einräumen. Den Kunden sollten vielmehr Anreize geboten werden, möglichst rasch zu zahlen (z.b. durch Skonto, Bankeinzug). Bei größeren Kreditbeträgen sollten die Kreditgeber Sicherheiten (z.B. Bankbürgschaften) verlangen.
- **Zahlungsüberwachung:** Unternehmen müssen die Zahlungen ihrer Kunden konsequent überwachen und eventuelle Zahlungsverzüge zeitnah feststellen. Hierzu sind die Termine und Zahlungshöhen auf den Tag genau im Rechnungswesen zu pflegen.
- **Konsequentes Mahnwesen:** Zahlt der Kunde seine Rechnung nicht im Rahmen der ihm angebotenen Zahlungsziele, so ist unverzüglich eine Mahnung auszusprechen. Allerdings sollte vorher sicher sein, dass der Kunde auch wirklich die Leistung wie vereinbart erhalten hat und keine Reklamationen von seiner Seite vorliegen.
- **Betreibung der Forderung:** Zahlt der Schuldner seine Schulden trotz Mahnung nicht oder nicht mehr rechtzeitig, kann die Forderung durch ein geeignetes Inkassoinstitut oder einen Rechtsanwalt eingetrieben werden. Vor Gericht erfolgt innerhalb weniger Wochen unter Vorlage einer Fertigstellungsbescheinigung und des Vertrags ein Urkundenprozess. Auf Grundlage des Urteils kann dann die vorläufige Vollstreckung beantragt werden.

Das Gesetz zur Beschleunigung fälliger Zahlungen vom 1. Januar 2000 sieht vor, dass Schuldner auch ohne Mahnung bereits 30 Tage nach Rechnungserhalt in Verzug geraten. Der Kunde kommt danach in Verzug, wenn er 30 Tage nach Erhalt der Rechnung bzw. 30 Tage nach dem genannten Fälligkeitsdatum seine Rechnung immer noch nicht beglichen hat.

> **Tipp!**
> Eine wichtige Voraussetzung, damit Kunden erst gar nicht verlockt werden, noch später eine Rechnung zu bezahlen, ist die rechtzeitige Rechnungsstellung. Leider zögern aber immer noch einige Unternehmen damit, unverzüglich ihre Forderungen in Rechnung zu stellen.

Eine weitere, wichtige Voraussetzung für ein professionelles Forderungsmanagement ist die Pflege und Administration der Firmendaten des Kunden sowie aller Verträge mit den Kunden. Diese Verträge benötigen dringend die Daten über die Erbringung der Leistung, wie die Vereinbarungen über das Leistungsvolumen, Spezifikation von Leistungen und Gewährleistungsfristen, Pflichtenheft und vor allem die genaue Festlegung der Zahlungsmodalitäten (Zahlungsfristen, Zahlungsweise, etc.). Fehlen diese Daten, ist kein Forderungsmanagement möglich.

Welche Bedeutung hat das Forderungsmanagement für ein Unternehmen und die Beschäftigten?

Forderungsausfälle können ein Unternehmen empfindlich schwächen. Gerade kleine und mittelständische Unternehmen rutschen immer wieder trotz guter Auftragslage und Rentabilität in finanzielle Schwierigkeiten, weil ihre eigenen Kunden ihre Rechnungen nicht bezahlen. Diese kleineren Unternehmen verfügen in der Regel nur über eine dünne Eigenkapitaldecke und stolpern dann über diese ungewollten »Kredite« an Kunden. Es kommt zu Engpässen in der Liquidität und kann am Ende das Aus des Unternehmens und der Arbeitsplätze bedeuten.

Um einen Forderungsausfall zu kompensieren, muss ein Unternehmen an anderer Stelle mehr Umsatz machen. Das Ausmaß dieser Anstrengung wird besonders deutlich, wenn man einem Forderungsausfall das Umsatzvolumen gegenüberstellt, das zum Verlustausgleich nötig wäre. Hat ein Unternehmen z. B. einen Forderungsausfall von 20 000 Euro, müsste zu dessen Ausgleich – bei einer Umsatzrendite von 4 % – ein Mehrumsatz von 500 000 Euro erzielt werden.

Immer mehr Kunden lassen sich immer mehr Zeit mit der Bezahlung ihrer Rechnungen. Zahlungsfristen zwischen 30 und 60 Tagen sind die Regel – totale Forderungsausfälle durch Insolvenz und Zahlungsunfähigkeit der Kunden leider auch. Laut einer Analyse von Creditreform haben 23 Prozent aller Unternehmen in Deutschland Forderungsverluste in Höhe von über einem Prozent ihres Umsatzes. Spitzenreiter ist dabei die Baubranche, in der 32 Prozent aller Unternehmen Forderungsausfälle von über einem Prozent des Umsatzes vermeldeten. Im Handel liegt der Wert bei 21,5 Prozent aller befragten Unternehmen. Auch aus diesem Grund übertragen immer mehr Unternehmen ihr Forderungsmanagement auf hierauf spezialisierte Inkassounternehmen. Diese Form von Outsourcing verlagert die Risiken des Forderungsausfalls auf die Dienstleister und reduziert nebenbei die eigenen Personal- und Sachkosten.

Was hat der Wirtschaftsausschuss mit dem Forderungsmanagement zu tun?

Gerade kleine und mittelständische Unternehmen habe oft kein eigenes professionelles Forderungsmanagement installiert. Kommt es dann aber zu einem Zahlungsverzug eines oder mehrerer Kunden, werden diese Außenstände zu spät oder gar nicht erkannt und gemahnt. Dies schädigt die eigene Zahlungsfähigkeit und Kreditwürdigkeit. Der Wirtschaftsausschuss als Berater nach § 106 BetrVG sollte in diesem Fall auf die Notwendigkeit eines guten Forderungsmanagements hinweisen. Doch auch bei größeren Unternehmen stellen die Forderungen eine wichtige Position dar.

Der Wirtschaftsausschuss hat nach § 106 BetrVG ein Recht auf Informationen über die Höhe der Außenstände, die Wahrscheinlichkeit des Zahlungserhalts sowie über die geplanten oder vorhandenen Instrumente zur Betreibung. Immerhin geht es bei den Forderungen um finanzielle Mittel, die den Gläubigern – und somit auch den Mitarbeitern – als Sicherheiten für die Zahlungsfähigkeit des Unternehmens dienen.

Gewinn- und Verlustrechnung

Was ist eine Gewinn- und Verlustrechnung?

Die Gewinn- und Verlustrechnung (GuV) stellt nach §§ 242 Abs. 2 und 264 HGB einen Bestandteil des → **Jahresabschlusses** dar. Ihr primärer Zweck laut § 242 Abs. 2 HGB ist die Übersicht über die Erträge und Aufwendungen eines Unternehmens und die daraus resultierende Ermittlung des Jahresüberschusses oder Jahresfehlbetrages.

> **Wichtig!**
> Die Gewinn- und Verlustrechnung informiert den Wirtschaftsausschuss über die wichtigsten Erträge und Aufwendungen des Unternehmens, so auch über die Summe der Personalkosten, der Abschreibungen, der außerordentlichen Aufwendungen, sowie über das Jahresergebnis. Erst mit diesen Informationen ist eine Bewertung über die wirtschaftliche und finanzielle Lage des Unternehmens möglich.

Als Aufwendungen gilt dabei der in Geldgrößen bewertete Verbrauch von Gütern und Dienstleistungen, wie z. B. die Kosten für die Lieferanten von Rohstoffen und Maschinen, Dienstleister und Mitarbeiter. Die Erträge sind die einem Unternehmen zuzurechnenden Einnahmen. Dabei stellen die Erträge oft mehr als die tatsächlich gezahlten Einnahmen des Unternehmens dar, da z. B. die Umsatzerlöse alle im Geschäftsjahr verkauften, geldlich bewerteten Güter- und Dienstleistungsmengen beinhalten, und nicht nur die bereits bezahlten.

Das Ergebnis der Gewinn- und Verlustrechnung ist immer der Jahresüberschuss oder Jahresfehlbetrag, den man in der Umgangssprache als »Gewinn« oder »Verlust« bezeichnet. Diese Endposition der GuV findet wiederum Eingang in die → **Bilanz** unter der Position des Eigenkapitals. Erwirtschaftet ein Unternehmen im Laufe eines Geschäftsjahres einen Jahresüberschuss, so erhöht dieser das Eigenkapital, das auf der Passivseite der Bilanz steht. Umgekehrt vermindert ein Jahresfehlbetrag das Eigenkapital in der Bilanz, im schlimmsten Fall so lange, bis gar kein Eigenkapital mehr vorhanden ist und das Unternehmen Gefahr läuft, in eine Überschuldung (→ **Insolvenz**) zu rutschen.

Wie gliedert sich die Gewinn- und Verlustrechnung?

Nur für → **Kapitalgesellschaften** ist die Gliederung der Gewinn- und Verlustrechnung nach § 275 HGB gesetzlich vorgeschrieben. In der Praxis orientieren sich jedoch auch viele → **Personengesellschaften** freiwillig an der vom Handelsgesetzbuch vorgegebenen Gliederung.

Nach § 275 Abs. 1 HGB können die Unternehmen zwischen zwei verschiedenen Gliederungsverfahren frei wählen: dem Gesamtkosten- und dem Umsatzkostenverfahren. In der Vergangenheit durfte die GuV nach dem deutschen Gesetz nur nach dem Gesamtkostenverfahren erstellt werden. Erst seit 1985 ist auch das Umsatzkostenverfahren zulässig, doch die meisten deutschen Unternehmen verwenden weiterhin das Gesamtkostenverfahren. Bei Konzernen, vor allem mit internationalen Muttergesellschaften, dominiert hingegen das Umsatzkostenverfahren, da dieses auch den → **internationalen Rechnungslegungsstandards** entspricht.

Das Gesamtkostenverfahren stellt der Leistung des Unternehmens die gesamten Kosten des Unternehmens gegenüber. Dadurch werden z.B. auch jene Kosten erfasst, die für zwar bereits fertig gestellte aber noch nicht verkaufte Produkte angefallen sind. Deren Aufwendungen erscheinen sowohl in den Material- und Personalkosten, während ihr »Ertrag« in der Lagerbestandsveränderung erscheint, da die noch nicht verkaufte Ware eine Erhöhung des Lagerbestandes bewirkt.

Das Umsatzkostenverfahren (englisch: Cost of Sales-Method) zeigt hingegen nur die Leistung des Unternehmens, die auch zu Umsatz wurde. Dem Umsatz werden dann nur jene Kosten gegenübergestellt, die durch den Umsatzprozess verursacht wurden. Alle Aufwendungen, die bisher noch zu keinem Verkaufserlös geführt haben, erscheinen somit nicht in den Positionen der GuV; werden also nicht in die Kosten addiert.

Ferner regelt der gleiche Paragraph (§ 275 Abs. 1 HGB), dass im Gegensatz zur Bilanz, die bekanntlich in einer Kontoform mit einer Aktiv- und einer Passivseite, dargestellt wird, die Positionen der GuV untereinander, d.h. in einer Staffelform, geschrieben werden. Der Grund für die Staffelform ist, dass in der Leserichtung von oben nach unten die Ergebnisentwicklung viel deutlicher wird. Vier individuelle Ergebnisse (d.h. das Betriebsergebnis, das Finanzergebnis, das außerordentliche Ergebnis und der Jahresüberschuss / Jahresfehlbetrag) können direkt als Kenngrößen ermittelt werden:

128 Gewinn- und Verlustrechnung

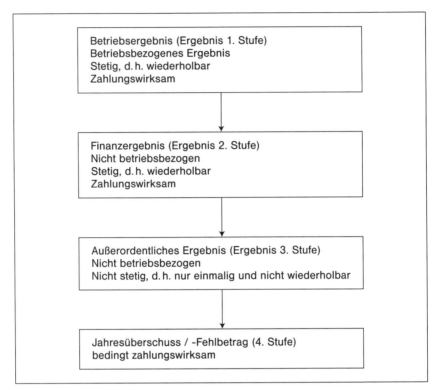

Abbildung 22: Grundstruktur einer Gewinn- und Verlustrechnung in Staffelform

Der Vorteil dieser Darstellung mit ihren unterschiedlichen Ergebnissen liegt in der gewonnenen Transparenz, aus welchen Aktivitäten des Unternehmens welcher Ergebnisbeitrag erwirtschaftet wird. Fällt zum Beispiel in einem Unternehmen ein gutes Betriebsergebnis an, so heißt dies, dass das Kerngeschäft des Unternehmens gut wirtschaftet. Mit anderen Worten: Auch die eigenen Mitarbeiter sind grundsätzlich rentabel (→ **Rentabilität**): Die Kosten für die eigentliche, betriebsbezogene Leistungserbringung werden von den Einnahmen (z.B. Umsatz) gedeckt.

Nun gibt es in der Praxis leider oft Firmen, die zwar auf der Ebene des Betriebsergebnisses wirtschaftlich sind, d.h. ein positives Betriebsergebnis ausweisen, doch bei denen ein negatives Finanzergebnis (z.B. durch Fehlspekulationen an der Börse) oder ein negatives außerordentliches Ergebnis (z.B. durch zu hohe Abschreibungen oder Aufwendungen aufgrund Betriebsschließungen) den Jahresüberschuss in einen Fehlbetrag wandelt. Mit anderen Worten: Während das Kerngeschäft gut läuft, führen andere – oft rein vom Management gesteuerte Entscheidungen – zu einem Verlust am Ende der GuV.

> **Wichtig!**
> Die vier Stufen der GuV sind besonders für Wirtschaftsausschüsse wichtig, um zu sehen, wo wirklich ein »Verlust« herkommt. Oft ist es gar nicht das eigentliche Kerngeschäft mit seinem Betriebsergebnis, wo die Probleme des Unternehmens liegen. Dann ist es auch falsch, an dieser Stelle, z.B. durch Personalabbau, zu sparen.

Welche Positionen gehören in die Gewinn- und Verlustrechnung?

Grundsätzlich unterscheiden sich die beiden Gliederungsverfahren der Gewinn- und Verlustrechnung, das Gesamtkosten- und das Umsatzkostenverfahren, nur in den einzelnen Positionen zur Berechnung des Betriebsergebnisses.

Während das Gesamtkostenverfahren die Aufwendungen nach Aufwandsarten (z.B. Materialkosten, Personalkosten, Abschreibungen) eher produktionsorientiert gliedert, ist diese Gliederung beim Umsatzkostenverfahren absatzorientiert, d.h. nach Kostenstellen. Die für Arbeitnehmervertreter zuerst weniger detaillierte Aufzählung für sie zentraler Kosten im Umsatzkostenverfahren (z.B. das Fehlen der Summe des Personalaufwands oder der Abschreibungen) wird durch § 285 Abs. 8 HGB ergänzt, der zusätzliche Pflichtangaben im Anhang vorschreibt. Das Betriebsergebnis ist bei beiden Verfahren identisch.

Gewinn- und Verlustrechnung

	Gesamtkostenverfahren	Umsatzkostenverfahren
Betriebsergebnis	§ 275 Abs. 2 Nr. 1–8 HGB • Umsatzerlöse • Bestand an fertigen und unfertigen Waren • Aktivierte Eigenleistungen • Sonstige betriebliche Erträge • Materialaufwand • Personalaufwand • Abschreibungen • Sonstige betriebliche Aufwendungen	§ 275 Abs. 3 Nr. 1–7 HGB • Umsatzerlöse • Herstellungskosten • Vertriebskosten • Allgemeine Verwaltungskosten • Sonstige betriebliche Erträge • Sonstige betriebliche Aufwendungen
Finanzergebnis	§ 275 Abs. 2 Nr. 9–13 HGB	§ 275 Abs. 3 Nr. 8–12 HGB
	• Beteiligungserträge • Wertpapier- und Ausleihungserträge • Zinsen • Abschreibungen auf Finanzanlagen • Zinsaufwendungen	
Außerordentliches Ergebnis	§ 275 Abs. 2 Nr. 15–17 HGB	§ 275 Abs. 3 Nr. 14–16 HGB
	• Außerordentliche Erträge • Außerordentliche Aufwendungen	
Jahresergebnis vor Steuer	§ 275 Abs. 2 Nr. 1–17 HGB	§ 275 Abs. 3 Nr. 1–16 HGB
Steuern	§ 275 Abs. 2 Nr. 18–19 HGB	§ 275 Abs. 3 Nr. 17–18 HGB
Jahresüberschuss/ -fehlbetrag nach Steuern	§ 275 Abs. 2 Nr. 20 HGB	§ 275 Abs. 3 Nr. 19 HGB

Was besagen die einzelnen Positionen der GuV?

Für jedes Mitglied im Wirtschaftsausschuss ist es wichtig, die Hintergründe hinter den einzelnen Positionen der GuV (so wie auch der Bilanz) zu kennen. Nur mit der Kenntnis dieser Fachausdrücke kann man auf dem gleichen Niveau mit dem Arbeitgeber diskutieren, das erforderlich ist, um von diesem auch als gleichwertiger Gesprächspartner akzeptiert zu werden.

Starten wir mit den einzelnen Positionen zur Berechnung des Betriebsergebnisses:

Gewinn- und Verlustrechnung 131

GuV Position	Gesamtkostenverfahren	Umsatzkostenverfahren
1	Bei den Umsatzerlösen handelt es sich um die Erlöse der Haupttätigkeit, also dem Verkauf von Produkten, Waren und Dienstleistungen. Sonstige Erlöse, wie z. b. die Vermietung von Produktionsräumen, fallen hingegen unter »sonstige betriebliche Erträge«. Bei den Umsatzerlösen handelt es sich stets um Nettoerlöse, d. h. abzüglich der Umsatz- bzw. Mehrwertsteuer.	
2	Bei den Lagerbestandsveränderungen kommt es zu einer Erhöhung, wenn der Wert der hergestellten, aber noch nicht verkauften Waren am Bilanzstichtag höher ist, als zum früheren Stichtag. Mit anderen Worten: der Bestand des Lagers ist gestiegen. Diese Steigerung wird dem Umsatz hinzugerechnet, während eine Bestandsreduzierung den Umsatzerlösen von Position 1 abgezogen werden	Die Herstellungskosten sind die Aufwendungen, die durch den Verbrauch von Gütern und Inanspruchnahme von Diensten für die Herstellung eines Gutes oder dessen Verbesserung entstehen (§ 255 Abs. 2 HGB). Damit beinhalten die Herstellungskosten Positionen aus dem Materialaufwand, Personalaufwand sowie Abschreibungen, die zur Erbringung der Leistung notwendig waren.
3	Aktivierte Einleistungen resultieren hauptsächlich aus selbsterstellten Anlagen, mit eigenen Arbeitskräften durchgeführten Großreparaturen sowie aktivierte Aufwendungen.	Das Bruttoergebnis vom Umsatz ist ein erstes Zwischenergebnis aus dem Umsatzkostenverfahren. Es errechnet lediglich, ob der Umsatz zumindest ausreicht, um die Kosten für die Herstellung der Güter zu decken.
4	Die sonstigen betrieblichen Erträge sind ein Sammelposten. Sie enthalten u. a. Erträge aus Nebentätigkeiten, aus Versicherungsentschädigungen, Mieterträgen, betriebsfremden Umsätzen, Zahlungseingänge auf als uneinbringlich ausgebuchte Forderungen, Währungsgewinne, Schuldnachlässe, Schadensersatzleistungen, Patent- und Lizenzgebühren, Buchgewinne aus dem Verkauf von Wertpapieren des Umlaufvermögens oder Erträge aus der Auflösung von Rückstellungen und Sonderposten mit Rücklagenanteilen.	Zu den Vertriebskosten zählen die Sondereinzelkosten des Vertriebs (wie z. B. Provisionen, Verpackungs- und Transportkosten) sowie Vertriebsgemeinkosten (z. B. Personalkosten der Verkaufsabteilung, Abschreibung der im Vertrieb genutzten Sachanlagen, Kosten der Marktforschung und Kosten des Fuhrparks).
5	Die fünfte Position der GuV nach dem Gesamtkostenverfahren »Materialaufwand« listet alle Aufwendungen für Roh-, Hilfs- und Betriebsstoffe auf, die zur Herstel-	Die allgemeinen Verwaltungskosten umfassen alle Kosten der allg. Verwaltung, soweit nicht als Herstellungskosten aktiviert oder auf den Herstellungsbereich (Pos. 2)

Gewinn- und Verlustrechnung

GuV Position	Gesamtkostenverfahren	Umsatzkostenverfahren
	lung der Produkte bzw. Erbringung von Dienstleistungen notwendig sind. Ferner findet man unter dieser Position die Kosten für bezogene (Fremd-) Leistungen, wie z.B. von externen Beratern und Agenturen. Für Betriebsräte besonders interessant sind dabei die Aufwendungen für die bezogenen Leistungen von Leiharbeitsfirmen.	oder Vertriebsbereich (Pos. 4) entfallend. Beispiele möglicher allgemeiner Verwaltungskosten sind: Aufwendungen für die Geschäftsführung, Aufwendungen für das Rechnungswesen oder die Rechts- und Revisionsabteilung.
6	Der Personalaufwand umfasst die Bruttobezüge alle Löhne und Gehälter einschließlich der Arbeitgeberbeiträge zur Sozialversicherung, die laufenden Renten- und Unterstützungszahlungen sowie die jährlichen zusätzlichen Einstellungen in die Pensionsrückstellungen und Unterstützungskassen. In dieser Position finden sich auch die Bezüge der Geschäftsleitung, Gratifikationen sowie Vergütungen für befristet eingestellte Aushilfskräfte.	Die sonstigen betrieblichen Erträge sind wie beim Gesamtkostenverfahren ein Sammelposten. Sie enthalten im Umsatzkostenverfahren jedoch nur jene Kosten, die zu Umsatzerlösen geführt haben.
7	Die → **Abschreibungen** auf Sachanlagen und immaterielle Vermögensgegenstände beinhalten die Wertminderungen z.B. auf Gebäude, Maschinen, Patente, Lizenzen oder den Geschäfts- oder Firmenwert (GoF).	Die sonstigen betrieblichen Aufwendungen sind wie beim Gesamtkostenverfahren ein Sammelposten. Sie enthalten im Umsatzkostenverfahren jedoch nur jene Kosten, die zu Umsatzerlösen geführt haben.
8	Die Position »sonstige betriebliche Aufwendungen« ist ein Sammelposten anlog der sonstigen betrieblichen Erträge. Hierunter fallen z.B. Aufwendungen für Transporte, Mieten, Pacht, Werbung, Telefon- oder Portokosten, Reisekosten, Bewirtungs- und Betreuungskosten, Lizenzgebühren, Versicherungsprämien, Spenden, Schmiergelder, Aufwendungen für den Aufsichtsrat und Hauptversammlungen, Schadensersatzleistungen und Einstellungen in die Rückstellungen bzw. Sonderposten mit Rücklagenanteil.	

Gewinn- und Verlustrechnung 133

Wichtig!
In der Position »sonstige betriebliche Aufwendungen« sehen Wirtschaftsausschüsse die Aufwendungen für → **Rückstellungen**, die z.B. für Abfindungen (wenn nicht bereits unter den Personalaufwendungen!), Gerichtsverhandlungen oder Sozialplanmaßnahmen gebildet wurden.

Als Zwischenergebnis der bisherigen GuV ergibt sich das Betriebsergebnis. Dieses entspricht im Wesentlichen dem sogenannten EBIT (engl.: Earnings Before Interests and Taxes), also den Einnahmen vor Zinsen und Steuern.

Tipp!
Interessant ist für Arbeitnehmervertreter besonders der EBITDA. Hierunter versteht man das Betriebsergebnis (EBIT) minus der Abschreibungen auf Sachanlagen und immaterielle Vermögensgegenstände. Dieser Wert ist für Betriebsräte und Wirtschaftsausschüsse seriöser, da er die Ertragslage des Unternehmens objektiver angibt als der EBIT. Im EBIT hat die Unternehmensleitung genügend Möglichkeiten, im Rahmen der → **Bilanzpolitik** das Ergebnis in seinem Sinne zu verändern.

Die übrigen Positionen der Gewinn- und Verlustrechnung gelten sowohl für das Gesamtkosten- als auch für das Umsatzkostenverfahren:

- Erträge aus Beteiligungen: Erträge aus Anteilen an verbundenen Unternehmen und sonstigen Beteiligungen. Gerade die Einnahmen aus Tochtergesellschaften stellen für Wirtschaftsausschüsse interessante Informationen dar.
- Erträge aus anderen Wertpapieren: Finanzerträge aus Wertpapieren, die nicht aus Beteiligungen resultieren. Hierzu gehören z.B. Dividenden aus Aktienpaketen und Zinsen aus langfristigen Anleihen.
- Sonstige Zinsen und ähnliche Erträge: Finanzerträge aus dem Umlaufvermögen, wie z.B. Zinsen auf Bankguthaben oder aus Forderungen an Kunden.
- Abschreibungen auf Finanzanlagen des Umlaufvermögens: Verlieren Finanzanlagen im Umlaufvermögen (z.B. Aktien oder Beteiligungen) zum Bilanzstichtag an Wert, so sind nach dem strengen Niederstwertprinzip des HGB diese zu ihrem reduzierten Kurswert zu bilanzieren. Der daraus resultierende Verlust ist abzuschreiben.
- Zinsen und ähnliche Aufwendungen: Vergütungen für die Überlassung von Fremdkapital, wie z.B. für Bankkredite und Hypotheken. Mit anderen Worten: Hier sieht man die Kosten, die das Unternehmen hat, um von Dritten Kredite oder sonstige Verbindlichkeiten aufzunehmen.

> **Wichtig!**
> Laut § 275 Abs. 2 und 3 HGB ergeben die bisherigen Positionen der GuV das Ergebnis der gewöhnlichen Geschäftstätigkeit. Vereinfacht lässt es sich auch aus dem Betriebsergebnis und dem Finanzergebnis errechnen. Das Ergebnis der gewöhnlichen Geschäftstätigkeit zeigt den Bruttoerfolg des Unternehmens im Rahmen seiner gewöhnlichen Geschäftstätigkeit vor Abzug der Steuern.

- Außerordentliche Erträge, Aufwendungen bzw. Ergebnis: In den Positionen sind nur jene Erträge und Aufwendungen auszuweisen, die außerhalb der gewöhnlichen Geschäftstätigkeit der Gesellschaft liegen. Es werden vor allem Erfolgs- und Misserfolgskomponenten betrachtet, wie z.B. wenn ein Unternehmen eine Betriebsstätte mit Gewinn oder Verlust verkauft oder wenn ein Brandschaden einen außerordentlichen Aufwand hervorruft.

> **Wichtig!**
> In den außerordentlichen Aufwendungen sehen Arbeitnehmervertreter meist auch die Kosten für Betriebsschließungen, Abfindungen und Sozialplanmaßnahmen.

- Steuern von Einkommen und Ertrag: Zu dieser Position zählen die Körperschaftssteuern, die Kapitalertragssteuern und die Gewerbeertragssteuer. Die Körperschaftssteuer ist dabei eine besondere Art der Einkommenssteuer für juristische Personen, d.h. AG, KGaA und GmbH, mit einem Steuersatz von 25 Prozent. Die Kapitalertragssteuer wird für Einkünfte aus Kapitalvermögen erhoben und hat einen Steuersatz von 20 Prozent auf die ausgeschütteten Gewinne. Die Gewerbeertragssteuer ist eine Gemeindesteuer und wird in ihrer Steuerhöhe von diesen lokal festgelegt.
- Sonstige Steuern: Alle Steueraufwendungen, die nicht gewinnabhängig sind. Zu ihnen gehören somit z.B. die Grundsteuer, die Kfz-Steuer, die Alkoholsteuer und die Mineralölsteuer.

Der Jahresüberschuss bzw. Jahresfehlbetrag ist das endgültige Ergebnis (Gewinn oder Verlust) aus der Gegenüberstellung aller Einnahmen und Ausgaben. Diese Position stellt die Verbindung zwischen der GuV und der Bilanz dar, da der Jahresüberschuss bzw. Jahresfehlbetrag auch unter dem Eigenkapital der Bilanz ausgewiesen wird.

> **Wichtig!**
> Die Ergebnisse der Gewinn- und Verlustrechnung können vom Unternehmer beeinflusst werden. Diese Instrumente der → **Bilanzpolitik** bewirken, dass der Jahresüberschuss erhöht oder sogar zu einem Jahresfehlbetrag reduziert wird.

Gewinn- und Verlustrechnung 135

> **Tipp!**
> Zur Analyse der Gewinn- und Verlustrechnung empfehlen sich die Instrumente der → **Bilanzanalyse** und der Einsatz von → **Aufwandskennzahlen**.

Was ist bei der GuV einer Bank zu beachten?

Die bisher aufgezeigten Merkmale einer Gewinn- und Verlustrechnung gelten nach dem HGB für alle Unternehmen. Doch existieren für Banken und Versicherungen diverse Abweichungen zum klassischen Raster einer GuV, die am Beispiel der Banken kurz skizziert werden sollen.

Industrieunternehmen fließen aus dem Verkauf ihrer Produkte Umsätze zu, von denen nach Abzug der Kosten, im guten Fall ein Gewinn übrig bleibt. Banken verbuchen keine Umsätze, sondern die Zinsen aus den vergebenen Krediten als Erträge. Nach Abzug der Zinsaufwendungen, also der gezahlten Zinsen auf Spareinlagen, verbleibt der Zinsüberschuss. Er wird um die Rückstellungen für ausfallbedingte Kredite (die sogenannte Risikovorsorge) korrigiert.

Klassische GuV (wichtigsten Positionen)		GuV von Banken	
+	Umsatzerlöse	+	Zinserträge
−	Materialaufwand	−	Zinsaufwand
−	Personalaufwand	−	Risikovorsorge für Kredite
−	Abschreibungen	+	Provisionserträge
+/−	Finanzergebnis	−	Provisionsaufwand
=	**Ergebnis vor Steuern**	+	Handelsergebnis
		−	Verwaltungsaufwand
		=	Ergebnis vor Steuern

Abbildung 23: Besonderheiten einer Banken-GuV

Neben den Zinsen aus den vergebenen Krediten haben Banken noch zwei weitere Ertragsbestandteile. Der zweite Ertragsbestandteil ist der Provisionsüberschuss, der sich aus Vermittlungsprovisionen, wie z.B. aus dem Verkauf von Fonds oder Versicherungen, speist. Bei Investmentbanken fließen hier auch die Honorare für die Beratung von Übernahmen oder die Abwicklung von Börsengängen ein. Provisionsaufwendungen, wie z.B. Prämien für die Vermittlung ihrer Kredite, mindern den Posten.

Der dritte Ertragsbestandteil ist das Handelsergebnis. Dahinter verbergen sich Gewinne, die eine Bank beim Handel mit Wertpapieren in ihrem eigenen Besitz einstreicht. Zusammen mit den Gewinnen aus Beteiligungen (Finanzergebnis) stellen Zins-, Provisions- und Handelsüberschuss die wichtigsten Ertragssäulen einer Bank dar. Nach Abzug der Verwaltungsaufwendungen verbleibt ein Ergebnis vor Steuern.

Die Eigenkapitalquote gilt wie auch bei allen anderen Unternehmen auch bei Banken als eine elementare Kennzahl zur Bewertung des Jahresabschlusses. Zusätzlich interessiert bei Banken in der GuV die Cost-Income-Ratio. Diese betrachtet das Verhältnis zwischen den Aufwendungen (Costs) zu Erträgen (Income). Bei deutschen Banken liegt die Cost-Income-Ratio bei ca. 70 Prozent. Dies indiziert, dass die Erträge zu 70 Prozent von den Kosten aufgezehrt werden. Der US-Gigant Citibank hat hingegen eine so schlanke Verwaltung, so dass die Cost-Income-Ratio bei rund 50 Prozent liegt.

Literatur

Bömle M.: Unternehmensfinanzierung, Zürich, 1986.
Coenenberg A.G.: Jahresabschluss und Jahresabschlussanalyse, Landsberg / Lech, 2000.
Disselkamp M.: Gewinn- und Verlustrechnung, in: Disselkamp M., Thome-Braun A.: Der Professionelle Betriebsrat, Augsburg, 2003.

Informationsquellen für den Wirtschaftsausschuss

Was sind jene wirtschaftlichen Informationen, über die der Wirtschaftsausschuss auf jeden Fall verfügen sollte und wo sind diese Informationen zu finden?

Was sind die wichtigsten Datenquellen für den Wirtschaftsausschuss?

Die wichtigsten Quellen für Informationen über die wirtschaftliche und finanzielle Lage eines Unternehmens sind:

- Handelsregister: Jedes Unternehmen hat im örtlichen Handelsregister eine Reihe von Informationen publik zu machen, so dass jeder diese Daten einsehen kann.
- Jahresabschluss: Der Jahresabschluss beinhaltet bei Kapitalgesellschaften die Handelsbilanz nach HGB, Gewinn- und Verlustrechnung und den Anhang. Mittelgroße und große Kapitalgesellschaften müssen zudem einen Lagebericht erstellen.
- Monatliche Erfolgsrechnung: Während der Jahresabschluss immer vergangenheitsorientiert ist, dient die monatliche Erfolgsrechnung der Übersicht über die aktuellen Einnahmen und Ausgaben des Unternehmens. Damit werden erst eine kurzfristige Reaktionsfähigkeit und außerdem die Funktion der Frühwarnung gewährt.
- Monatliche Liquiditätsplanung: Zur Überprüfung der Zahlungsfähigkeit gegenüber den Gläubigern – und somit auch gegenüber den Mitarbeitern – dient der Transparenz über die anstehenden kurzfristigen Verbindlichkeiten, Zahlungen, Forderungen und Einnahmen.
- Unternehmensplanung: Die Unternehmensplanung besteht aus den Teilplänen: Absatzplan, Produktionsplan, Beschaffungsplan, Personalplan, Investitionsplan und Finanzplan. Erst die Kenntnis dieser einzelnen Pläne informiert über die zukünftigen Absichten des Unternehmers.
- Prüfungsbericht: Kapitalgesellschaften müssen ihren Jahresabschluss von externen Wirtschaftsprüfern überprüfen lassen. Diese erstellen als

Ergebnis einen Prüfungsbericht, der über die Erkenntnisse der Prüfer im Detail informiert.
- Berichte der Unternehmensberater / Consultants: Die Empfehlungen der Berater haben oft schwerwiegende Auswirkungen für die Beschäftigten.
- Kostenrechnung: Für Detailfragen über wirtschaftliche Hintergründe genügen die o.g. Unterlagen oft nicht. Daher ist ein Zugriff bzw. die Einsicht in die Kostenrechnung das beste Mittel für Transparenz und Vertrauen. Dieser Zugriff wird jedoch in der Realität nicht vielen Arbeitnehmervertretern von ihren Unternehmen gewährt, auch wenn die vorher besprochenen Rechte dies grundsätzlich ermöglichen.

Welche Informationen finden sich im Handelsregister?

Jedes Unternehmen hat im örtlichen Handelsregister eine Reihe von Informationen publik zu machen, so dass jeder diese Daten einsehen kann. Zu diesen Informationen gehören die Anschrift des Unternehmens, die Rechtsform, die Gesellschafter, die Mitglieder der Unternehmensleitung (Geschäftsführung / Vorstand) sowie Aussagen über Branchenzugehörigkeit.

Früher war das Handelsregister der zentrale Zugang zu den Jahresabschlüssen der Unternehmen. Selbst Wirtschaftsausschüsse, deren Arbeitgeber die Weitergabe ihres Jahresabschlusses an den WA verweigerten, konnten auf diesem Weg meist dennoch an die Daten kommen. Der Weg über das Handelsregister ist aber heute nicht mehr nötig: Alle → **Kapitalgesellschaften** und bestimmte → **Personengesellschaften** haben in der Zwischenzeit ihre Jahresabschlüsse im nationalen Bundesanzeiger unter www.bundesanzeiger.de zu veröffentlichen.

> **Wichtig!**
> Die meisten Kapitalgesellschaften müssen ihren letzten Jahresabschluss im Bundesanzeiger hinter- und offen legen.

Welche Informationen finden sich im Jahresabschluss?

Der → **Jahresabschluss** gilt als eine der wichtigsten Informationsquellen für den Wirtschaftsausschuss. Er ist jedem Wirtschaftsausschuss einmal jährlich zusammen mit dem Betriebsrat durch den Unternehmer zu erläutern. Dies regelt § 108 BetrVG:

> **Rechtliche Grundlage (§ 108 Abs. 5 BetrVG)**
> Der Jahresabschluss ist dem Wirtschaftsausschuss unter Beteiligung des Betriebsrats zu erläutern.

Mit der Erläuterung des Jahresabschlusses für den Wirtschaftsausschuss soll sichergestellt werden, dass die in ihm enthaltenen Informationen über die wirtschaftliche und finanzielle Lage des Unternehmens transparent werden. Zu den Kerninformationen des Jahresabschlusses gehören nach § 242 HGB die → **Bilanz** und die → **Gewinn- und Verlustrechnung**. → **Kapitalgesellschaften** haben nach § 264 HGB den Jahresabschluss um einen → **Anhang** und – abhängig von ihrer Größe – einen → **Lagebericht** zu ergänzen.

Der Jahresabschluss selbst dient zur Darstellung der finanziellen und wirtschaftlichen Lage eines Unternehmens. Dabei sind zu einem bestimmten Zeitpunkt (Stichtag) sämtliche Vermögensgegenstände, Schulden, Rechnungsabgrenzungsposten, Aufwendungen und Erträge auszuweisen, damit die Öffentlichkeit, wie z.B. Aktionäre, Kreditgeber, Investoren, Mitarbeiter, Kunden etc. einen Überblick über das Unternehmen gewinnt.

Allerdings stellt der Jahresabschluss die finanzielle Lage des Unternehmens lediglich auf der höchsten Aggregationsstufe dar. Es fehlen tiefergehende Informationen z.B. über Entwicklungen in einzelnen Unternehmensbereichen. Vielmehr können negative Entwicklungen in einzelnen Bereichen durch positive Entwicklungen anderer Bereiche kompensiert werden, so dass sich potenzielle negative Gefährdungen der Arbeitnehmerinteressen für die Betriebsräte gar nicht offenkundig zeigen

> **Wichtig!**
> Viele Jahresabschlüsse geben im Prinzip die finanzielle Lage des Unternehmens nur unvollständig wieder. Dennoch ist er der erste Ausgangspunkt für die Analyse der wirtschaftlichen und finanziellen Lage eines Unternehmens.

Die Erstellung des Jahresabschlusses unterliegt breiter Bilanzierungsspielräume, in denen sich Unternehmen bewegen können. Diese Spielräume, zu denen z.B. die Bewertungswahlrechte und Bilanzierungswahlrechte gehören, gehören zur sogenannten → **Bilanzpolitik**. Sie haben auf jeden Fall gravierende Auswirkungen für die Arbeitnehmer und ihre Vertreter. Daher ist der Jahresabschluss mit seinen Aussagen zur wirtschaftlichen und finanziellen Lage des Unternehmens immer mit Vorsicht zu genießen. Zu viele Positionen sind in den Jahresabschlüssen unterbewertet.

> **Tipp!**
> Zur kompetenten Analyse des Jahresabschlusses – auch im Sinne der Bilanzpolitik – ist die → **Bilanzanalyse** mittels Kennzahlen zu empfehlen.

Warum ist die monatliche Erfolgsrechnung für den WA so wichtig?

Da der Jahresabschluss und die Steuerbilanz nur einmal jährlich, und zudem erst einige Monaten nach Beendigung des Geschäftsjahres, erstellt werden, benötigt der Wirtschaftsausschuss aktuellere Daten über die wirtschaftliche Entwicklung des Unternehmens. Die wichtigsten Daten findet er in einer hohen Aggregation in einem Standardbericht des Finanzcontrollings (→ **Controlling**). Dieser wird gerne als monatliche oder kurzfristige Erfolgsrechnung (KER) bezeichnet, und kann beispielsweise wie folgt aussehen:

	Werte des Stichtags				Kumulierte Werte				
			Abweichung				Abweichung		
	SOLL	IST	absolut	in %	SOLL	IST	absolut	in %	Vorperiode
Umsatz									
Materialaufwand									
Rohergebnis									
sonstige Erträge									
Löhne und Gehälter									
Soziale Aufwendungen									
Konzernumlagen									
Spesen und Reisekosten									
sonstige Aufwendungen									
Abschreibungen									
Betriebsergebnis									
Zinsen und Aufwendungen									
Finanzergebnis									
Monatsergebnis									

Abbildung 24: Monatliche Erfolgsrechnung (Standardbericht des Finanz-Controllings)

Im Gegensatz zum Jahresabschluss existieren keine gesetzlichen Vorgaben über den Aufbau und die Struktur der monatlichen Erfolgsrechnungen. Daher weichen die Lösungen einzelner Firmen oft extrem voneinander ab.

> **Wichtig!**
> Die monatliche Erfolgsrechnung wird in der Regel sechs bis zehn Tagen nach Monatsende vom Controlling erstellt. Damit ist sie neben der Unternehmensplanung das zentrale Frühwarninstrument für den Wirtschaftsausschuss gegenüber dem Betriebsrat.

Die monatliche Erfolgsrechnung informiert über die Entwicklung der Umsätze des Unternehmens und damit darüber, ob noch genügend Einnahmen zur Deckung der fixen und variablen Kosten vorliegen. Sind die Umsätze rückläufig, so können die dennoch anfallenden Kosten nicht mehr gedeckt werden und es entstehen Verluste. Im obigen Beispielbericht wurden noch die Planwerte und die Werte der Vorperiode zwecks erhöhter Transparenz über die Entwicklung integriert.

Neben den Einnahmen (Umsätze etc.) zeigt die monatliche Erfolgsrechnung auch die wichtigsten Kostenblöcke des Unternehmens und ihre aktuelle Entwicklung auf. In dem obigen Beispiel sind dies z.B. die Kosten für den Bezug von Materialien und erstellten Leistungen (Materialaufwand), die Löhne und Gehälter aller eigenen Beschäftigten (inkl. leitenden Angestellter und der Unternehmensleitung), Konzernumlagen für den Bezug von Leistungen aus dem Konzern und die planmäßigen Abschreibungen. Am Ende ergibt sich aus der Zusammenrechnung der Einnahmen und Ausgaben sowie des Finanzergebnisses (→ **Gewinn- und Verlustrechnung**) ein Monatsergebnis mit einem Überschuss oder einem Fehlbetrag.

> **Tipp!**
> Die kumulierten, also addierten Werte aller Monate im Jahr ergeben nicht unbedingt die gleichen Werte wie im Jahresabschluss. Dies hängt mit nachträglichen Veränderungen z.B. der Abschreibungen und Rückstellungen zusammen (→ **Bilanzpolitik**).

Viele Wirtschaftsausschüsse erhalten die monatliche Erfolgsrechnung o.ä. von der Unternehmensleitung nur nach intensiver Aufforderung. Nicht selten behauptet vorher der Arbeitgeber, dass eine solche Übersicht nicht vorliegen würde. Es gäbe ja auch keine gesetzliche Regelung zur Struktur einer monatlichen Erfolgsrechnung oder KER. In der Praxis haben jedoch die meisten Unternehmen eine solche Monatsübersicht, oft sogar in noch viel detaillierterer Form. Besonders Unternehmen aus Konzernverbünden, Aktiengesellschaften an der Börse oder Firmen mit Bankkrediten haben in der

Regel Monatsübersichten über ihre Einnahmen und Ausgaben, da ihre Gläubiger (Mutterkonzern, Aktionäre oder Banken) diese Daten ebenfalls intensiv nachfragen.

Ferner wird oft von der Unternehmensleitung behauptet, es gäbe gar keine rechtliche Regelung für die Weitergabe der Monatsdaten an den Wirtschaftsausschuss. Dies ist nicht ganz der Fall: Die Entscheidung des BAG v. 17.9.1991 – 1 ABR 74/90 zur Thematik der »Betriebsabrechnungsbögen« dient der zeitnahen Unterrichtung des Wirtschaftsausschusses. Demnach sind monatliche Erfolgsrechnungen (sog. Betriebsabrechnungsbögen) für einzelne Filialen oder Betriebe Unterlagen, die einen Bezug zu den wirtschaftlichen Angelegenheiten im Sinne von § 106 Abs. 3 BetrVG haben. Ob und gegebenenfalls wann solche Erfolgsrechnungen dem Wirtschaftsausschuss vorzulegen sind, ist eine Frage der Erforderlichkeit und damit am Ende von der Einigungsstelle zu entscheiden.

Was bringt die monatliche Liquiditätsplanung an Informationen für den WA?

→ **Liquidität** wird definiert als die Fähigkeit eines Unternehmens, seinen Zahlungsverpflichtungen, und somit auch den Gehaltszahlungen, fristgerecht nachkommen zu können. Vereinfacht ausgedrückt bezeichnet man als Liquidität die Zahlungsfähigkeit des Unternehmens gegenüber allen Gläubigern. Damit ist die Liquidität eines der wichtigsten Ziele eines jeden Unternehmens. Ohne ausreichende Liquidität läuft ein Unternehmen Gefahr, in die Zahlungsunfähigkeit und damit in die → **Insolvenz** zu gelangen. Und eine Insolvenz bedeutet in den meisten Fällen den Verlust der unternehmerischen Existenz und aller Arbeitsplätze.

Unabdingbare Voraussetzung für die Liquidität eines jeden Unternehmens ist die exakte Planung und Kontrolle sämtlicher im Betrieb anfallender Ein- und Ausgaben. Jedes Unternehmen sollte die zu erwartenden Geldströme, geordnet nach ihren Zahlungsterminen sowie den Bestand an flüssigen Mitteln (Kassenbestand, Bundesbankguthaben, Guthaben bei Kreditinstituten und Schecks) immer im Blick haben.

Als Instrument für die Planung und Kontrolle der Liquidität dient die Liquiditätsrechnung mit ihrer monatlichen Liquiditätsplanung. Diese umfasst normalerweise den Zeitraum der nächsten sechs, besser jedoch zwölf Monate, und stellt alle geplanten Einnahmen den Ausgaben des Unternehmens gegenüber.

	Januar	Februar	März	April	Mai	Juni	Juli	August	Sept.	Okt.	Nov.	Dez.
Einzahlungen												
Umsätze												
Sonstiges												
Summe Einzahlungen												
Auszahlungen												
Investitionen												
Personalkosten												
Material / Waren												
Sonstige Betriebsausgaben												
Zinsen												
Tilgungen												
Umsatzsteuer												
Sonstige Steuern												
Privatentnahmen												
Sonstiges												
Summe Auszahlungen												
Überschuss bzw. Fehlbetrag												
Saldo Vormonat												
Effektive Liquidität												

Abbildung 25: Liquiditätsplanung (Beispiel)

Die Liquiditätsplanung ähnelt auf den ersten Blick von ihrem Aufbau her der monatlichen Erfolgsrechnung. Dies ist auch korrekt, doch liegt der Fokus diesmal auf den Planwerten und sie geht noch einen Schritt weiter. Dem geplanten monatlichen Überschuss oder Fehlbetrag wird der Saldo an liquiden Mitteln des Vormonats zugerechnet.

Aus der Differenz der Einnahmen und Ausgaben sowie dem Saldo des Vormonats ergibt sich der neue monatliche Saldo, also die Liquidität, die das Unternehmen zur Erfüllung ihrer finanziellen Verbindlichkeiten zur Verfügung hat. Ergibt der Saldo jedoch einen Fehlbetrag, so gilt es diesen schnellstmöglich, z.B. durch kurzfristige Bankkredite, zu beheben.

> **Wichtig!**
> Der Wirtschaftsausschuss sollte und kann den Arbeitgeber zur Auskunft über die Liquiditätsrechnung auffordern. Leider verwehren jedoch viele Arbeitgeber gerade diesen Einblick. Die Liquiditätsrechnung fällt jedoch in die wirtschaftlichen Angelegenheiten laut § 106 BetrVG (vgl. DKKW § 106).

Die Einsicht in die Liquiditätsrechnung ist für den Wirtschaftsausschuss meist nicht einfach. Viele Arbeitgeber verwehren diese entweder aus Unkenntnis der rechtlichen Lage oder absichtlich aufgrund der Intensität dieser Daten. Immerhin zeigt die Liquiditätsrechnung die geplanten Einnahmen und Ausgaben des Unternehmens für die nächsten Monate. Das Arbeitsgericht Offenbach stellte sogar fest, dass eine kostenstellengenaue monatliche Gegenüberstellung der Plan- und Ist-Zahlen zur Diskussion von Zukunftsperspektiven dem Wirtschaftsausschuss zusteht (AG Offenbach v. 9.11.1997, ZIP 88/803). Diese Gegenüberstellung beinhaltet betriebswirtschaftlich sogar viel mehr als die eigentliche Liquiditätsrechnung.

Was bringt der Wirtschaftsprüfungsbericht?

Zum Schutz der Gläubiger und der Öffentlichkeit ist von vielen Unternehmen ihr Jahresabschluss durch einen Abschlussprüfer zu prüfen und zu testieren. Das Testat der Abschlussprüfer gibt dabei Auskunft über die Ordnungsmäßigkeit der Bilanzierung und zählt zu den wichtigen Informationsquellen für den WA. Daher ist dieser Informationsquelle an anderer Stelle ein separates Kapital gewidmet (→ **Wirtschaftsprüfungsbericht**).

Was verstecken die Berichte der Unternehmensberater?

Der Einsatz von Unternehmensberatungen löst bei vielen Beschäftigten Unruhe bis Ängste aus. Zu oft hat man schon erlebt, dass die Empfehlungen von externen Beratern vor allem zu Personalabbau geführt haben. Die Zielsetzung für die Arbeitnehmervertreter und den Wirtschaftsausschuss muss deshalb sein, sich einen Überblick über die Analyse- und Konzeptions-Ergebnisse der jeweiligen Unternehmensberatung zu verschaffen, um rechtzeitig die Interessen der Beschäftigten vertreten bzw. sogar verteidigen zu können.

In Deutschland schätzt man die Umsätze der Beratungsfirmen auf mindestens 5 Mrd. Euro. Zu den bekanntesten und größten Beratungsfirmen zählen die Firmen: Accenture, A.T. Kearney GmbH, Arthur D. Little Inc., Bain & Company, Bearingpoint, Booz, Allen & Hamilton Inc., Cap Gemini, Droege & Partner, McKinsey & Co, Roland Berger & Partner GmbH und The Bosten Consulting Group. Insgesamt besteht der Anbietermarkt aber aus Hunderten von kleinen und mittelständischen Beratungsfirmen und Einzelpersonen. Sie alle bieten als Dienstleistung Hilfestellung bei der Analyse der Unternehmenslage und Suche nach neuen Lösungen und Konzepten.

Kernthemen der Beratungsprojekte sind meistens die strategische Ausrichtung des Unternehmens, die Steigerung des → **Shareholder Values** (auch durch die Senkung der Kosten), die Aufbau- und Ablauforganisation sowie die Steigerung der Produktivität und Effizienz (auch durch den Einsatz modernster Techniken wie z.B. elektronischer Informations- und Kommunikationssysteme).

> **Wichtig!**
> Die Empfehlungen der Berater haben oft schwerwiegende Auswirkungen für die Beschäftigten.

So betrachten die Berater z.B. die langfristige Stellung und Bedeutung einzelner Geschäftsfelder, wie z.B. einzelner Tochtergesellschaften, Standorte oder Sortimentsteile. Dabei kann es vorkommen, dass der Unternehmensleitung der Abbau, Verkauf oder die Reorganisation bestimmter Betriebsteile empfohlen wird. Mit anderen Worten: Die externen Berater erstellen Analysen und Berichte, von denen die Beschäftigten intensiv betroffen sein können. Der Betriebsrat und der Wirtschaftsausschuss sind daher gut beraten, frühzeitig Einblick in die Analysen und Präsentationen der Berater zu verlangen, um rechtzeitig eigene Maßnahmen anzugehen.

> **Tipp!**
> Die Studien und Berichte externer Berater ähneln oft den → **Controlling-Instrumenten**, die auch in dieser Publikation vorgestellt werden (wie z. B. der Portfolio- oder SWOT-Analyse).

Welche Informationen verstecken sich in der Kostenrechnung?

Die → **Kostenrechnung** ist der zentrale Bereich des Rechnungswesens, in dem alle Daten über die wirtschaftliche und finanzielle Lage in Rohform vorliegen. Die Kostenrechnung hat nämlich den Zweck, alle Kosten zu erfassen, zu verteilen und zuzurechnen, die bei der betrieblichen Leistungserstellung und -verwertung entstehen.

> **Wichtig!**
> Die Kostenrechnung ist die Basis für alle monatlichen Erfolgsrechnungen, Quartals- und Jahresabschlüsse. Zusammen mit der → **Unternehmensplanung** dient sie zudem als Grundlage für die Liquiditätsplanung.

Informationsrechte des Wirtschaftsausschusses

Eine der Kernfragen vieler Wirtschaftsausschuss-Gremien ist die Frage nach den Rechten zum Erhalt von wirtschaftlichen Daten. Was darf der Wirtschaftsausschuss alles sehen und wie kann er seine Rechte verteidigen und durchsetzen?

Welche klassischen Informationsrechte hat der Wirtschaftsausschuss?

Aus dem BetrVG ergeben sich für den Wirtschaftsausschuss einige klassische Informationsrechte:

> **Rechtliche Grundlage (§ 106 Abs. 2 BetrVG)**
> Der Unternehmer hat den Wirtschaftsausschuss rechtzeitig und umfassend über die wirtschaftlichen Angelegenheiten des Unternehmens unter Vorlage der erforderlichen Unterlagen zu unterrichten, soweit dadurch nicht die Betriebs- und Geschäftsgeheimnisse des Unternehmens gefährdet werden, sowie die sich daraus ergebenden Auswirkungen auf die Personalplanung darzustellen.

Diese Regelung spricht dem Wirtschaftsausschuss ein sehr umfassendes Recht zur Unterrichtung durch den Arbeitgeber zu. Im folgenden Absatz 3 des § 106 BetrVG spezifiziert der Gesetzgeber den Begriff der »wirtschaftlichen Angelegenheiten«. Danach gehören zumindest die folgenden Angelegenheiten in das Aufgabengebiet der Information und Beratung eines Wirtschaftsausschusses:

1. die wirtschaftliche und finanzielle Lage des Unternehmens,
2. die Produktions- und Absatzlage,
3. das Produktions- und Investitionsprogramm,
4. Rationalisierungsvorhaben,
5. Fabrikations- und Arbeitsmethoden, insb. die Einführung neuer Arbeitsmethoden,
5a. Fragen des betrieblichen Umweltschutzes,

6. die Einschränkung oder Stilllegung von Betrieben oder Betriebsteilen,
7. die Verlegung von Betrieben oder Betriebsteilen,
8. der Zusammenschluss oder Spaltung von Unternehmen oder Betrieben,
9. die Änderung der Betriebsorganisation oder des Betriebszweckes,
9a. die Übernahme des Unternehmens, wenn hiermit der Erwerb der Kontrolle verbunden ist sowie
10. sonstige Vorgänge und Vorhaben, welche die Interessen der Arbeitnehmer des Unternehmens wesentlich berühren können.

Diese Aufzählung ist nur eine Nennung von Beispielen von wirtschaftlichen Angelegenheiten. Dies zeigt sich auch aus der Formulierung »insbesondere« im Einleitungssatz zum § 106 Abs. 3 BetrVG sowie aus der beschränkten Generalklausel der Nr. 10.

> **Wichtig!**
> Mit anderen Worten: Alle wirtschaftlichen Tatbestände, Vorgänge und zukünftigen Vorhaben des Unternehmens gehören zu den wirtschaftlichen Angelegenheiten und fallen somit in die Zuständigkeit des Wirtschaftsausschusses. Der Wirtschaftsausschuss hat hierzu den klaren Rechtsanspruch, vom Arbeitgeber umfassend und rechtzeitig informiert zu werden.
>
> **Tipp!**
> Vom Passus »soweit dadurch die Betriebs- und Geschäftsgeheimnisse des Unternehmens gefährdet werden« sollten sich Wirtschaftsausschüsse nicht einschüchtern lassen! Weitere Informationen hierzu finden Sie unter
> → **Betriebs- und Geschäftsgeheimnis**.

Was aber heißt »rechtzeitige« und »umfassende« Information? Rechtzeitige Unterrichtung heißt, dass der Unternehmer den Wirtschaftsausschuss zu unterrichten hat, bevor er Entscheidungen in wirtschaftlichen Angelegenheiten trifft. Mit anderen Worten: Eine rechtzeitige Unterrichtung ist erfolgt, nachdem der Arbeitgeber eine Lösung bzw. Maßnahme ausgewählt, hierüber aber noch nicht endgültig entschieden und vor allem noch nicht mit deren Umsetzung begonnen hat.

Eine umfassende Unterrichtung liegt vor, wenn der Wirtschaftsausschuss alle Informationen erhält, die für eine sinnvolle Beratung der Angelegenheit erforderlich sind. Das heißt, dass der Arbeitgeber alle Daten und Fakten bekannt geben muss, die ihm zu einer bestimmten Sachlage vorliegen. Unternehmer und Mitglieder des Wirtschaftsausschusses müssen über die gleichen Informationen verfügen. Laut BAG vom 11.7.2000 DB 01 gibt es einen Anspruch auf alle erforderlichen Unterlagen, die ferner nach BAG vom 14.9.1976 AP Nr. 2 so frühzeitig dem Wirtschaftsausschuss vorgelegt werden müssen, so dass dieser genügend Zeit für seine Analysen und Beratun-

Informationsrechte des Wirtschaftsausschusses

gen findet. Oder mit anderen Worten: Das Gebot der Rechtzeitigkeit verbietet es in jedem Fall, den Wirtschaftsausschuss vor vollendete Tatsachen zu stellen (BAG vom 18.7.1972 AP Nr. 10). Die erforderlichen Unterlagen sind dem Wirtschaftsausschuss auch ohne dessen ausdrückliches Verlangen rechtzeitig und umfassend vorzulegen.

Der Wirtschaftsausschuss ist zwar rechtzeitig und umfassend zu unterrichten, doch werden vielen Gremien in der Praxis die Daten nur kurzzeitig vom Arbeitgeber zur Einsicht gezeigt. Dies begründet sich im § 108 Abs. 3 BetrVG, nachdem die Mitglieder des Wirtschaftsausschusses berechtigt sind, in die Daten des Arbeitgebers zur wirtschaftlichen Lage Einsicht zu nehmen.

Rechtliche Grundlage (§ 108 Abs. 3 BetrVG)
Die Mitglieder des Wirtschaftsausschusses sind berechtigt, in die nach § 106 Abs. 2 vorzulegenden Unterlagen Einsicht zu nehmen.

Damit hat der Wirtschaftsausschuss kein Recht auf eigene Fotokopien, die es ihm erlauben würden, separat die Unterlagen des Arbeitgebers vor- oder nachzubereiten. Um aus dieser in der Praxis häufig vorkommenden Zwickmühle herauszukommen, gibt es zwei Möglichkeiten:

1. Der Wirtschaftsausschuss kann sich während der Einsichtnahme der Unterlagen ausführliche Notizen machen. Dies kann sogar so weit gehen, dass er die kompletten Unterlagen des Arbeitgebers – soweit vom Volumen möglich – abschreibt.
2. Der Wirtschaftsausschuss kann den Betriebsrat bitten, Kopien dieser Unterlagen zu fertigen und dem Wirtschaftsausschuss auszuhändigen. Denn anders als im § 108 BetrVG spricht § 80 Abs. 2 BetrVG davon, dass dem Betriebsrat auf Verlangen jederzeit die zur Durchführung seiner Aufgaben erforderlichen Unterlagen zur Verfügung zu stellen sind. Mit anderen Worten: Die Informationen sind ihm auszuhändigen und ihm für eine angemessene Zeit zu überlassen. Der Betriebsrat kann sich Aufzeichnungen und – anders als bei Gehaltslisten – auch Fotokopien anfertigen.

Tipp!
Die Mitglieder des Wirtschaftsausschusses, die auch im Betriebsrat sind, können gelegentlich mit ihren Rollen spielen: Mal sind sie gegenüber dem Arbeitgeber Vertreter des Wirtschaftsausschusses, ein anderes Mal Betriebsräte. Damit können sie von unterschiedlichen Rechten profitieren.

Derselbe Paragraph, der dem Wirtschaftsausschuss lediglich ein Recht auf Einsichtnahme zuspricht, behandelt noch ein weiteres Informationsrecht:

150 Informationsrechte des Wirtschaftsausschusses

Rechtliche Grundlage (§ 108 Abs. 5 BetrVG)
Der Jahresabschluss ist dem Wirtschaftsausschuss unter Beteiligung des Betriebsrats zu erläutern.

Der Arbeitgeber hat also dem Wirtschaftsausschuss auf jeden Fall den Jahresabschluss unter Beteiligung des Betriebsrats zu erläutern. Zum → **Jahresabschluss** gehören nach § 242 HGB zumindest die → **Bilanz** und die → **Gewinn- und Verlustrechnung**. Kapitalgesellschaften haben nach § 264 HGB den Jahresabschluss um einen Anhang und – abhängig von ihrer Größe – einen Lagebericht zu ergänzen. Mit der Erläuterung des Jahresabschlusses für den Wirtschaftsausschuss soll sichergestellt werden, dass die in ihm enthaltenen Informationen über die wirtschaftliche und finanzielle Lage des Unternehmens transparent wird.

Der Zeitpunkt der Erläuterung bestimmt sich nach der Fertigstellung des Jahresabschlusses. Dabei ist nach § 264 Abs. 1 HGB der Jahresabschluss innerhalb der ersten drei Monate nach Ende des Geschäftsjahres aufzustellen. Je nach → **Unternehmensform** ist er dann in den folgenden Monaten zu bestätigen (»Bilanzfeststellung«). So müssen z.B. Aktiengesellschaften bis zum achten Monat nach Ende des Geschäftsjahres ihre Bilanz festgestellt haben. Mit anderen Worten: Hat ein Unternehmen Ende Dezember sein Geschäftsjahresende, so ist bis Ende August der Jahresabschluss fertig zu stellen. Spätestens Ende August kann dann die Unterrichtung des Wirtschaftsausschusses nach § 108 BetrVG stattfinden.

Tipp!
Auch wenn der Jahresabschluss erst einige Monate nach Ende des Geschäftsjahres dem Wirtschaftsausschuss erläutert wird, so beinhaltet er doch genügend interessante Informationen für diesen. Alleine schon die Tatsache, dass der Jahresabschluss den Gewinn berechnet, der wiederum langfristige Personalmaßnahmen beeinflusst, ist ein Tatbestand, warum sich jeder Wirtschaftsausschuss mit dem Jahresabschluss beschäftigen sollte.

Nach den §§ 106 und 108 BetrVG gewährt noch ein dritter Paragraph ein Informationsrecht für den Wirtschaftsausschuss.

Rechtliche Grundlage (§ 110 Abs. 1 BetrVG)
In Unternehmen mit in der Regel mehr als 1000 ständig beschäftigten Arbeitnehmern hat der Unternehmer mindestens einmal in jedem Kalendervierteljahr nach vorheriger Abstimmung mit dem Wirtschaftsausschuss oder den in § 107 Abs. 3 genannten Stellen und dem Betriebsrat die Arbeitnehmer schriftlich über die wirtschaftliche Lage und Entwicklung des Unternehmens zu unterrichten.

Informationsrechte des Wirtschaftsausschusses 151

In Unternehmen, die die Voraussetzungen des Absatzes 1 nicht erfüllen, aber in der Regel mehr als zwanzig wahlberechtigte ständige Arbeitnehmer beschäftigen, gilt Absatz 1 mit der Maßgabe, dass die Unterrichtung der Arbeitnehmer mündlich erfolgen kann. Ist in diesen Unternehmen kein Wirtschaftsausschuss zu errichten, so erfolgt die Unterrichtung nach vorheriger Abstimmung mit dem Betriebsrat.

Das Spannende an dem § 110 BetrVG ist, dass der Arbeitgeber seine Aussagen zur wirtschaftlichen Lage des Unternehmens mit dem Wirtschaftsausschuss abstimmen muss. Somit kann er gegenüber den Beschäftigten nicht einfach seine eigene Sicht über die wirtschaftliche Lage kundtun. Vielmehr soll der Wirtschaftsausschuss die Erkenntnisse seiner eigenen Analysen und Interpretationen einbringen und entgegenhalten. Damit erhalten die Beschäftigten eine glaubwürdigere Aussage über die wirtschaftliche Situation ihres Unternehmens.

Welche Informationsrechte des Betriebsrats helfen dem Wirtschaftsausschuss?

Wie bereits gesagt, kann und sollten jene Mitglieder des Wirtschaftsausschusses, die auch Betriebsrat sind, gelegentlich mit ihren Rollen spielen. Der Betriebsrat hat ergänzende Rechte, um an Informationen zu kommen. Ferner ist der Wirtschaftsausschuss ein Dienstleister bzw. Hilfsorgan des Betriebsrats und ist daher auch von diesem selbst zu informieren. So ist der elementarste Paragraph des BetrVG, der Arbeitnehmervertretern das Recht auf Informationen zuspricht, der § 80 Abs. 2 BetrVG:

> **Rechtliche Grundlage (§ 80 Abs. 2 BetrVG)**
> Zur Durchführung seiner Aufgaben nach diesem Gesetz ist der Betriebsrat rechtzeitig und umfassend vom Arbeitgeber zu unterrichten; die Unterrichtung erstreckt sich auch auf die Beschäftigung von Personen, die nicht in einem Arbeitsverhältnis zum Arbeitgeber stehen. Dem Betriebsrat sind auf Verlangen jederzeit die zur Durchführung seiner Aufgaben erforderlichen Unterlagen zur Verfügung zu stellen.

Der Fokus liegt bei der Unterrichtung besonders auf sozialen (§§ 87 bis 89 BetrVG) und personellen Angelegenheiten (§§ 92 bis 105 BetrVG). Wirtschaftliche Angelegenheiten sind aber ebenfalls davon betroffen, da diese die meisten sozialen und personellen Tatbestände in Unternehmen direkt oder indirekt beeinflussen. Gerade durch den neuen Aspekt, dass der Betriebsrat nicht nur Beschäftigung sichern, sondern auch fördern soll (§ 80 Abs.1 BetrVG), wird dem Betriebsrat eine neue Aufgabe zugewiesen. Diese Aufgabe stellt nach der Gesetzbegründung sogar einen Schwerpunkt der Betriebsratsarbeit mit neuen Handlungsmöglichkeiten dar.

> **Tipp!**
> Die Informationsansprüche stehen dem Betriebsrat nicht erst dann zu, wenn seine Mitbestimmungsrechte aktuell oder wenn konkrete Aufgaben des Betriebsrats betroffen sind.

Die Informationsansprüche stehen dem Betriebsrat nicht erst dann zu, wenn seine Mitbestimmungsrechte aktuell oder wenn konkrete Aufgaben des Betriebsrats betroffen sind. Der Betriebsrat kann jederzeit wirtschaftliche Informationen verlangen, um festzustellen, ob er überhaupt Handlungsbedarf hat. Nach Beurteilung des BAG v. 15. 12. 1998 (1 ABR/9/98) sollen die Informationen des Arbeitsgebers den Betriebsrat überhaupt erst in die Lage versetzen, in eigener Verantwortung selbst zu prüfen, ob sich für ihn Aufgaben ergeben und ob er zur Wahrnehmung solcher Aufgaben tätig werden will. Der Betriebsrat benötigt weder einen konkreten Anlass, noch irgendwelche Verdachtsmomente dahingehend, dass der Arbeitgeber gegen das BetrVG verstoßen hat.

Direkter spricht das BetrVG die Informationspflicht des Arbeitgebers über wirtschaftliche Angelegenheiten im § 43 BetrVG an.

> **Rechtliche Grundlage (§ 43 Abs. 3 BetrVG)**
> ... Der Arbeitgeber oder sein Vertreter hat mindestens einmal in jedem Kalenderjahr in einer Betriebsversammlung über das Personal und Sozialwesen einschließlich des Stands der Gleichstellung von Frauen und Männern im Betrieb sowie der Integration der im Betrieb beschäftigten ausländischen Arbeitnehmer über die wirtschaftliche Lage und Entwicklung des Betriebs sowie den betrieblichen Umweltschutz zu berichten, soweit dadurch nicht Betriebs- oder Geschäftsgeheimnisse gefährdet werden.

Allerdings ist die einmal jährlich stattfindende Information des Arbeitgebers bei weitem nicht ausreichend. Außerdem können auf einer solchen Veranstaltung nicht zu viele Detailinformationen vermittelt und ausgetauscht werden. Aber dennoch unterstützt auch dieser Paragraph die Informationsrechte des Betriebsrats und seines Dienstleisters – den Wirtschaftsausschuss.

Eine weitere, wichtige Rechtsgrundlage für den Erhalt von Informationen ist für Betriebsräte der § 111 BetrVG. Er handelt von geplanten Betriebsänderungen.

Rechtliche Grundlage (§ 111 BetrVG)
In Unternehmen mit in der Regel mehr als 20 wahlberechtigten Arbeitnehmern hat der Unternehmer den Betriebsrat über geplante Betriebsänderungen, die wesentliche Nachteile für die Belegschaft oder erhebliche Teile der Belegschaft zur Folge haben könnten, rechtzeitig und umfassend zu unterrichten und die geplanten Betriebsänderungen mit dem Betriebsrat zu beraten.

In Ergänzung zu § 80 BetrVG hat der Arbeitgeber also auf jeden Fall dem Betriebsrat die Informationen über anstehende oder geplante Betriebsänderungen (→ **Betriebsänderungen**) vorzulegen und mit ihm zu beraten, bevor er die beabsichtigte Maßnahme umsetzt.

Ähnliche Informationsrechte wie beim § 111 BetrVG gelten auch beim § 90 BetrVG. Danach hat der Arbeitgeber den Betriebsrat über die Planung von Neu-, Um- und Erweiterungsbauten von Fabrikations-, Verwaltungs- und sonstigen betrieblichen Räumen, von technischen Anlagen, von Arbeitsverfahren und -abläufen oder von Arbeitsplätzen unter Vorlage der erforderlichen Unterlagen zu unterrichten.

Rechtliche Grundlage (§ 90 BetrVG)
(1) Der Arbeitgeber hat den Betriebsrat über die Planung 1.) von Neu-, Um- und Erweiterungsbauten von Fabrikations-, Verwaltungs- und sonstigen betrieblichen Räumen, 2.) von technischen Anlagen, 3.) von Arbeitsverfahren und Arbeitsabläufen oder 4.) der Arbeitsplätze rechtzeitig unter Vorlage der erforderlichen Unterlagen zu unterrichten.
(2) Der Arbeitgeber hat mit dem Betriebsrat die vorgesehenen Maßnahmen und ihre Auswirkungen auf die Arbeitnehmer, insbesondere auf die Art ihrer Arbeit sowie die sich daraus ergebenden Anforderungen an die Arbeitnehmer so rechtzeitig zu beraten, dass Vorschläge und Bedenken des Betriebsrats bei der Planung berücksichtigt werden können. Arbeitgeber und Betriebsrat sollen dabei auch die gesicherten arbeitswissenschaftlichen Erkenntnisse über die menschengerechte Gestaltung der Arbeit berücksichtigen.

Diese Vorschrift ist § 111 BetrVG zeitlich vorgelagert, da die Unterrichtung nicht erst über bereits geplante Maßnahmen zu erfolgen hat, sondern bereits über das systematische Suchen und Festlegen von Zielen und der Vorbereitung von Aufgaben. Es ergibt sich die Notwendigkeit einer laufenden Unterrichtung, in verständlicher Form und in deutscher Sprache bzw. Übersetzung.

Hinsichtlich der Rechte aus der Rolle des Betriebsrats sei zum Schluss noch auf § 92a BetrVG hingewiesen, der dem BetrVG-Reformgesetz von 2001 entstammt. Er gewährt dem Betriebsrat das Recht, von sich aus Initiativen zu ergreifen und eigene Vorschläge zur Förderung und Sicherung der Beschäftigten zu machen. Dabei hat der Betriebsrat einen fast unbegrenzten Spielraum.

Rechtliche Grundlage (§ 92a Abs. 1 BetrVG)
Der Betriebsrat kann dem Arbeitgeber Vorschläge zur Sicherung und Förderung der Beschäftigung machen. Diese können insbesondere eine flexible Gestaltung der Arbeitszeit, die Förderung von Teilzeitarbeit und Altersteilzeit, neue Formen der Arbeitsorganisation, Änderungen der Arbeitsverfahren und Arbeitsabläufe, die Qualifizierung der Arbeitnehmer, Alternativen zur Ausgliederung von Arbeit oder ihrer Vergabe an andere Unternehmen sowie zum Produktions- und Investitionsprogramm zum Gegenstand haben.

Doch zur Findung von Vorschlägen benötigt der Betriebsrat zuerst eine umfassende Information, um dann in einem zweiten Schritt eigene Ideen erarbeiten zu können. Als einzige Ausnahme gelten Informationswünsche zu Themen, für die ein Beteiligungsrecht des Betriebsrats offenkundig auszuschließen ist.

Tipp!
Es empfiehlt sich für den Betriebsrat, stets bei seinen Informationsanfragen die Vorschrift zu benennen, in deren Rahmen er nach Erteilung der Auskunft tätig werden will. Ein Verweis auf die Aufgaben des Betriebsrats nach § 80 Abs. 1 oder § 92a BetrVG dürfte ausreichen.

Wichtig!
Während also der Wirtschaftsausschuss von den Rechten des Betriebsrats profitiert, kann der Betriebsrat umgekehrt nicht die Rechte des Wirtschaftsausschusses einfordern, wenn es diesen gar nicht gibt!

In einem Unternehmen, in dem die nach § 106 Abs. 1 BetrVG erforderliche Zahl von 100 beschäftigten Arbeitnehmern nicht erreicht wird, und daher kein Wirtschaftsausschuss etabliert werden kann, stehen dem Betriebsrat oder Gesamtbetriebsrat die Unterrichtungsansprüche des Wirtschaftsausschusses nach § 106 Abs. 3 BetrVG nicht zu! Dies regelt das BAG v. 5.2.1991 – 1 ABR 24/90 – Unterrichtung bei Nichtbestehen eines Wirtschaftsausschusses. Der Betriebsrat selbst ist nach § 80 Abs. 2 BetrVG über wirtschaftliche Angelegenheiten nur dann zu unterrichten, soweit dies zur Durchführung konkreter Aufgaben erforderlich ist.

Welche weiteren Informationsrechte helfen dem Wirtschaftsausschuss?

Neben der Palette an Paragraphen aus dem BetrVG existieren noch diverse weitere Regelungen als Rechtsgrundlage für den Wirtschaftsausschuss, um an Daten über die wirtschaftliche Lage des Unternehmens zu kommen. Eine besonders wichtige Quelle ist dabei das Handelsgesetzbuch (HGB).

Von besonderem Vorteil ist das HGB für all jene Wirtschaftsausschüsse, deren Unternehmensleitung bisher nicht sehr offen und transparent über die wirtschaftliche Lage informiert. Laut dem Handelsgesetzbuch hat nämlich jeder Kaufmann und jede Personengesellschaft (§ 242 HGB) sowie jede Kapitalgesellschaft (§ 264 HGB) einen Jahresabschluss zu erstellen. Der Jahresabschluss selbst ist an dieser Stelle noch gar nicht der spannende Aspekt, sondern vielmehr, dass dieser Abschluss von vielen Unternehmen per Gesetz für alle Menschen öffentlich zugängig gemacht werden muss.

> **Rechtliche Grundlage (§ 325 HGB)**
> Die gesetzlichen Vertreter von Kapitalgesellschaften haben den Jahresabschluss unverzüglich nach seiner Vorlage an die Gesellschafter, jedoch spätestens vor Ablauf des zwölften Monats des dem Abschlussstichtag nachfolgenden Geschäftsjahrs, mit dem Bestätigungsvermerk oder dem Vermerk über dessen Versagung zum Handelsregister des Sitzes der Kapitalgesellschaft einzureichen ...

Diese Regelung gilt nicht nur für Kapitalgesellschaften (z.B. AG, GmbH und KGaA), sondern auch für bestimmte Personengesellschaften (wie z.B. die GmbH & Co. KG und große Personengesellschaften nach § 1 PublG). Ausgenommen sind von dieser Regelung nur Tochtergesellschaften, deren Konzernmütter einen Konzernabschluss offenlegen, sowie Personengesellschaften mit mindestens einer natürlichen Person als persönlich haftendem Gesellschafter (§ 264a HGB).

Laut § 9 Abs. 1 HGB ist ferner jedem die Einsicht in das Handelsregister sowie in die zum Handelsregister eingereichten Unterlagen gestattet. Dies geschieht heute vorwiegend über die bereits angesprochene Internetseite www.bundesanzeiger.de. Hier kann jeder – also auch jeder Arbeitnehmervertreter – den Jahresabschluss mit der Bilanz, der Gewinn- und Verlustrechung, dem Anhang und ggfs. auch dem Lagebericht einsehen. Im Bundesanzeiger findet man nur dann nicht den Jahresabschluss seines Unternehmens, wenn dieses einem Konzern angehört, bei dem der Konzernabschluss im Bundesanzeiger veröffentlich wird, oder wenn in einer Personengesellschaft noch privat haftende Gesellschafter vorhanden sind. Die

Einsichtnahme sowohl im Handelsregister wie auch im Bundesanzeiger ist gebührenfrei.

Neben dem HGB bietet auch das zum 1.1.1995 in Kraft getretene Umwandlungsgesetz (UmwG) Betriebsräten und Wirtschaftsausschüssen Zugangsrechte zu wirtschaftlichen Daten. Nach § 5 Abs. 3, § 126 Abs. 3 und § 194 Abs. 2 UmwG sind die Arbeitnehmer und ihre Vertreter über Firmenumwandlungen, Verschmelzungsverträge, Spaltungen oder Übernahmen sowie die Folgen für die Arbeitnehmer zu informieren. Spätestens einen Monat vor der endgültigen Entscheidung sind der Vertragsentwurf bzw. Umwandlungsbeschluss dem Betriebsrat zuzuleiten.

Auch durch das Wertpapiererwerbs- und Übernahmegesetz (WpÜG) sind Unterrichtungspflichten gegenüber dem Betriebsrat, und damit auch gegenüber dem Wirtschaftsausschuss, geschaffen worden. Möchte ein Bieter im Wege eines öffentlichen Kauf- oder Tauschangebots Aktien oder ähnliche Wertpapiere eines Unternehmens erwerben, so ist der Vorstand von ihm unverzüglich über seine Absicht zu unterrichten. Nach § 10 Abs. 5 WpÜG hat der Vorstand seinerseits den Betriebsrat, oder, falls ein solcher nicht besteht, die Arbeitnehmer unverzüglich hierüber zu unterrichten. Der Bieter hat zudem schriftlich zu folgenden Punkten Stellung zu nehmen: die künftige Geschäftstätigkeit des Unternehmens, den Sitz und den Standort wesentlicher Unternehmensteile, die Verwendung des Vermögens, die Arbeitnehmer und deren Vertretungen, die Geschäftsführungsorgane sowie die wesentlichen Änderungen der Beschäftigungsbedingungen. Der Betriebsrat hat das Recht, zu den Unterlagen eine Stellungnahme abzugeben, die der Vorstand der Zielgesellschaft dann seiner eigenen Stellungnahme beizufügen hat.

Zur zeitnahen Unterrichtung des Wirtschaftsausschusses dient zudem die Entscheidung des BAG v. 17.9.1991 – 1 ABR 74/90 zur Thematik der »Betriebsabrechnungsbögen«. Demnach sind monatliche Erfolgsrechnungen (sog. Betriebsabrechnungsbögen) für einzelne Filialen oder Betriebe Unterlagen, die einen Bezug zu den wirtschaftlichen Angelegenheiten im Sinne von § 106 Abs. 3 BetrVG haben. Ob und gegebenenfalls wann solche Erfolgsrechnungen dem Wirtschaftsausschuss vorzulegen sind, ist eine Frage der Erforderlichkeit und damit am Ende von der Einigungsstelle zu entscheiden.

Neben den Gesetzestexten existiert eine Vielzahl von Entscheidungen des BAG als Ergänzung zu den wirtschaftlichen Angelegenheiten nach § 106 Abs. 3 BetrVG. Hierzu zählen beispielsweise:

- Unterrichtung bei Übertragung von sämtlichen Gesellschaftsanteilen (BAG v. 22.1.1991 – 1 ABR 38/89): Der Geschäftsführer einer GmbH ist

verpflichtet, den Wirtschaftsausschuss darüber zu unterrichten, dass sämtliche Geschäftsteile der GmbH auf einen neuen Gesellschafter übergangen sind. Auch etwaige Absprachen über die künftige Geschäftsführung und Geschäftspolitik sind mitzuteilen.
- Unterrichtung über Stilllegung eines betriebsratslosen Betriebs (BAG v. 9.5.1995 – 1 ABR 61/94): Der Unterrichtungsanspruch des Wirtschaftsausschusses erstreckt sich auf alle Betriebe des Unternehmens, auch wenn in einem Betrieb kein Betriebsrat gebildet worden ist.

Welche Mittel hat der Wirtschaftsausschuss zur Durchsetzung seiner Informationsrechte?

Trotz der klaren Informationsrechte erfüllen viele Unternehmer in der betrieblichen Praxis keineswegs immer die ihnen auferlegte Bringschuld. Regelmäßig müssen Wirtschaftsausschüsse zunächst auf ihre Rechte pochen, bis Information und Beratung im WA in der gewünschten Form erfolgen. Dabei kommt es in vielen Fällen zu Auseinandersetzungen. Streit entsteht insbesondere immer wieder über

- den Umfang der Daten (»umfassend«),
- die Rechtzeitigkeit der Daten (»rechtzeitig«) sowie
- die Art und Weise der Datenübermittlung (schriftlich, mündlich, anhand von Unterlagen usw.).

Wichtig!
Ein Wirtschaftsausschuss, dem die ihm zustehenden Rechte verweigert werden, hat durchaus Möglichkeiten, diese rechtlich einzufordern.

Kommt es in den genannten Streitfragen zu keiner gütlichen Einigung, kann z.B. die Einigungsstelle (→ **Einigungsstelle**) nach § 109 BetrVG zur Klärung der Meinungsverschiedenheit angerufen werden.

Rechtliche Grundlage (§ 109 BetrVG)
Wird eine Auskunft über wirtschaftliche Angelegenheiten des Unternehmens im Sinne des § 106 entgegen dem Verlangen des Wirtschaftsausschusses nicht, nicht rechtzeitig oder nur ungenügend erteilt und kommt hierüber zwischen Unternehmer und Betriebsrat eine Einigung nicht zustande, so entscheidet die Einigungsstelle. Der Spruch der Einigungsstelle ersetzt die Einigung zwischen Arbeitgeber und Betriebsrat. Die Einigungsstelle kann, wenn dies für ihre Entscheidung erforderlich ist, Sachverständige anhören; § 80 Abs. 4 gilt entsprechend. Hat der Betriebsrat

oder der Gesamtbetriebsrat eine anderweitige Wahrnehmung der Aufgaben des Wirtschaftsausschusses beschlossen, so gilt Satz 1 entsprechend.

Voraussetzung für die Anrufung einer Einigungsstelle ist, dass der Wirtschaftsausschuss ausdrücklich die Erteilung einer Auskunft verlangt und der Unternehmer diese verweigert hat. Des Weiteren hat sich in einem solchen Streitfall der Wirtschaftsausschuss zuerst an seinen Betriebsrat (BR/GBR) zu wenden, der mit dem Unternehmer über die Beilegung der Meinungsverschiedenheiten zu verhandeln hat. Erst wenn der Streitfall auf diese Weise nicht gütlich beigelegt werden kann, entscheidet auf Antrag des BR/GBR die Einigungsstelle.

Die Entscheidung der Einigungsstelle über die Art und Weise der Information über wirtschaftliche Angelegenheiten unterliegt der Rechtskontrolle der Arbeitsgerichte. Das gilt auch für die Frage, ob eine Gefährdung von Betriebs- und Geschäftsgeheimnissen der Auskunft entgegensteht (BAG v. 11.7.2000 – 1 ABR 43/99).

Tipp!
Einigungsstellen helfen auch, wenn die Unternehmensleitung die Auskunft unter Berufung auf ein Geschäftsgeheimnis verweigert.

Neben der Einigungsstelle kann der Wirtschaftsausschuss über den Betriebsrat mit seinem Rechtsbeistand auf die Ordnungswidrigkeit der Handlungen des Arbeitgebers verweisen. So ist z.B. die Unterrichtungspflicht des Arbeitgebers anhand der aufgezählten Paragraphen des BetrVG bußgeldbewehrt. Wenn der Arbeitgeber seinen Aufklärungs- und Auskunftspflichten nach den verschiedenen Paragraphen nicht, wahrheitswidrig, unvollständig oder verspätet nachkommt, handelt er ordnungswidrig im Sinne § 121 BetrVG.

Rechtliche Grundlage (§ 121 BetrVG)
Bußgeldvorschriften:
(1) Ordnungswidrig handelt, wer eine der in § 90 Abs. 1, 2 Satz 1, § 92 Abs. 1 Satz 1 auch in Verbindung mit Absatz 3, § 99 Abs. 1, § 106 Abs. 2, § 108 Abs. 5, § 110 oder § 111 bezeichneten Aufklärungs- oder Auskunftspflichten nicht, wahrheitswidrig, unvollständig oder verspätet erfüllt.
(2) Die Ordnungswidrigkeit kann mit einer Geldbuße bis zu 10 000 Euro geahndet werden.

Voraussetzung für diese Bußgeldvorschriften ist wie bei der Einigungsstelle, dass der Wirtschaftsausschuss ausdrücklich die Erteilung einer Auskunft verlangt und der Unternehmer diese verweigert hat. Das Gesetz setzt vorsätzliches Handeln voraus – Fahrlässigkeit ist nicht ausreichend.

Kommt der Arbeitgeber seiner Informationspflicht nicht oder nicht vollständig nach, kann der Betriebsrat seine Rechte im Beschlussverfahren durchsetzen. Verweigert der Arbeitgeber die Vorlage vorhandener Unterlagen, kann er hierzu gemäß § 85 Abs. 1 ArbGG auf Antrag des Arbeitgebers im Beschlussverfahren gezwungen werden. Ggf. kann die Einsicht in Unterlagen im Wege der Zwangsvollstreckung durch Auferlegung eines Zwangsgeldes gemäß § 888 ZPO erfolgen.

Eine Verletzung der Informationspflichten durch den Arbeitgeber kann als grobe Pflichtverletzung im Sinne von § 23 Abs. 3 BetrVG zu qualifizieren sein.

Eine Geldstrafe erwartet den Arbeitgeber einer Kapitalgesellschaft oder bestimmten großen Personengesellschaft zudem auch, wenn er seinen Jahresabschluss nicht im Bundesanzeiger offenlegt.

Rechtlicher Hintergrund (§ 325 Abs. 1 Satz 1 HGB)
Die gesetzlichen Vertreter von Kapitalgesellschaften haben für diese den Jahresabschluss beim Betreiber des elektronischen Bundesanzeigers elektronisch einzureichen. Er ist unverzüglich nach seiner Vorlage an die Gesellschafter, jedoch spätestens vor Ablauf des zwölften Monats des dem Abschlussstichtag nachfolgenden Geschäftsjahrs, mit dem Bestätigungsvermerk oder dem Vermerk über dessen Versagung einzureichen. Gleichzeitig sind der Lagebericht, der Bericht des Aufsichtsrats, die nach § 161 des Aktiengesetzes vorgeschriebene Erklärung und, soweit sich dies aus dem eingereichten Jahresabschluss nicht ergibt, der Vorschlag für die Verwendung des Ergebnisses und der Beschluss über seine Verwendung unter Angabe des Jahresüberschusses oder Jahresfehlbetrags elektronisch einzureichen. Angaben über die Ergebnisverwendung brauchen von Gesellschaften mit beschränkter Haftung nicht gemacht zu werden, wenn sich anhand dieser Angaben die Gewinnanteile von natürlichen Personen feststellen lassen, die Gesellschafter sind.

Im Falle einer Nichtveröffentlichung des Jahresabschlusses drohen dem Unternehmer ein Zwangsgeld nach § 335 HGB in Höhe von mindestens 2500 Euro und höchstens 25 000 Euro.

Wichtig!
Der Wirtschaftsausschuss hat den Betriebsrat nach § 108 Abs. 4 BetrVG unverzüglich über jede Sitzung vollständig zu berichten. Dies geschieht üblicherweise mündlich durch den vollständigen Wirtschaftsausschuss gegenüber dem vollständigen Betriebsrat. Nur dadurch wird die Funktion eines Frühwarninstruments möglich.

Literatur

Cox P.M., Offermann J.: Wirtschaftsausschuss, Frankfurt a.M., 2004.
Däubler W. u.a.: BetrVG, Frankfurt a.M., 2004 (zit.: DKKW).
Disselkamp M.: Überblick über die wichtigsten Kennzahlen für die Bilanzanalyse, in: Arbeitsrecht im Betrieb, Mai 2003.
Müller-Knapp K.: Möglichkeiten der Informationsbeschaffung bei Umstrukturierungen, in: Arbeitsrecht im Betrieb, Juli 2003.

Internationale Rechnungslegungsstandards

Neben den nationalen, im Handelsgesetzbuch verbindlich geregelten Vorschriften zur Erstellung eines → **Jahresabschlusses**, finden verstärkt international anerkannte Normensysteme Eingang in die Jahresabschlüsse deutscher Unternehmen. Besondere praktische Bedeutung erlangen hier neben den Rechnungslegungsvorschriften des International Accounting Standards Committee (IASC), mit ihren IFRS Normen (ehemals IAS), die US-amerikanische Generelly Accepted Accounting Principles, kurz US-GAAP.

Die Gründe für den vermehrten Einsatz internationaler Rechnungslegungsstandards bei deutschen Unternehmen liegen in einer Reihe von Faktoren. Im Mittelpunkt steht überwiegend der Wunsch, sich internationale Kapitalmärkte zur Aufnahme von Eigen- und Fremdkapital zu erschließen. In der Vergangenheit war für einige Großunternehmen gar die Zulassung zum Handel an überregionalen Börsenplätzen von Bedeutung, wie z.B. die New York Stock Exchange (NYSE). Zahlreiche amerikanische Investoren, wie z.B. bedeutende Fonds, kauften nur dann Aktien ausländischer Unternehmen, wenn diese an einer amerikanischen Börse notiert sind. Dieser Bedarf hat sich in der Zwischenzeit aus unterschiedlichen Gründen reduziert, so dass kaum mehr ein deutscher Konzern an der NYSE gelistet ist.

Anders mit dem IFRS: Dieser Standard bietet Unternehmen die gewünschte internationale Vergleichbarkeit der Rechnungslegung nach einheitlichen internationalen Vorgaben. Die (konsolidierten) Jahres- und Quartalsabschlüsse börsennotierter Unternehmen stellen dabei neben anderen Quellen, wie z.B. Presseberichte, Konjunkturprognosen, Brancheninformationen, einen entscheidungsrelevanten und damit wichtigen Teil des Informationssystems für den Investor dar. Unterschiede zwischen den Rechnungslegungsnormen beeinträchtigen die Vergleichbarkeit der Abschlüsse und damit die Effizienz der Kapitalmärkte.

Internationale Rechnungslegungsstandards

> **Wichtig!**
> Die EU-Kommission hat entschieden, IFRS ab 2005 als verbindliches Regelwerk zur Erstellung konsolidierter Abschlüsse für kapitalmarktorientierte Gesellschaften in der EU einzuführen und entspricht damit den Anforderungen, einen vollständig integrierten Binnenmarkt für Finanzdienstleistungen zu schaffen.

Mit anderen Worten: Seit 2005 müssen alle Unternehmen, die am so genannten Kapitalmarkt tätig sind, ihren → **Konzernabschluss** nach dem internationalen Standard namens IFRS erstellen. Am Kapitalmarkt tätig sind dabei all jene Konzerne, die entweder Anleihen, Aktien oder andere Wertpapiere über den Kapitalmarkt (z.B. Börse) handeln.

Die Jahresabschlüsse für Einzelunternehmen oder individuelle Konzerngesellschaften mit Sitz in Deutschland sind auch weiterhin nach dem Deutschen Handelsgesetzbuch vorzunehmen. Das heißt wiederum: Jedes einzelne Unternehmen hat weiterhin seinen HGB-Abschluss zu erstellen, und dieser Abschluss ist für die Arbeit des WA ausschlaggebend. Nur WA im Dienste von Konzernbetriebsräten (KBR) müssen sich intensiv mit den Bilanzierungsstandards des IFRS oder US-GAAP auseinandersetzen.

Was versteht man unter internationalen Rechnungslegungsstandards?

Bei den internationalen Rechnungslegungsstandards handelt es sich zuerst einmal um Empfehlungen, die von Experten aus dem Berufsstand der Wirtschaftsprüfer, der Wissenschaft und der Rechtsprechung erstellt werden. Rechtsverbindlichkeit erlangen die IFRS erst durch ihre Anerkennung (»endorsement«) durch die Europäische Kommission. Diese EU-Verordnung ist in allen ihren Teilen verbindlich und gilt unmittelbar in jedem Mitgliedstaat, so dass die Standards nun zu nationalem Recht wurden. Die Anerkennung neuer oder überarbeiteter IFRS erfolgt durch ein besonderes EU-Rechtsetzungsverfahren, der Komitologie. Hierbei legt die Kommission ihren Vorschlag für die Anerkennung (oder Ablehnung) eines IFRS einem Regelungsausschuss (Accounting Regulatory Committee – ARC) vor. Dieser besteht aus Vertretern der Mitgliedstaaten unter Vorsitz der Kommission. Stimmt der Ausschuss dem Anerkennungsvorschlag der Kommission zu, trifft die Kommission die Vorkehrungen für die Anwendung des Rechnungslegungsgrundsatzes in der EU mittels EU-Verordnung.

Internationale Rechnungslegungsstandards 163

Welche internationalen Standards gibt es?

International dominieren die beiden Standards IFRS (ehemals IAS) und US-GAAP. Die International Financial Reporting Standards (IFRS) werden vom International Accounting Standards Board (IASB) erarbeitet und sollen über die Vermögens-, Finanz- und Ertragslage eines Unternehmens informieren. Das IASB (ehemals IASC) selbst wurde 1973 auf Initiative von Vertretern berufsständischer Organisationen aus neun Ländern – darunter auch Deutschland – in London gegründet. Inzwischen sind über 100 Länder im IASC vertreten. Zentrale Zielsetzung sind die Erarbeitung und Veröffentlichung von Rechnungslegungsgrundsätzen, Förderung der weltweiten Akzeptanz dieser Empfehlungen ohne rechtliche Bindung sowie die allgemeine Verbesserung und Harmonisierung von Vorschriften und Verfahren der Rechnungslegung.

Das IASB hat bis heute 41 Standards herausgegeben, wie z.B. über die Behandlung von Leasing (IAS 17), Mitarbeitervergütungen (IAS 19) und über den Cashflow (IAS 7). Die erarbeiteten Standards sind für die einzelnen Mitgliedsländer nicht verpflichtend, jedoch haben sich die nationalen Mitgliedsorganisationen des IASC verpflichtet, die Durchsetzung der IFRS in ihren Heimatländern zu fördern. Einige IFRS Regelungen wurden in den letzten Jahren überarbeitet und zum Teil umbenannt. Eine aktuelle Liste kann man unter der Internetadresse der IFRS Foundation abrufen (*www.iasc.org*).

Auch die US-amerikanische Initiative der Generally Accepted Accounting Principles (GAAP) wurde 1973 gestartet. Dabei versteht man hierunter die »Generally Accepted Accounting Principles«, die von den US-amerikanischen wirtschaftsprüfenden Berufsverbänden und anderen berufsständischen Organisationen, vorwiegend unter der Federführung des Financial Accounting Standard Board (FASB), erarbeitet werden. Wie beim IAS handelt es sich um generelle Prinzipien (Principles) und einzelfallbezogene Standards ohne gesetzliche Bindung. Für die US-GAAP gibt die Börsenaufsicht Securities and Exchange Commission (SEC) lediglich Rahmenvorgaben vor und übernimmt eine überwachende Funktion bei der Entwicklung von Bilanzierungsvorschriften. Die US-GAAP bilden das gesamte zusammenfassende Regelsystem der US-amerikanischen Rechnungslegung. Es handelt sich dabei um ein sehr detailliertes und komplexes Regelwerk, das aber dafür für praktisch jedes Problem eine Lösung bietet.

Welches sind die wichtigsten Unterschiede der internationalen Standards zum Deutschen Rechnungslegungsstandard (HGB)?

Im Gegensatz zum HGB beinhalten IFRS und US-GAAP keine übergeordneten Prinzipien, sondern eine Vielzahl detaillierter Einzelfallregelungen in Form von einzelnen Rechnungslegungsstandards. Diese Art der Einzelfallregelung ist typisch für das angelsächsische Rechtssystem. Es zählen nicht wie bei uns in Deutschland kodifizierte Gesetze mit relativ hohem Abstraktionsgrad. Vielmehr bilden vergleichbare Fälle ergangener Rechtsprechung die primäre Rechtsquelle.

Die Unterschiede zwischen den Bilanzierungsregeln nach dem HGB und z.B. dem US-GAAP sind teilweise erheblich. Besonders hervorzuheben ist das Grundprinzip des HGB, das sogenannte Vorsichtsprinzip. Demnach darf sich kein Kaufmann oder Unternehmen reicher rechnen als er ist (§ 252 Abs. 1 Nr. 4 HGB), wohl aber ärmer (→ **Bilanzpolitik**). In den Vereinigten Staaten gilt hingegen das Prinzip der »Fair Presentation«, also der Darstellung der tatsächlichen wirtschaftlichen Verhältnisse. Dabei liegt der Fokus weniger auf dem Gläubigerschutz und der langfristigen Sicherung des Unternehmens wie in Deutschland, sondern auf der Transparenz für Investoren, wie z.B. mit der periodengerechten Gewinnermittlung. Im Gegensatz zur amerikanischen Rechnungslegung steht bei den Normen des IFRS nicht der Investor im Vordergrund, sondern der Abschluss soll »interessierte Kreise« (Arbeitnehmer, Kreditgeber, Lieferanten) informieren.

> **Wichtig!**
> Das HGB orientiert sich am Schutz der Gläubiger, die Prinzipien des US-GAAP am Schutz der Investoren und die Normen des IFRS möchten alle interessierten Kreise (d.h. Arbeitnehmer, Kreditgeber und Lieferanten) über die wirtschaftliche Lage eines Unternehmens informieren.

Am besten zeigen sich die Unterschiede zwischen dem HGB und den beiden internationalen Rechnungslegungsnormen in der Betrachtung individueller, konkreter Einzelfälle. Die folgende Tabelle gibt einen ersten Überblick über wesentliche Unterschiede hinsichtlich der zugrunde liegenden Rechtsvorschriften, dem Zweck der Rechnungslegung, den Bestandteilen der Rechnungslegung, steuerlichen Einflüssen, der Behandlung von stillen Reserven und von Rückstellungen:

Internationale Rechnungslegungsstandards 165

Kriterien	HGB	IFRS	US-GAAP
Rechtsgrundlage	Die Grundsätze sind im HGB geregelt	Standards mit Empfehlungs-Charakter, die erst durch die EU-Kommission verbindlich werden	Die Grundsätze werden von den Berufsständen und der Börsenaufsicht entwickelt; es handelt sich um keine einheitlichen Rechtsquellen
Zweck der Rechnungslegung	Gläubigerschutz, Kapitalerhaltung und langfristige Sicherung	Information für Kapitalanleger und die »interessierte Öffentlichkeit«	Investorenschutz, Information
Bestandteile der Rechnungslegung (Quartals- oder Jahresabschluss)	Bilanz Gewinn- und Verlustrechnung Anhang Lagebericht (Konzerne zusätzlich: Eigenkapitalentwicklung)	Bilanz Gewinn- und Verlustrechnung Cashflow-Rechnung Kapitalveränderungsrechnung (Eigenkapitalspiegel) Anhang Segmentberichte	Bilanz Gewinn- und Verlustrechnung Cashflow-Rechnung Entwicklung von Kapital, Rücklagen und Bilanzgewinn Anhang Segmentberichte
Steuerliche Einflüsse	Steuerliche Einflüsse durch BilMoG weitgehend reduziert	Steuerliche Einflüsse weitgehend zurückgedrängt	keine steuerlichen Einflüsse
Realisations- und Imparitätsprinzip	Unrealisierte Gewinne dürfen nicht, drohende Verluste müssen berücksichtigt werden	Realisierung oder Realisierbarkeit am Bilanzstichtag als Voraussetzung für die Erfolgswirksamkeit	Realisierung oder Realisierbarkeit am Bilanzstichtag als Voraussetzung für die Erfolgswirksamkeit
Rückstellungen	Pensionsrückstellungen werden nach dem Anwartschaftsverfahren bewertet Sonstige Rückstellungen unterliegen z. T. Wahlrechten	Pensionsrückstellungen werden nach dem Anwartschaftsverfahren bewertet Bewertung der sonstigen Rückstellungen nach dem wahrscheinlichsten Wert oder mit dem Erwartungswert	Pensionsrückstellungen werden nach dem Anwartschaftsverfahren bewertet Ansatzverbot für Aufwandsrückstellungen; Bewertung der sonstigen Rückstellungen nach dem wahrscheinlichsten Wert oder mit dem Erwartungswert

Kriterien	HGB	IFRS	US-GAAP
Stille Reserven	Vorsichtsprinzip und zahlreiche Wahlrechte ermöglichen in großem Umfang die Bildung stiller Reserven	Möglichkeit, stille Reserven zu bilden ist stark eingeschränkt	Möglichkeit, stille Reserven zu bilden ist stark eingeschränkt

Abbildung 26: Grundregeln bei der Bilanzierung nach HGB, IFRS und US-GAAP

Aus der Abbildung ist als ein zentraler Unterschied zwischen HGB und den internationalen Vorschriften die umfangreiche Bildung von stillen Reserven (→ **Vermögen**) festzuhalten, wodurch viele Jahresabschlüsse in Deutschland ein niedrigeres Vermögen ausweisen, als in Wahrheit vorliegt. Hintergrund des Rechts zur Bildung von stillen Reserven ist erneut der Gläubigerschutz. Mit anderen Worten: Die Gläubiger können sicher sein, dass das Unternehmen mindestens die angegebenen Vermögenswerte besitzt. Tendenziell ist das Vermögen sogar noch wesentlich höher. Die Möglichkeit, stille Reserven zu bilden ist bei einer Rechnungslegung nach IFRS oder US-GAAP stark eingeschränkt.

> **Tipp!**
> Besonders interessante Detailunterschiede zwischen den drei Bilanzierungswelten sind die Bewertungsunterschiede bei den immateriellen Vermögensgegenständen, dem Leasing, der Bewertung von Wertpapieren, der Bilanzierung langfristiger Fertigungsaufträge sowie den Pensionsrückstellungen.

Wie unterscheidet sich die Struktur des Jahresabschlusses nach internationalen Standards?

In Deutschland haben Kapitalgesellschaften nach dem HGB eine Bilanz, eine Gewinn- und Verlustrechnung, einen Anhang und einen Lagebericht zu erstellen. Der Konzernabschluss eines kapitalmarktorientierten Unternehmens ist zudem um eine Kapitalflussrechnung, eine Segmentberichterstattung und einen Eigenkapitalspiegel zu erweitern. Nach internationalen Standards sind grundsätzlich eine Cashflow-Rechnung hinzuzufügen, die Entwicklung des Kapitals darzustellen sowie eine Segmentberichterstattung zu erstellen.

Doch ist dabei anzumerken, dass Abschlüsse nach internationaler Rechnungslegung weitaus geringeren gesetzlichen Form- oder Gliederungsvorschriften unterliegen. So soll die Bilanz nach IFRS nur die folgende Mindestgliederung aufweisen:

Assets	Aktiva
Current assets	**Kurzfristiges Vermögen**
Cash and cash equivalents	Flüssige Mittel
Marketable securities	Wertpapiere des Umlaufvermögens
Accounts and notes receivable	Forderungen und Besitzwechsel
Minus: allowance for doubtful accounts	Wertberichtungen auf zweifelhafte Forderungen
Inventories	Vorräte
Prepaid expenses	Aktive Rechnungsabgrenzungsposten
Other current assets	Sonstige Gegenstände des Umlaufvermögens
Non-current Assets	**Langfristiges Vermögen**
Securities and indebtedness of related parties	Wertpapiere und Beteiligungen an verbundenen Unternehmen
Property, plant and equipment	Sachanlagevermögen
Accumulated depreaciation, depletion and amortization of property, plant and equipment	Kumulierter Betrag der Abschreibungsaufwendungen der Anlagegegenstände
Intangible assets	Immaterielles Anlagevermögen
Accumulated depreaciation and amortization of intangible assets	Kumulierter Betrag des Amortisationsaufwandes des immateriellen Anlagevermögens
Other assets	Sonstige langfristige Posten

Abbildung 27: Mindestgliederung der Aktivseite einer IFRS-Bilanz

Interessant ist bei der IFRS-Bilanz, dass die Fristigkeiten umgekehrt wie nach dem HGB oben mit den kurzfristigen Vermögensbestandteilen (Umlaufvermögen) beginnen, während die langfristigen Vermögensteile (Anlagevermögen) unten aufgeführt werden. Das gleiche Prinzip gilt auch für die Passivseite der IFRS-Bilanz.

168 Internationale Rechnungslegungsstandards

Equity and Liabilities	Passiva
Current liabilities	**Kurzfristige Schulden**
Accounts and notes payable	Kurzfristige Verbindlichkeiten
Other current liabilities	Andere kurzfristige Verbindlichkeiten
Non-current liabilities	**Langfristige Schulden**
Bonds, mortages and other long-term debts	Langfristige Darlehen
Indebtedness to related parties – noncurrent	Langfristige Verbindlichkeiten gegenüber verbundenen Unternehmen oder Personen
Other liabilities	Sonstige langfristige Verbindlichkeiten
Commitments and contingent liabilities	Ungewisse Verpflichtungen
Deferred credit	Rückstellungen mit längerfristigem Charakter
Minority interests in consolidates subsidiaries	Anteile von Minderheitsgesellschafter
Equity	**Eigenkapital**
preferred stocks	Vorzugsaktien
Common stocks	Stammaktien
Additional paid-in capital	Kapitalrücklagen
Retained earnings	Gewinnrücklagen
Other stockholders equity	Sonstiges Eigenkapital

Abbildung 28: Mindestgliederung der Passivseite einer IFRS-Bilanz

Internationale Rechnungslegungsstandards 169

Operating Section	Betriebstätigkeit
Net sales and gross revenue	Umsatzerlöse
Costs and expenses applicable to sales	Kosten der umgesetzten Leistung
Other operating costs and expenses	Sonstige betriebliche Aufwendungen
Selling, general and administrative expenses	Vertriebs- und allgemeine Verwaltungskosten
Provision for doubtful accounts and notes	Aufwand für zweifelhafte Forderungen
Other general expenses	Sonstige Gemeinkosten
Non-operating Section	**Betriebsfremde Tätigkeit**
Non-operating income	Sonstige (nicht-)betriebliche Erträge
Interest and amortization of debt discount and expens	Zinserträge und Zinsaufwendungen
Non-operating expenses	Sonstige (nicht-) betriebliche Aufwendungen
Income or loss bevor income tax expenses and appropriate items below	**Ergebnis vor Steuern und anderen abzugrenzenden Positionen**
Income tax expenses	Ertragsteuern
Minority interest in income of condolidated subsidiaries	Anteil der Minderheitsgesellschafter am Ergebnis
Equity in earnings of unconsolidated subsidiaries and 50 % or less owned persons	Anteil nicht konsolidierter Tochterunternehmen am Ergebnis
Income or loss from continuing operations	**Ergebnis der gewöhnlichen Geschäftstätigkeit**
Discounted operations	Ergebnis aus der Aufgabe von Geschäftsbereichen
Income or loss before extraordinary items and cumulative effects of changes in accounting principles	Ergebnis vor außerordentlichen Einflüssen und Auswirkungen durch den Wechsel der Bewertungsmethoden
Extraordinary items, less applicable tax	Außerordentliches Ergebnis abzüglich der gesondert auszuweisenden Ertragsteuern
Cumulative effects of changes in accounting principles	Gesamtauswirkung durch den Wechsel der Bewertungsmethoden
Net income or loss	**Ergebnis der Periode**
Earnings per share	Ergebnis je Aktie

Abbildung 29: Mindestgliederung einer Gewinn- und Verlustrechung nach IFRS

Welche Spielräume gibt es in den internationalen Rechnungslegungsvorschriften?

Neben den Spielräumen für die → **Bilanzpolitik** aus dem HGB eröffnen sich deutschen Unternehmen weitere bilanzpolitische Spielräume, sobald sie einen Konzernabschluss nach einem der internationalen Standards erstellen.

Wichtig!
1. Die Regeln der internationalen Rechnungslegungsvorschriften orientieren sich nicht am Gläubigerschutz und dem damit verbundenen Vorsichtsprinzip.
2. Die internationalen Standards bieten Unternehmen mehr Wahlrechte und Spielräume, die aber im jeweiligen Anhang des Jahresabschlusses zu erläutern sind.

Tipp!
Die Komplexität der internationalen Rechnungslegungsstandards erfordert viel Spezial- und Fachwissen. Hier sollte man sich konsequenterweise an entsprechende Experten wenden!

Literatur

Coenenberg A.G.: Jahresabschluss und Jahresabschlussanalyse, Landsberg / Lech, 2000.
Disselkamp M.: Bilanzpolitik, in: Disselkamp M., Thome-Braun A.: Der Professionelle Betriebsrat, Augsburg, 2003.
IFRS 2011: International Financial Reporting Standards, Weinheim, 2011.

Insolvenz

Was ist eine Insolvenz?

Unter einer Insolvenz versteht man die Zahlungsunfähigkeit (Illiquidität) eines Unternehmens, die bei Anhalten der Situation zur Eröffnung eines Vergleichs- oder Konkursverfahrens führen kann.

Gerade bei dem Begriff »Insolvenz« verwirrt die Vielzahl ähnlicher Wirtschaftsbegriffe, die im Zusammenhang mit einer Insolvenz stehen. Zu dieser Begriffsvielfalt gehören: »Konkurs«, »Überschuldung«, »Vergleich« und »Bankrott«:

- **Insolvenz:** Unternehmen sind insolvent, wenn sie zahlungsunfähig oder überschuldet sind. In der Folge ihrer Zahlungsunfähigkeit können die Unternehmen ihre Verbindlichkeiten (z.B. Gehälter, Rechnungen für Lieferanten und Steuern) nicht mehr bezahlen.
- **Konkurs:** Der Konkurs oder das Konkursverfahren bezeichnete nach altem Recht das gerichtliche Vollstreckungsprozedere, das alle Gläubiger eines insolventen Unternehmens gleichmäßig und gleichzeitig befriedigt. Der Konkursbegriff und das Verfahren wurden 1999 durch die neue Insolvenzordnung ersetzt.
- **Vergleich:** Als Vergleich bezeichnete das Recht vor 1999 den Versuch, das Unternehmen durch eine Einigung von Schuldner und Gläubigern zu retten – meist, indem die Gläubiger einen Teil der Schulden erlassen oder gestundet haben. Auch dieser Begriff wurde 1999 durch die neue Insolvenzordnung ersetzt.
- **Bankrott:** Bankrott ist ein Schuldner, wenn er z.B. die Konkursmasse beiseiteschafft, Bilanzen »schönt« oder mit dubiosen Machenschaften den Anteil der Gläubiger schmälert. Bei einem solchen Vergehen drohen bis zu fünf Jahre Freiheitsstrafe.
- **Überschuldung:** Eine Firma gilt als überschuldet, wenn die Verbindlichkeiten höher sind als das Vermögen.

Die Praxis zeigt weiter einen hohen Stand an Insolvenzen. Laut den Untersuchungen der Wirtschafts- und Konjunkturforschung Creditreform entwickeln sich zwar die Unternehmensinsolvenzen aufgrund der guten Konjunkturlage in den letzten Jahren rückläufig, doch zählt das Unternehmen dennoch für das Jahr 2013 über 26 300 Unternehmensinsolvenzen.

> **Beispiele:**
> Zu den zehn größten Unternehmensinsolvenzen des Jahres 2013 zählen ohne Zweifel die die Baumarktketten »Praktiker« und »Max Bahr«. In der Summe waren bei diesen Unternehmen mehr als 10 000 Mitarbeiter betroffen. Insolvent ist auch der Solarpionier Conergy aus Hamburg, die Loewe AG, ein Hersteller luxuriöser Heimelektronik, sowie der Billigstromanbieter Flexstrom und der Immobilienverwalter IVG.

> **Wichtig!**
> In 2013 waren 285 000 Arbeitnehmer von der Insolvenz ihres Arbeitgebers betroffen und verloren ihre Arbeitsplätze.

Die Schäden, die insolvente Unternehmen in 2013 verursachten, beliefen sich auf insgesamt 26,9 Milliarden Euro, 285 000 Arbeitnehmer waren von der Insolvenz ihres Arbeitgebers betroffen und verloren ihre Arbeitsplätze.

Laut der Creditreform betrifft die überwiegende Mehrzahl der Unternehmensinsolvenzen in Deutschland mittlerweile sehr kleine Unternehmen. In acht von zehn Fällen (79,5 Prozent) waren maximal fünf Mitarbeiter im Unternehmen tätig; viele sind sogar Soloselbstständige. Lediglich ein Unternehmen von hundert (0,9 Prozent) beschäftigte zum Zeitpunkt der Insolvenz noch mehr als 100 Mitarbeiter. Ein ähnlicher Befund zeigt sich bei den Umsatzgrößenklassen: Knapp die Hälfte aller Insolvenzen entfällt auf Unternehmen, deren Umsatz weniger als eine Viertelmillion Euro beträgt (48,1 Prozent). Der Anteil dieser Kleinstunternehmen ist im Vergleich zum Vorjahr (45,9 Prozent) gewachsen. 260 der insolventen Unternehmen weisen einen Jahresumsatz von mehr als 25 Mio. Euro auf.

Ab wann ist ein Unternehmen insolvent?

Seit dem 1. Januar 1999 gilt die aktuelle Insolvenzordnung (InsO). Sie löst die bisherige westdeutsche Konkurs- und Vergleichsordnung von 1995 bzw. die ostdeutsche Gesamtvollstreckungsordnung von 1991 ab. So ist nun bei Zahlungsunfähigkeit oder Überschuldung die Eröffnung des Insolvenzverfahrens notwendig. Ziel des neuen Rechts ist, zahlungsunfähige oder fast zahlungsunfähige Unternehmen fortzuführen und Arbeitsplätze zu erhalten, anstatt sie zu zerschlagen. Beispielsweise erschwert die Insolvenzordnung den Gläubigern, lebenswichtige Teile wie Maschinen oder Vorprodukte aus

Insolvenz 173

dem Unternehmen herauszuholen, und damit das Aus eines Unternehmens noch schneller einzuleiten.

Das Insolvenzverfahren kann durchgeführt werden, um die Verbindlichkeiten eines Schuldners in größtmöglichem Umfang zu erfüllen. Gründe für die Eröffnung eines Insolvenzverfahrens sind:

- Zahlungsunfähigkeit (§ 17 InsO),
- drohende Zahlungsunfähigkeit (§ 18 InsO) oder
- Überschuldung – nur bei Kapitalgesellschaften (§ 19 InsO).

Die Insolvenzordnung definiert die drei Gründe wie folgt:

Rechtliche Grundlage (§ 17 Abs. 2 InsO)
Der Schuldner ist zahlungsunfähig, wenn er nicht in der Lage ist, die fälligen Zahlungspflichten zu erfüllen. Zahlungsunfähigkeit ist in der Regel anzunehmen, wenn der Schuldner seine Zahlungen eingestellt hat.

Im Falle der Zahlungsunfähigkeit verfügt das Unternehmen über keine ausreichende → **Liquidität**. Diese ergibt sich besonders aus den vorhandenen, flüssigen Mitteln, d.h. dem Kassenbestand, Bankguthaben und Schecks. Zur Berechnung der sogenannten Liquidität auf kurzer oder gar mittlerer Sicht integriert die Betriebswirtschaft auch die gesamten Finanzmittel des Umlaufvermögens (→ **Bilanz**), insbesondere die Forderungen an die eigenen Kunden. Wichtig am § 17 der Insolvenzordnung ist der Hinweis, dass bereits dann von einer Zahlungsunfähigkeit auszugehen ist, wenn der Schuldner seine Zahlungen eingestellt hat. Mit anderen Worten: Selbst wenn ein Unternehmen gar keine Probleme mit der Liquidität hat, und nur unbeabsichtigt Zahlungen einstellt, kann ein Gläubiger ein Insolvenzverfahren beantragen.

§ 18 der Insolvenzordnung droht Unternehmen nicht nur mit der Eröffnung einer Insolvenz bei Zahlungsunfähigkeit, sondern auch bei der Gefahr zahlungsunfähig zu werden.

Rechtliche Grundlage (§ 18 Abs. 2 InsO)
Der Schuldner droht zahlungsunfähig zu werden, wenn er voraussichtlich nicht in der Lage sein wird, die bestehenden Zahlungspflichten im Zeitpunkt der Fälligkeit zu erfüllen.

Also selbst wenn ein Unternehmen noch gar nicht zahlungsunfähig ist, kann ein Insolvenzverfahren gegen das Unternehmen eröffnet werden. Die daraus resultierenden Folgen wirken dann bis auf die Beschäftigten.

Der dritte Grund zur Eröffnung eines Insolvenzverfahrens ist die Überschuldung. Diese liegt vor, wenn das Vermögen des Schuldners die bestehenden Verbindlichkeiten nicht mehr deckt.

> **Rechtliche Grundlage (§ 19 Abs. 2 InsO)**
> Überschuldung liegt vor, wenn das Vermögen des Schuldners die bestehenden Verbindlichkeiten nicht mehr deckt.

Mit anderen Worten: Zeigt die Bilanz des Jahresabschlusses oder eines Quartalsabschlusses eines Unternehmens, dass das Fremdkapital größer ist als die gesamte Aktivseite, so liegt eine Überschuldung vor (Ausnahme: Existenz von Darlehen mit Rangrücktritt). Löst nun das Unternehmen all seine Positionen aus dem Anlage- und Umlaufvermögen auf (z.B. durch Verkauf), so würden die Einnahmen hieraus nicht ausreichen, die Schulden des Unternehmens zurückzuzahlen.

Wie sind die gesetzlichen Regelungen für ein Insolvenzverfahren?

Nach § 2 InsO muss die Eröffnung eines Insolvenzverfahrens beim Amtsgericht als zuständiges Insolvenzgericht beantragt werden. Bei Zahlungsunfähigkeit oder Überschuldung kann sowohl der Schuldner als auch ein Gläubiger den Antrag stellen (§ 13 InsO). Zu einem Antrag wegen drohender Zahlungsunfähigkeit ist nur der Schuldner, also die zahlungsunfähige Einzelperson oder das Unternehmen, berechtigt (§ 18 InsO).

> **Tipp!**
> 1. Wurde noch kein Insolvenzverfahren eröffnet, so kann sich ein von Zahlungsunfähigkeit bedrohtes Unternehmen in einem außergerichtlichen Vergleichsverfahren mit den Gläubigern einigen. Hierbei verzichten die Geldgeber und Geschäftspartner auf einen Teil ihrer Forderungen (nicht selten mehr als 50 Prozent) und verständigen sich über die Modalitäten, zu denen die verbleibenden Schulden abgetragen werden. Neben dem Effekt der außergerichtlichen Einigung profitiert der Schuldner davon, dass viel weniger Informationen an die Öffentlichkeit kommen.

> **Tipp!**
> 2. Ferner kann ein Unternehmen vor der Eröffnung eines Insolvenzverfahrens von sich aus den Antrag auf eine sog. Eigenverwaltung (gemäß §§ 270-285 InsO) stellen. Bei Zustimmung vom Gericht ermöglicht dieses Verfahren dem Unternehmen, die Insolvenzverwaltung unter Aufsicht eines Sachwalters selbst zu übernehmen.

Aber Achtung: Bei Vergleichen oder der Eigenverwaltung haben die Vertreter der Arbeitnehmer darauf zu achten, dass es zu keinen zu großzügigen Auslegungen der Bestimmungen kommt. Denn eine Eigenverwaltung könnte vom Unternehmen auch derart missbraucht werden, dass zwar die Rechte der Arbeitnehmer im Rahmen des »Insolvenzarbeitsrechts« beschnitten, aber die eigentlichen Ursachen der Unternehmenskrise ignoriert werden.

Wird eine Kapitalgesellschaft zahlungsunfähig, so muss die Unternehmensleitung selbst die Eröffnung eines Insolvenzverfahrens beantragen.

Rechtliche Grundlage (§ 92 Abs. 2 AktG)
Wird die Gesellschaft zahlungsunfähig, so hat der Vorstand ohne schuldhaftes Zögern, spätestens aber drei Wochen nach Eintritt der Zahlungsunfähigkeit, die Eröffnung eines Insolvenzverfahrens zu beantragen. Dies ergibt sich sinngemäß, wenn sich eine Überschuldung der Gesellschaft ergibt.

Diese Regelung gilt sinngemäß für alle Kapitalgesellschaften. Auch die persönlich haftenden Gesellschafter einer KGaA haben spätestens drei Wochen nach Eintritt der Zahlungsunfähigkeit die Eröffnung eines Insolvenzverfahrens zu beantragen (§ 283 AktG). Für die Geschäftsführer einer GmbH ergeben sich Informationspflichten aus § 49 Abs. 3 GmbHG (Einberufung einer Gesellschafterversammlung im Fall einer Unterbilanz, wenn mindestens die Hälfte des Stammkapitals verloren ist) und § 64 Abs. 1 GmbHG (Insolvenzantragspflicht).

Tipp!
Immer mehr Unternehmen wählen die Rechtsform einer GmbH & Co. KG. Auch wenn es sich hierbei um Personengesellschaften handelt, so liegt im Falle der Überschuldung ein direkter Insolvenzgrund vor. Als Grund gilt das Fehlen einer natürlichen Person als Gesellschafter (§§ 130a und 177a HGB).

Eröffnet die Unternehmensleitung nicht rechtzeitig ein Insolvenzverfahren, so macht sie sich strafbar und schadensersatzpflichtig.

Wichtig!
Bei schuldhafter Verletzung der Pflichten aus §§ 92, 283 AktG oder § 64 GmbHG sind die Mitglieder des Vorstands einer AG, die persönlich haftenden Gesellschafter einer KGaA oder die Geschäftsführer einer GmbH strafbar und schadensersatzpflichtig. Die Schadensersatzpflicht besteht sowohl gegenüber der Gesellschaft und deren Gläubigern als auch gegenüber den Aktionären oder Gesellschaftern (vgl. § 93 AktG).

Wird ein Insolvenzverfahren eröffnet, so entscheidet das Insolvenzgericht nach Antragstellung über notwendige Maßnahmen zur Sicherung der Vermögensmasse des Schuldners und über die Bestellung eines vorläufigen Insolvenzverwalters. Dessen Aufgabe ist es, das Vermögen des Schuldners zu sichern, gegebenenfalls das Schuldnerunternehmen fortzuführen und zu prüfen, ob das vorhandene Vermögen die Kosten des Verfahrens decken wird. Der Schuldner hat hierbei umfassende Auskunfts- und Mitwirkungspflichten (§§ 97 und 98 InsO).

> **Wichtig!**
> Bei neun von zehn Firmen reicht das vorhandene Vermögen nicht aus, um die voraussichtlichen Verfahrenskosten zu decken. Dann lehnt der Insolvenzverwalter die Eröffnung des Insolvenzverfahrens »mangels Masse« ab – die Gläubiger gehen leer aus. Die Beschäftigten verlieren ihre Arbeitsplätze.

Sofern eine kostendeckende Vermögensmasse vorhanden ist oder die Verfahrenskosten in Form eines Vorschusses geleistet werden, wird das Verfahren eröffnet. Die Gläubiger haben ihre Forderungen fristgerecht beim Insolvenzverwalter anzumelden. Dementsprechend meldet die Vollstreckungsbehörde zolleigene Forderungen (einschließlich der Gebühren und Auslagen, die bei ihr im Rahmen der Vollstreckung wegen Fremdforderungen angefallen sind) an, um deren eventuelle Befriedigung aus der Insolvenzmasse zu sichern.

Spätestens drei Monate nach Eröffnung des Verfahrens muss der Insolvenzverwalter einen Bericht über die finanzielle Situation des Unternehmens vorlegen. Die Gläubigerversammlung entscheidet dann, ob das Unternehmen liquidiert oder saniert werden soll.

Eine Sanierung hat nach einem ausgearbeiteten Insolvenzplan zu geschehen. Diesen legt der Insolvenzverwalter oder der Schuldner vor. Die Gläubiger als auch der Schuldner stimmen über diesen Plan ab. Im Falle einer Sanierung können die Ansprüche der Gläubiger durch den Insolvenzplan beschnitten werden, damit die Überlebensfähigkeit des Unternehmens nicht gefährdet wird. Dahinter steht letztlich die Einsicht, dass Gläubigern in der Regel eher damit gedient ist, langfristig einen guten Kunden zu erhalten, als kurzfristig eine möglichst hohe Rückzahlungsquote durchzusetzen.

Wird das Unternehmen nicht saniert, kommt es zu einer Liquidation. Dies ist in der Praxis leider der häufigere Fall. Unter Maßgabe der zur Verfügung stehenden Insolvenzmasse wird dabei eine Quote festgelegt, nach der die angemeldeten und vom Insolvenzverwalter anerkannten Insolvenzforderungen zu befriedigen sind (§§ 187 ff. InsO). Nach Verteilung der Masse und Abhaltung des Schlusstermins wird das Insolvenzverfahren aufgehoben. Im

Hinblick auf die dann noch bestehenden Forderungen der Gläubiger bleibt der Schuldner leistungspflichtig, soweit ihm keine Restschuldbefreiung gewährt worden ist.

Wie kann der Wirtschaftsausschuss eine mögliche Insolvenz früh erkennen?

Eine Insolvenz gefährdet die Arbeitsplätze aller Beschäftigten. Wie gesehen, waren alleine im Jahr 2013 über 285 000 Arbeitsplätze von Unternehmensinsolvenzen betroffen. Daher gilt es für deren Vertreter, rechtzeitig die Gefahr einer möglichen Insolvenz zu erkennen und Maßnahmen zu ergreifen.

> **Tipp!**
> Eine Insolvenz kommt nie von heute auf morgen! Denn bevor eine Insolvenz eintritt, befindet sich ein Unternehmen bereits über einige Zeit in einer kritischen wirtschaftlichen Lage.

Daher lässt sich die Gefahr einer möglichen Insolvenz meist vorab identifizieren. Nur wollen manche Unternehmensleitungen dies häufig nicht ganz wahrhaben oder sie kommunizieren diese Gefahr weder ihren Gläubigern noch den Arbeitnehmern.

Zur Früherkennung einer drohenden Insolvenz dienen einige klassische Kennzahlen der Bilanzanalyse. Allen voran helfen die Liquiditätskennzahlen (→ **Liquidität**) mit den Liquiditätsgraden eins bis drei. Liegt der Liquiditätsgrad drei bei einem mittelständischen Unternehmen ohne Konzernanschluss unter 100 Prozent, so ist die Gefahr der Zahlungsunfähigkeit in den nächsten Monaten latent vorhanden, da die Rückzahlungen der kurzfristigen Verbindlichkeiten die frei verfügbaren finanziellen Mittel des Umlaufvermögens übersteigen.

Eine Überschuldung liegt vor, wenn das Fremdkapital das Vermögen übersteigt. Mit anderen Worten: Das Eigenkapital wurde komplett aufgebraucht. Diesen Tatbestand stellt man mit zwei Kennzahlen fest: der Eigenkapitalquote (→ **Kapital**) oder dem Verschuldungsgrad.

$$\text{Verschuldungsgrad} = \frac{\text{Fremdkapital}}{\text{Eigenkapital}} \times 100 = x\,\%$$

Der Verschuldungsgrad gibt das Verhältnis zwischen Fremd- und Eigenkapital an. Je höher der Prozentwert des Verschuldungsgrads ist, desto mehr ist das Unternehmen verschuldet. Bei einem Wert von 99 Prozent hat das Unternehmen eine Überschuldung so gut wie erreicht. Verfügt das Unternehmen über gar kein Eigenkapital (Wert 0), so ergibt die Kalkulation des Verschuldungsgrads den symbolischen Wert von 0 Prozent.

> **Tipp!**
> Neben diesen klassischen Bilanzkennzahlen empfiehlt es sich für jeden Wirtschaftsausschuss, Einsicht in den Finanzplan und in die monatliche oder zumindest quartalsweise Liquiditätsrechnung zu nehmen.

Wie im separaten Kapital zur Liquidität erläutert, betrachtet die Liquiditätsrechnung die Differenz der zukünftigen Einnahmen und Ausgaben und errechnet die monatlich verfügbare Liquidität, die das Unternehmen zur Erfüllung ihrer finanziellen Verbindlichkeiten zur Verfügung hat. Der Wirtschaftsausschuss sollte und kann den Arbeitgeber zur Auskunft über die Liquiditätsrechnung auffordern. Leider verwehren jedoch viele Arbeitgeber gerade diesen Einblick. Die Liquiditätsrechnung fällt jedoch in die wirtschaftlichen Angelegenheiten laut § 106 BetrVG.

Welche Rolle hat der Betriebsrat in einer Insolvenz?

Der Betriebsrat kann und sollte bei einer Insolvenz eine bedeutende Rolle übernehmen. Dazu muss er dieses aber auch wollen und zudem von seinem Wirtschaftsausschuss rechtzeitig und kompetent unterstützt werden.

> **Wichtig!**
> Der Insolvenzverwalter benötigt für eine zügige, zeitnahe und vernünftige Sanierung die qualifizierte Einbindung des Betriebsrates. Der BR kann u.a. über die §§ 111 ff. BetrVG sowie § 125 InsO gestaltend eingreifen.

Der Insolvenzverwalter und der mögliche Käufer einer insolventen Firma sind auf den Betriebsrat angewiesen! Es liegt am Betriebsrat, seine Möglichkeiten auszuloten und auszunutzen; er muss sich nicht dem Verfahren einfach unterwerfen.

> **Tipp!**
> Das sehr kompetente Sachbuch »Das Insolvenzhandbuch für die Praxis« vom Bund-Verlag zeichnet die Handlungsalternativen für den Betriebsrat ausführlich auf.

Insolvenzverwalter und Berater neigen gerne dazu, alles im Insolvenzverfahren als Sachzwang darzustellen und von fehlenden Alternativen zu reden. Doch das Sachbuch »Das Insolvenzhandbuch für die Praxis« zeichnet klare Handlungsempfehlungen für Betriebsräte auf. Dazu gehört beispielsweise, dass der BR bei Insolvenzeröffnung im Amt bleibt, um z. B. einen Sozialplan abschließen zu können. Auch hat der BR gemäß §§ 217 ff. InsO das Mitwirkungsrecht bei der Aufstellung des Insolvenzplans. Der Insolvenzverwalter übernimmt ferner bei der Insolvenz die Rechte und Pflichten des Arbeitgebers, inklusive sämtlicher Informations-, Mitwirkungs- und Mitbestimmungsrechte des BR.

Auch nach der Insolvenzeröffnung gilt für die BR-Mitglieder der besondere Kündigungsschutz des § 15 KSchG und § 103 BetrVG sowie die Freistellung nach § 38 BetrVG. Erst im Fall einer Teil- oder Totalstilllegung des Unternehmens kann der Insolvenzverwalter die Betriebsräte im Rahmen des § 15 Abs. 4 und 5 KSchG kündigen.

Die Insolvenzordnung sieht die Möglichkeit vor, einen Gläubigerausschuss einzurichten, der gemäß der Insolvenzordnung klare Mitwirkungsrechte und Kontrollrechte im Insolvenzverfahren hat. Der Gläubigerausschuss hat aber nicht nur Kontrollrechte, sondern er hat auch entsprechende Pflichten, die Kontrollen auszuüben.

Tipp!
In der Gläubigerversammlung kann auch ein BR-Mitglied in den Gläubigerausschuss gewählt werden. Immerhin sind auch die Arbeitnehmer Gläubiger eines Unternehmens, da sie ihre Leistung stets mit einem zeitlichen Verzug vergütet bekommen.

Der Betriebsrat hat im Insolvenzeröffnungsverfahren und im Insolvenzverfahren die gleichen Informationsrechte wie außerhalb (siehe auch §§ 80, 106 ff. und 111 ff. BetrVG). Dies gilt auch für die Eigenverwaltung. Zusätzlich erlangt der BR gewisse insolvenzrechtliche Rechte, wie z. B. §§ 156, 218 und 235 InsO. Ist ein Mitglied des Betriebsrats zudem auch Mitglied im Gläubigerausschuss, so darf er nicht nur, sondern muss sogar in die Akten des Insolvenzverwalters Einsicht nehmen (§ 69 InsO). Umso wichtiger ist es, dass der BR früh Kontakt zu dem Insolvenzgericht und zum Insolvenzverwalter sucht.

Wie kann sich ein Unternehmen gegen eine drohende Insolvenz schützen?

Grundvoraussetzung zur Sicherung eines vor drohender Zahlungsunfähigkeit oder Überschuldung stehenden Unternehmens ist ein rasches und konsequentes Handeln. Dabei stehen zwei wichtige Maßnahmenblöcke zur Verfügung: Erstens die Optimierung der Ein- und Ausgaben und zweitens die Aufnahme neuer Finanzmittel.

Die Optimierung der Ein- und Ausgaben hat zum Ziel, einen Überschuss (Gewinn) zu erwirtschaften, der das Eigenkapital und die flüssigen Mittel er-

Einnahmen erhöhen:	Ausgaben reduzieren:
• Vermehrt Produkte mit hohen Deckungsbeiträgen absetzen • Nicht benötigte Anlagen verkaufen • Kapazitäten besser auslasten • Reklamationen durch verbesserte Leistung/Qualität vermeiden • Sonderaktionen für Barzahler durchführen • Durch Nachkalkulation richtige Preisstellung überprüfen • Rabattgewährung eingrenzen	• Lagerbestände bei Vorräten reduzieren • Ausschuss reduzieren • Eigenfertigung und Fremdbezug prüfen • Freiwillige Leistungen reduzieren • Höhere Kreditlinie anstreben, um Überziehungszinsen zu vermeiden • Kapitalbindung im Umlaufvermögen reduzieren • Transportkosten durch veränderte Lieferbedingungen vermeiden • Rabatte und Skonti beim Einkauf nützen
Einnahmen schneller realisieren:	**Ausgaben zeitlich verzögern:**
• Bankeinzug bei Dauerkunden vereinbaren • Wertstellung bei Banken verbessern • Anzahlung von Kunden fordern • Mahnwesen intensivieren, um Verweildauer der Forderungen zu reduzieren • Ausgangsrechnungen schnell erstellen • Schecks unmittelbar nach Erhalt einreichen • Lieferzeiten verkürzen • Anlagen verkaufen und anschließend leasen • Schnell zahlende Kunden bevorzugt bedienen • Außendienst einschalten, um Forderungen zu realisieren • Lieferung gegen Nachnahme oder Lastschriftverfahren • Factoring und Inkasso zur raschen Realisierung von Forderungen nutzen	• Leasing statt Kauf von Anlagegegenständen • Ratenzahlung bei Einkäufen vereinbaren • Längere Zahlungsziele bei Lieferanten • Sonderabschreibungen zur Verlagerung von Steuerzahlungen in Anspruch nehmen • Bildung von steuerlichen Rückstellungen nutzen • Privatentnahmen reduzieren • Stundung von Steuerzahlungen beantragen

Abbildung 30: Möglichkeiten zur Optimierung der Ein- und Ausgaben

höht. Hierzu gibt es zwei Handlungsfelder: Einnahmen erhöhen oder Ausgaben reduzieren.
Neben der Optimierung der Ein- und Ausgaben kann eine drohende Insolvenz durch die Aufnahme neuer Finanzmittel abgewehrt werden.

- Erhöhung Eigenkapital (Kapitalerhöhung etc.)
- Erhöhung Fremdkapital (z.B. Überbrückungskredit, Mitarbeiterdarlehen, Gesellschafterdarlehen)

Diese zweite Möglichkeit zur Abwehr einer drohenden Insolvenz ist leider oft nur theoretisch vorhanden. Gerade für Unternehmen, die sich in einer wirtschaftlichen Schieflage befinden, finden sich seltener bereitwillige Kapitalgeber. Wer möchte noch in ein Unternehmen investieren, dessen Zukunft mehr als ungewiss ist? Umgekehrt können ja auch am Markt erfolgreiche Unternehmen kurzfristige Liquiditätsengpässe erleben. In diesen Fällen finden sich leichter Personen, die die Zahlungsfähigkeit mittels kurzfristiger Finanzspritzen anheben.

Wie kann man den Arbeitnehmern in Insolvenzen helfen?

Die Arbeitnehmer sind von Insolvenzen direkt betroffen. Da nur die wenigsten insolventen Unternehmen gerettet werden, verlieren bei den meisten betroffenen Firmen die Beschäftigte ihren Arbeitsplatz. Daher sollten die betroffenen Arbeitnehmer die folgenden Grundsätze beachten.

- Keine Zugeständnisse machen;
- Nicht überstürzt kündigen;
- Zunächst weiterarbeiten;
- Ausstehenden Lohn anmahnen;
- Auf Zahlung klagen;
- Frühzeitig zum Arbeitsamt gehen sowie
- Arbeitslosengeld beantragen.

Der erste Tipp lautet, dass die von einer Insolvenz betroffenen Beschäftigten dem Unternehmen keine Zugeständnisse machen dürfen. Gutgemeinte Zugeständnisse, um das Schlimmste abzuwenden, können die Beschäftigten teuer zu stehen kommen. Die Bundesagentur für Arbeit berechnet Insolvenzgeld danach, welches Salär dem Arbeitnehmer zusteht (Zuflussprinzip). Wer ein niedrigeres Gehalt akzeptiert, wenn auch bei reduzierter Arbeitszeit, schmälert das Arbeitslosengeld. Denn das richtet sich nach den zuletzt gezahlten sechs Monatseinkommen. Keine Probleme mit dem Arbeitsamt zieht es nach sich, wenn die Beschäftigten der Firma ausstehendes Geld stunden. Es kommt allerdings darauf an, wie die Abmachung formuliert ist, weshalb im Voraus immer ein Anwalt oder das Arbeitsamt eingebunden sein sollte.

Kein Beschäftigter sollte überstürzt kündigen. Wer vorschnell kündigt, straft sich vielmehr mehrfach. Findet sich z. B. noch vor der Insolvenzeröffnung ein potenzieller Käufer für das Unternehmen, so haftet dieser für ausstehende Löhne seines Vorgängers. Kündigt man, so bringt man sich außerdem um eine Abfindung aus dem Sozialplan. Der Anspruch auf Insolvenzgeld geht jedoch durch die Kündigung nicht verloren – selbst, wenn die Insolvenz erst Monate später eintritt. Bei ihnen tritt die Arbeitsagentur für Lohnansprüche aus den letzten drei Monaten vor der Beendigung des Arbeitsverhältnisses ein. Allerdings kann die Arbeitsagentur eine Sperre für das Arbeitslosengeld verhängen. Steht dann beispielsweise nur ein Monatsgehalt aus, so zahlt die Behörde zunächst keine Unterstützung.

Es gilt die Empfehlung, auch bei einer drohenden Insolvenz zunächst weiterzuarbeiten. Trifft das Gehalt nicht am gewohnten Tag auf dem Konto ein, so kann der Arbeitnehmer nicht einfach zu Hause bleiben. Dies würde nämlich das Unternehmen und den Arbeitsplatz erst recht unnötig gefährden. Vielleicht ist die Firma nur vorübergehend zahlungsunfähig, vielleicht lässt sich das Unternehmen noch sanieren oder es wird übernommen. Abgesehen davon dürfen die Beschäftigten die Arbeit nicht gleich einstellen, wenn sich die Überweisung mal verzögert. Ein sogenanntes Zurückbehaltungsrecht steht ihnen erst zu, wenn

- die Firma erheblich mit dem Lohn in Rückstand geraten ist (BAG Urteil vom 9. 5. 1996 – 2 AZR 387/95),
- ihr kein erheblicher Schaden dadurch entsteht und
- der Arbeitnehmer ausstehende Beträge erfolglos angemahnt hat.

Wichtig ist für die Beschäftigten, dass sie ihren ausstehenden Lohn anmahnen. Dabei sollte dem Arbeitgeber eine Frist gesetzt werden, bis wann er das ausstehende Geld samt aufgelaufenen Zinsen nachzuzahlen hat.

> **Wichtig!**
> Das Bundessozialgericht urteilte dabei, dass Arbeitnehmer ihre Firma schriftlich und eindeutig auffordern müssen, Außenstände zu überweisen (BSG Urteil vom 30. 4. 1996 – 10 RAr 8/94).

Sonst laufen sie Gefahr, Ansprüche gegenüber der Bundesagentur für Arbeit zu verlieren. Laut dem Gesetz verjähren Lohnforderungen gegenüber der Firma nach zwei Jahren – gerechnet ab Jahresbeginn nach Fälligkeit. Viele

Tarifverträge setzen jedoch kürzere Zeiträume fest – in der Regel zwei Monate. Nach dieser Ausschlussfrist verfällt der Anspruch.
Die Beschäftigten laufen auch Gefahr, bereits erworbene Ansprüche zu verlieren. Insbesondere die Nutzer der Altersteilzeit waren bislang davon betroffen: Bis vor kurzem war es bei einer Zahlungsunfähigkeit des Arbeitgebers unklar, ob Altersteilzeitansprüche zu den Masseverbindlichkeiten gehören oder zu den normalen Insolvenzforderungen. Letztere werden nur anteilig aus der verbliebenen Insolvenzmasse befriedigt – ein finanzielles Verhängnis für den Betroffenen. Nun hat der Gesetzgeber reagiert und in § 8a des Altersteilzeitgesetzes (AltTZG) vorgeschrieben, dass Wertguthaben, die sich angesammelt haben, zwingend gegen das Risiko der Insolvenz abgesichert werden müssen. Diese Regelung gilt ab dem 1. Juli 2004.
Die Arbeitnehmer sollten auf die Zahlung ihrer Gehälter klagen. Denn wenn man den Lohnanspruch verfallen lässt, verweigert die Arbeitsagentur das Insolvenzgeld. Die meisten Tarifverträge schreiben vor, dass der Mitarbeiter innerhalb einer bestimmten Frist eine Zahlungsklage beim Amtsgericht einreichen muss, um seinen Lohnanspruch zu retten. Ein Beispiel für eine derartige zweistufige Ausschlussfrist ist der Bautarif: Innerhalb von zwei Monaten nach Fälligkeit müssen Arbeitnehmer Gehaltsrückstände schriftlich einfordern. Reagiert die Firma darauf nicht innerhalb von zwei Wochen, bleiben dem Mitarbeiter weitere zwei Monate, um Klage zu erheben. Danach verfällt der Lohnanspruch.
Es gilt so frühzeitig wie möglich zur Arbeitsagentur zu gehen. Sobald das monatliche Gehalt nicht mehr rechtzeitig eintrifft, sollte man sich bei den Arbeitsagenturen melden. Arbeitslosengeld bekommen die Betroffenen zwar erst, wenn Sie nicht mehr arbeiten. Aber wenn es zur Insolvenz kommt, steht allen Arbeitnehmern, Auszubildenden und Heimarbeitern Insolvenzgeld zu.

> **Wichtig!**
> Die Bundesagentur für Arbeit erstattet ausstehende Löhne für die letzten drei Monate, bevor das Insolvenzverfahren eröffnet oder mangels Masse abgelehnt oder der Betrieb eingestellt wird.

Der Arbeitnehmer muss diesen Lohnersatz innerhalb von zwei Monaten nach diesem Stichtag beantragen. Scheidet er vorher aus, zahlt die Arbeitsagentur bis zu drei ausstehende Gehälter vor der Kündigung. Vor allem, wenn die Betriebsleitung die Belegschaft nicht über den Stand der Dinge informiert, sollte man vorsorglich Konkursausfallgeld beantragen. Damit vermeidet man, die Frist zu versäumen.

Die Arbeitsagenturen zahlen genauso viel Insolvenzgeld, wie dem Arbeitnehmer netto (einschließlich Provisionen, Spesen, Zuschläge, anteiligem Weihnachtsgeld etc.) an Einkommen zusteht. Damit ist das Insolvenzgeld ein Drittel höher als das Arbeitslosengeld. Seit Anfang 2004 wird bei Beziehern höherer Einkommen das Insolvenzgeld höchstens auf Grundlagen eines Bruttogehalts von 5150 Euro (West) und 4350 Euro (Ost) berechnet. Das Insolvenzgeld wird von den Arbeitsagenturen nicht auf die Bezugszeit zur Berechnung des Arbeitslosengeldes angerechnet.

> **Wichtig!**
> Wird das Insolvenzverfahren eröffnet oder abgelehnt, endet das Insolvenzgeld. Die betroffenen Arbeitnehmer sollten dann sofort Arbeitslosengeld beantragen.

Dasselbe gilt, wenn die Beschäftigten seit drei Monaten kein Gehalt mehr bekommen haben. In diesen Fällen sollten sie kündigen und Arbeitslosengeld beantragen – außer, es zeichnet sich eine Übernahme oder Sanierung ab.

> **Tipp!**
> Das Arbeitsamt zahlt das Insolvenzgeld erst nach dem Tag, an dem das Insolvenzverfahren eröffnet oder abgelehnt wird. Die Zwischenzeit müssen die Arbeitnehmer selbst überbrücken. Hierzu gewährt das Sozialamt allerdings Hilfe in Form von rückzahlbaren Darlehen, die in jedem Fall günstiger als ein Überziehungskredit sind.

Die Arbeitnehmer können aber auch ihr rückständiges Gehalt beim Arbeitsgericht einklagen. Bei erheblichen Lohnrückständen haben die Beschäftigten zudem ein sogenanntes »Zurückbehaltungsrecht«. Dies bedeutet, sie können die Arbeit einstellen und behalten – auch ohne Gegenleistung – Anspruch auf ihre Löhne und Gehälter. Anders als bei ersten Anzeichen einer drohenden Insolvenz, können demnach die Beschäftigten ihre Arbeit niederlegen. Es wird jedoch empfohlen, eine solche Maßnahme erst dann zu starten, wenn der Arbeitgeber bereits mit zwei Monatslöhnen im Rückstand ist. Das Bundesarbeitsgericht empfiehlt hierbei, die Niederlegung der Arbeit zuvor mit einem schriftlichen, individuellen Schreiben zu begründen, um den Eindruck eines Streiks zu vermeiden (BAG v. 25.10.1984 – AZR 417/83).

Literatur

Bichlmeier W., Wroblewski. A.: Das Insolvenzhandbuch für die Praxis, Frankfurt a.M., 2010.
Aktuelle Daten über Insolvenzen in Deutschland vermittelt die Wirtschafts- und Konjunkturforschung Creditreform online unter www.creditreform.de.

INVESTITIONSRECHNUNG

Die Investitionsrechnungen untersuchen die Frage, ob sich eine Investition in ein neues Verfahren oder ein neues Produkt überhaupt lohnt und in welcher Größenordnung. Sie kombinieren dabei die Gedanken der Kostenvergleichsrechnung mit der Nutzenvergleichsrechnung, indem den jeweiligen Kosten für einen Vorschlag dessen Gewinnchancen gegenüber gestellt werden. Dabei können verschiedene Verfahren angewendet werden: die Kostenvergleichs- und Nutzenvergleichsrechnung, die Break-Even-Analyse, die Amortisationsrechnung und die Rentabilitätsrechnung.

> **Wichtig!**
> Der Wirtschaftsausschuss hat nach § 106 Abs. 3 BetrVG das klare Recht, vom Arbeitgeber rechtzeitig und umfassend über anstehende Investitionen unterrichtet zu werden. Zur eigenen Überprüfung solcher Daten dienen dem Wirtschaftsausschuss die unterschiedlichen Vorgehensweisen der Investitionsrechnungen.

Was ist eine Kostenvergleichsrechnung?

Die Kostenvergleichsrechnung gehört zu den klassischen Wirtschaftlichkeitsrechnungen. Mit ihrer Hilfe wird ein Vergleich zwischen den unterschiedlichen Kosten durchgeführt, die aus einzelnen Vorschlägen entstehen können. Es geht somit um eine Abwägung, welche Kosten aus welchen Vorschlägen für ein Unternehmen entstehen.

Schwierig ist bei vielen Kostenvergleichsrechnungen die Tatsache, dass viele Kosten für die Zukunft geschätzt werden müssen. Sie sind zum Zeitpunkt der Rechnung noch nicht eindeutig vorhersehbar. Dies betrifft z.B. die zukünftigen Kosten für Patente, Markteinführungen, Steuern, Rohstoffe, Experten und spezialisierte Arbeitskräfte als auch für die Zinsen von Krediten (Kapitalkosten). Es empfiehlt sich eine Kostenvergleichsrechnung mit mehreren Szenarien: eine optimistische Schätzung, eine pessimistische Schätzung sowie eine eher realistische Schätzung. Dabei entstehen zwar drei verschiedene Ergebnisse der Kostenvergleichsrech-

Kostenarten	Vorschlag 1	Vorschlag 2
Personalkosten	5000 Euro	4000 Euro
Rohstoffe	2000 Euro	3500 Euro
Hilfestoffe	100 Euro	100 Euro
Betriebsstoffe	100 Euro	100 Euro
Kapitalkosten	0 Euro	0 Euro
externe Dienstleister	500 Euro	1000 Euro
Versicherungskosten	0 Euro	10 Euro
Steuern	0 Euro	0 Euro
u.v.a.		
Summe	7700 Euro	8710 Euro

Abbildung 31: Kostenvergleichsrechnung (Beispiel)

nung, doch zeigen diese besser die Risiken sowie Chancen der Vorschläge auf

> **Wichtig!**
> Investitionen dürfen nicht nur anhand der Kosten beurteilt werden, da ansonsten der Nutzenaspekt der Investitionen verloren geht.

Kostenvergleichsrechnungen dürfen stets nur als ein erster Schritt in die Wirtschaftlichkeitsanalyse verstanden werden. Ihr Hauptnachteil liegt in der Tatsache, dass nur die Kosten an sich betrachtet werden, aber keine Bewertung der Vorteile. Dies geschieht erst mit der Nutzenvergleichsrechnung.

Was ist eine Nutzenvergleichsrechnung?

Die Nutzenvergleichsrechnung sucht nach jenen Vorschlägen, die die höchsten Nutzenvorteile bewirken. Es kommt erneut zu einer Gegenüberstellung der einzelnen Vorschläge, jedoch nicht wie bei der Kostenvergleichsrechnung unter Berücksichtigung der Kosten, sondern diesmal nur der Nutzenvorteile aus den einzelnen Vorschlägen.

Ein solcher Nutzenvorteil kann z.B. eine Erweiterung des Angebotssortiments des Unternehmens durch die Ergänzung neuer Produkte oder Dienstleistungen sein. Dadurch könnte ein Anstieg des gesamten Unternehmensumsatzes erzielt werden. Die folgende Tabelle symbolisiert eine Nutzenvergleichsrechnung von zwei Vorschlägen zu verschiedenen Produktergänzungen. Durch Vorschlag 1 könnte der Umsatz um 500 000 € erhöht, durch Vorschlag 2 sogar um 750 000 € gesteigert werden.

Nutzenvorteil	Vorschlag 1	Vorschlag 2
Umsatzsteigerung	500 000 Euro	750 000 Euro

Abbildung 32: Nutzenvergleichsrechnung (Beispiel)

Sozialorientierte Vorschläge der Arbeitnehmer und ihrer Vertreter, wie z. B. die Förderung der Qualifizierung der Beschäftigten, können ebenfalls im Rahmen einer Nutzenvergleichsrechnung betrachtet werden. Schwieriger wird dabei nur die Messbarkeit der Vorteile.

Tipp!
Kalkulieren Sie die langfristigen ökonomischen Vorteile, die sich durch sozialorientierte Vorschläge, wie die Qualifizierung der Beschäftigten, realisieren lassen. Beispielsweise führt eine bessere Qualifizierung zu geringeren Fehlerquoten, weniger Schwund sowie einer verstärkten Kundenzufriedenheit und Innovationskraft.

Der Mangel der Nutzenvergleichsrechnung liegt wie auch bei der Kostenvergleichsrechnung in der Gefahr der Fehleinschätzung der Konsequenzen aus den einzelnen Vorschlägen. Besonders bei der Schätzung des Nutzens gilt es daher mit verschiedenen Szenarien zu arbeiten.

Was ist eine Break-Even-Analyse?

Die Break-Even-Analyse wird in der Praxis vor allem zur Auswahl von Produktideen verwendet. Sie stellt die Frage, bei welchen Absatzmengen, Stückpreisen und Kosten ein Gewinn zu erwarten ist. Dieser Zusammenhang lässt sich in einer sehr einfachen Form, wie in der folgenden Grafik, darstellen. Dort wo die Linie der Erlöse die Linie der Gesamtkosten schneidet, ist der Übergang von der Verlust- in die Gewinnzone.
Die Break-Even-Analyse zeigt somit auf, welcher Mindestumsatz von einem neuen Produkt benötigt wird, damit überhaupt ein Gewinn entsteht. Die Gesamtkosten sind dabei die Summe aller bisherigen Kosten für die Forschung und Entwicklung, die Markteinführung sowie alle laufenden Kosten für die Produktion, Logistik und Verwaltung. Wird der Break-Even-Punkt bei einem Produkt bereits bei einer geringen Menge an verkauften Stücken

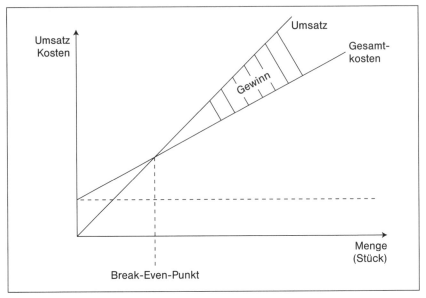

Abbildung 33: Break-Even-Analyse

realisiert, so ist dieses Produkt interessanter als ein anderes Produkt, das eine größere Menge benötigt, um in die Gewinnzone zu kommen.

> **Tipp!**
> Die kritische Frage bei der Break-Even-Analyse lautet: Kann eine neue Produktidee überhaupt die Menge realisieren, die für eine Gewinnzone notwendig ist? Mit anderen Worten: Kann der Break-Even-Punkt überhaupt überschritten werden?

Was verbirgt sich hinter einer Amortisationsanalyse?

Die Amortisationsanalyse beurteilt Investitionen, wie sie für neue Produkte oder Verfahren notwendig sind, nach der Zeit, bis wann das investierte Kapital dem Unternehmen wieder zurückfließt. Dieser Kapitalrückfluss ergibt sich aus der Summe der erwarteten Erlöse aus den neuen oder verbesserten Produkten / Verfahren abzüglich der Kosten für die produzierten Erzeugnisse sowie der Kosten für die Forschung und Entwicklung der Produkte / Verfahren.

Daten	Verfahren 1	Verfahren 2
Kapitaleinsatz	400 000 Euro	630 000 Euro
Kostenersparnis	256 000 Euro	303 000 Euro
Durchschnittlicher Kapitalrückfluss	256 000 Euro	303 000 Euro
Amortisationsdauer (Jahre)	ca. 1,6	ca. 2,1

Abbildung 34: Amortisationsanalyse (Beispiel)

In diesem Beispiel haben zwei verschiedene Vorschläge zu einem neuen Verfahren unterschiedliche Amortisationsdauern. Bei dem Vorschlag 1 bekommt das Unternehmen bereits nach ca. 1,6 Jahren sein eingesetztes Kapital zurück, während sich der zweite Vorschlag erst nach über zwei Jahren zurückbezahlt.

> **Wichtig!**
> Die Amortisationsanalyse betrachtet nur den Zeitraum der Wiedergewinnung des eingesetzten Kapitals, nicht aber den langfristigen Gewinn aus einem Vorschlag. Daher ist dieses Verfahren nur in Kombination mit den übrigen Wirtschaftlichkeitsanalysen einsetzbar.

Was versteht man unter einer Rentabilitätsrechnung?

Die Rentabilitätsrechnung misst die Verzinsung eines Investitionsprojektes mit Hilfe der Kennzahl »Return on Investment« (ROI). Der ROI definiert sich als Quotient aus zusätzlich erwartetem Gewinn oder Kosteneinsparung einer Investition (vor oder nach Steuern) und dem zusätzlichen Kapitaleinsatz bzw. den Kosten. Mit anderen Worten: Soll eine Investition zu effizienteren Abläufen innerhalb eines Betriebs führen, dann ist die Kosteneinsparung durch den veränderten Ablauf im Vergleich zum traditionellen Prozess zu schätzen. Dieser Wert wird dann durch die notwendigen Kosten für die Verfahrensänderung dividiert und man erhält den ROI.

$$\text{Return on Investment} = \frac{\text{Gewinn}}{\text{Investiertes Kapital}} \times 100 = x\,\%$$

Eine neue Produkt- oder Verfahrensidee ist dann vorteilhaft, wenn der ROI nicht kleiner als eine vorgegebene Mindestrentabilität ist. Eine solche Mindestrentabilität wird von vielen Unternehmen generell für jegliche Investitionsprojekte vorgegeben und kann beispielsweise bei 25 Prozent liegen.

Ein solcher Wert würde indizieren, dass sich das eingesetzte Kapital mit 25 Prozent verzinst und nach spätestens vier Jahren refinanziert ist. Von mehreren, verschiedenen Vorschlägen ist ferner derjenige mit der höchsten Rentabilität zu wählen.

> **Tipp!**
> Auch hier gilt die Gefahr, dass die Kosteneinsparung bzw. der Gewinn und auch die Kosten nur geschätzt werden können. Daher sollte man einer positiven, optimistischen Schätzung stets eine negative, pessimistische Schätzung gegenüberstellen.

Literatur

Disselkamp M.: Lieferantenrating, Wiesbaden, 2004.

Jahresabschluss

Der Jahresabschluss ist jedem Wirtschaftsausschuss einmal jährlich zusammen mit dem Betriebsrat durch den Unternehmer zu erläutern. Dies regelt § 108 BetrVG.

> **Rechtliche Grundlage (§ 108 Abs. 5 BetrVG)**
> Der Jahresabschluss ist dem Wirtschaftsausschuss unter Beteiligung des Betriebsrats zu erläutern.

Mit der Erläuterung des Jahresabschlusses für den Wirtschaftsausschuss soll sichergestellt werden, dass die in ihm enthaltenen Informationen über die wirtschaftliche und finanzielle Lage des Unternehmens transparent werden. Nicht umsonst gilt der Jahresabschluss daher als eine der wichtigsten → **Informationsquellen** für den Wirtschaftsausschuss.

Was ist ein Jahresabschluss?

Der Jahresabschluss dient zur Darstellung der finanziellen und wirtschaftlichen Lage eines Unternehmens. Dabei sind zu einem bestimmten Zeitpunkt (Stichtag) sämtliche Vermögensgegenstände, Schulden, Rechnungsabgrenzungsposten, Aufwendungen und Erträge auszuweisen, damit die Öffentlichkeit, wie z. B. Aktionäre, Kreditgeber, Investoren, Mitarbeiter, Kunden etc., einen Überblick über das Unternehmen gewinnen. Der Jahresabschluss dient mehreren Zielen:

- Bemessung von Zahlungen: In Ausübung der Zahlungsbemessungsfunktion dient der Jahresabschluss als Grundlage zur Feststellung der Dividenden- und Steuerzahlung.
- Information über Vermögens-, Finanz- und Ertragslage: Die Informationsfunktion beinhaltet die Aufgabe, allen Adressaten möglichst verlässliche und aussagefähige Beurteilungsmaßstäbe über die finanzielle und wirtschaftliche Situation des Unternehmens zu gewähren, damit z. B. Investoren das Ausmaß und den Sicherheitsgrad ihrer möglichen Beteiligung abschätzen können.

> **Tipp!**
> Nach § 18 des Kreditwesengesetzes (KWG) muss ein Unternehmen, das bei einer Bank oder einem sonstigen Kreditinstitut um einen Kredit nachsucht, einen geprüften Jahresabschluss einschließlich des Prüfungsberichts vorlegen. Die Unterlagen dürfen dabei nicht älter als zwölf Monate sein.

Gesetzlich geregelt ist der Jahresabschluss im Handelsgesetzbuch sowie in den Steuergesetzen. Für deutsche Unternehmen, vor allem Konzerne, gelten z.T. auch → **Internationale Rechnungslegungsstandards**.

Welche Bestandteile hat ein Jahresabschluss?

Der Jahresabschluss besteht für Einzelkaufleute und → **Personengesellschaften** (OHG, KG) nach § 242 HGB aus der → **Bilanz** und der → **Gewinn- und Verlustrechnung** (GuV).

> **Rechtlicher Hintergrund (§ 242 HGB)**
> (1) Der Kaufmann hat zu Beginn seines Handelsgewerbes und für den Schluss eines jeden Geschäftsjahrs einen das Verhältnis seines Vermögens und seiner Schulden darstellenden Abschluss (Eröffnungsbilanz, Bilanz) aufzustellen.
> (2) Er hat für den Schluss eines jeden Geschäftsjahres eine Gegenüberstellung der Aufwendungen und Erträge des Geschäftsjahres (Gewinn- und Verlustrechnung) aufzustellen.
> (3) Die Bilanz und die Gewinn- und Verlustrechnung bilden den Jahresabschluss.

Aktiengesellschaften, GmbHs und KGaAs, also → **Kapitalgesellschaften**, haben laut § 264 HGB einen erweiterten Jahresabschluss zu erstellen, welcher aus Bilanz, Gewinn- und Verlustrechnung und → **Anhang** besteht.

> **Wichtig!**
> Der Anhang eines Jahresabschlusses enthält zusätzliche und meist äußerst wichtige Angaben sowie Erläuterungen zur Bilanz und Gewinn- und Verlustrechnung.

Den Jahresabschluss haben die Kapitalgesellschaften um den → **Lagebericht** zu ergänzen. Der Lagebericht enthält allgemeine wirtschaftliche Informationen zur Vergangenheit, Gegenwart und Zukunft des Unternehmens (§ 289 HGB).

> **Rechtlicher Hintergrund (§ 264 Abs. 1 Satz 1 HGB)**
> Die gesetzlichen Vertreter einer Kapitalgesellschaft haben den Jahresabschluss (§ 335 Abs. 1 HGB) um einen Anhang zu erweitern, der mit der Bilanz und der Gewinn- und Verlustrechnung eine Einheit bildet, sowie einen Lagebericht aufzustellen.

Auch wenn GmbH & Co. KGs in der Literatur zu den Personengesellschaften gezählt werden, so müssen sie – aufgrund des Fehlens einer natürlichen Person als Gesellschafter – nach § 264a HGB einen Jahresabschluss analog der Kapitalgesellschaften erstellen.

Wer muss seinen Jahresabschluss offen legen, wann und wo?

Alle Kapitalgesellschaften, wie die GmbH, die Aktiengesellschaft und die KGaA, müssen grundsätzlich ihren Jahresabschluss veröffentlichen. Für sie gilt nach § 325 HGB die Pflicht, spätestens nach 12 Monaten den Jahresabschluss im elektronischen Bundesanzeiger (siehe www.bundesanzeiger.de) offen zu legen.

> **Rechtlicher Hintergrund (§ 325 Abs. 1 Satz 1 HGB)**
> Die gesetzlichen Vertreter von Kapitalgesellschaften haben für diese den Jahresabschluss beim Betreiber des elektronischen Bundesanzeigers elektronisch einzureichen. Er ist unverzüglich nach seiner Vorlage an die Gesellschafter, jedoch spätestens vor Ablauf des zwölften Monats des dem Abschlussstichtag nachfolgenden Geschäftsjahrs, mit dem Bestätigungsvermerk oder dem Vermerk über dessen Versagung einzureichen. Gleichzeitig sind der Lagebericht, der Bericht des Aufsichtsrats, die nach § 161 des Aktiengesetzes vorgeschriebene Erklärung und, soweit sich dies aus dem eingereichten Jahresabschluss nicht ergibt, der Vorschlag für die Verwendung des Ergebnisses und der Beschluss über seine Verwendung unter Angabe des Jahresüberschusses oder Jahresfehlbetrags elektronisch einzureichen. Angaben über die Ergebnisverwendung brauchen von Gesellschaften mit beschränkter Haftung nicht gemacht zu werden, wenn sich anhand dieser Angaben die Gewinnanteile von natürlichen Personen feststellen lassen, die Gesellschafter sind.

Damit diese Offenlegungsfrist eingehalten werden kann, gibt § 264 HGB weitere Termine vor. So müssen Kapitalgesellschaften den Jahresabschluss »in den ersten drei Monaten des Geschäftsjahrs für das vergangene Geschäftsjahr aufstellen« (Ausnahme: kleine Kapitalgesellschaften haben hierfür sechs

Monate Zeit). Mit anderen Worten: Innerhalb der ersten drei Monate nach Ende des Geschäftsjahres ist die Erstellung des Jahresabschlusses zu starten. Acht Monate nach Ende des Geschäftsjahres ist ferner der Jahresabschluss festzustellen (Ausnahme: Kleine Kapitalgesellschaften erst nach elf Monaten).

> **Tipp!**
> Für die Arbeitnehmervertreter haben die Offenlegungs- / Publizitätsvorschriften eine enorme Bedeutung. Nicht selten verweigern Arbeitgeber den Einblick in den Jahresabschluss mit der Begründung, dass das Unternehmen keinen Abschluss zu erstellen habe. Handelt es sich bei dem Unternehmen jedoch um eine Kapitalgesellschaft, dann hat jeder – und somit auch der Betriebsrat – die Möglichkeit, den Jahresabschluss spätestens nach zwölf Monaten im Bundesanzeiger unter www.ebundesanzeiger.de einzusehen!

Das Handelsgesetz (§ 267 HGB) unterscheidet bei der Pflicht zur Offenlegung (auch: Publizität) verschiedene Größenklassen der Kapitalgesellschaften. Sogenannte kleine Kapitalgesellschaften dürfen beispielsweise mindestens zwei der drei nachstehenden Merkmale nicht überschreiten:

Merkmale	Kleine Kapitalgesellschaft	Mittelgroße Kapitalgesellschaft	Große Kapitalgesellschaft
Bilanzsumme	Max. 4 840 000 €	Max. 19 250 000 €	Min. 19 250 000 €
Umsatzerlöse	Max. 9 680 000 €	Max. 38 500 000 €	Min. 38 500 000 €
Anzahl der Arbeitnehmer	Max. 50 Arbeitnehmer im Jahresdurchschnitt	Max. 250 Arbeitnehmer im Jahresdurchschnitt	Min. 250 Arbeitnehmer im Jahresdurchschnitt

Abbildung 35: Größenklassen von Kapitalgesellschaften (§ 267 HGB)

Kleine Kapitalgesellschaften müssen nun laut § 326 HGB nur die Bilanz und den Anhang publizieren, während große Kapitalgesellschaften zudem ihren Jahresabschluss auch im Bundesanzeiger zu veröffentlichen haben (§ 325 Abs. 2 HGB).

Befreit sind von der Offenlegungspflicht die folgenden Unternehmen:

- Personengesellschaften, sobald bei ihnen wenigstens eine natürliche Person ein persönlich haftender Gesellschafter ist.
- Tochtergesellschaften von → **Konzernen,** deren Konzernabschlüsse offen gelegt wurden (§ 264 Abs. 3 HGB).

Jahresabschluss

> **Wichtig!**
> Personengesellschaften ohne natürliche Personen als persönlich haftende Gesellschafter, wie bei einer GmbH & Co. KG oder einer GmbH & Co. OHG, haben ihren Jahresabschluss offen zu legen!

Personengesellschaften mit natürlichen Personen als persönlich haftende Gesellschafter haben laut dem neueren Publizitätsgesetz (§ 1 PublG) dennoch auch ihren Jahresabschluss offen zu legen, wenn sie in den Bereich einer sogenannten »großen Personengesellschaft« kommen. Als solche zählen sie bei einer Bilanzsumme von über 65 Mio. € oder einem Umsatz von über 130 Mio. € oder einer Anzahl von über 5000 Mitarbeitern.

Kommt ein Unternehmen oder genauer seine Geschäftsführung oder sein Vorstand der Pflicht zur Offenlegung des Jahresabschlusses nicht nach, so kann das Registergericht nach § 335a HGB ein Ordnungsgeld festsetzen.

> **Rechtlicher Hintergrund (§ 335 Abs. 1 HGB)**
> Gegen die Mitglieder des vertretungsberechtigten Organs einer Kapitalgesellschaft, die
> 1. § 325 über die Pflicht zur Offenlegung des Jahresabschlusses, des Lageberichts, des Konzernabschlusses, des Konzernlageberichts und anderer Unterlagen der Rechnungslegung oder
> 2. § 325a über die Pflicht zur Offenlegung der Rechnungslegungsunterlagen der Hauptniederlassung
> nicht befolgen, ist wegen des pflichtwidrigen Unterlassens der rechtzeitigen Offenlegung vom Bundesamt für Justiz ein Ordnungsgeldverfahren nach Absätzen 2 und 6 durchzuführen.

Das Ordnungsgeld beträgt nach § 335 Satz 4 HGB mindestens zweitausendfünfhundert und höchstens fünfundzwanzigtausend Euro. Es bezieht sich auf alle Mitglieder des vertretungsberechtigten Organs einer Kapitalgesellschaft, also auch auf Aufsichtsräte und Beiräte.

Der Europäische Gerichtshof (EuGH) hatte am 29.9.1998 (Az: C-191/95) hierzu festgestellt, dass die Sanktionen gegen die Unternehmen, die ihre Bilanzen entgegen den Gesetzesvorschriften nicht offenlegen, zu harmlos sind. Weiterhin wurde festgestellt, dass das o.g. Ordnungsgeld erst auf Antrag von Gesellschaftern, Gläubigern, Arbeitnehmern oder auf Antrag ihrer Vertreter in Gang gesetzt werden kann (EuGH v. 4.12.1997 – Az: C-97/96). Ein solches Verfahren reiche den EU-rechtlichen Anforderungen nicht aus.

Nach den Vorstellungen der europäischen Richter begeben sich diejenigen Geschäftsführer und Vorstände, die den Jahresabschluss einer publizitätspflichtigen Kapitalgesellschaft nicht offen legen, in die Gefahr, gegen § 1 des Gesetzes gegen den unlauteren Wettbewerb (UWG) zu verstoßen. Als mögliche Folge kann dann neben dem Ordnungsgeldverfahren nach § 335a HGB eine Unterlassungsklage wegen Verstoßes gegen § 1 UWG betrieben werden. Dann wird das Gericht, bei dem die Unterlassungsklage anhängig ist, beurteilen müssen, ob die Aussetzung des Verfahrens nach § 148 Zivilprozessordnung (ZPO) in Betracht kommt.

Wer prüft einen Jahresabschluss mit seinen Inhalten?

Zum Schutz der Gläubiger und der Öffentlichkeit ist ein Jahresabschluss von mittelgroßen und großen Kapitalgesellschaften von Abschlussprüfern zu prüfen und zu testieren. Das Testat, das dabei oft spannende Hintergrundinformationen über den Jahresabschluss gibt, zählt zu den wichtigen → **Informationsquellen für den WA**. Daher wird dem Aspekt der Prüfung durch Wirtschaftsprüfer ein eigenes Kapital gewidmet (→ **Wirtschaftsprüfungsbericht**).

Literatur

Coenenberg A.G.: Jahresabschluss und Jahresabschlussanalyse, Landsberg / Lech, 2000.
Ossola-Haring C., Cremer U.: Jahresabschluss und Bilanz, Landsberg / Lech, 2001.

Kapital

Was bedeutet der Begriff »Kapital«?

Als Kapital oder Gesamtkapital bezeichnet man die Passivseite der → **Bilanz** eines Unternehmens. Man bezeichnet die Passivseite auch als die Seite der Mittelherkunft. Denn hier stehen die Finanzmittel, die auf der Aktivseite (Mittelverwendung) für Investitionen in das Anlage- und Umlaufvermögen verwendet wurden. Die Passivseite gliedert sich grob in das Eigenkapital und das Fremdkapital auf.

Was versteht man unter Eigenkapital?

Das Eigenkapital umfasst die der Unternehmung vom Unternehmer oder den Gesellschaftern ohne zeitliche Befristung zur Verfügung gestellten finanziellen Mittel, die dem Unternehmen durch Zuführung von außen oder durch Verzicht auf Gewinnausschüttungen von innen zufließen. Gerade die im Unternehmen verbleibenden Jahresüberschüsse (Gewinne) bewirken eine kontinuierliche Dynamik des Eigenkapitals: Hat die Firma am Jahresende einen Jahresüberschuss (Gewinn), so erhöht sich das Eigenkapital um diesen Wert. Umgekehrt reduziert sich das Eigenkapital im Falle eines Jahresfehlbetrags (Verlust). Konstant ist bei Kapitalgesellschaften laut § 272 HGB nur die Position des gezeichneten Kapitals, welches im Folgenden genauer erläutert wird.

Das Eigenkapital verbrieft die Eigentumsrechte sowie die Stimmrechte, das Recht auf einen Anteil am Gewinn sowie das Recht auf einen Anteil an Liquidationserlösen. Es lässt sich auch als Ergebnis aus dem Vermögen abzüglich der Schulden darstellen.

Die §§ 266 und 272 HGB unterteilen das Eigenkapital in:

- Gezeichnetes Kapital,
- Kapitalrücklagen,
- Gewinnrücklagen,

- Gewinnvortrag / Verlustvortrag sowie
- Jahresüberschuss / Jahresfehlbetrag.

Das gezeichnete Kapital ist die Summe aller Gesellschaftsanteile / Aktien zum Nennwert. Bei einer Aktiengesellschaft trägt es den Namen »Grundkapital«, während es bei einer GmbH Stammkapital heißt (→ **Unternehmensformen**). Dieses Grund- oder Stammkapital dient bei Kapitalgesellschaften als Haftungskapital des Unternehmens gegenüber den Gläubigern.

> **Wichtig!**
> Im Gegensatz zu den Personengesellschaften, bei denen die Gesellschafter sogar größtenteils mit ihrem Privatvermögen gegenüber den Gläubigern haften, haftet eine Kapitalgesellschaft nur mit seinem gezeichneten Kapital.

Das gezeichnete Kapital ist eine konstante Position, die rechtswirksam nur über eine Kapitalerhöhung (nach oben) oder eine Kapitalherabsetzung verändert werden kann, wobei das gesetzlich vorgeschriebene Mindestkapital bei einer GmbH 25 000 € (§ 5 GmbHG) bzw. bei einer Aktiengesellschaft 50 000 € (§ 7 AktG) beträgt. Das konstante Eigenkapital (Grund- bzw. Stammkapital, bzw. in der Bilanz das gezeichnete Kapital) bezeichnet man auch als Nominalkapital.

Die im § 266 HGB folgenden Positionen des Eigenkapitals sind variable Größen, die – abgesehen vom erwirtschaften Jahresüberschuss (oder Jahresfehlbetrag) und dem Gewinnvortrag (oder Verlustvortrag) – aus Rücklagen bestehen.

Die Kapitalrücklage umfasst die einer Kapitalgesellschaft von ihren Gesellschaftern neben dem Nominalkapital (gezeichnetes Kapital) zugeführten Eigenkapitalanteile. Gemäß § 272 Abs. 2 HGB sind der Kapitalrücklage z. B. jener Betrag zuzuführen, der bei der Ausgabe von Gesellschaftsanteilen (z. B. Aktien) über den Nennwert hinaus erzielt wird (sogenannter Agio). Aktiengesellschaften dürfen die Kapitalrücklage nur unter Beachtung einiger Vorschriften auflösen (§ 150 Abs. 3 und 4 AktG), während die Gesellschaften mit beschränkter Haftung (GmbH) bei der Auflösung der Kapitalrücklage keinen rechtlichen Bestimmungen unterliegen und somit über diese frei verfügen können.

Im Gegensatz zur Kapitalrücklage, die sich aus Mitteln zusammensetzt, die von außen dem Unternehmen zufließen, enthalten die Gewinnrücklagen Beträge, die im Unternehmen durch Einbehaltung von Teilen früherer oder aktueller Jahresüberschüsse (Gewinne) verbleiben. Dabei unterscheidet man die gesetzlichen Rücklagen (z. B. bei Aktiengesellschaften jährlich 5 % des Jahresüberschusses, bis diese zusammen mit der Kapitalrücklage 10 %

des gezeichneten Kapitals betragen – § 150 AktG), Rücklagen für eigene Anteile (der Gegenposten für die eigenen Aktien bei den Wertpapieren – § 71 AktG), satzungsmäßige Rücklagen oder andere Gewinnrücklagen. In der Praxis sind meist in den »anderen Gewinnrücklagen« die höchsten Beträge enthalten.

Der Gewinnvortrag ist der Teil des Jahresergebnisses der letzten Jahre, der weder an die Gesellschafter ausgeschüttet wurde, noch den Rücklagen zugeführt wurde oder auf sonstige Weise verwendet wurde. Der Verlustvortrag ist hingegen die Summe der aufgelaufenen Verluste der Vorjahre.

Der Jahresüberschuss oder Jahresfehlbetrag ist das Ergebnis des Geschäftsjahres. Oft wird der Jahresüberschuss auch als »Gewinn« bezeichnet. Diese Position ist die einzige direkte Verbindung zwischen der Bilanz und der Gewinn- und Verlustrechnung, da der Jahresüberschuss bzw. Jahresfehlbetrag aus der GuV ermittelt wird.

> **Wichtig!**
> Nach § 268 HGB besteht eine Wahlmöglichkeit, nachdem ein Unternehmen in seiner Bilanz die Positionen Jahresüberschuss / Jahresfehlbetrag und Gewinn- / Verlustvortrag zusammenfügen kann und als sogenannten Bilanzgewinn / Bilanzverlust ausweist.

Welche Bedeutung spielt das Eigenkapital in der Praxis?

Schon seit der Jahrtausendwende zeigt sich, dass viele deutsche Firmen gar kein Eigenkapital mehr ausweisen können und ihre Existenz nur noch auf Schulden basiert. Besonders hart hat es den Mittelstand in Deutschland getroffen.

Konkret meldet der Deutsche Giro- und Sparkassenverband (DGSV) für 2010, dass kleine Unternehmen (mit 0 bis 1 Mio. Euro Jahresumsatz) durchschnittlich 12,1 % Eigenkapitalquoten haben, der Mittelstand mit Umsätzen zwischen 0 und 50 Mio. Euro ca. 18,3 % sowie Großunternehmen mit über 50 Mio. Euro Umsatz ca. 30,3 % Eigenkapitalquote (Quelle: DSGV: Diagnose Mittelstand 2012, S. 43f.). Damit liegen diese Eigenkapitalquoten weit unter dem guten Wert von 50 %.

Noch schlimmer: Leider aber haben laut DSGV immer noch mindestens 36 % aller kleinen Firmen bzw. 25,3 % des sog. Mittelstands gar keine Eigenkapital mehr in ihrer Bilanz. Einer der Gründe ist, dass etwa ein Drittel der Mittelständler gar keinen jährlichen Überschuss (Gewinn) erwirtschaften. Damit basiert ihre Existenz nur noch auf Schulden! Gerade in der Diskussion um Basel II bzw. III (→ **Kreditwürdigkeit**) verlieren die betroffenen Unternehmen damit weiter an Kreditwürdigkeit, was wiederum zu erhöhten Kosten für Fremdkapital und zu einer Reduzierung des Gewinns führt.

> **Wichtig!**
> Verfügt ein Unternehmen über gar kein Eigenkapital und übersteigt das Fremdkapital sogar die Höhe des Vermögens, so liegt eine bilanzielle Überschuldung vor, die unter Umständen zu einer Insolvenz führt. Dies stellt eine außerordentliche Bedrohung für die Arbeitsplätze der Beschäftigten dar. Eine unzureichende Eigenkapitalausstattung reduziert alleine bereits die Kreditwürdigkeit eines Unternehmens, was zu erhöhten Kosten bei der Fremdfinanzierung führt oder sogar dem Unternehmen den Zugang zu neuen Finanzmitteln verwehrt.

Gerade in den Diskussionen der letzten Finanzkrisen (→ **Kreditwürdigkeit**) verlieren die betroffenen Unternehmen an Kreditwürdigkeit, was wiederum zu erhöhten Kosten für Fremdkapital und zu einer Reduzierung des Gewinns führt. Oft erhalten Firmen, die bereits über kein Eigenkapital mehr verfügen, überhaupt keinen neuen Kredit für irgendwelche Investitionen oder Innovationen.

Zusammengefasst bedeutet ein hohes Eigenkapital:

- eine positive Haftungsfunktion gegenüber den Gläubigern,
- eine gute Ausgangslage zur Innenfinanzierung,
- eine gute und dauerhafte Stabilität des Unternehmens sowie
- eine hohe Unabhängigkeit von Banken und weiteren Kreditgebern.

Was waren früher Sonderposten mit Rücklagenanteil?

Einige Unternehmen weisen in der Vergangenheit in ihren Bilanzen auf der Kapitalseite eine spezielle Position namens »Sonderposten mit Rücklagenanteil« auf. Der § 247 Abs. 3 HGB (vor BilMoG) sah für alle Kaufleute vor, Passivposten zum Zwecke der Steuern vom Einkommen und Ertrag in der Handelsbilanz zu bilden. Diese waren als Sonderposten mit Rücklageanteil auszuweisen und nach Maßgabe des Steuerrechts dann aufzulösen. Die Bildung eines solchen Postens diente dazu, dass bestimmte Teile des Gewinns in der aktuellen Periode nicht besteuert werden und vielmehr ihre Besteuerung in folgenden Perioden nachgeholt wird.

Kapital 201

> **Beispiel:**
> Das folgende Beispiel galt für eine Ersatzbeschaffung infolge höherer Gewalt: Eine Lagerhalle stand mit einem Buchwert von 250 000 € in der Bilanz und ist bei einer Feuerversicherung mit dem Wiederbeschaffungswert von 400 000 € versichert. Nach einem Brand und einer totalen Zerstörung zahlte die Versicherung die vertraglich vereinbarten 400 000 €. Im Normalfall buchte das Unternehmen die Versicherungszahlung von 400 000 € als »sonstige betriebliche Erträge« und buchte den Buchwert von 250 000 € als »sonstigen betrieblichen Aufwand« aus der Bilanz. Damit ergab sich ein »Überschuss« von 150 000 € zugunsten des Unternehmens, den dieses dann versteuern musste. Mit anderen Worten: Das Unternehmen musste Steuern zahlen, obwohl es eigentlich nur seinen Schaden behob! Damit dies nicht so war, bot das Steuerrecht (R 35 EStR) die Möglichkeit, den Betrag von 150 000 € als Sonderposten mit Rücklagenanteil auf der Passivseite auszuweisen, so dass kein »Überschuss« in der GuV und damit verbundenen Steuern anfielen.
> Im Rahmen des BilMoG wurde § 247 Abs. 3 HGB sowie § 273 HGB komplett aufgehoben, d. h. handelsrechtlich darf kein Sonderposten mit Rücklageanteil mehr gebildet werden. Steuerlich hingegen ist die Bildung eines solchen Postens weiterhin möglich, so dass hier eine Abweichung zwischen der Handels- und der Steuerbilanz entstehen kann

Was versteht man unter Fremdkapital?

Zum Fremdkapital rechnen alle Kapitalbeträge, die in absehbarer Zeit benötigt werden, um Verpflichtungen des Unternehmens gegenüber Dritten abzudecken. Im Gegensatz zum Eigenkapital steht das Fremdkapital dem Unternehmen zeitlich nur begrenzt zur Verfügung. In der handelsrechtlichen Bilanz wird das Fremdkapital durch folgende Positionen ausgewiesen:

- Rückstellungen,
- Verbindlichkeiten und
- Passive Abgrenzungsposten.

Was sind Rückstellungen?

Durch → **Rückstellungen** werden künftige Risiken vorweggenommen und Mittel zur finanziellen Vorsorge für einen späteren Zeitpunkt gebildet. Es handelt sich um Aufwendungen, die ihren wirtschaftlichen Grund in der laufenden Periode haben, die aber erst in einer späteren Periode zu Auszahlungen oder Mindereinzahlungen führen.

> **Wichtig!**
> Die Bildung von Rückstellungen führt zu erhöhten Aufwendungen in der Gewinn- und Verlustrechnung. Hierdurch kann im Sinne der → **Bilanzpolitik** der Jahresüberschuss reduziert werden. Die Hintergründe zum für jeden Wirtschaftsausschuss wichtigen Tatbestand der → **Rückstellungen** werden unter einem separaten Stichwort aufgeführt.

Was sind Verbindlichkeiten?

Verbindlichkeiten sind – im Gegensatz zu Rückstellungen – Verpflichtungen eines Unternehmens, die am Bilanzstichtag ihrer Höhe und Fälligkeit nach feststehen. Mit anderen Worten: Das Unternehmen weiß ganz genau, wann und wie viel es, z.b. für eine Warenlieferung oder die Rückzahlung eines Kredits, bezahlen muss. Verbindlichkeiten sind juristisch erzwingbar, wenn eine Schuld besteht und der Schuldner ihr keine wirksame Einrede entgegensetzen kann.

Die Finanzierung eines Unternehmens durch die Aufnahme von Verbindlichkeiten gewährt eine Reihe von Vorteilen, aber bewirkt auch einige Nachteile:

Vorteile aus der Nutzung von Verbindlichkeiten:	Nachteile aus der Nutzung von Verbindlichkeiten:
• Verbindlichkeiten (wie z.B. Bankkredite) können bei Liquiditätsengpässen kurzfristig die Zahlungsfähigkeit sichern • Keine Gewinnbeteiligung des Fremdkapitalgebers; dieser erhält nur die vertraglich vereinbarte Verzinsung seines zur Verfügung gestellten Kapitals • Schuldner profitiert von der Inflation • Hebelwirkung (sog. Leverage Effekt) bei guter Ertragslage, d.h. das Eigenkapital profitiert überproportional	• Abhängigkeit des Unternehmens von Kreditgebern • Stetige Zinsbelastung – auch in Verlustzeiten, d.h. während in schlechten Zeiten die Eigenkapitalgeber keine oder eine nur geringe Gewinnausschüttung (z.B. Dividende) erhalten, sind die Zinsen auf das Fremdkapital dennoch in voller vertraglich vereinbarter Höhe zu zahlen • Tilgung des aufgenommen Kredits • Kreditwürdigkeit nimmt mit zunehmender Verschuldung ab (→ **Kreditwürdigkeit**) • In einer Krisensituation ist selten ein fremder Dritter bereit, ohne zusätzliche Sicherheiten (z.B. Bürgschaften) einen Kredit zu geben

Abbildung 36: Vor- und Nachteile aus Verbindlichkeiten

Kapital 203

Nach § 266 Abs. 3 HGB sind in der Bilanz die Verbindlichkeiten nach Gläubigergruppen (z.B. Kreditinstituten, Lieferanten, verbundene Unternehmen oder Beteiligungen) auszuweisen. Zudem fordert § 268 Abs. 5 HGB die Unternehmen auf, alle Verbindlichkeiten mit einer Restlaufzeit bis zu einem Jahr bzw. im § 285 Abs. 1 HGB alle Restlaufzeiten über fünf Jahren gesondert aufzulisten. Die Angaben der Fristigkeit finden sich im Anhang des Jahresabschlusses.

Grundsätzlich lassen sich die verschiedenen Formen der Verbindlichkeiten in folgende Laufzeiten klassifizieren:

Verbindlichkeiten nach Laufzeiten	Inhalte
Langfristige und mittelfristige Verbindlichkeiten (Laufzeit länger als 1 Jahr)	• Anleihen: Sammelbegriff für festverzinsliche Schuldverschreibungen, die über den öffentlichen Kapitalmarkt gehandelt werden (z.B. Öffentliche Anleihen von Bund oder Kommunen, Pfandbriefe und Industrieobligationen). • Verbindlichkeiten gegenüber Kreditinstituten (Bankkredite) • Schuldscheindarlehen, Hypotheken- und Rentenschulden gegenüber Versicherungen
Kurzfristige Verbindlichkeiten (Laufzeit maximal 1 Jahr)	• Verbindlichkeiten aus Lieferungen und Leistungen • Schuldwechsel • Verbindlichkeiten gegenüber Kreditinstituten von unter einem Jahr • Erhaltenen Anzahlungen von Kunden (z.B. auf Bestellungen)
Sonstige Verbindlichkeiten	• Gehälter und Löhne, soweit noch nicht an die Beschäftigten ausbezahlt • Lohnsteuer, soweit noch nicht an das Finanzamt abgeführt • Sozialversicherungsbeiträge, also die einbehaltenen Abgaben wie der Arbeitnehmeranteil zur Renten-, Kranken- und Arbeitslosenversicherung sowie der Arbeitgeberanteil zur Sozialversicherung • Fällige Provisionen • Steuerschulden der Gesellschaft, sofern am Bilanzstichtag schon bekannt • Weitere einbehaltene und abzuführende Steuern, wie Kirchensteuer, Kapitalertragsteuer • Auszuschüttender Gewinn (wenn beschlossen)

Abbildung 37: Verbindlichkeiten nach Laufzeiten

Wie auf der Aktivseite des Vermögens, erscheinen auch auf der Passivseite als letzte Position die Rechnungsabgrenzungsposten. Nach § 250 Abs. 2 HGB werden jene Einnahmen erfasst, die vor dem Bilanzstichtag vereinnahmt wurden, aber einen Ertrag für eine bestimmte Zeit nach diesem Sichttag darstellen.

> **Rechtlicher Hintergrund: § 250 Abs. 2 HGB**
> Auf der Passivseite sind als Rechnungsabgrenzungsposten Einnahmen vor dem Abschlussstichtag auszuweisen, soweit sie Ertrag für eine bestimmte Zeit nach diesem Tag darstellen.

So zahlt ein Mieter an eine Wohnungsgesellschaft eventuell die Mieten jeweils für drei Monate im Voraus. War die letzte Zahlung am 1. 12., so stellen die Mieteinnahmen für Januar und Februar passive Rechnungsabgrenzungsposten dar, die als Erträge dem nächsten Geschäftsjahr zuzuordnen sind.

Wie analysiert man die Kapitalstruktur?

Die Analyse der Kapitalstruktur erfolgt durch eine Reihe von Kennzahlen, zu denen vor allem die Eigenkapitalquote zu zählen ist. Die einzelnen Kennzahlen und ihre Bedeutungen werden in dem Kapital Bilanzanalyse (→ **Bilanzanalyse**) erläutert.

Literatur

Coenenberg A.G.: Jahresabschluss und Jahresabschlussanalyse, Landsberg / Lech, 2000.
Engel-Bock J., Laßmann N., Rupp R.: Bilanzanalyse leicht gemacht, Frankfurt a.M., 2002.
Ossola-Haring C., Cremer U.: Jahresabschluss und Bilanz, Landsberg / Lech, 2001.

Kapitalgesellschaft und Genossenschaft

Was sind Kapitalgesellschaften?

Neben den → **Personengesellschaften** zählen auch die Kapitalgesellschaften zu den möglichen Rechtsformen eines Unternehmens. Die Kapitalgesellschaften sind im Gegensatz zu den Personengesellschaften nicht an die Person der Gesellschafter gebunden. Die Kapitalgesellschaften haben vielmehr eine eigene Rechtspersönlichkeit, die einer sogenannten juristischen Person. Ihre Existenz hängt nicht vom Schicksal der einzelnen Gesellschafter ab, und auch der Tod oder einfache Wechsel eines Gesellschafters bedeutet keine existenzielle Gefährdung für die Kapitalgesellschaft.

Da juristische Personen zwar selbstständig handeln können, ihnen aber die natürliche Handlungsfähigkeit fehlt, repräsentieren dafür bestimmte natürliche Personen ein Unternehmen nach außen. Solche Geschäftsführer, Vorstände etc. unterliegen den gesetzlichen und satzungsmäßigen Befugnissen der juristischen Person und treten in ihrem Namen gegenüber Dritten auf. Sie brauchen aber keine Beteiligung am Grund- oder Stammkapital der Gesellschaft zu halten. Ausnahme ist die KGaA.

> **Wichtig!**
> Haftungstechnisch ist eine persönliche Haftung der Eigentümer (z.B. Gesellschafter, Aktionär) bei Kapitalgesellschaften ausgeschlossen. Nur das Grund- und Stammkapital, d.h. das gezeichnete Kapital, dient als Haftungsgarantie für Gläubiger.

Kapitalgesellschaften zahlen ihre eigenen Steuern vom Gewinn (z.B. Körperschaftssteuer) und vom Vermögen. Sie können eigenes Eigentum erwerben. Im Gegensatz zu Personengesellschaften, erfolgen bei einer Kapitalgesellschaft die Abstimmungen in der Gesellschafter- oder Hauptversammlung nach Kapitalanteilen, nicht nach Köpfen.

Bei der Gründung einer Kapitalgesellschaft ist – im Gegensatz zu Personengesellschaften – ein Mindestkapital zu berücksichtigen, also eine Untergrenze für die Kapitaleinlage aller Gesellschafter. Die wichtigsten Formen der Kapitalgesellschaften sind die AG und die GmbH, während die KGaA relativ selten vorkommt.

Was ist eine Aktiengesellschaft?

Wesentliches Merkmal einer Aktiengesellschaft (AG) ist, wie der Name schon verrät, die Zerlegung des Grundkapitals in Aktien. Dies ermöglicht die Beschaffung großer Eigenkapitalbeträge über die Börsen und macht die AG damit zur bevorzugten Rechtsform für große Unternehmen mit hohem Kapitalbedarf. Die Gesellschafter werden Aktionäre genannt, von denen es mindestens fünf für eine Gründung benötigt. Aktien, die an einer Börse gehandelt werden, bieten einem Anlagewilligen (Person oder Unternehmen) eine leichte Möglichkeit, sich an einer Gesellschaft zu beteiligen. Möchte er seine Anteile wieder abstoßen, so verkauft er diese einfach zum aktuellen Tageskurs an der Börse. Da der Tageskurs am Verkaufstag höher sein kann, als der Kurs am Tag des eigenen Kaufes, bieten Aktiengesellschaften einen spekulativen Reiz. Umgekehrt trägt der Aktionär das Risiko des Kursverlustes, wie es gerade in den letzten Monaten oft der Fall war.

Rechtliche Grundlage für Aktiengesellschaften ist das Aktiengesetz (AktG), bzw. für die Rechnungslegung das HGB. Bei der Aktiengesellschaft haftet nur das Vermögen der Gesellschaft. Der Aktionär verliert im Insolvenzfall nur seinen Anteil, aber haftet nicht mit seinem Privatvermögen.

Die Geschäftsführungsbefugnis ist bei Aktiengesellschaften auf drei verschiedene Organe verteilt:

- Vorstand: Der Vorstand führt die laufenden Geschäfte der AG in eigener Verantwortung. Er besteht in der Regel aus mehreren Personen. Der Vorstand erstellt den Jahresabschluss, unterrichtet über die Unternehmensentwicklung und gibt einen Vorschlag zur Gewinnverwendung.
- Aufsichtsrat: Der Aufsichtsrat bestimmt den Vorstand, überwacht und berät ihn. Er ist das Kontrollorgan der AG und wirkt dementsprechend auch beim Jahresabschluss mit. Der Aufsichtsrat besteht aus – je nach Größe der AG – 3 bis 21 Personen, die z.T. Arbeitnehmervertreter sind.
- Hauptversammlung: Dies ist die Versammlung aller Aktionäre, die im Allgemeinen einmal im Jahr stattfindet. Sie wählt den Aufsichtsrat, entlastet den Vorstand und entscheidet über Fusionen, Kapitalerhöhungen und die Verwendung von 50% des Jahresüberschusses.

Rechtliche Grundlage für den Aufsichtsrat
Das Mitbestimmungsgesetz schreibt die Größe des Aufsichtsrats in Abhängigkeit von den Arbeitnehmerzahlen für die betroffenen Unternehmen vor (§ 7 Abs. 1 MitbestG). Bei mit in der Regel nicht mehr als 10 000 Arbeitnehmern besteht der Aufsichtsrat aus 12 Mitgliedern, bei nicht mehr als 20 000 Arbeitnehmern aus 16 Mitgliedern und bei mehr als 20 000 Mit-

gliedern aus 20 AR-Mitgliedern. Die Hälfte der Aufsichtsräte wird von den Anteilseignern (Aktionäre, Gesellschafter) bestellt, die andere Hälfte von den Arbeitnehmern gewählt. § 7 MitbestG regelt auch die Besetzung des Aufsichtsrats mit Vertretern von Gewerkschaften.
Neben dem Mitbestimmungsgesetz existieren noch weitere rechtliche Grundlagen für den Aufsichtsrat. Demnach muss der Aufsichtsrat aus einer durch drei teilbaren Zahl von Mitgliedern bestehen (§ 95 AktG, § 35 VAG, § 77 Abs. 3 BetrVG 1952). Der Aufsichtsrat einer AG oder GmbH ist zudem abhängig von der Größe des Grund- bzw. Stammkapitals (z.B. bis 1,5 Mio. Euro neun Mitglieder). BetrVG 1952 regelt zudem, dass mindestens ein Drittel der Aufsichtsratsmitglieder von den Arbeitnehmern zu wählen sind.

Das Eigenkapital der Aktiengesellschaft setzt sich aus verschiedenen Positionen zusammen (§ 266 Abs. 3 HGB: dem Grundkapital/gezeichnetes Kapital, der Kapitalrücklage, den Gewinnrücklagen sowie dem Jahresüberschuss bzw. -verlust). Das Grundkapital entspricht der Summe der Nennwerte aller ausgegebenen Aktien, wobei der Nennwert einer Aktie der Wert ist, der auf der Aktie aufgedruckt ist. Das Grundkapital muss nach § 7 AktG mindestens 50000 € betragen.

Geschäftsführungsbefugnis und Vertretungsmacht liegen bei der Aktiengesellschaft im gewählten Vorstand, der in der Regel aus mehreren natürlichen Personen besteht. Die Mitglieder des Vorstands haben Gesamtgeschäftsführungsbefugnis. Dies bedeutet, dass sie innerhalb des Unternehmens alle Entscheidungen gemeinsam treffen müssen. Auch nach außen müssen die Mitglieder des Vorstands die Geschäfte und Verträge gemeinsam abschließen, d.h. sie haben Gesamtvertretungsmacht. Wenn von dieser gesetzlichen Regelung abgewichen wird, ist eine Eintragung in das Handelsregister notwendig. Dies ist in der Praxis auch meistens der Fall, wonach bestimmte Vorstände für bestimmte Themengebiete, Organisationseinheiten oder Projekte bis zu bestimmten Budgethöhen eigenverantwortlich sind.

Die Gewinnausschüttung an die Gesellschafter, die Aktionäre, erfolgt durch eine Dividende. Diese wird vom Vorstand vorgeschlagen, von der Hauptversammlung beschlossen und – neben dem Unternehmensgewinn – nach der Anzahl der gehaltenen Nennwerte bemessen. Erwirtschaftet allerdings die Aktiengesellschaft einen Verlust, so kann die Dividendenauszahlung ausgesetzt werden. Auch bei der AG führen Verluste dann zu einer Minderung des Eigenkapitals. Ist die Gesellschaft sogar überschuldet, dann kann es zu einer Insolvenz kommen.

Der besondere Vorteil der Aktiengesellschaft liegt in der vergleichsweise einfachen Möglichkeit, hohe Beträge an Eigenkapital zu beschaffen. Dies ist der Hauptgrund, warum die meisten großen deutschen Unternehmen Aktiengesellschaften sind. Die Aktionäre profitieren von der einfachen Übertragbarkeit ihres Gesellschaftsanteils, während ihre Haftung auf diesen beschränkt ist. Aufgrund der geringen Haftbarkeit der Eigentümer einer AG gelten zum Schutz der Gläubiger strenge Bestimmungen bei der Aufstellung und Veröffentlichung des Jahresabschlusses. Der für die Mitarbeiter wichtigste Vorteil bei Aktiengesellschaften ist die Möglichkeit der Mitbestimmung im Aufsichtsrat, und somit die Kontrolle und direkte Einflussnahme auf den Vorstand.

Eine spezielle Form der Aktiengesellschaft ist die »Kleine AG«. Sie soll die Attraktivität dieser Rechtsform auch für mittelständische Unternehmen erhöhen. Für die Gründung genügt bereits ein einzelner Gesellschafter, und nicht mehr fünf. Zudem gibt es zahlreiche Verwaltungsvereinfachungen, wie z.B. bei der Einberufung einer Hauptversammlung und bei der Publizitätspflicht.

Was ist eine Gesellschaft mit beschränkter Haftung (GmbH)?

Die Gesellschaft mit beschränkter Haftung ist vor allem bei kleinen und mittleren Betrieben beliebt, deren Eigentümer ihre Haftung auf ihre Kapitaleinlagen beschränken wollen. Doch auch einige größere Unternehmen wählen die Rechtsform einer GmbH, da diese im Vergleich zu einer AG einen geringeren administrativen und formellen Aufwand bedeutet.

Die Struktur der GmbH ist durch zwei bis drei Organe gekennzeichnet:

- Geschäftsführung: Ein oder mehrere Geschäftsführer führen die laufenden Geschäfte der GmbH in eigener Verantwortung. Die Geschäftsführer werden von der Gesellschaftsversammlung gewählt und können selbst Gesellschafter sein.
- Gesellschaftsversammlung: Dies ist die Versammlung aller Eigentümer. Sie wählt den Vorstand und beruft diesen auch ab, legt den Jahresüberschuss fest und entscheidet über die Gewinnverwendung und alle strategischen Fragen des Unternehmens. Die Geschäftsführer sind an die Weisungen der Gesellschafterversammlung gebunden.
- Aufsichtsrat: Die Bildung eines Aufsichtsrats ist erst bei einem Unternehmen mit mehr als 500 Beschäftigten vorgeschrieben (§ 77 BetrVG 1952). Dann übernimmt der Aufsichtsrat die Funktion des höchsten Kontrollorgans.

Geschäftsführungsbefugnis und Vertretungsmacht stehen den Geschäftsführern zu, wobei für sie sowohl für die Gesamtgeschäftsführungsbefugnis sowie für die Gesamtvertretungsmacht gelten. Für die Verbindlichkeiten der GmbH gegenüber Gläubigern haftet nur das Vermögen der Gesellschaft, weshalb im Insolvenzfall der Gesellschafter nur seine Stimmeinlage verliert. Allerdings kann in einer Satzung eine Nachschusspflicht vorgesehen sein. Die Verteilung von Gewinnen und Verlusten ist wie bei der AG geregelt.

Die Gesellschaft mit beschränkter Haftung, für deren Gründung nur eine einzige Person benötigt wird, unterliegt den gesellschaftsrechtlichen Regelungen des GmbH-Gesetzes. Die Einlagen der Gesellschafter finden sich im Stammkapital, analog dem Grundkapital bei einer AG. Das Stammkapital muss mindestens 25 000 € betragen (§ 5 GmbHG), die einzelne Stimmeinlage mindestens 100 €. Im Gegensatz zu einer AG können die Einlagen der Gesellschafter nur mittels einer notariell beurkundeten Abtretung übertragen werden. Der Zugang an die Börse ist versperrt! Das Eigenkapital setzt sich erneut laut § 266 Abs. 3 HGB aus dem Stammkapital, der Kapitalrücklage, den Gewinnrücklagen und dem Jahresergebnis zusammen.

Die GmbH wird sehr gerne von kleinen und mittleren Unternehmen als rechtliche Organisationsform gewählt. Dies resultiert aus der Haftungsbeschränkung und der hohen Flexibilität bei der Ausgestaltung der rechtlichen Beziehungen zwischen den Gesellschaftern. Allerdings ist der Kapitalmarkt für die GmbH verschlossen und eine Übertragung der Anteile kann nur notariell beurkundet vollzogen werden. Aufgrund der Haftungsbeschränkung der Gesellschafter reduziert sich die Kreditwürdigkeit.

Was ist eine Kommanditgesellschaft auf Aktien (KGaA)?

Die Kommanditgesellschaft auf Aktien ist eine Kombination einer Kommanditgesellschaft (→ **Personengesellschaft**) und einer Aktiengesellschaft. Sie gehört im Gegensatz zur GmbH & Co.KG jedoch zu den Kapitalgesellschaften. Mindestens ein Gesellschafter, der Komplementär, haftet persönlich, gesamtschuldnerisch, unmittelbar und unbeschränkt mit seinem gesamten Vermögen, während die übrigen Gesellschafter, die Kommanditaktionäre, nur mit den Einlagen auf das in Aktien zerlegte Grundkapital beteiligt sind. Die KGaA ist eine juristische Person und steht deshalb der AG näher als der KG. Sie unterliegt gesellschaftsrechtlich dem Aktiengesetz (AktG).

Die Organe der KGaA sind, wie bei den klassischen Aktiengesellschaften, der Vorstand, der Aufsichtsrat und die Hauptversammlung. Eine Besonderheit besteht in der Zusammensetzung des Vorstands: Dieser wird nur von den Komplementären gebildet, weshalb man auch von einem »geborenen« Vorstand spricht. Die Geschäftsführungsbefugnis und Vertretungsmacht ist wie bei der KG geregelt.

Die Eigenkapitalbeschaffung geschieht über die Einlagen der Komplementäre sowie über eine Aktienemission, mit Beteiligungen der Kommanditaktionäre. Dabei setzt sich das Eigenkapital wie bei den anderen Kapitalgesellschaften nach § 266 Abs. 3 HGB zusammen. Das Grundkapital beträgt mindestens 50 000 €. Die Gewinn- und Verlustverteilung ist wie bei Aktiengesellschaften geregelt.

Eine KGaA geht oftmals aus einer KG hervor, die sich den Zugang zum Kapitalmarkt verschaffen möchte. Die Kommanditanteile der Kommanditisten werden zunächst in Aktien umgewandelt. Im Anschluss wird dann über die Börse eine weitere Aktienemission lanciert. Damit bestehen die gleichen Möglichkeiten der Kapitalbeschaffung wie bei den Aktiengesellschaften. Die Komplementäre haften – im Gegensatz zu den Vorständen einer AG – mit ihrem persönlichen Vermögen und haben daher ein intensives Interesse an der Geschäftsführung. Dies schätzen Gläubiger sehr hoch ein und die Banken gewähren eine hohe Kreditwürdigkeit.

Was ist eine Genossenschaft?

Eine Genossenschaft ist eine Gesellschaft mit einer nicht geschlossenen Anzahl von mindestens sieben Mitgliedern, den Genossen. Die Gesellschaft dient einem wirtschaftlichen Zweck. Historisch lag der Fokus der Genossenschaften vor allem auf einer nicht gewinnstrebenden, kaufmännischen Selbsthilfe der Mitglieder durch gegenseitige Förderung. Die Entwicklung der letzten Jahre zeigt aber, dass vor allem große Genossenschaften immer mehr die Züge von Kapitalgesellschaften annehmen.

Alle Genossen sind gleichberechtigt, jedes Mitglied hat in der Generalversammlung unabhängig von der Höhe der eigenen Kapitaleinlage nur eine Stimme. Die Genossenschaft ist weder eine Personen- noch eine Kapitalgesellschaft, sondern ein wirtschaftlicher Verein. Sie ist eine juristische Person und im Handelsregister eingetragen. Die gesellschaftliche Regelung erfolgt durch das Genossenschaftsgesetz (GenG). Die Eigenkapitalbeschaffung erfolgt über die Geschäftsanteile, die die Gesellschaft den Genossen anbietet. Die Genossen brauchen ihre Kapitaleinlage nicht sofort gesamt einbezahlen: Nur eine gewisse Mindesteinlage ist bei Eintritt in die Genos-

Kapitalgesellschaft und Genossenschaft 211

senschaft zu bezahlen. Daraufhin können etwaige Gewinne so lange diesen Geschäftsguthaben der einzelnen Genossen gutgeschrieben werden, bis der gezeichnete Geschäftsanteil erreicht ist. Tritt ein Genosse später aus der Gesellschaft aus, erhält er sein Geschäftsguthaben ausbezahlt. Die Genossenschaft verfügt somit ständig über ein mit der Mitgliederzahl schwankendes Eigenkapital.

Die Organe der Genossenschaft sehen wie folgt aus:

- Vorstand: Der Vorstand führt wie bei der AG die laufenden Geschäfte der Genossenschaft in eigener Verantwortung. Die Geschäftsführer werden von der Generalversammlung gewählt und müssen selbst Genossen sein.
- Aufsichtsrat: Der Aufsichtsrat ist wie bei der AG das höchste Kontrollgremium der Genossenschaft.
- Generalversammlung: Dies ist die Versammlung aller Genossen. Sie wählt den Vorstand und beruft diesen auch ab.

Jeder Genosse haftet für die Verluste der Genossenschaft mit seiner Haftsumme, die mindestens seinem Geschäftsanteil entspricht und in den Statuten der Gesellschaft festgelegt ist. Es gibt aber auch Genossenschaften mit unbeschränkter Haftung: Hier haften die Genossen mit ihrem gesamten Privatvermögen.

Die Gewinnverteilung wird den Geschäftsguthaben entsprechend ihrem jeweiligen Umfang zugeschrieben. Eine Gewinnentnahme ist erst möglich, wenn das Geschäftsguthaben vollständig einbezahlt ist, also größer als der Geschäftsanteil ist. Aufgrund ihres Charakters als Selbsthilfe-Institution haben die Genossenschaften gewisse steuerliche Vorteile. Allerdings verlieren immer mehr größere Genossenschaften diesen Selbsthilfe-Charakter und bedienen auch Nicht-Mitglieder. Je größer dieser Umfang der Nicht-Mitglieder-Geschäfte wird, desto mehr nähert sie sich dem Charakter der Kapitalgesellschaften mit ihrer Gewinnmaximierung.

> **Wichtig!**
> Die Besonderheit der Genossenschaft liegt in der Gleichberechtigung aller Genossen, unabhängig von der Höhe ihrer persönlichen Kapitaleinlage in die Gesellschaft.

Während aber bei einer Aktiengesellschaft oder einer GmbH das Grund- bzw. Stammkapital in das Vermögen der Gesellschaft übergeht, bleibt die Einlage der Genossen deren persönliches Guthaben, das die Gesellschafter jeweils bei Austritt aus der Genossenschaft wieder entnehmen können. Dies wird in der Praxis oft als eine Schwachstelle der Genossenschaftsform bezeichnet.

Konzern

Immer mehr Unternehmen gehören heute zu Konzernen. Dies hat diverse Auswirkungen auf die betroffenen Wirtschaftsausschüsse, angefangen bei der Komplexität der wirtschaftlichen Informationen und Datenquellen, neuen Alternativen zur Verschleierung der wirtschaftlichen Lage eines Betriebs bis hin zu unangenehmen Möglichkeiten, die wirtschaftliche Lage eines Betriebs noch schlechter zu rechnen, als es schon die → **Bilanzpolitik** erlaubt.

Was ist ein Konzern?

Ein Konzern ist nach § 18 AktG ein Zusammenschluss von Unternehmen, zwischen denen ein Abhängigkeitsverhältnis besteht (siehe auch im HGB § 290 folgend).

Rechtlicher Hintergrund: § 18 Abs. 1 AktG
Sind ein herrschendes Unternehmen und ein oder mehrere abhängige Unternehmen unter der einheitlichen Leitung des herrschenden Unternehmens zusammengefasst, so bilden sie einen Konzern; die einzelnen Unternehmen sind Konzernunternehmen. Unternehmen, zwischen denen ein Beherrschungsvertrag (§ 291) besteht oder von denen das eine in das andere eingegliedert ist (§ 319), sind als unter einheitlicher Leitung zusammengefasst anzusehen. Von einem abhängigen Unternehmen wird vermutet, dass es mit dem herrschenden Unternehmen einen Konzern bildet.

Tipp!
Auf den § 18 Abs. 1 AktG verweisen diverse Rechte der Arbeitnehmervertreter, so z.B. § 54 BetrVG i.R. des Konzernbetriebsrats, § 5 MitbestG hinsichtlich der Hinzurechnung / Wahlberechtigung der Arbeitnehmer der Konzernunternehmen, § 76 Abs. 4 BetrVG'52 für die Aufsichtsratswahlen und § 77a BetrVG'52 für die maßgebende Arbeitnehmerzahl.

Das besondere Unterscheidungsmerkmal von Konzernen ist somit das Abhängigkeitsverhältnis. Dabei herrschen in der Regel sogenannte Unterordnungskonzerne vor, bei denen eine Muttergesellschaft eine Anzahl von Tochtergesellschaften beherrscht.

> **Rechtlicher Hintergrund: § 17 Abs. 1 AktG**
> Abhängige Unternehmen sind rechtlich selbstständige Unternehmen, auf die ein anderes Unternehmen (herrschendes Unternehmen) unmittelbar oder mittelbar einen beherrschenden Einfluss ausüben kann.

Eine Muttergesellschaft bildet mit ihren Tochtergesellschaften nach § 290 Abs. 2 HGB einen Konzern mit Abhängigkeitsverhältnissen, wenn:

- Die Muttergesellschaft die Mehrheit der Stimmrechte bei einem anderen Unternehmen (Tochtergesellschaft) zusteht (siehe auch § 17 Abs. 2 AktG),
- der Muttergesellschaft das Recht zusteht, die Mehrheit der Mitglieder des Verwaltungs-, Leitungs- oder Aufsichtsorgans zu bestellen oder abzuberufen, und sie gleichzeitig Gesellschafter ist,
- der Muttergesellschaft das Recht zusteht, einen beherrschenden Einfluss aufgrund eines mit dem Unternehmen (Tochtergesellschaft) geschlossenen Beherrschungsvertrags oder aufgrund einer Satzungsbestimmung dieses Unternehmens auszuüben oder
- die Muttergesellschaft bei wirtschaftlicher Betrachtung die Mehrheit der Risiken und Chancen eines Unternehmens trägt, das zur Erreichung eines eng begrenzten und genau definierten Ziels des Mutterunternehmens dient (Zweckgesellschaft).

> **Wichtig!**
> Eine Konzernstruktur liegt demnach auch dann vor, wenn z.B. an einer Tochtergesellschaft (AG) gar keine Aktienmehrheit gehalten wird, sondern lediglich ein Beherrschungsvertrag existiert.

Es gibt aber auch sogenannte Gleichordnungskonzerne, bei denen zwei oder mehr gleichstarke Gesellschaften miteinander ein Abhängigkeitsverhältnis (z.B. durch gegenseitigen Aktientausch) eingehen.

> **Rechtlicher Hintergrund: § 18 Abs. 2 AktG**
> Sind rechtlich selbstständige Unternehmen, ohne dass das eine Unternehmen vom anderen abhängig ist, unter einheitlicher Leitung zusammengefasst, so bilden sie auch einen Konzern; die einzelnen Unternehmen sind Konzernunternehmen.

Die Beibehaltung der rechtlichen Selbstständigkeit der Konzernunternehmen führt dazu, dass der Konzern selbst keine rechtliche Einheit darstellt. Damit gilt der Konzern z.B. nicht als selbstständiges Steuerobjekt. Der Konzern hat auch keine eigenen Anteilseigner, sondern nur die Gesellschafter seiner einzelnen Konzernunternehmen.

Wie können Konzerne entstehen?

Konzernstrukturen können auf vielfältige Art und Weise entstehen:

- Erwerb von Beteiligungen an anderen Unternehmen,
- Kauf bzw. Verkauf von Betrieben oder Betriebsteilen,
- Spaltung von Unternehmen,
- Ausgliederung von Unternehmensteilen oder
- Vermögensübertragung.

> **Tipp!**
> Die ersten beiden Möglichkeiten fallen für Wirtschaftsausschüsse unter den Aspekt der → **Investitionen**, bei denen der WA nach § 106 Abs. 3 Informationsrechte hat. Die Spaltung, Ausgliederung und Vermögensübertragung fallen unter die → **Betriebsänderungen**. Verschiedene Gesetze geben den Arbeitnehmervertretern an dieser Stelle gute Informations- und Mitbestimmungsrechte (→ **Informationsrechte des WA**).

Mögliche Folgen bzw. Konsequenzen solcher Konzernstrukturen können sein:

- Schwächung der Arbeitnehmer, wie z.b. durch die Flucht aus bestehenden Tarifverträgen oder den Abbau betrieblicher Sozialleistungen,
- Schwächung der Interessenvertretung/Mitbestimmung,
- Manipulation der wirtschaftlichen Lage einzelner Tochtergesellschaften; wie z.B. durch zu hohe interne Verrechnungspreise oder Konzernumlagen (→ **Bilanzpolitik**) sowie
- Möglichkeit des Konzerns der Ergebnisoptimierung durch Gewinnverlagerung in steuerbegünstigte (z.B. ausländische) Unternehmen.

Welche Auswirkungen hat ein Konzern für das BetrVG?

Wichtig in Konzernstrukturen ist die Tatsache, dass die rechtliche Selbstständigkeit der Tochtergesellschaften erhalten bleibt. Mit anderen Worten: Jedes Unternehmen hat eine eigene → **Unternehmensrechtsform** und ist im Handelsregister (→ **Informationsquellen des WA**) seines individuellen Firmensitzes eingetragen. Jedes Unternehmen hat zudem einen eigenen Wirtschaftsausschuss und kann wiederum aus verschiedenen Betrieben mit eigenen Betriebsratsgremien bestehen. Der Konzern bildet nur eine wirtschaftliche Einheit.

Konzern 215

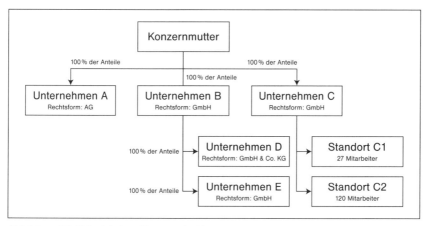

Abbildung 38: Beispiel einer Konzernstruktur

In dem Beispiel einer Konzernstruktur hat die Konzernmutter drei direkte Konzerntöchter (A, B und C), die zum Teil wieder eigene Tochtergesellschaften haben (Unternehmen B hat die Töchter D und E). Jedes dieser Unternehmen (A bis E) ist rechtlich selbstständig und kann die unterschiedlichste Rechtsform aufweisen. Aufgrund der in diesem Beispiel stets 100 %igen Anteile an den jeweiligen Tochtergesellschaften kann die Konzernmutter über das Unternehmen B sogar bis auf das Unternehmen E durchgreifen und die dortige Unternehmenspolitik vorgeben.

Unternehmen C hat keine eigenen Tochtergesellschaften, sondern zwei verschiedene Standorte C1 und C2. Beide Standorte gelten jeweils als ein Betrieb. Da diese Betriebe mehr als fünf ständige Arbeitnehmer haben, können sie daher jeweils eigene Betriebsräte wählen. Auf der Unternehmensebene C können die beiden Standorte C1 und C2 einen GBR gründen. Auch die Unternehmen A bis D haben eigene Betriebsräte, sobald sie mehr als fünf ständige, wahlberechtigte Arbeitnehmer (§ 1 Abs. 1 BetrVG) haben. Zudem kann jedes Unternehmen (A bis E) einen eigenen Wirtschaftsausschuss gründen, sobald das Unternehmen in der Regel mehr als einhundert ständig beschäftigte Arbeitnehmer hat. Auch die Konzernmutter selbst kann – abhängig von der Anzahl eigener Mitarbeiter – einen eigenen BR und WA haben.

Was ist eine Holding?

Immer mehr Konzerne haben sich seit den 90er-Jahren eine neue Konzernstruktur unter Einbezug einer Holding verliehen. Eine Holding charakterisiert dabei eine Gesellschaft eines Konzerns, deren Funktion hauptsächlich in der Verwaltung von Kapitalbeteiligungen an den Tochterunternehmen sowie im Verkauf und Erwerb weiterer Beteiligungen liegt. Die operativen Funktionen, insbesondere die Produktion bzw. Dienstleistung, verbleiben hingegen bei den Tochterunternehmen. Der Begriff »Holding« kommt aus der englischen Sprache und bezeichnet »festhalten«, also das Halten von Besitzanteilen der nachgeordneten Unternehmen.

Holdingunternehmen fungieren oft als Dachgesellschaften, die den Kopf des gesamten Konzerns darstellen. Der Gegenbegriff einer solchen Holding ist das »Stammhaus«, das als Obergesellschaft selbst auch operative Funktionen (z.B. Produktion und Erstellung von Dienstleistungen) erbringt. Stammhäuser sind meistens größer und bedeutender als die Tochtergesellschaften.

Es gibt mindestens zwei Arten einer Holding, wobei als Unterscheidungsmerkmal die Art der Funktion sowie der Entscheidungskompetenz ausschlaggebend ist:

1) Reine Beteiligungsverwaltungsholding: Eine reine Beteiligungsverwaltungsholding hält Anteile an anderen Unternehmen und verwaltet diese. Ihre Entscheidungsträger üben jedoch keinen Einfluss auf die Geschäftsführung der Tochterunternehmen aus.
2) Managementholding: Eine Managementholding nimmt über die reine Verwaltung der Beteiligungen hinaus zusätzliche unternehmerische Tätigkeiten wahr, wobei hier verschiedenste Varianten denkbar sind:
   a) Bei einer operativen Holding wird etwa direkt in die operative Geschäftstätigkeit der Tochterunternehmen eingegriffen. Die Töchter sind in diesem Fall stark von der Konzernleitung abhängig, die Entscheidungen weitgehend zentralisiert.
   b) Etwas geringer ist die Abhängigkeit der Töchter bei einer strategischen Holding. Sie hat lediglich konzernleitende Funktion und behält sich hierfür die konzernstrategischen Entscheidungen (z.B. Kauf u. Verkauf von Gesellschaften, Bereitstellung von Finanzierungen, Forschung u. Entwicklung) vor.
   c) Noch geringer ist der Einfluss bei einer Finanzholding. Eine Beherrschung oder koordinierende Einflussnahme auf das Geschäft der Konzerntöchter steht nicht im Vordergrund. Ihre Aufgabe ist die Ko-

ordination von Finanzmitteln, womit freilich auch die Investitionstätigkeit der Töchter mitbestimmt wird.
Die Wahl der jeweiligen Holdingform hängt wesentlich von folgenden Einflussgrößen ab: vom Führungsanspruch der Konzernleitung, vom Diversifikationsgrad der Konzernaktivitäten, von der Globalisierung der Geschäftsfelder, der Professionalität des Managements der einzelnen Geschäftsfelder, der Ausrichtung der Führungsinstrumente (eher strategie- oder eher budgetorientiert) und vom Wunsch der Konzernleitung zum eigenen Wertschöpfungsbeitrag.

Welche Pflichten hat eine Konzerngesellschaft?

Die einzelnen Unternehmen in einem Konzernverbund haben gegenüber der Konzernmutter verschiedene Pflichten:

- Orientierung an Konzern-Oberzielen: Die Tochtergesellschaften haben sich nach den Vorgaben der → **Unternehmensziele** und → **Unternehmensstrategien** der Konzernmutter zu richten.
- Rechenschaftsablegung: Die Tochtergesellschaften geben ihrem Gesellschafter (Muttergesellschaft) Rechenschaft über die eigene wirtschaftliche Lage und Entwicklung ab. Dies geschieht meist mit Hilfe der monatlichen Erfolgsrechnung (→ **Informationsquellen des WA**), der eventuellen Quartalsabschlüsse und auf jeden Fall mit dem eigenen → **Jahresabschluss** der Tochtergesellschaft.
- Bilanzerstellung: Neben der Handelsbilanz des Jahresabschlusses erstellt jede Tochtergesellschaft eine eigene Steuerbilanz (→ **Bilanz**), da jedes Einzelunternehmen für sich steuerpflichtig ist.

Die Muttergesellschaft hat neben ihrer Finanz- und Managementfunktion besonders die Verantwortung, einen → **Konzernabschluss** zu erstellen.

Was ist im Finanzbereich bei Konzernen zu beachten?

Besonders innerhalb von Konzernstrukturen haben sich im Laufe der letzten Jahrzehnte einige auch für die Wirtschaftsausschüsse hoch interessante Finanzinstrumente und -organisationen ergeben. Zu den beiden wichtigsten zählen sicherlich die Einführung des Cash Managements sowie das Credit Management.

Das Cash Management hat als zentrale Aufgabe, die tägliche Zahlungsbereitschaft (→ **Liquidität**) des Konzerns sicherzustellen. Ziel ist es, die gesamten Zahlungsmittel (z.B. Kassenbestände, Scheck- und Bankguthaben, Geldmarktpapiere und Festgelder) optimal anzulegen und zu bewirtschaften. Dazu bündelt das Cash Management in vielen Konzernen die individuellen Zahlungsmittel der einzelnen Tochtergesellschaften. Man spricht dabei von einem gruppeninternen Liquiditätsausgleich, insbesondere durch das sog. »Pooling« von liquiden Mitteln und dem sog. »Netting«. Beim Netting handelt es sich um eine Kompensation von Forderungen und Verbindlichkeiten gegenüber Dritten. Mit anderen Worten: Hat eine Konzerntochter bei einem Lieferanten noch Verbindlichkeiten offen, während eine andere Konzerntochter gegenüber dem gleichen Lieferanten Forderungen hat, so kompensiert das Cash Management diese Positionen, um Überweisungen von und zum Lieferanten zu vermeiden. Netting dient auch zur Absicherung gegen Währungsrisiken im internationalen Zahlungsverkehr einer Konzerngruppe.

> **Wichtig!**
> Das konzernweite Cash Management unterstützt die Einrichtung von »Gewinnabführungsverträgen« von Konzerntöchtern an die Konzernmutter. Ziel ist dabei, dass der gesamte Jahresüberschuss und die damit verbundene Erhöhung des Eigenkapitals direkt dem ganzen Konzern zur Verfügung stehen. Umgekehrt verliert die Tochter den direkten Zugriff auf die erwirtschafteten finanziellen Mittel aus dem Jahresüberschuss.

Eng mit dem Cash Management ist das Credit Management verbunden. Hierbei handelt es sich um das konzernweite Überwachen, Verwalten und Akquirieren von Verbindlichkeiten. Diese Funktion umfasst die Prüfung der Kreditwürdigkeit von Kunden, die Festlegung der Zahlungs- und Kreditbedingungen, die Überwachung der eingeräumten Kreditlinien, die Durchführung des Mahnwesens sowie die Beschaffung und Auswertung aller greifbaren Informationen über Kreditnehmer und Kreditgeber.

> **Wichtig!**
> Neben Gewinnabführungsverträgen, Credit- und Cash Management existiert in Konzernen eine Vielzahl weiterer Möglichkeiten, um den Gewinn eines einzelnen Betriebs den Konzerninteressen »anzupassen«. So dienen überteuerte Einkaufspreise, die einzelne Konzerngesellschaften für Dienstleistungen oder Waren von einem anderen Konzernbetrieb zahlen müssen (Stichwort: Interne Verrechnungspreise) der Minimierung des Gewinns des einkaufenden Betriebs. Konzernumlagen für zentrale Dienste, wie z.B. ein konzernweites Controlling oder Personalwesen, können ebenfalls den lokalen Gewinn schmälern.

Ein bekanntes Beispiel für Konzernmaßnahmen zu Lasten einzelner Betriebe ist der Autokonzern General Motors mit seiner europäischen Tochter Opel: Opel hat in der Vergangenheit alle Patente und Rechte für die Fahrzeugentwicklung an den Mutterkonzern General Motors übertragen müssen. Diese waren vor allem vom Forschungs- und Entwicklungszentrum in Rüsselsheim mit seinen mehreren tausend Arbeitnehmern erbracht worden. Deshalb muss Opel nun für jedes verkaufte Fahrzeug eine Lizenzgebühr an den Mutterkonzern zahlen. Früher war dies umgekehrt: Da erhielt Opel für seine Markenrecht am Namen Opel für jedes außerhalb von Deutschland verkaufte »Opel«-Fahrzeug eine Lizenzgebühr von 5 Prozent.

Literatur

Bömle M.: Unternehmensfinanzierung, Zürich, 1986.

Konzernabschluss

Was ist ein Konzernabschluss?

Jedes Einzelunternehmen hat innerhalb einer Konzernstruktur einen Jahresabschluss sowie eine Steuerbilanz zu erstellen. Zusätzlich hat nach § 290 HGB das Mutterunternehmen einen Konzernabschluss und einen Konzernlagebericht zu erstellen.

> **Rechtlicher Hintergrund: § 290 Abs. 1 HGB**
> Stehen in einem Konzern die Unternehmen unter einer einheitlichen Leitung einer Kapitalgesellschaft (Mutterunternehmen) mit Sitz im Inland und gehört dem Mutterunternehmen eine Beteiligung nach § 271 Abs. 1 an dem oder den anderen unter der einheitlichen Leitung stehenden Unternehmen (Tochterunternehmen), so haben die gesetzlichen Vertreter des Mutterunternehmens in den ersten fünf Monaten des Konzerngeschäftsjahres für das vergangene Konzerngeschäftsjahr einen Konzernabschluss und einen Konzernlagebericht aufzustellen.

Es erfolgt eine Zusammenfassung der Einzelunternehmen zu einem gemeinsamen, konsolidierten Jahresabschluss, dem Konzernabschluss.

> **Wichtig!**
> Zur Beurteilung der Vermögen-, Finanz- und Ertragslage eines Konzerns reichen die Einzelabschlüsse nicht aus, denn:
> (a) Konzernunternehmen sind nicht unabhängig von den Interessen und Entscheidungen des Mutterunternehmens.
> (b) Die wirtschaftliche Entwicklung des Einzelunternehmens ist vom Konzern abhängig.
> (c) Die einfache Addition der Posten der Einzelabschlüsse führt zu Doppelerfassungen.
> (d) Der Zugang zu Informationen bei bestimmten Rechtsformen, z. B. Personengesellschaften, ist erschwert.
> (e) Es gibt genügend Manipulationsmöglichkeiten der Einzelabschlüsse, z.B. durch Gewinnverlagerungen oder Gewinnabschöpfungen innerhalb der Konzernunternehmen.

Wie erfolgt die Zusammenfassung der Einzelunternehmen?

Alle Unternehmungen eines Konzerns (Mutter- und Tochterunternehmen) werden mit ihren Vermögenswerten und Kapitalwerten in einen gemeinsamen Jahresabschluss integriert. Dies geschieht nach § 294 HGB unabhängig vom jeweiligen Geschäftssitz (Inland / Ausland) und klassischerweise nach drei Schritten:

- Vereinheitlichung der Einzelabschlüsse: Zur Vereinheitlichung der Abschlüsse der einzelnen Konzernunternehmen sind z.B. die Bilanzstichtage zu harmonisieren sowie konzerneinheitliche Bilanzierungswahlrechte (→ **Bilanzpolitik**) zu definieren.
- Erstellung einer Summenbilanz: Die Werte gleichnamiger Positionen werden aus den Einzelbilanzen addiert. Dabei werden allerdings auch die Beziehungen zwischen einzelnen Konzernunternehmen (wie z.B. gegenseitige Beteiligungen) miterfasst, und es kann zu Bilanzpositionen mit unrealistischen Werten kommen.
- Konsolidierung: Zur Bereinigung der Berücksichtigung konzerninterner Beziehungen werden diese wieder herausgerechnet (»konsolidiert«). Dies geschieht sowohl durch die Verrechnung gegenseitiger Beteiligungen, gegenseitiger Forderungen und Verbindlichkeiten sowie durch die Aufrechnung von konzerninternen Lieferungen und Leistungen, die in einem Konzernunternehmen zu Ertrag und in anderen Konzernunternehmen zu entsprechenden Aufwendungen geführt haben.

Beispiel:

Nach diesen drei Schritten, die oft noch um eine Steuerabgrenzung ergänzt werden, kann ein Konzernabschluss vorgelegt werden. Das folgende Beispiel verdeutlicht die Integration zweier Firmen in einen Konzernabschluss durch Additionen der einzelnen Vermögens- und Kapitalpositionen:

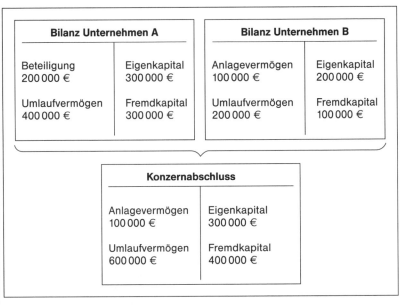

Abbildung 39: Beispiel eines Konzernabschlusses mit Beteiligung zu 100 %

Im ersten Beispiel gehört das Unternehmen B zu 100 Prozent dem Unternehmen A und es erscheint in der Bilanz von Unternehmen A als »Beteiligung an verbundenen Unternehmen« im Anlagevermögen. Als 100 %ige Tochter ist das Eigenkapital des Unternehmens B gleich der Beteiligung von A. Folglich werden diese Posten bei der Konzernbilanz nicht berücksichtigt, da sie ja bereits in A enthalten sind. Ansonsten erfolgt eine Addition des Aktiva (Anlage- und Umlaufvermögens) und des Fremdkapitals. Positionen zwischen den Einzelunternehmen werden in der Konzernbilanz gegeneinander aufgerechnet.

Tipp!

Zu hohe interne Verrechnungspreise oder Konzernumlagen interessieren die Gesellschafter eines Konzerns wenig. Dies resultiert daraus, dass in dem für sie relevanten Konzernabschluss diese Effekte neutralisiert werden. Dafür aber haben interne Verrechnungspreise oder zu hohe Konzernumlagen enorme Auswirkungen für die Beschäftigten eines individuellen Unternehmens, da mit ihrer Hilfe schnell die wirtschaftliche Lage schlechter dargestellt werden kann.

Konzernabschluss 223

Bilanz Unternehmen A		Bilanz Unternehmen B	
Beteiligung 160 000 €	Eigenkapital 300 000 €	Anlagevermögen 100 000 €	Eigenkapital 200 000 €
Umlaufvermögen 400 000 €	Fremdkapital 260 000 €	Umlaufvermögen 200 000 €	Fremdkapital 100 000 €

Konzernabschluss	
Anlagevermögen 100 000 €	Eigenkapital 340 000 € (davon Anteile Dritter 40 000 €
Umlaufvermögen 600 000 €	Fremdkapital 360 000 €

Abbildung 40: Beispiel eines Konzernabschlusses mit Beteiligung zu 80 %

Im zweiten Fall gehört B nur noch zu 80 % dem Unternehmen A. Daher ist das Eigenkapital nur zu 80 % der Beteiligung von A zuzurechnen. Bei der Konzernbilanz werden die Aktiva und das Fremdkapital wieder addiert und beim Eigenkapital die Anteile Dritter (d. h. die Anteile der übrigen Gesellschafter des Unternehmens B) mit 20 Prozent hinzugerechnet.

Tipp!
Die Konzernbilanzsumme ist größer als die Bilanzsumme jedes einzelnen Unternehmens, jedoch kleiner als die Summe der Einzelbilanzsummen.

Die Konzernbilanz im zweiten Beispiel hat eine Bilanzsumme (d. h. die Summe der gesamten Aktiv- oder Passivseite) von 700 000 €. Dies ist mehr als beide Unternehmen A und B alleine haben, aber weniger als die Summe der individuellen Bilanzsummen von A und B (560 000 € bei A und 300 000 € bei B).

Welche Konzernunternehmen sind im Konzernabschluss zu konsolidieren?

Grundsätzlich gelten bei einem Konzernabschluss nach § 298 HGB die gleichen Vorschriften und Regeln wie bei der Erstellung eines Jahresabschlusses.

> **Rechtlicher Hintergrund: § 298 Abs. 1 HGB**
> Auf den Konzernabschluss sind, soweit seine Eigenart keine Abweichung bedingt oder in den folgenden Vorschriften nicht anders bestimmt ist, die §§ 244 bis 247, Abs. 1 und 2, §§ 248 bis 253, §§ 255, 256, 265, 266, 268 bis 272, 274, 275, 277 bis 279 Abs. 1, § 280 Abs. 1, §§ 282 und 283 über den Jahresabschluss und die für die Rechtsform und den Geschäftszweig der in den Konzernabschluss einbezogenen Unternehmen mit Sitz im Geltungsbereich dieses Gesetzes geltenden Vorschriften, soweit sie für große Kapitalgesellschaften gelten, entsprechend anzuwenden.

Wichtig ist aber bei der Konsolidierung zu beachten, welche Beteiligungen an anderen Unternehmen in den Konzernabschluss zu integrieren sind. Man unterscheidet dabei zwischen sogenannten »verbundenen Unternehmen«, »Beteiligungen« und »Anlagen«:

- Bei einer Beteiligung an einem »Verbundenen Unternehmen« handelt es sich um ein Unternehmen, das sich in einem Abhängigkeitsverhältnis analog den Vorgaben von § 290 Abs. 2 HGB befindet. Ein verbundenes Unternehmen wird in den Konzernabschluss konsolidiert, d.h. alle Vermögensteile werden in das Konzernvermögen und alle Kapitalpositionen in die Passivseite des Konzernabschlusses aufaddiert.
- Als »Beteiligung« gilt, wenn einem Unternehmen zwar mindestens 20 Prozent des Nennkapitals einer anderen Gesellschaft gehört (§ 271 Abs. 1 HGB), es sich dabei aber um kein Abhängigkeitsverhältnis nach § 290 Abs. 2 HGB handelt. Eine Beteiligung wird nicht in die Bilanz konsolidiert, sondern ist als solche im Anlagevermögen (Finanzanlagen) in der Bilanz auszuweisen. Wichtig ist aber, dass es sich bei einer Beteiligung im Gegensatz zur Anlage um eine dauerhafte Verbindung handeln soll (§ 271 Abs. 1 HGB).
- Alle übrigen Gesellschaften, an denen nur kleinere Anteile gehalten werden, werden ebenfalls auf der Vermögensseite (Umlauf- oder Anlagevermögen) der Bilanz ausgewiesen.

Wann wird ein Konzern von der Pflicht für einen Konzernabschluss befreit?

Ein Konzern wird nur dann von der Pflicht zur Erstellung eines Konzernabschlusses befreit, wenn er mindestens zwei der drei folgenden Kriterien an zwei aufeinander folgenden Bilanzstichtagen erfüllt (§ 293 HGB):

a) Die Bilanzsumme in den Bilanzen des Mutterunternehmens und der Tochterunternehmen, die in den Konzernabschluss einzubeziehen wären, übersteigen insgesamt nach Abzug von in den Bilanzen auf der Aktivseite ausgewiesenen Fehlbeträgen nicht 23 100 000 Euro.

b) Die Umsatzerlöse des Mutterunternehmens und der Tochterunternehmen, die in den Konzernabschluss einzubeziehen wären, übersteigen in den zwölf Monaten vor dem Abschlussstichtag insgesamt nicht 46 200 000 Euro.

c) Das Mutterunternehmen und die Tochterunternehmen, die in den Konzernabschluss einzubeziehen wären, haben in den zwölf Monaten vor dem Abschlussstichtag im Jahresdurchschnitt nicht mehr als 250 Arbeitnehmer beschäftigt.

Befreit sind auch Konzerne, die unter einer ausländischen Leitung stehen, soweit diese einen Konzernabschluss im Heimatland der Muttergesellschaft erstellen und diese auch in deutscher Sprache offenlegen (§ 291 Abs. 1 HGB). Ferner sind Personengesellschaften und Einzelkaufleute von der Pflicht zur Aufstellung eines Konzernabschlusses befreit, wenn sich ihr Gewerbebetrieb auf die Vermögensverwaltung beschränkt und sie nicht die Aufgabe der Konzernleitung wahrnehmen (§ 12 Abs. 5 PublG). Mit anderen Worten: Halten Privatpersonen über z.B. eine kleine OHG oder KG reine Finanzbeteiligungen an einem oder mehreren Unternehmen, ohne dass sie selbst aktiv die operative Leitung der Unternehmen übernehmen, so sind sie von der Pflicht eines Konzernabschlusses befreit. Dennoch könne sie im Rahmen ihrer Beteiligung als Gesellschafter auf die strategischen Fragen der Unternehmenspolitik einwirken.

Weitere Ausnahmen für die Integration in einen Konzernabschluss gelten, wenn die Kosten der Einbeziehung den Nutzen der Information übersteigen (§ 296 Abs. 1 Satz 2 HGB) oder wenn es sich um artfremde Unternehmen handelt (§ 295 Abs. 1 HGB). Die letztgenannte Ausnahme darf aber nicht alleine deshalb angewendet werden, weil die in den Konzernabschluss einbezogenen Unternehmen teils Industrie-, teils Handels- und teils Dienstleistungsunternehmen sind oder weil diese Unternehmen unterschiedliche Erzeugnisse herstellen, mit unterschiedlichen Erzeugnissen Handel treiben oder Dienstleistungen unterschiedlicher Art erbringen (§ 295 Abs. 2 HGB).

KOSTENRECHNUNG

Die Kostenrechnung ist ein zentraler Teilbereich des Rechnungswesens. Sie hat den Zweck, alle Kosten zu erfassen, zu verteilen und zuzurechnen, die bei der betrieblichen Leistungserstellung und -verwertung entstehen.

Welche Aufgabe hat die Kostenrechnung?

Die Kostenrechnung hat vor allem drei Kernaufgaben, zu denen diverse Teilaufgaben zählen:

- Die Identifizierung und Erfassung aller Kosten und deren Verteilung nach bestimmten Kostenarten, Kostenstellen und Kostenträgern.
- Die Ermittlung und Kontrolle der Wirtschaftlichkeit durch den Vergleich der Kosten mit den erzielten Leistungen. Die Kostenrechnung ist daher auch eine kalkulatorische Erfolgsrechnung.
- Die Kalkulation der Preise, wie des Angebotspreises auf der Grundlage der ermittelten Selbstkosten der Leistungen (Kostenträger) als Preisuntergrenze. Ebenso lassen sich aufgrund der Kostenrechnung Preisobergrenzen für Beschaffungsgüter und innerbetriebliche Verrechnungspreise ermitteln.

> **Wichtig!**
> Vor allem die Aufgabe der Erfassung aller Kosten führt dazu, dass die Kostenrechnung die zentrale Datenquelle über alle betrieblichen Kosten für den Wirtschaftsausschuss ist. Hier finden sich die Detailinformationen, wie z.B. über Gehälter, Abschreibungen, Rückstellungen etc.

Die zentralen Bestandteile der Kostenrechnung sind die Erfassung der Kosten (Kostenartenrechnung) und ihre Verteilung auf die Kostenstellen (z.B. Abteilungen) und Kostenträger (z.B. Produkte).

Für die Erfassung der Kosten und ihre Aufteilung nach Kostenstellen und Kostenträger gibt es keine direkten gesetzlichen Vorschriften. Allerdings greifen gesetzliche Vorschriften des Jahresabschlusses auf die Kostenrechnung, da der Jahresabschluss auf den Daten der Kostenrechnung basiert.

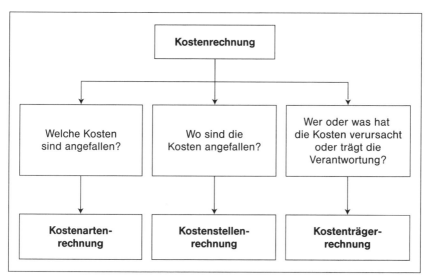

Abbildung 41: Aufbau der Kostenrechnung

Was versteht man unter der Kostenartenrechnung?

Mit Hilfe der Kostenrechnung soll festgestellt werden, welche Kosten in welcher Höhe angefallen sind. Ihre Aufgabe ist es, alle in einer Periode anfallenden Kosten genau zu erfassen und ihrer Art nach aufzugliedern. Zu den Kostenarten gehören beispielsweise Personalkosten (Löhne u. Gehälter), Sachkosten (für Roh-, Hilfs- u. Betriebsstoffe), Kapitalkosten, Beraterhonorare und sonstige Dienstleistungen, Stromkosten, Telefonkosten, Versicherungskosten, Steuern, Gebühren und Beiträge. Die Kostenartenrechnung ist Ausgangspunkt der Kostenrechnung und bildet die Grundlage für die Kostenstellen- und Kostenträgerrechnung.

Kostenrechnung

• Materialkosten
  – Einzelkostenmaterial
  – Gemeinkostenmaterial
• Personalkosten
  – Löhne und Gehälter
    • Fertigungslohnkosten
    • Gemeinkostenlöhne
    • Gehälter
  – Personalnebenkosten
    • Gesetzliche und tarifliche Personalnebenkosten
    • Freiwillige Personalnebenkosten
• Steuern, Gebühren, Beiträge u. ä.
  – KFZ Steuern
  – Grundsteuern
  – …
	• Mieten, Verwaltungskosten und Werbekosten
	  – Gebäudemiete
	  – Reisekosten
	  – Werbekosten
	  – …
	• Kalkulatorische Kosten
	  – Kalkulatorische Abschreibungen
	  – Kalkulatorische Zinsen
	  – Sonstige kalkulatorische Kosten
	• Innerbetriebliche Kosten und Leistungsverrechnung

Abbildung 42: Schematischer Kostenartenplan eines Industriebetriebs

Die Kostenartenrechnung unterscheidet die Kosten u. a. in Istkosten, Normalkosten und Plankosten:

- **Istkosten:** Das sind Kosten, die für eine Leistungseinheit oder eine Zeiteinheit tatsächlich angefallen sind. Sie werden auch als effektive oder tatsächliche Kosten bezeichnet.
- **Normalkosten:** Sie werden aus den Istkosten vergangener Perioden – als durchschnittliche Kosten – abgeleitet und beziehen sich auf den mengenmäßigen Verbrauch und / oder den Preis.
- **Plankosten:** Sie stellen im Voraus bestimmte, bei ordnungsgemäßem Betriebsverlauf methodisch errechnete Kosten für die Leistungserbringung dar.

Die Kostenartenrechnung klassifiziert die Kosten auch nach fixen und variablen Kosten:

- **Fixe Kosten** fallen unabhängig von der produzierten Ausbringungsmenge an. Sie ergeben sich insbesondere aus der Bereitstellung (Vorhaltung) einer bestimmten Kapazität. Aus diesem Grund werden die fixen Kosten häufig als Bereitstellungskosten genannt.
- **Variable Kosten** verändern sich mit der Ausbringungsmenge. Wird die produzierte Menge erhöht, steigen die variablen Kosten. Sie sinken entsprechend, wenn die Ausbringungsmenge verringert wird.

Viele Unternehmen versuchen ihre fixen Kosten soweit wie möglich zu reduzieren oder zumindest zu flexibilisieren. Dies ist u. a. auch ein Grund für den Einsatz von Leiharbeitern anstelle eigener Mitarbeiter, da die Löhne und Gehälter der eigenen Mitarbeiter meist unabhängig von der produzierten Ausbringungsmenge und somit fixe Kosten sind.

> **Wichtig!**
> Die Unterscheidung zwischen fixen und variablen Kosten ist relativ, denn mittel- bis langfristig sind alle Kosten beeinflussbar.

Was versteht man unter der Kostenstellenrechnung?

Die Kostenstellenrechnung soll klären, wo im Unternehmen die Kosten entstanden sind. Sie ist die zweite Stufe der Kostenrechnung und verteilt die Kosten auf die verschiedenen Betriebsbereiche, wie z. B. Fertigungsstätten (Werkstätten), Materialstellen (Einkauf, Lager), Verwaltungsstellen (GF, Buchhaltung), Vertriebsstellen oder Standorte. Der Vorteil der Kostenstellenrechnung liegt in der Möglichkeit der systematischen Wirtschaftlichkeitskontrolle über die einzelnen Teilbereiche eines Unternehmens.

Kostenstellennummer	Bezeichnung	Verantwortlicher
1000 1100 1200	Infrastruktur Fuhrpark Heizung	Herr Schmidt Herr Albert Herr Frechen
2000 2100 2200	Materialwirtschaft Wareneingang Warenprüfung	Herr Jakob Frau Ernst Herr Jakob
3000 3100 3300	Produktion Montage 1 Montage 2	Herr Meyer Herr Kron Frau Meister

Abbildung 43: Kostenstellenplan für einen Industriebetrieb (Beispiel)

Die Struktur der Kostenstellen kann nach mehreren Gesichtspunkten durchgeführt werden:

- Eine Gliederung nach räumlichen Kriterien fasst ganze Gebäude oder Gebäudeteile zu einer Kostenstelle zusammen, wie z. B. eine Lagerhalle, Werkhalle oder ein Verwaltungsgebäude.
- Eine Gliederung nach fertigungstechnischen (funktionalen) Kriterien fasst gleiche Tätigkeiten zu einer Kostenstelle zusammen, wie z. B. Beschaffungs-, Lagerungs-, Fertigungs-, Verwaltungs- oder Vertriebsstellen.

- Eine Gliederung nach organisatorischen Kriterien zielt darauf ab, dass sich jede Kostenstelle mit dem Verantwortungsbereich eines Vorgesetzten deckt, wie z.B. eine Abteilung, Niederlassung oder Werkstatt. Dies ist zweckmäßig für die Wirtschaftlichkeitskontrolle.

Was versteht man unter der Kostenträgerrechnung?

Die Kostenträgerrechnung dient der Feststellung, wofür Kosten entstanden sind, wie z.B. für welche Produkte und Dienstleistungen. Es werden die Stückkosten (Selbstkosten) der verschiedenen Kostenträger ermittelt. Kostenträger sind Leistungen des Unternehmens, deren Erstellung Kosten verursacht. Es lassen sich als Kostenträger beispielsweise unterscheiden:

- Kundenaufträge, die bei der Fertigung bereits vorliegen,
- Lageraufträge, die für den anonymen Markt gefertigt werden,
- Materielle Güter bei Handels- und Industrie-Unternehmen,
- Immaterielle Güter bei Dienstleistungsunternehmen,
- Unfertige Erzeugnisse, die noch nicht absatzreif sind,
- Fertigerzeugnisse, die absatzreif sind und
- Eigenleistungen, wie z.B. selbsterstellten Anlagen.

Wichtig!
Die Kenntnis der Selbstkosten ist für einen Betrieb sehr wichtig, weil so die »Schmerzgrenze« für den Verkaufspreis einer Leistung ermittelt wird.

Das Kernproblem der Kostenträgerrechnung ist die korrekte Zuordnung der Kosten zu einzelnen Kostenträgern. Wie in der Abbildung 42 bereits zu sehen war, differenziert die Kostenrechnung zwischen Einzelkosten und Gemeinkosten:

- **Einzelkosten** sind Kosten, welche den Kostenträgern unmittelbar zugerechnet werden. Deshalb bezeichnet man sie auch als »direkte Kosten« oder »Kostenträgereinzelkosten«;
- **Gemeinkosten** sind Kosten, welche den Kostenträgern nicht unmittelbar zugerechnet werden können. Sie fallen für verschiedene Erzeugnisse gemeinsam an. Die Gemeinkosten werden auch bezeichnet als »indirekte Kosten« oder »Kostenträgergemeinkosten«.

Die Kostenträgerrechnung hat kein Problem, wenn die Kosten den Kostenträgern unmittelbar zugerechnet werden können. In der Praxis sind jedoch viele Kosten erst über Umlagen auf einzelne Kostenträger zu verteilen, wie z.B. die Kosten für die Administration (Rechnungswesen, Personalwesen, Geschäftsführung, Marketing etc.) oder für die Miete und Heizung.

Bei der Verteilung der Gemeinkosten können verschiedene Prinzipien angewendet werden:

- Verursachungsprinzip = Kostenzurechnung auf eine Kostenstelle / einen Kostenträger,
- Durchschnittsprinzip = verursachungsgerecht zugeordnete Kosten werden auf die Leistungseinheiten heruntergerechnet oder
- Tragfähigkeitsprinzip = je mehr Ertrag ein Produkt abwirft, desto mehr Kosten werden ihm zugeordnet.

Literatur
Olfert K.: Kostenrechnung, Ludwigshafen, 2001.
Wöhe G.: Einführung in die Allgemeine Betriebswirtschaftslehre, München, 1986.

Kreditwürdigkeit und Unternehmensrating

Was versteht man unter Kreditwürdigkeit?

Bankkredite (→ **Kapital**) sind und bleiben für viele Unternehmen – neben dem Eigenkapital – eine der wichtigsten Finanzierungsquellen. Um solche Kredite jedoch zu erhalten, benötigen Unternehmen eine gute Kreditwürdigkeit, die man auch als Bonität bezeichnet. Eine hohe Bonität indiziert dabei, dass für den Kreditgeber nahezu kein Risiko durch die Gewährung eines Kredits an den Kreditnehmer (das Unternehmen) besteht. Die Zinsen für einen Kredit werden daher in der Regel niedriger sein. Im umgekehrten Fall, bei einer schlechten Kreditwürdigkeit, besteht ein höheres Ausfallrisiko für das Darlehen, die Zinsen werden also dementsprechend für das Unternehmen als Kreditnehmer höher sein.

Wird die Kreditwürdigkeit sogar als sehr schlecht eingestuft, so ist es zweifelhaft, ob das Unternehmen überhaupt noch Kredite erhält. Besonders in wirtschaftlichen Notlagen, wie einer drohenden oder vorhandenen Zahlungsunfähigkeit (→ **Insolvenz**), fehlen damit die finanziellen Mittel (z.B. Überbrückungskredit) zur Sicherung des Unternehmens. Dies kann die gesamte Existenz eines Unternehmens und aller Arbeitsplätze gefährden.

Schon immer wurde eine Kreditvergabe durch eine Bank von der Kreditwürdigkeit des Schuldners abhängig gemacht. Die Praxis der Kreditvergabe hat sich jedoch gerade durch Basel II und nun durch Basel III geändert. Das Regelwerk für die Kreditinstitute sieht eine Risikoorientierung bei der Vergabe von Krediten vor, wozu ein Rating die Bonität des Unternehmens überprüft.

Was ist mit Basel II bzw. Basel III gemeint?

Mit dem Stichwort »Basel II« wurde die Diskussion um die Neugestaltung der Eigenkapitalvorschriften der Kreditinstitute bezeichnet. Diese Diskussion hatte der Basler Ausschuss für Bankenaufsicht mit der Vorlage eines Konsultationspapieres im Juni 1999 eröffnet. Ziel von Basel II war es, die

Stabilität des internationalen Finanzsystems zu erhöhen. Dazu sollen die Risiken im Kreditgeschäft besser erfasst und die Eigenkapitalvorsorge der Kreditinstitute risikogerechter ausgestaltet werden. Gerade in der Vergangenheit hatten vermehrt Banken über Probleme bei der Rückzahlung ihrer Kredite zu klagen. Sie hatten Unternehmen Kredite gewährt, die diese dann in der Folge nicht mehr zurückzahlen konnten. In der Folge kam es nicht nur zu Insolvenzen einiger Banken, sondern auch von Partnerfirmen solcher Unternehmen.

Im Kern bedeutet die Regelung um Basel II, dass die Kreditinstitute zukünftig umso mehr Eigenkapital vorhalten sollen, je höher das Risiko des Kreditnehmers ist, an den sie einen Kredit vergeben. Für jeden Kredit müssen nicht nur die Kreditnehmer Sicherheiten stellen, sondern auch die Banken. Sie müssen einen eigenen Eigenkapitalanteil als »Risikopuffer« bereithalten. Vor Basel II betrug dieser Eigenkapitalanteil für die Kreditinstitute pauschal acht Prozent des jeweiligen Kreditvolumens, und zwar unabhängig von der Kreditwürdigkeit des Kreditnehmers.

Die Höhe des Banken-Eigenkapitalanteils hängt zentral von der Bonität eines Kreditnehmers ab. Für eine geringere Kreditwürdigkeit (wegen höherer unternehmerischer Risiken) müssen die Banken einen höheren Eigenkapitalanteil stellen. Dieser Puffer ist bei den Kreditinstituten zur Absicherung gebunden und kann nicht für weitere Geschäfte verwendet werden. Für diesen Eigenkapitalanteil berechnen die Banken Zinsen, die der Kreditnehmer bezahlen muss.

> **Wichtig!**
> Je schlechter die Bonität ist, desto mehr müssen die Kreditnehmer für einen Kredit an Zinsen bezahlen.

Aufgrund der Finanzkrise ab dem Jahr 2008 wurde das Regelwerk um Basel II weiterentwickelt. Es ergaben sich zentrale Änderungen, die nun als sog. Basel III bezeichnet werden.

> **Wichtig!**
> Im Dezember 2010 wurde die vorläufige Endfassung des neuen Basel III veröffentlicht. Die Umsetzung in der Europäischen Union erfolgte über eine Neufassung der Capital Requirements Directive (CRD), die am 1. Januar 2014 mit umfassenden Übergangsbestimmungen in Kraft trat. In der Schweiz erfolgte die Umsetzung ab 2013.

Basel III ist kein komplett neues Regelwerk, sondern ergänzt die Basel II Vorgaben um intensivere Eigenkapital- und Liquiditätsanforderungen an Unternehmen und Banken. Diese ergänzenden Vorschriften, mit denen das aufsichtsrechtliche Kernkapital, das so genannte Tier 1, qualitativ verbessert werden soll, sind einschneidend. Hartes Kernkapital einer Aktiengesellschaft wird zukünftig ausschließlich aus dem gezeichneten Kapital und den offenen Rücklagen bestehen. Mit anderen Worten: Für die Bonität zählt nicht mehr das gesamte Eigenkapital, sondern das sog. harte Kernkapital.

Finanzinstrumente von Unternehmen, die nicht in der Rechtsform einer AG firmieren, werden nur als hartes Kernkapital anerkannt, wenn sie einem strengen Kriterienkatalog genügen. Genossenschaftsanteile und Vermögenseinlagen stiller Gesellschafter müssen danach vertraglich so gestaltet sein, dass sie eingezahltem Aktienkapital entsprechen. Die Kriterien sind sehr stark auf das Prinzip der Verlusttragung ausgerichtet. Hybride Kernkapitalinstrumente (wie z.B. sog. stille Gesellschafter, Genussscheine oder nachrangige Darlehen) als Bestandteil des Tier 1 werden nur noch in eingeschränktem Umfang zulässig sein, und dies bei deutlich strengeren Konditionen.

Was ist mit dem Begriff Rating gemeint?

Bei Basel II und Basel III hat die Bonität eines Unternehmens eine zentrale Bedeutung. Diese wird durch ein sogenanntes Rating ermittelt. Als Rating (von englisch to rate = jemanden einschätzen, beurteilen) bezeichnet man die Beurteilung der voraussichtlichen wirtschaftlichen Fähigkeit eines Unternehmens, seinen Zahlungsverpflichtungen termingerecht nachzukommen.

Beurteilt wird von der Bank selbst oder einer beauftragten Rating-Agentur die wirtschaftliche Lage eines Unternehmens oder Unternehmers anhand einer einzigen Note, in der Regel mittels quantitativer und qualitativer Kriterien. So liegt ein Schwerpunkt im Rating auf der Analyse der Finanz-, Ertrags- und Vermögenslage, der Beurteilung von verfügbaren Planzahlen, Soll-Ist-Vergleichen aber auch der Bewertung von qualitativen Merkmalen eines Unternehmens. Zu diesen gehören beispielsweise die Qualität des Managements, der Organisation, der Personalführung, die Struktur und Treue der Kunden sowie die Güte der Lieferanten.

> **Wichtig!**
> Kreditnachfragende Unternehmen müssen viel umfangreicher und aktueller Banken über ihr Unternehmen und ihre geschäftlichen Aktivitäten informieren, um von diesen einen Kredit zu erhalten. Diese Informationspflicht können Wirtschaftsausschüsse im Rahmen des § 106 BetrVG auch für sich nutzen.

Ein Rating ist für ein Unternehmen zukünftig aber nicht nur lästige Pflicht zum Erhalt von Krediten, sondern kann dem Unternehmen auch zwei Vorteile bringen:

1. Bessere Konditionen bei der Fremdfinanzierung und
2. Eine Verbesserung des Images des Unternehmens.

Zum einen kann ein Rating helfen, die Zinsen für die Fremdfinanzierung zu senken oder sogar neue Quellen für Kredite zu erschließen. Insbesondere solche Unternehmen, denen die Konditionen für Kredite ihrer Hausbank nicht einsichtig erscheinen, können mit einem Rating ihre Verhandlungsposition gegenüber der Hausbank verbessern. Mit einem Rating verfügen sie über ein eigenes Zeugnis ihrer Kreditwürdigkeit und können damit die Bonitätsbeurteilung durch die Hausbank in Frage stellen. Eine bessere Verhandlungsposition ergibt sich auch daraus, dass ein Wechsel zu einer anderen Bank leichter möglich wird, wenn einem Kreditantrag ein Rating beigefügt ist. Denn selbst dann, wenn eine Bank das Bonitätszeugnis eines Ratings nicht als Ersatz für eine eigene Kreditwürdigkeitsprüfung ansieht, wird die Bank gleichwohl eher geneigt sein, den Aufwand für die Prüfung eines Kreditantrags in Kauf zu nehmen, wenn sie bereits einen Hinweis auf eine gute Kreditwürdigkeit eines kreditnachfragenden Unternehmens vorliegen hat. Möglicherweise lassen sich private Investoren finden, die bei Vorlage eines guten Ratings bereit sind, Mittel zur Verfügung zu stellen.

Ein zweites wichtiges Argument für ein Rating kann die Verbesserung der Außendarstellung eines Unternehmens sein. Ein Rating ist zum einen ein prägnantes Gütesiegel, das auch ohne die Analyse umfangreicher Unternehmensinformationen (z.B. Jahresabschluss) einen Eindruck vom betreffenden Unternehmen verschafft. Zum anderen demonstriert jedes Unternehmen Selbstbewusstsein, das sich einem solchen Beurteilungsverfahren durch externe, unabhängige Prüfer unterzieht. Dies wirkt positiv auf Kunden, Geschäftspartner und Mitarbeiter. Insbesondere wenn es darum geht, neue Geschäftsbeziehungen zu begründen, kann ein Rating den entscheidenden Unterschied gegenüber einem Mitwettbewerber ausmachen: Wenn etwa ein Produzent einen hochspezialisierten Zulieferer sucht, ist bei der

Auswahl eines Anbieters derjenige im Vorteil, der seine finanzielle Verlässlichkeit und Beständigkeit durch ein Rating belegen kann.

> **Wichtig!**
> Ein gutes Rating hilft nicht nur die Kosten für Kredite im Griff zu halten, sondern auch neue Finanzierungsquellen zu erschließen und Kunden von der eigenen Bonität und Leistungsfähigkeit zu überzeugen.

Die Prüfung der Kreditwürdigkeit mittelständischer Unternehmen erfolgte in der Vergangenheit in der Regel ausschließlich durch Kreditinstitute. Großunternehmen wurden von einigen großen internationalen Agenturen bewertet. Dies sind unabhängige Unternehmen, die es sich zur Aufgabe gemacht haben, die Bonität von Anleiheemittenten zu benoten. Die bekanntesten Gutachter in Sachen Bonitätsanalyse sind die US-Agenturen Standard & Poor's, kurz S & P, und Moody's, seit kurzem umfirmiert in Moody's Investors Service. Für einzelne Branchen gibt es daneben noch spezialisierte kleinere Rating-Agenturen, wie etwa Fitch IBCA (International Bank Credit Analysis) für Kreditinstitute. In der jüngsten Vergangenheit haben sich weitere nationale Ratingagenturen formiert, die sich mit ihrem Angebot besonders an den Mittelstand wenden.

Die Rating-Agenturen bewerten die Unternehmen nach Noten oder Risikokennziffern. Diese orientieren sich an amerikanischen Schulnoten. Die Bestnoten sind das AAA (»Triple A«) von S&P und das AAA von Moody's. Ein Rating als »CCC« – egal ob als Groß- oder Kleinbuchstaben –, dem schlechtesten Rating (vor »D« wie Konkurs), kann man keinem Unternehmen wünschen, da es als nicht mehr kreditwürdig gilt.

	S&P	Moodys	Erläuterung
Investment-Klasse	AAA	Aaa	extrem sicherer Schuldner
	Aa+	Aa1	sehr sicherer Schuldner, Ausfälle wenig wahrscheinlich
	AA	Aa2	
	AA–	Aa3	
	A+	A1	sicherer Schuldner, nur geringes Risiko von Ausfällen bei veränderter Wirtschaftslage
	A	A2	
	A–	A3	
	BBB+	Baa1	derzeit zahlungsfähiger Schuldner, bei veränderter Wirtschaftslage geringes Ausfallrisiko
	BBB	Baa2	
	BBB–	Bbb3	
Spekulative Anlagen	BB+	Ba1	Schulden werden zurzeit bedient, mittel- und langfristig sind Ausfälle möglich
	BB	Ba1	
	BB–	Ba3	
	B+	B1	Zins- und Tilgungszahlungen sind gefährdet, besonders bei verschlechterter Wirtschaftslage
	B	b2	
	B–	B3	
	CCC	Caa	spekulative Anlage mit hoher Ausfallwahrscheinlichkeit
	CC	Ca	
	C	C	
	D	–	Zahlungsverzug eingetreten

Abbildung 44: Rating Benotung von Standard & Poor und Moody's

In der Praxis hat sich eine Zweiteilung der gesamten Ratingskala etabliert: Den Bereich von AAA bis BBB bezeichnet man als Investment-Klasse (englisch: Investment-Grade) oder Investment-Qualität. Alles darunter gilt als Non Investment-Grade oder auch spekulative Anlagen. Zwischen Investment-Klasse und den spekulativen Anlagen, also den Ratings BBB und BB, verläuft der entscheidende Bruch.

Die Zweiteilung der Ratingskala zeigt sich auch bei der durchschnittlichen Zinsbelastung, die ein Unternehmen je nach Einstufung in ein Ratingkriterium zu zahlen hat.

Rating	Erläuterung	Durchschnittliche Verzinsung (in %)
AAA	extrem sicherer Schuldner	3,55
AA	sehr sicherer Schuldner, Ausfälle wenig wahrscheinlich	3,83
A	sicherer Schuldner, nur geringes Risiko von Ausfällen bei veränderter Wirtschaftslage	4,23
BBB	derzeit zahlungsfähiger Schuldner, bei veränderter Wirtschaftslage geringes Ausfallrisiko	5,1
BB	Schulden werden zurzeit bedient, mittel- und langfristig sind Ausfälle möglich	10,4
B	Zins- und Tilgungszahlungen sind gefährdet, besonders bei verschlechterter Wirtschaftslage	11,18
C	spekulative Anlage mit hoher Ausfallwahrscheinlichkeit	33,96
D	Zahlungsverzug eingetreten	keine Kreditvergabe!

Abbildung 45: Auswirkungen des Ratings auf die Zinsen
(Quelle: Welt am Sonntag, 30.3.2003)

Wer die Traumnote AAA, also den Inbegriff höchster Güte, bekommt – egal ob Unternehmen oder Staat –, muss sich um seine Kapitalaufnahme keine Sorgen mehr machen. Die durchschnittlichen Zinsen für das Fremdkapital liegen bei ca. 3,55 Prozent. Umgekehrt haben Unternehmen, die als spekulative Anlagen eingestuft sind, hohe Kosten für Kredite. Je tiefer ein Unternehmen eingestuft wird, desto größer sind die Schwierigkeiten, überhaupt Geld auf dem Kapitalmarkt aufzunehmen.

Beispiel:
Im Jahr 2003 stufte die Rating-Agentur Standard & Poor's (S&P) die Münchner-Rück trotz eines Jahresüberschusses von 1,1 Mrd. Euro von AA+ auf AA-. Dies führte zu einer öffentlichkeitswirksamen Diskussion zwischen dem Unternehmen und der Rating-Agentur. Gleichzeitig stürzte der Aktienkurs um mehr als 10 Prozent. Neben der Münchner Rück wurden 2003 viele weitere Großunternehmen in ihrer Bonität herabgestuft, wie z.B. die Allianz, Thyssen-Krupp, Siemens, HypoVereinsbank oder die Deutsche Post.

Was hat ein Wirtschaftsausschuss vom Rating?

Durch Basel II und Basel III werden viele Unternehmen gezwungen, mehr Transparenz über ihre wirtschaftliche Lage zu schaffen und professioneller ihre Entwicklung zu planen und zu kontrollieren. Es reicht nicht mehr aus, nur einen guten Kontakt zu seiner Hausbank zu pflegen. Unternehmen müssen vielmehr klare Aussagen zur Unternehmenssituation und Entwicklung geben. Hierzu gehören Daten wie z.B.

- Wirtschaftliche Lage: Jahresabschluss, Umsatzentwicklung, Ertragsentwicklung, Rentabilität, Liquidität, Eigenkapitalquote und Schuldentilgungsdauer.
- Management und Organisation: Managementkompetenz und Führungserfahrung, Nachfolgeregelung, Unternehmensstruktur, Mitarbeiterqualifikation und -zufriedenheit, Personalplanung, Qualität des Rechnungswesens und Controllings und Qualität des Forderungsmanagements.
- Markt und Branche: Marktpotenzial, Branchenentwicklung, Angebotssortiment, Positionierung, Kundenzufriedenheit, Wettbewerb und Wettbewerbsvorteile, Einkaufskonditionen, eigene Vertriebsorganisation und das Marketingkonzept.
- Unternehmensentwicklung: Unternehmenskonzept, Erfolgswahrscheinlichkeit der lang- und kurzfristigen Entwicklungs- und Planziele, Investitionsplanung, Liquiditätsplanung und die Seriosität im Umgang mit Unternehmensrisiken (Umweltrisiken, Gewährleistungsrisiken, Produkthaftungsrisiken, Versicherungen und Rücklagen).

Wichtig!
Der Wirtschaftsausschuss hat nach § 106 BetrVG das Recht, Einsicht in diese Informationen zu erhalten.

Diese Datenfelder entsprechen stark der Beispielaufzählung aus dem § 106 Abs. 3 BetrVG an Daten, über die der Wirtschaftsausschuss vom Unternehmer zu unterrichten ist. Basel II führt nun dazu, dass diese Daten noch transparenter und strukturierter vorliegen müssen, so dass auch der Wirtschaftsausschuss hiervon profitiert.

Der Wirtschaftsausschuss hat die Pflicht, die Erkenntnisse hieraus an den Betriebsrat weiterzugeben. Fällt nämlich dem Wirtschaftsausschuss bei der Analyse der Rating-Ergebnisse auf, dass sein Unternehmen in den Bereich der spekulativen Anlagen fällt, so sollten soziale Sicherungsmaßnahmen für die Beschäftigten angestoßen werden. Dies fällt in den Aufgabenbereich des Betriebsrats. Ebenso kann der Betriebsrat, oder in seinem Auftrag der Wirtschaftsausschuss, Erkenntnisse des Ratings an die Beschäftigten weitergeben.

Literatur

Braun P., Gstach O.: Rating Kompakt – Basel II und die neue Kreditwürdigkeitsprüfung, Augsburg, 2002.

Lagebericht

Dem Wirtschaftsausschuss ist nach § 108 Abs. 5 BetrVG vom Arbeitgeber der Jahresabschluss zu erläutern. Dem Jahresabschluss ist bei Kapitalgesellschaften auch der sogenannte Lagebericht angeschlossen.

Welche Unternehmen müssen einen Lagebericht aufstellen?

Die gesetzlichen Vertreter einer mittelgroßen oder großen → **Kapitalgesellschaft** haben neben dem → **Jahresabschluss** zwingend auch einen Lagebericht zu erstellen. Das gilt nach § 264 HGB für alle nach § 267 HGB mittelgroßen und großen Aktiengesellschaften (AG), Gesellschaften mit beschränkter Haftung (GmbH) und Kommanditgesellschaften auf Aktien (KGaA):

> **Rechtliche Grundlage: § 264 Abs. 1 HGB**
> Die gesetzlichen Vertreter einer Kapitalgesellschaft haben den Jahresabschluss (§ 242) um einen Anhang zu erweitern, der mit der Bilanz und der Gewinn- und Verlustrechnung eine Einheit bildet, sowie einen Lagebericht aufzustellen.

Im Lagebericht hat das Unternehmen auf den Geschäftsverlauf, die Entwicklungsperspektiven, die Strategien sowie die Risiken der aktuellen und zukünftigen Entwicklung einzugehen.

> **Wichtig!**
> Der Lagebericht ist kein direkter Bestandteil des Jahresabschlusses. Er gehört aber zu den gemäß §§ 106 Abs. 2 und 108 Abs. 5 BetrVG im Zusammenhang mit den Erläuterungen des Jahresabschlusses von der Geschäftsleitung vorzulegenden Unterlagen. Er ist ein wichtiger Bestandteil zur Analyse der wirtschaftlichen Lage des Unternehmens und zudem der einzige Part im Umfeld des Jahresabschlusses, der einen Ausblick in die Zukunft gibt.

Die gesetzliche Verpflichtung zur Aufstellung eines Lageberichts betrifft auch Konzerne (§ 290 HGB), Genossenschaften (§ 336 HGB), Kreditinstitute (§ 340a Abs. 1 HGB) und Versicherungen (§ 341a Abs. 1 HGB) sowie die nach Publizitätsgesetz rechnungslegungspflichtigen Unternehmen (§ 1 und § 5 Abs. 2 PublG), wie große Personenhandelsgesellschaften (z.B. GmbH & Co.KG). Kleine Kapitalgesellschaften (§ 264 Abs. 1 und § 267 HGB), Personenhandelsgesellschaften und Einzelkaufleute (§ 5 Abs. 2 PublG) sowie Tochtergesellschaften von Konzernen mit Konzernlageberichten (§ 5 Abs. 6 PublG) brauchen hingegen keinen Lagebericht aufzustellen. Für Personengesellschaften, bei denen der persönlich haftende Gesellschafter keine natürliche Person ist, gelten gemäß § 264c HGB die Vorschriften für Kapitalgesellschaften.

Welche weiteren rechtlichen Grundlagen gelten für den Lagebericht?

Der Lagebericht ist zusammen mit dem Jahresabschluss gemäß § 264 Abs. 1 HGB innerhalb der ersten drei Monate des Geschäftsjahres für das vergangene Geschäftsjahr aufzustellen. Für den Konzernlagebericht verlängert sich die Aufstellungsfrist auf fünf Monate (§ 290 Abs. 1 HGB).
In Deutschland unterliegt der Lagebericht der Prüfungspflicht durch Wirtschaftsprüfer (§ 316 Abs. 1 HGB):

> **Rechtliche Grundlage: § 316 Abs. 1 HGB**
> Der Jahresabschluss und der Lagebericht von Kapitalgesellschaften, die nicht klein im Sinne des § 267 Abs. 1 sind, sind durch den Abschlussprüfer zu prüfen. Hat keine Prüfung stattgefunden, so kann der Jahresabschluss nicht festgestellt werden.

Mit anderen Worten: Fehlt bei Aufstellungspflicht ein Lagebericht oder liegt er nur mit Mängeln vor, so wird ein Testat von den Wirtschaftsprüfern verweigert oder eingeschränkt.
Der Inhalt des Lageberichts ist auch Bestandteil → **internationaler Rechnungslegungsstandards**. So stellt die US-amerikanische Rechnungslegung (US-GAAP) die »Managment's discussion and analysis of financial condition and results of operations« (MD&A) das Pendant zum Lagebericht dar (Regulation S-K, Item 303). Dieser ist anders als in Deutschland eigenständiger Bestandteil innerhalb des prüfungspflichtigen Jahresabschlusses börsennotierter Unternehmen. Eine Aufstellungsfrist ist im US-GAAP allerdings

nicht geregelt. Die Internationalen Accounting Standards (IAS) verpflichten ebenfalls die Unternehmen zur Aufstellung eines Lageberichts.

Welche Inhalte hat ein Lagebericht?

Hinsichtlich der formalen Gestaltung, insbesondere zur Form, zum Aufbau oder zum Umfang, unterliegt der Lagebericht – ganz anders als die Bilanz und die Gewinn- und Verlustrechnung – keinen gesetzlichen Restriktionen. Inhaltlich verlangt das Handelsgesetzbuch vom Lagebericht lediglich die Vermittlung eines den tatsächlichen Verhältnissen entsprechenden Bildes des Geschäftsverlaufs und der wirtschaftlichen Lage (§ 289 Abs. 1 HGB):

> **Rechtliche Grundlage: § 289 Abs. 1 HGB**
> Im Lagebericht sind der Geschäftsverlauf einschließlich des Geschäftsergebnisses und die Lage der Kapitalgesellschaft so darzustellen, dass ein den tatsächlichen Verhältnissen entsprechendes Bild vermittelt wird. Er hat eine ausgewogene und umfassende, dem Umfang und der Komplexität der Geschäftstätigkeit entsprechende Analyse des Geschäftsverlaufs und der Lage der Gesellschaft zu enthalten.

Die »tatsächlichen Verhältnisse« sind zu vermitteln, was auch durch die Pflicht zur Prüfung (§ 316 HGB) abgeleitet wird. Nach § 317 HGB ist zu prüfen, ob der Lagebericht zu den Aussagen des Jahresabschlusses im Einklang steht. Dabei muss der Lagebericht folgenden Grundsätzen entsprechen:

- Vollständigkeit: Es müssen alle Angaben gemacht werden, die notwendig sind, um eine Gesamtbeurteilung der wirtschaftlichen Lage des Unternehmens und des Geschäftsverlaufs sowie der Risiken der künftigen Entwicklung zu ermöglichen. Das Postulat der Wesentlichkeit ist zu berücksichtigen, so dass nicht alle Einzelheiten umfassend berichtet werden müssen.
- Richtigkeit: Alle Angaben müssen intersubjektiv nachprüfbar, plausibel und glaubhaft, willkürfrei sowie rechnerisch und sachlich richtig sein.
- Klarheit und Übersichtlichkeit: Damit keine strafbare Verschleierung laut § 331 Abs. 1 HGB vorliegt, sind die Angaben des Lageberichts übersichtlich, vergleichbar, eindeutig und verständlich darzulegen.

Als Mindestdarstellung des Geschäftsverlaufs empfiehlt die offizielle Stellungnahme der Rechnungslegung zur Aufstellung des Lageberichts (DRS 20) die folgenden Inhalte:

Lagebericht 243

- Geschäftsverlauf und Lage der Gesellschaft: Entwicklung von Branche und Gesamtwirtschaft, Umsatz- und Auftragsentwicklung, Produktion, Beschaffung, Investitionen, Finanzierungsmaßnahmen bzw. -vorhaben, Personal- und Sozialbereich, Umweltschutz sowie sonstige wichtige Vorgänge im Geschäftsjahr.
- Soziale Verhältnisse und Leistungen (Sozialbericht): z.T. freiwillige Informationen über Zahl und Zusammensetzung der Beschäftigten, Veränderung von Entlohnung und Arbeitszeit, Rationalisierung der Arbeit, Urlaubsregelungen, Aus- und Fortbildung, soziale Abgaben und Aufwendungen für Altersversorgung, freiwillige soziale Leistungen bis hin zu Gewinnbeteiligungen der Betriebsangehörigen einschließlich der Ausgabe von Mitarbeiteraktien etc.
- Beziehungen zur Umwelt (Umweltbericht): z.T. freiwillige Berichterstattung über Umweltpolitik, -Programme und -Maßnahmen sowie Öko-Bilanz.

Wichtig!
Das Unternehmen hat auch über Probleme der Kapazitätsauslastung, Beschaffung oder Finanzierung, den Abschluss oder die Kündigung wichtiger Verträge, über Rationalisierungs-, Reorganisations-, Entwicklungs- und Investitionsmaßnahmen sowie über Unternehmenszusammenschlüsse bzw. -spaltungen oder die Aus- und Weiterbildung zu berichten.

Die Forderung, auf die Risiken des Unternehmens einzugehen, entspricht der Intention des Gesetzes zur Kontrolle und Transparenz im Unternehmensbereich (KonTraG) v. 1.5.1998 und den Gedanken des Corporate Governance Kodex. Eine solche Berichterstattung über die Risiken des Unternehmens ist für Geschäftsjahre, die nach dem 31.12.1998 beginnen, zwingend vorzunehmen (§ 46 Abs. 1 EGHGB). Die Daten für die Risikodarstellung sind dem → **Risikomanagement** des Unternehmens zu entnehmen.
§ 289 HGB regelt in seinem 2. Absatz weitere Inhaltspunkte, auf die der Lagebericht eingehen soll:

Rechtliche Grundlage: § 289 Abs. 2 HGB
Der Lagebericht soll auch eingehen auf: 1. Vorgänge von besonderer Bedeutung, die nach dem Schluss des Geschäftsjahrs eingetreten sind; 2. die Risikomanagementziele und -methoden sowie Preisänderungs-, Ausfall- und Liquiditätskrisen; 3. den Bereich Forschung und Entwicklung; 4. bestehende Zweigniederlassungen der Gesellschaft; 5. die Grundzüge des Vergütungssystems der Gesellschaft.

Die Berichterstattung über bedeutende Vorgänge, die nach dem Schluss des Geschäftsjahres eingetreten sind, dient u.a. dem Schutz der Aufsichtsräte und Hauptversammlung, Entscheidungen nicht zu treffen, die sie vielleicht ohne Wissen der neuen Situation getroffen hätten. Dies können z. B. Bestimmungen über die Verwendung des Jahresüberschusses (z. B. für Gewinnauszahlungen), wichtige Investitionsentscheidungen oder der Kauf bzw. Verkauf von Unternehmensteilen sein. Den Bericht über Vorgänge nach dem Schluss des Geschäftsjahres bezeichnet man auch als »Nachtragsbericht«.

Besonders interessant ist im Lagebericht der Ausblick auf die Zukunft des Unternehmens. Der sogenannte Prognosebericht sollte mindestens einen Zeithorizont von einem Jahr nach Ende des Geschäftsabschlusses umfassen. Die Wirtschaftsprüfer empfehlen, dass auf konkrete Zahlenangaben zu verzichten sei, da sie eine Scheingenauigkeit vorspielen. Die Erläuterungen erfolgten in verbalen Angaben. Grundsätzlich sind sowohl positive als auch negative Aspekte zu berücksichtigen, wobei auf die negativen nur noch einzugehen ist, wenn sie nicht bereits in der Risikobetrachtung nach § 289 Abs. 1 HGB genannt wurden.

Welche Bedeutung hat der Lagebericht für den Wirtschaftsausschuss?

Der Lagebericht ergänzt nicht nur den Jahresabschluss, sondern er kann die wirtschaftliche Lage eines Unternehmens umfassender darstellen, als es der eigentliche Jahresabschluss vermag. Dem Lagebericht wird damit eine Rechenschafts- und Informationsfunktion zugewiesen. Während der Jahresabschluss an die handelsrechtlichen Rechnungslegungsvorschriften gebunden und aufgrund des Stichtagsprinzips überwiegend vergangenheitsbezogen ist, löst sich der Lagebericht bei der Informationsvermittlung von den strengen Richtlinien. Dies bietet Freiräume für weitere, wichtige Informationen.

> **Wichtig!**
> Der Lagebericht ist neben der → **Unternehmensplanung** ein weiteres Frühwarninstrument.

Aber Vorsicht: Der Lagebericht soll zwar vollständig, übersichtlich und von seiner Aussage richtig sein und er wird von den Wirtschaftsprüfern geprüft, aber dennoch kann die Unternehmensleitung in der Formulierung des Textes viel Kreativität walten lassen. Der Lagebericht unterliegt zudem subjektiven oder gar unzutreffenden Einschätzungen, die gelegentlich für Arbeitnehmervertreter nicht nachvollziehbar sind.

Wichtig!
Für den Wirtschaftsausschuss ist die Unternehmensplanung immer von höherer Seriosität.

Lean Management

Mit Lean Management ist ein Managementkonzept verbunden, welches oft als »schlankes Management« mit notwendigem Personalabbau verbunden wird. Doch versteckt sich hinter dieser oberflächlichen Beschreibung viel mehr.

Was beinhaltet das Lean Management?

Lean Management bedeutet mehr als nur »schlankes Management«. Die Grundidee des Lean Managements ist die Fokussierung auf die wertschöpfenden Unternehmensbereiche (wie z.B. die Produktion, Service, Forschung und Entwicklung) und der Abbau unnötiger »Wasserköpfe«. Damit die wertschöpfenden Unternehmensbereiche direkt für ihre Leistungen verantwortlich gemacht werden können, benötigen diese mehr Entscheidungsfreiräume. Dies indiziert eine Verlagerung von Kompetenzen von der Unternehmensleitung auf die betroffenen Abteilungen. »Lean« also schlank bedeutet somit, dass unnötige, rein administrative Stellen reduziert werden, zugunsten einer Stärkung jener Bereiche, die primär die Leistung für die Kunden erstellen.

Ursprünglich sprach man nicht vom »Lean Management«, sondern von »Lean Production«. Dieser Begriff wurde von Professoren am Massachusetts Institute of Technology (MIT) 1985 begründet. Ausgangspunkt waren damalige Analysen im Auftrag der US-Regierung, warum die japanischen Automobilhersteller ihren amerikanischen Wettbewerbern überlegen waren.

Eingang in die allgemeine Diskussion fand der Begriff der »Lean Production« mit der Veröffentlichung des Ergebnisberichts der oben genannten Studie durch James P. Womack, Daniel T. Jones und Daniel Roos im Jahr 1990. Aus den Ergebnissen der Studie ging eindeutig hervor, dass in der Automobilindustrie zwischen europäischen und amerikanischen Produzenten einerseits und japanischen Herstellern andererseits nicht nur gravierende Unterschiede bestehen, sondern dass per Saldo eine Überlegenheit der japanischen Fertigungstechnologie hinsichtlich Produktivität und Qualität festgestellt werden muss. Die konkreten Ergebnisse waren frappierend: Die japanischen Automobilhersteller hatten eine wesentlich höhere Flexibilität, die durch die Massenproduktion nicht erreicht werden konnte, bei gleichzeitig niedrigen Kosten mit Produktivitätssteigerungen von etwa 50 %.

Diese Wettbewerbsvorteile der japanischen Hersteller resultierten allerdings nicht nur aus der Produktion, sondern aus Aktivitäten über die gesamte Wertschöpfungskette hinweg, also von den primären Aktivitäten der Beschaffung, der Forschung und Entwicklung, dem Vertrieb und dem Service, bis hin zu den unterstützenden Aktivitäten der Infrastruktur, der Personalentwicklung und dem Management. Erst durch die ganzheitliche Betrachtung und Optimierung all dieser Unternehmensbereiche konnten die Vorteile gegenüber den amerikanischen Unternehmen entstehen. Dieser ganzheitliche Management-Ansatz beinhaltete auch alle potenziellen Geschäftspartner der japanischen Hersteller, vom Kunden bis zum Zulieferer. In der Folge sprach man daher auch nicht mehr von einer Lean Production, sondern vielmehr von einem Lean Management. Das Lean-Konzept wird als ein globales Management Konzept – oder besser noch als Management Philosophie – ausgewiesen.

> **Wichtig!**
> Das Besondere an dem Management-Ansatz des Lean Managements ist die Integration vieler damals schon bekannter, aber bisher separat gesehener Ansätze.

Im Lean Management verbinden sich einige individuelle Management-Konzepte zu einem ganzheitlichen Ganzen. Die wichtigsten dieser einzelnen Komponenten sind:

- Teamarbeit & Kooperationsorientierung: Team- und Gruppenarbeit sowie flache Hierarchien und schnelle Kommunikationswege,
- Kaizen / Kontinuierlicher Verbesserungsprozess (KVP): Laufender Verbesserungsprozess durch jeden Beschäftigten,
- Total-Quality-Management / Null-Fehler-Prinzip: Volle Qualitätsverantwortung auf jeder Arbeitsgruppe,
- Just-In-Time / Null-Puffer-Prinzip: produktionssynchrone Beschaffung,
- Kundenorientierung: Strenge Kundenorientierung in allen Unternehmensbereichen,
- Simultaneous Engineering: Simultane Entwicklung sowie effizienter Forschungs- und Entwicklungs-Prozess sowie
- Integration: Enge Zusammenarbeit aller Unternehmensfunktionen, von den Zulieferern bis hin zu den Kunden.

Der Ansatz des Lean Managements wurde in den letzten Jahrzehnten in vielen Unternehmen umgesetzt. Oft wurde dabei jedoch der ganzheitliche Ansatz vernachlässigt und nur einzelne Komponenten (wie z. B. Just-in-Time) verwendet. Noch schlimmer ist es, wenn unter dem Deckmantel des »Lean Managements« reine Verschlankungskuren mit betriebsbedingten Kündigungen verkauft wurden. Viele Arbeitnehmer kennen daher den Begriff Lean Management nur in Verbindung mit dem Abbau von Arbeitsplätzen, und zwar gerade in den wertschöpfenden Unternehmensbereichen und nicht bei den »Wasserköpfen«. Daher polarisiert noch heute das Lean Management, auch wenn es im eigentlichen Sinne ein sehr brauchbarer und nachvollziehbarer Managementansatz ist.

Welche Auswirkungen hat Lean Management auf die Beschäftigten?

Die Einführung von Lean Management birgt nicht nur Chancen zur Steigerung der Wettbewerbsfähigkeit für das Unternehmen, sondern auch Chancen und Risiken für die Beschäftigten:

- Neue Funktionen: Ob im Rahmen der Teamarbeit oder von Kaizen, die Mitglieder der Teams sollen im Rahmen der universellen Einsetzbarkeit jede Funktion im Team übernehmen können. Dazu gehört auch die Beherrschung zusätzlicher, traditionell indirekter Tätigkeiten, wie Maschinenreparatur, Qualitätsprüfung, Materialbeschaffung etc. Nicht jeder Beschäftigte erwünscht sich eine solche Erweiterung seiner Aufgaben und Funktionen.
- Entspezialisierung: Im Rahmen der neuen Funktionen spricht man sogar von einer Entspezialisierungsoffensive und von neuen Formen der Arbeitsorganisation.
- Mehr Verantwortung: Die Verlagerung der Qualitätsverantwortung auf jedes einzelne Teammitglied bedeutet eine Verlagerung der Entscheidungsbefugnis und Verpflichtung von oben nach unten. Während sich manch ein Arbeitnehmer über diese Aufgabenerweiterung und die größere Verantwortung freut, steigert dies bei anderen die Angst vor dem Versagen. Nicht jeder Beschäftigte wünscht sich eine gesteigerte, persönliche Verantwortung.
- Neue Unternehmenskultur, -organisation und ein neues individuelles Verhalten: Die notwendige Integration der verschiedensten Unternehmensbereiche sowie externe Geschäftspartner fordern ein kooperatives und

verantwortungsbewusstes Verhalten. Solch ein Verhalten benötigt einen kooperativen, delegativen Führungsstil des Managements sowie die Bereitschaft aller Beschäftigten zur aktiven Mitarbeit, offenen Kommunikation, eigenem Engagement und Verantwortung.
- Schlanke Hierarchien: Lean Management, also das schlanke Management, baut auf schlanke Hierarchien. Nur die direkten Montagearbeiter oder Servicemitarbeiter erbringen demnach eine Wertschöpfung an einem zu erstellenden Produkt, das Management ist ein reiner Kostenfaktor, der keinen direkten Beitrag zur Wertschöpfung bietet. Dies korrespondiert auch mit der Verlagerung der Verantwortung weg von mittleren Hierarchien auf die direkt involvierten Arbeitsgruppen.

Wichtig!
Wie jeder Managementansatz zeigt auch das Lean Management sehr interessante Vorteile nicht nur für das Unternehmen und für manche Beschäftigten, sondern auch Risiken v.a. für all jene Mitarbeiter, die weniger Interesse oder Veranlagung zur Eigeninitiative, Teamarbeit und Eigenverantwortung haben.

Wenn Lean Management nicht nur als Alibi für Personalabbau dient, sondern im eigentlichen Sinne umgesetzt wird, dann ist von der Einführung des Lean Managements und des neuen Organisationskonzepts besonders das mittlere Management betroffen. Nicht mehr Hierarchien und Positionen sind gefragt, sondern es stehen vielmehr die Geschäftsprozesse mit den dazugehörigen Planungs- und Steuerungsfunktionen im Vordergrund der Betrachtung. Durch die neue Bedeutung der direkt an der Leistungserbringung (Produktion) beteiligten Arbeiter und Angestellten sowie der Verlagerung von Verantwortung auf diese, wird das mittlere Management in seiner eigenen Bedeutung und Funktion beschnitten. Es kommt zu einer Reduktion der dort notwendigen Arbeitskräfte sowie zu einer Verlagerung der Rechte und Pflichten.

Literatur

Bösenberg D., Metzen H.: Lean Management – Vorsprung durch schlanke Konzepte, Landsberg / Lech, 1992.
Womack J.P., Jones D.T., Roos D.: Die zweite Revolution in der Autoindustrie, Frankfurt a.M., 1991.

Liquidität

Eine gute Liquidität ist eines der wichtigsten Unternehmensziele überhaupt. Doch was heißt überhaupt »Liquidität« oder »liquide sein«?

Was bedeutet der Begriff »Liquidität«?

Liquidität wird definiert als die Fähigkeit eines Unternehmens, seinen Zahlungsverpflichtungen fristgerecht nachkommen zu können. Vereinfacht ausgedrückt spricht man bei Liquidität von der Zahlungsfähigkeit des Unternehmens gegenüber allen Gläubigern. Als Gläubiger bezeichnet man wiederum all jene Personen oder Unternehmen, denen aus einem gegenseitigen Vertrag noch eine Leistung (z.B. Zahlung) vom Unternehmen zusteht.

> **Wichtig!**
> Auch die Beschäftigten eines Unternehmens sind Gläubiger, denn sie erhalten ihre Löhne und Gehälter meist erst am Ende eines Monats, in dem sie bereits für das Unternehmen tätig waren. Bei Zahlungsunfähigkeit des Unternehmens werden die Gehälter nur maximal drei Monate von der Bundesagentur für Arbeit weiter gezahlt.

Bei der Zahlungsfähigkeit spielt der Faktor Zeit eine besondere Rolle: Ein Unternehmen kann zwar sehr erfolgreich sein und einen hohen Umsatz nachweisen, dennoch kann zu einem bestimmten Zeitpunkt ein finanzieller Engpass (z.B. nicht genügende flüssige Mittel) vorliegen. Selbst wenn durch spätere Einnahmen dieser finanzielle Engpass vier Wochen später überbrückt werden kann, spricht man zu diesem Zeitpunkt von einer Zahlungsunfähigkeit. Im schlimmsten Falle können fällige Zahlungsverpflichtungen nicht bezahlt werden und das Unternehmen läuft große Gefahr in eine Insolvenz (→ **Insolvenz**) zu rutschen. Dies kann den Verlust aller Arbeitsplätze bedeuten.

Liquidität 251

> **Wichtig!**
> Eine vorübergehend fehlende Liquidität, also Zahlungsunfähigkeit, kann das Aus für ein Unternehmen bedeuten und alle Arbeitsplätze gefährden. Ist ein Unternehmen zahlungsunfähig (illiquide) ist ein Insolvenzverfahren zu eröffnen.
>
> **Beispiel:**
> Ein gern zitiertes Beispiel (z. B. bei Schmalen) ist der Borgward-Konkurs im Jahre 1961. Borgward galt als ein hoch innovativer Automobilhersteller, der alleine zwischen 1923 und 1960 über 63 neue Modelle entwickelte. Dennoch krachte das Unternehmen 1961 zusammen: Borgwart war zahlungsunfähig und 20 000 Beschäftigte über Nacht arbeitslos. Doch acht Jahre später, nach dem Ende des Konkursverfahrens, stellte sich heraus: Borgward war überhaupt nicht pleite gewesen. Alle Gläubiger hätten zu 100 Prozent befriedigt werden können. Das Unternehmen war 1961 nur kurzfristig illiquide, weil ein durch Grundstücke abgesicherter Kredit von fünf Millionen € gestoppt war. Noch heute spekuliert man über unfaire Machenschaften der Politik, Wettbewerber und Banken, die den Stopp des Kredits verursacht und damit zu diesem Skandal geführt haben sollen.

Wo findet der Wirtschaftsausschuss Aussagen über die Liquidität?

Unabdingbare Voraussetzung für die Liquidität eines jeden Unternehmens ist die exakte Planung und Kontrolle sämtlicher im Betrieb anfallender Ein- und Ausgaben. Jedes Unternehmen sollte die zu erwartenden Geldströme, geordnet nach ihren Zahlungsterminen, sowie den Bestand an flüssigen Mitteln (Kassenbestand, Bundesbankguthaben, Guthaben bei Kreditinstituten und Schecks) immer im Blick haben.

Als Instrument für die Planung und Kontrolle der Liquidität dient die Liquiditätsplanung mit ihren monatlichen Anpassungen. Diese umfasst normalerweise den Zeitraum der nächsten sechs, besser jedoch zwölf Monate, und stellt alle geplanten Einnahmen den Ausgaben des Unternehmens gegenüber.

Ein Beispiel für die monatliche Liquiditätsplanung ist die Abbildung 25: Liquiditätsplanung (Beispiel) auf Seite 145. Aus der Differenz der Einnahmen und Ausgaben sowie dem Saldo des Vormonats ergibt sich der neue monatliche Saldo, also die Liquidität, die das Unternehmen zur Erfüllung ihrer finanziellen Verbindlichkeiten zur Verfügung hat. Ergibt der Saldo jedoch einen Fehlbetrag, so gilt es diesen schnellstmöglich, z.B. durch kurzfristige Bankkredite, zu beheben.

Liquidität

> **Wichtig!**
> Der Wirtschaftsausschuss sollte und kann den Arbeitgeber zur Auskunft über die Liquiditätsrechnung auffordern. Leider verwehren jedoch viele Arbeitgeber gerade diesen Einblick. Die Liquiditätsrechnung fällt jedoch in die wirtschaftlichen Angelegenheiten laut § 106 BetrVG (vgl. DKKW § 106).

Die Einsicht in die Liquiditätsrechnung ist für den Wirtschaftsausschuss meist nicht einfach. Viele Arbeitgeber verwehren diese entweder aus Unkenntnis der rechtlichen Lage oder absichtlich aufgrund der Intensität dieser Daten. Immerhin zeigt die Liquiditätsrechnung die geplanten Einnahmen und Ausgaben des Unternehmens für die nächsten Monate. Das Arbeitsgericht Offenbach stellte sogar fest, dass eine kostenstellengenaue monatliche Gegenüberstellung der Plan- und Ist-Zahlen zur Diskussion von Zukunftsperspektiven dem Wirtschaftsausschuss zusteht (AG Offenbach v. 9.11.1997, ZIP 88/803). Diese Gegenüberstellung beinhaltet betriebswirtschaftlich sogar viel mehr als die eigentliche Liquiditätsrechnung.

Basis für eine sichere Planung im Rahmen der Liquiditätsrechnung ist eine funktionierende und aussagefähige → **Kostenrechnung**. Diese nennt u.a. die Höhe der anstehenden Kosten, ihre Art und ihre Fälligkeiten. Diese Daten sind wichtig, da anfallende Kosten die Zahlungsmittel reduzieren. Sind die Kosten jedoch höher als mögliche Einnahmen des Unternehmens (z.B. Umsatz), so kann weder ein Gewinn erwirtschaftet noch die Liquidität sichergestellt werden.

Wie wird die Liquidität gesichert?

Wer die Liquidität eines Unternehmens sichern will, muss permanent seine Ausgaben im Auge behalten und mit seinen Einnahmen abgleichen. Wie im privaten Haushalt darf auch ein Unternehmen nicht einfach mehr ausgeben als es einnimmt. Irgendwann sind dann alle finanziellen Sicherheiten (z.B. Bankguthaben) aufgebraucht und man ist zahlungsunfähig.

Daneben sollte ein Unternehmen bei der Finanzierung von Investitionen keine Fehler machen. Gemeint ist damit, dass z.B. Investitionen in das Anlagevermögen (→ **Bilanz**), wie in Maschinen oder Firmenübernahmen, nicht zu Lasten der laufenden Liquidität gehen dürfen. Sie dürfen beispielsweise nicht mit einem Kontokorrentkredit finanziert werden, da dieser nicht nur teuer ist, sondern in der Regel zur schnellen und kurzfristigen Finanzierung dient.

Drittens ist auf das → **Forderungsmanagement** des Unternehmens zu achten. Was nützt die beste Liquiditätsplanung, wenn die Kunden nicht zu den geplanten Zeitpunkten die gestellten Rechnungen bezahlen? Rechnungen werden leider in der heutigen Zeit immer später bezahlt. Bei verspäteter Zahlung aber wird derjenige, der auf sein Geld wartet, zum Kreditgeber. In diesem Fall gilt es, seine Forderungen gegenüber seinen Kunden professionell zu beobachten und ihnen nachzugehen. Gelegentlich muss einem bestehenden Kunden die Geschäftsbeziehung auch gekündigt oder ein neuer, potenzieller Kunde abgelehnt werden.

Ist ein Unternehmen doch einmal kurz vor eine Illiquidität, so kann ein Liquiditätssicherungsdarlehen helfen. Die Deutsche Ausgleichsbank (DtA) bietet Existenzgründern sowie kleinen und mittleren Unternehmen der gewerblichen Wirtschaft Liquiditätshilfekredite zur Behebung von Liquiditätsengpässen, bei der Vorfinanzierung von Aufträgen, Aufstockung des Warenlagers, Entwicklung neuer Produkte, Einräumung von Zahlungszielen, Markterschließung, Gehaltszahlungen und Weiterbildungsmaßnahmen. Das Programm kann innerhalb der ersten acht Jahre nach Gründung oder Übernahme des Unternehmens in Anspruch genommen werden. Ebenso bietet die Kreditanstalt für Wiederaufbau (KfW) ein Mittelstandsprogramm zur Liquiditätshilfe. Gefördert werden mittelständische Unternehmen der gewerblichen Wirtschaft (d.h. produzierendes Gewerbe, Handwerk, Handel und Dienstleistungen) und die freien Berufe (einschließlich Heilberufe) mit einem Jahresumsatz unter 500 Mio. Euro. Ihnen bietet die KfW Kredite zur Behebung vorübergehender Liquiditätsengpässe unter der Voraussetzung, dass die Unternehmen grundsätzlich wettbewerbsfähig sind und positive Zukunftsaussichten haben.

Wie wird die Liquidität überprüft?

Zur Überprüfung der Liquidität dienen zwei Verfahren: Erstens die Analyse der Liquiditätsrechnung oder -planung. Dabei geht es immer darum, ob stets genügend Liquidität für die nächsten Monate vorgesehen ist. Ist dies nicht der Fall, so plant entweder das Unternehmen schlecht und der Wirtschaftsausschuss hat auf diesen Sachverhalt hinzuweisen, oder die Unternehmensleitung ist sich bereits der schlechten Zahlungsfähigkeit bewusst und versucht nun so gut wie möglich, diese Situation zu meistern. In beiden Fällen hat der Wirtschaftsausschuss sofort den Betriebsrat über die Gefahr der Zahlungsunfähigkeit zu informieren, damit dieser seine Rechte im Rahmen der Mitbestimmung ausüben kann.

> **Wichtig!**
> Der Wirtschaftsausschuss hat den Betriebsrat sofort über etwaige Liquiditätsengpässe aus der aktuellen Liquiditätsrechnung zu informieren, damit dieser geeignete Maßnahmen im Rahmen seiner Mitbestimmung ergreifen kann.

Das zweite Verfahren zur Überprüfung der Liquidität ist eher vergangenheitsorientiert und zeigt auf, mit welcher Liquidität das Unternehmen bisher gearbeitet hat. Dies kann Aufschlüsse auch auf zukünftige Handlungen der Unternehmensleitung geben. Hatte ein Unternehmen bereits in der Vergangenheit eine schlechte Liquidität, so kann dies zu einer ernsten Gefahr für die Zukunft werden. Außerdem führt dies zu einer schlechteren → **Kreditwürdigkeit**. Das zweite Verfahren zur Überprüfung der Liquidität orientiert sich an drei Liquiditätsgraden, von denen spätestens der 3. Grad einen Wert von 100 % ergeben muss.

Die Liquidität ersten Grades, die auch als Kassen- oder Barliquidität bezeichnet wird, betrachtet die sofort greifbaren, flüssigen Mittel im Vergleich zu den kurzfristigen Verbindlichkeiten (Schulden).

$$\text{Liquidität 1. Grades} = \frac{\text{Flüssige Mittel}}{\text{Kurzfristige Verbindlichkeiten}} \times 100 = x\,\%$$

Die flüssigen Mittel bestehen vornehmlich aus den Positionen Bankguthaben, Kasse, Schecks und Wechsel. Die kurzfristigen Verbindlichkeiten resultieren aus Lieferungen und Leistungen, Krediten und Darlehen mit einer Laufzeit unter einem Jahr. Kapitalgesellschaften ordnen manchmal auch den Bilanzgewinn den kurzfristigen Verbindlichkeiten zu, wenn dieser an die Aktionäre ausgeschüttet werden soll.

Die Liquidität ersten Grades gibt an, wie hoch der Anteil der flüssigen Mittel am kurzfristigen Fremdkapital ist. Eine Liquidität 1. Grades in Höhe von 20 Prozent sagt aus, dass lediglich 20 Prozent der kurzfristigen Verbindlichkeiten mit den flüssigen Mitteln beglichen werden können. Das Bundesministerium für Wirtschaft und Technologie empfiehlt einen Richtwert für die Liquidität ersten Grades von über 25 Prozent, so dass mindestens 25 Prozent der kurzfristigen Verbindlichkeiten durch freie Barmittel abgedeckt sind.

Liquidität

> **Tipp!**
> Weist ein Unternehmen eine Barliquidität von weit über 100 Prozent auf, so kann dies z.b. folgende Gründe haben: Das Unternehmen möchte demnächst groß investieren (z.B. in neue Anlagen oder in den Kauf eines anderen Unternehmens) und hat dazu seine Kriegskasse aufgefüllt; das Unternehmen hatte vor kurzem eine Kapitalerhöhung oder die Unternehmensleitung verfolgt eine sehr konservative Finanzpolitik mit hohen Sicherheiten im Kassenbestand. In der Regel ist jedoch die Barliquidität oft unter 30 Prozent.

Generell erscheint die Barliquidität jedoch wenig geeignet zur Beurteilung der Zahlungsfähigkeit, denn es ist nicht zu vertreten, dass die kurzfristigen Verbindlichkeiten aus den vorhandenen Zahlungsmittelbeständen beglichen werden müssen. Die Fachliteratur verweist daher auch auf die nun folgenden Liquiditätsgrade Zwei und Drei als sinnvolle Liquiditätskennziffern.

Die Liquidität zweiten Grades ist aussagekräftiger als die Barliquidität. Sie berücksichtigt neben den frei verfügbaren Zahlungsmitteln (Barliquidität) auch die noch zu erwartenden Einzahlungen für Lieferungen und Leistungen durch die Kunden (Forderungen).

$$\text{Liquidität 2. Grades} = \frac{\text{Flüssige Mittel + Forderungen}}{\text{Kurzfristige Verbindlichkeiten}} \times 100 = x\,\%$$

Die flüssigen Mittel bestehen erneut aus den Positionen Bankguthaben, Kasse, Schecks und Wechsel. Diesen werden im Gegensatz zur Barliquidität die Forderungen beigefügt. Da die Forderungen Finanzpositionen sind, von denen man ausgeht, dass sie durch die Bezahlung der Kunden bald zu flüssigen Mitteln werden, spricht man bei diesem Liquiditätsgrad auch von der »Liquidität auf kurze Sicht« oder Quick Ratio. Die kurzfristigen Verbindlichkeiten bestehen erneut aus Lieferungen und Leistungen, Krediten und Darlehen mit einer Laufzeit unter einem Jahr. Aktive Rechnungsabgrenzungsposten werden den Forderungen, passive Rechnungsabgrenzungsposten den kurzfristigen Verbindlichkeiten zugeordnet.

Wunsch der Finanztheorie ist es, dass die Liquidität zweiten Grades eine Höhe von 100 Prozent hat. Dies würde bedeuten, dass die flüssigen Mittel zusammen mit den Forderungen ausreichen, um alle kurzfristigen Verbindlichkeiten und Rückstellungen begleichen zu können. Ein Unternehmen könnte somit allen Verpflichtungen gegenüber den Gläubigern für die nächsten zwölf Monate nachkommen. Die Liquidität wäre (theoretisch) nicht gefährdet.

Liquidität

> **Wichtig!**
> In der Praxis ergeben sich bei der Liquidität zweiten Grades zwei Schwierigkeiten: Erstens existiert immer eine Unsicherheit über die Forderungseingänge, da wie an anderer Stelle ausgeführt, die Zahlungsmoral immer schlechter wird. Zweitens ist dies eine vergangenheitsorientierte Analyse und keine Betrachtung von aktuellen Istzahlen und Plandaten, wie in der zukunftsorientierten Liquiditätsrechnung und -planung.

In vielen Unternehmen ergibt erst die Liquidität dritten Grades, auch Liquidität auf mittlere Sicht oder Current Ratio genannt, einen Wert von über 100 Prozent. Die Liquidität dritten Grades gibt an, zu welchem Anteil das kurz- und mittelfristige Fremdkapital durch das Umlaufvermögen gedeckt ist.

$$\text{Liquidität 3. Grades} = \frac{\text{Umlaufvermögen}}{\text{Kurzfristige Verbindlichkeiten}} \times 100 = x\,\%$$

Bei einer Liquidität des dritten Grades von über 100 Prozent kann das Unternehmen alle innerhalb von zwölf Monaten rückzahlbaren Schulden aus seinem eigenen Umlaufvermögen decken.

> **Wichtig!**
> Viele Tochtergesellschaften von Konzernen weisen schlechte Liquiditätsgrade aus. Oft hat selbst die Liquidität dritten Grades keine 100 Prozent. Dies erklärt sich meist mit einem konzernweiten, zentralen Geldmanagement, das die flüssigen Mittel bündelt und gezielter verwaltet. Dieses Vorgehen ist nur dann schlecht, wenn den Tochtergesellschaften bei Liquiditätsengpässen das Geld nicht wieder zurückgegeben wird.

> **Tipp!**
> Umgekehrt weisen viele Unternehmen eine Liquidität dritten Grades von über 300 Prozent aus. Dies ist nicht tragisch. So haben z.B. Händler oft große Vorräte und Lagerbestände, so dass das Umlaufvermögen das Anlagevermögen weit übersteigt.

Ändert man die Berechnung der Liquidität dritten Grades nur insofern, dass es sich nicht um eine Division, sondern um eine Subtrahierung handelt, so ergibt sich das Net Working Kapital. Dieses zeigt den absoluten Überschuss des Umlaufvermögens über die kurzfristigen Verbindlichkeiten.

$$\text{Net Working Capital} = \text{Umlaufvermögen} - \text{kurzfristige Verbindlichkeiten}$$

Das Net Working Capital (Nettoumlaufsvermögen) wird vielfach – ähnlich dem Cashflow – als Indikator für die Finanzkraft sowie für die Ertragskraft herangezogen.
Angesichts der zentralen Bedeutung der Liquidität auch für die Beschäftigten und das langfristige Überleben des Unternehmens, sind zusätzlich zu den Liquiditätsgraden auch Überlegungen zur Mindestliquidität anzustellen. Als Mindestliquidität bezeichnet man jenen Bestand an vorhandenen Zahlungsmitteln und nicht genutzten Kreditlimiten bei Banken, welcher nicht unterschritten werden sollte. Dieser Bestand ist ein Sicherheitsbestand für die Existenz des Unternehmens und dessen Zahlungsfähigkeit. Als Normgröße für eine Mindestliquidität werden 2 bis 3 Prozent vom Jahresumsatz empfohlen.

Tipp!
Ein Unternehmen sollte mindestens immer eine Liquidität von 2 bis 3 Prozent seines Jahresumsatzes vorweisen können.

Der Volkswagen-Konzern betrachtet zwei Monatsumsätze als Sollliquidität, in der Schweiz gelten 5 Prozent vom Jahresumsatz als sinnvolle Minimalliquidität. Beträge, die diesen Wert übersteigen, werden als Vorratsliquidität bezeichnet. Es handelt sich dann um Liquiditätsreserven im eigentlichen Sinn, die über den Sicherheitsbestand hinausgehen.

Literatur

Bömle M.: Unternehmensfinanzierung, Zürich, 1986.
Schmalen H.: Grundlagen und Probleme der Betriebswirtschaft, Stuttgart, 2001.

Organisation des Wirtschaftsausschusses

Was ist bei der Organisation des Gremiums zu beachten?

Da der Wirtschaftsausschuss kein direkter Bestandteil des Betriebsrats, sondern dessen Hilfsorgan und Dienstleister, ist, sollte er – soweit überhaupt möglich – auch mit Nicht-Betriebsräten besetzt werden. So können gerade auch Experten aus dem Rechnungswesen (d.h. Buchhaltung oder Kostenrechnung), dem Controlling oder aus anderen Fachbereichen in das Gremium integriert werden, um von ihrem internen Wissen zu profitieren.

Leider aber zeigt sich in der Praxis, dass die theoretische Grundlage aus dem BetrVG nur selten umgesetzt werden kann. Einer der Hauptgründe ist, dass jene Mitglieder des Wirtschaftsausschusses, die nicht Betriebsräte sind, nicht dem Kündigungsschutz nach § 15 Abs. 1 bis 3a KSchG unterliegen.

Des Weiteren sollte bei der Organisation des Wirtschaftsausschusses eine Aufgabenverteilung innerhalb des Gremiums möglich sein.

> **Tipp!**
> Nicht jedes Mitglied im Wirtschaftsausschuss arbeitet gerne mit Zahlen. Daher ist es ratsam jene Personen mit der Analyse der Monatszahlen und des Jahresabschlusses zu betreuen, die dafür auch ein Interesse zeigen. Diese »Zahlenexperten« sollten dann regelmäßig über ihre Ergebnisse berichten.

Umgekehrt gibt es noch genügend weitere Aufgaben, die an die übrigen WA-Mitglieder verteilt werden können. Hierzu gehören z.B. die Verhandlungen mit dem Arbeitgeber, Teilnahme an Einigungsstellen, Analyse der Unternehmensplanung, Recherchen im Handelsregister oder im Internet.

Welche Rolle hat ein Sprecher des WA?

Eine der klassischen Fragen bei WA-Seminaren ist die Frage nach der Notwendigkeit eines WA-Vorsitzenden. Laut BetrVG besteht für den Wirtschaftsausschuss grundsätzlich keine Pflicht, einen Vorsitzenden zu wählen.

> **Tipp!**
> Um die Effektivität der Arbeit im WA zu erhöhen, empfiehlt es sich jedoch einen Sprecher zu benennen, dem organisatorische Aufgaben übertragen werden können.

Der WA-Sprecher kann und sollte die folgenden Funktionen übernehmen:

- Leitung der WA-Sitzungen: Die Leitung der Sitzungen des Wirtschaftsausschusses, egal ob intern oder mit dem Unternehmer, sollte bei beim WA-Sprecher liegen – soweit vorhanden. Er eröffnet die Sitzungen, stellt die Anwesenheit der WA-Mitglieder und des Unternehmers fest. Er führt durch die Sitzungen, erteilt das Wort (entzieht es notfalls) und verfolgt die Tagesordnung. Er sollte versuchen, abschweifende, ausufernde und nebensächliche Ausführungen einzelner Teilnehmer (auch des Unternehmers) zu unterbinden.
- Vertretung des WA nach außen: Im Rahmen der vom WA gefassten Beschlüsse kann der Sprecher den WA vertreten. Hierbei kann es sich z.B. um folgende Fälle handeln: Verlangen auf Hinzuziehung eines Sachverständigen, ausdrückliche Aufforderung zur Herausgabe bestimmter Informationen, etc.
- Entgegennahme von Anträgen und Erklärungen: Der WA-Sprecher ist der zentrale Ansprechpartner für Anträge und Erklärungen durch den Arbeitgeber.
- Unterrichtung des Betriebsrats: Gemäß §§ 106 Abs. 2 und 108 Abs. 4 BetrVG hat der Wirtschaftsausschuss den BR unverzüglich und vollständig über die WA-Sitzungen zu informieren. Dies übernimmt in der Regel der WA-Sprecher durch Aushändigung des Protokolls in Verbindung mit einer mündlichen Erläuterung.

Erfahrungen aus der Praxis haben gezeigt, dass der Unternehmer in Abwesenheit des WA-Sprechers seine Aufgabe der Unterrichtung des WA häufig vernachlässigt, da ihm angeblich ein Ansprechpartner fehlt. Um dieser Situation vorzubeugen und um gewährleisten zu können, dass in Abwesenheitszeiten des WA-Sprechers trotzdem alle Aufgaben weiter verfolgt werden, ist es ratsam einen Stellvertreter zu benennen.

Was ist bei der Organisation von WA-Sitzungen zu beachten?

Bei der Organisation der Sitzungen des Wirtschaftsausschusses sollte zumindest die folgenden Aspekte beachtet werden:

- Art und Anzahl der Termine,
- Terminplanung,
- Tagesordnung,
- Einladung und
- Protokoll.

Tipp!
Bei der Terminplanung sollten zwei verschiedene Sitzungen unterschieden werden: jene mit dem Arbeitgeber und zusätzliche Vor- sowie (wenn notwendig) Nachbereitungstermine.

Nach § 108 Abs. 2 BetrVG hat der Unternehmer oder sein Vertreter bei den Sitzungen des Wirtschaftsausschusses teilzunehmen. Dies darf den WA aber nicht daran hindern, zur Vor- und Nachbereitung separat zusammen zu kommen.

Rechtliche Grundlage: § 108 BetrVG
(1) Der Wirtschaftsausschuss soll monatlich einmal zusammentreten.
(2) An den Sitzungen des Wirtschaftsausschusses haben der Unternehmer oder sein Vertreter teilzunehmen.

Den Vorschlag des BetrVG, dass der Wirtschaftsausschuss einmal monatlich zusammentreten soll, kann man nur begrüßen. Immerhin gibt es auch jeden Monat neue Informationen über die wirtschaftliche Lage des Unternehmens, die es zu analysieren und besprechen gilt (→ **Informationsquellen für den WA**). Ferner kann aufgrund aktueller Entwicklungen (z.B. Schließung einer Abteilung oder Unternehmensaufspaltung) der WA auch in noch kürzeren Zeitabständen zusammen kommen.

Die monatlichen Daten gilt es jedoch vor dem Gespräch mit dem Unternehmer zu analysieren und konkrete Fragen an den Unternehmer aufzubereiten. Ansonsten würde die ganze Sitzungsreihe wenig Sinn machen. Zu den Vor- und Nachbereitungssitzungen werden nur die WA-Mitglieder geladen, da es hier um die interne Meinungsbildung und die Festlegung taktischer Verhaltensweisen für die Sitzung mit dem Unternehmer geht.

Tipp!
Ein wichtiger Punkt bei der Vorbereitung einer WA-Sitzung mit dem Unternehmer ist die Formulierung des Verhandlungsziels. Sinnvoll ist es, sich auf ein Minimal- und Maximalziel zu einigen.

Auch das BAG v. 16.3.82 AP Nr. 3 zu § 108 Abs. 3 BetrVG geht davon aus, dass WA-Mitglieder die Möglichkeit haben müssen, sich intensiv auf die Sitzungen vorzubereiten, um die wirtschaftlichen Angelegenheiten gleichberechtigt mit dem Unternehmer beraten zu können.

Tipp!
Den monatlichen Sitzungsrhythmus sollte man so planen, dass bereits die aktuellen Monatsdaten vorliegen. Mit der monatlichen Erfolgsrechnung kann z. B. in den ersten zehn Kalendertagen des Folgemonats gerechnet werden, so dass sich eine WA-Sitzung für die Mitte des Monats anbietet.

Die regelmäßige Durchführung von WA-Sitzungen mit dem Unternehmer kann am besten gewährleistet werden, wenn der WA-Vorsitzende – in Absprache mit dem Unternehmer – eine konkrete Terminplanung vornimmt und auf deren Einhaltung besteht.

Tipp!
Termine sollten in Absprache mit dem (G)BR und Unternehmer für ein Geschäftsjahr im Voraus festgelegt werden. Somit hat auch der Unternehmer die Chance, diese festen Termine bei seiner eigenen Terminplanung zu berücksichtigen und kann monatelanges Verzögern nicht auf einen vollen Terminkalender zurückführen.

Die Tagesordnung für die Sitzungen mit dem Unternehmer oder seinem Vertreter kann im Rahmen einer Vor- und Nachbereitungssitzung in Absprache zwischen (G)BR und WA-Mitgliedern festgelegt werden. Dabei sollten die einzelnen Punkte der Tagesordnung so detailliert wie möglich aufgeführt werden, um dem Unternehmer die Möglichkeit zu geben, sich auf alle Punkte vorzubereiten. So wird vermieden, dass sich der Unternehmer bei einzelnen Punkten herausreden kann, weil er sich angeblich nicht entsprechend vorbereiten konnte.

Tipp!
Manche Wirtschaftsausschüsse halten sich bei der Tagesordnung strikt an die Punkte des § 106 Abs. 3 Satz 1 bis 10 BetrVG. Dies kann als ein erster Schritt gesehen werden, doch sollte sich der WA mit der Zeit in detaillierte Diskussionen mit dem Unternehmer begeben und dazu auch konkretere Informationen (wie z. B. aus der Kostenrechnung, zu Rückstellungen oder zu konkreten Investitionen) abfragen.

Die Tagesordnungspunkte sind dann rechtzeitig (d.h. mindestens zehn Tage vor der WA-Sitzung) mit Bekanntgabe des Orts, der Zeit und evtl. Dauer an alle Teilnehmer (inkl. dem Unternehmer) zuzusenden.

> **Tipp!**
> Nach jeder Sitzung empfiehlt es sich dringend, ein schriftliches Protokoll zu erstellen.

Das Protokoll dient sowohl als Gedächtnisstütze für den WA, als Informationsmedium für den Betriebsrat aber vor allem auch als zukünftige Argumentationshilfe und Beweismittel gegenüber dem Unternehmer. Daher empfiehlt es sich auch, das Protokoll vom Unternehmer abzeichnen zu lassen. Verweigert er dies oder korrigiert er elementare Aussagen, so ist dies nur ein Zeichen für Unzuverlässigkeit. In diesem Falle kann man auf die Unterschrift des Unternehmers oder seines Vertreters verzichten.

Benötigt der WA eine Geschäftsordnung?

Anders als beim Betriebsrat sieht das BetrVG beim WA keine speziellen Bestimmungen vor, die eine Geschäftsordnung vorschreiben. Dies resultiert daraus, dass der Wirtschaftsausschuss keine Mitbestimmungsrechte im engeren Sinne ausübt und somit Beschlüsse in Form eines formalisierten Beschlussverfahrens nicht zu fassen sind.

Dennoch ist gerade bei großen Wirtschaftsausschüssen eine Geschäftsordnung sinnvoll. Sie kann gewährleisten, dass gleichartige und wiederkehrende Vorgänge geregelt sind. Dies gilt vor allem auch für die Vorbereitung, Durchführung und Nachbereitung der WA-Sitzungen, die Delegation von Aufgaben auf einzelne Mitglieder des WA oder die Rechte und Pflichten des WA-Sprechers. Die Geschäftsordnung kann z.B. folgende Punkte regeln:

- Zahl und Zusammensetzung (z.B. Mindestanzahl der BR-Mitglieder) der WA-Mitglieder und Ersatzmitglieder,
- Bestimmung des WA-Sprechers, des Stellvertreters und des Schriftführers,
- Festlegung eines festen Sitzungsrhythmus mit dem Unternehmer und der Einladungsfristen,
- Zeitpunkt der Vor- und Nachbereitungssitzungen,
- Aufgaben des WA-Sprechers/Stellvertreters,
- Verhinderung von WA-Mitgliedern,

- Festlegung, dass WA-Sitzungen während der Arbeitszeit stattfinden und Regelung von Ausnahmen,
- Voraussetzungen für die Arbeits- und Beschlussfähigkeit des WA,
- Regelung über die Hinzuziehung von Vertretern der Gewerkschaft,
- Regelung über die Hinzuziehung von Auskunftspersonen (z.B. sachkundige Arbeitnehmer, leitende Angestellte, BR-Mitglieder),
- Regelung über die Hinzuziehung von Sachverständigen,
- Bestimmung der Eckdaten der Tagesordnung; konkrete Benennung der wirtschaftlichen Angelegenheiten, die immer besprochen werden sollen,
- Zeitrahmen, bis wann dem Unternehmer alle Fragen des WA zugeleitet werden sollen und Benennung einer Frist, bis wann die Antwort zu geben ist,
- Art und Zeitpunkt der Unterrichtung des BR durch den WA,
- Vorgehensweise bei Meinungsverschiedenheiten soweit nicht gesetzlich geregelt (z.B. die Weiterleitung an den Betriebsrat mit Bitte um Einberufung einer Einigungsstelle),
- Sitzungsprotokoll: Erstellung, Inhalt, Verteiler und Einsichtnahmemöglichkeiten sowie
- Durchführung von Beschlussfassungen in Anlehnung an § 33 Abs. 1 und 2 BetrVG.

Tipp!
Im Internet existieren einige Ratgeberseiten für den Wirtschaftsausschuss mit Mustertexten, wie z.B. zu Auskunftsanfragen, Checklisten für die WA-Arbeit, Einladung des Arbeitgebers zur WA-Sitzungen, Geschäftsordnung des Wirtschaftsausschusses und Muster-Betriebsvereinbarungen. Beispiele hierfür sind:
- Hans-Böckler Stiftung: www.boeckler.de
- Institut zur Fortbildung von Betriebsräten: www.wa.ifb.de
- Wirtschaftsakademie Feldafing: www.br-wiki.de

Literatur

Cox P.M., Offermann J.: Wirtschaftsausschuss, Frankfurt a.M., 2004.
Laßmann N., Rupp R.: Handbuch Wirtschaftsausschuss, Frankfurt a.M., 2014.

Personengesellschaften

Was sind Personengesellschaften?

Die Form der Personengesellschaft gehört zu den möglichen → **Rechtsformen** eines Unternehmens. Grundsätzlich zeichnen sich Personengesellschaften dadurch aus, dass es sich – im Gegensatz zu den Kapitalgesellschaften – bei den Eigenkapitalgebern und Geschäftsführern um dieselben Personen handelt. Personengesellschaften haben – bis auf die GmbH & Co KG – mindestens eine Privatperson als Gesellschafter, die mit ihrem Privatvermögen unbeschränkt haftet und nur dadurch zur Geschäftsführung befugt ist. Gibt es mehrere voll haftende Gesellschafter, so sind sie alle zur Geschäftsführung berufen. Die Abstimmung zwischen ihnen erfolgt nach Köpfen, und nicht nach Anteilen oder individueller Macht. Der Tod eines voll haftenden Gesellschafters führt zur Auflösung des Unternehmens.

Zu den Personengesellschaften zählen vor allem die Einzelunternehmen, die Gesellschaft bürgerlichen Rechts (GbR), die Offene Handelsgesellschaft (OHG), die Kommanditgesellschaft, die Stille Gesellschaft und offiziell auch die GmbH & Co. KG, obwohl diese von ihrer Haftung eher einer → **Kapitalgesellschaft** zuzuordnen wäre.

Was ist eine Einzelunternehmung?

Ein Einzelunternehmen ist eine Personengesellschaft und dadurch gekennzeichnet, dass nur eine natürliche Person einen kaufmännischen Betrieb ohne weitere Gesellschafter betreibt. Nur ein stiller Gesellschafter kann maximal neben dem Einzelunternehmer an der Gesellschaft beteiligt sein. Kapital und Leitung vereinigen sich damit in nur einer einzigen Person.

> **Wichtig!**
> Der Einzelunternehmer haftet für die Verbindlichkeiten seiner Firma alleine und unbeschränkt, d.h. nicht nur mit dem Geschäftsvermögen, sondern auch mit seinem Privatvermögen. Dabei stellt das Privatvermögen des Unternehmers auch das Eigenkapital des Betriebs dar.

> **Beispiel:**
> In den letzten Jahren wuchs die Anzahl der Freiberufler in der Technologiebranche. Ca. 30 000 Personen arbeiten heute bereits in Deutschland als selbstständige Programmierer, Systemadministratoren, Systemberater etc. Voraussetzung für die Selbstständigkeit ist neben der fachlichen Qualifikation nur eine Steuernummer und die Mehrwertsteueroption vom Finanzamt. Als Gründe und Vorteile nennen viele Freiberufler die erhöhte Freude an der Arbeit und eine freiere Verfügungsgewalt über ihre Zeit; während als Nachteile oft die fehlende Einbindung in ein Team sowie die eigene Nachlässigkeit bei der sozialen Absicherung gesehen werden.

Da der Inhaber alleine tätig ist, obliegt ihm selbstverständlich auch die Geschäftsführung des Unternehmens. Er entscheidet über die zu erstellenden Produkte bzw. Dienstleistungen, über alle internen Abläufe und Aufgaben. Nur er ist befugt, mit dritten Personen Geschäfte abzuschließen. Über den Gewinn, der ihm in seiner Leistungserbringung entsteht, kann er frei walten. Allerdings trägt er auch alleine alle möglichen Verluste. Die Einzelunternehmung unterliegt keiner Steuer – besteuert wird der Gesellschafter im Rahmen seiner Einkommenssteuer.

Der Vorteil der Einzelunternehmung liegt für einen Unternehmer in der Möglichkeit, seinen Betrieb eigenverantwortlich, d. h. ohne Rücksicht auf die Interessen weiterer Gesellschafter, zu führen. Er ist flexibel in seinen Entscheidungen, haftet aber auch persönlich und unbeschränkt für die Schulden seiner unternehmerischen Tätigkeit. Ein zweiter Vorteil liegt in der Tatsache, dass Einzelunternehmungen mit kleinem Geschäftsumfang nicht im Handelsregister eingetragen werden müssen.

Was ist eine Gesellschaft des bürgerlichen Rechts (GbR)?

Die Gesellschaft des bürgerlichen Rechts ist ein vertraglicher Zusammenschluss von natürlichen oder juristischen Personen zur Erreichung eines gemeinsamen Zwecks. Der Gesellschaftsvertrag wird formlos abgeschlossen, d. h. z. B. ohne notarielle Beglaubigung. Es ist noch nicht einmal ein Schriftstück notwendig. Meist wird die GbR für eine kurzfristige Zusammenarbeit zwischen gleichwertigen Geschäftspartnern eingerichtet.

> **Beispiel:**
> Im betrieblichen Umfeld kommt die GbR beispielsweise des Öfteren bei Großaufträgen in der Bau- oder Investitionsgüterindustrie vor. Dies kann daran liegen, dass es für die einzelnen Unternehmen aufgrund von Finanz- oder Kapazitäts-Engpässen unmöglich ist, Großaufträge alleine durchzuführen. Auch zwischen Banken werden regelmäßig auf bestimmte Zeit Bankkonsortien zur Emission von Wertpapieren oder zur Finanzierung von Großprojekten initiiert. Für freie Berufe wie Rechtsanwälte oder Ärzte, die einem strengen Berufsrecht unterliegen, ist die GbR die einzige Möglichkeit, sich einer Gesellschaft anzuschließen.

Die Gesellschaft bürgerlichen Rechts kann jedoch auch für eine dauerhafte Beziehung verwendet werden, was vor allem im privaten Umfeld häufiger vorkommt.

> **Wichtig!**
> Viele Personen wissen noch nicht einmal, dass sie Gesellschafter einer GbR sind und demnach auch die Konsequenzen aus möglichen Vergehen der übrigen Gesellschafter mit ihrem Privatvermögen abdecken müssen.

> **Beispiel:**
> Viele Wohnungseigentümergemeinschaften sind lose Zusammenschlüsse zwischen den einzelnen Eigentümern verschiedener Wohnungen im gleichen Haus. Die einzige formelle Basis ist meist ein schriftlicher Vertrag mit Nennung der Zweckbestimmung sowie der Kündigungsregelung.

Die Gesellschaft des bürgerlichen Rechts kann nicht ins Handelsregister eingetragen werden. Sie wird auch nicht durch das HGB, sondern durch das Bürgerliche Gesetzbuch (BGB) geregelt, und dort innerhalb der §§ 705 und 740 BGB. Sie kann nach außen auftreten, braucht dies aber nicht. Wie beim Einzelunternehmen haften die Gesellschafter der GbR persönlich mit ihrem gesamten Privatvermögen, ohne die Gläubiger zunächst auf das Gesellschaftsvermögen verweisen zu können. Die Gesellschafter haften ferner gesamtschuldnerisch und unmittelbar.

> **Wichtig!**
> Bei einer GbR gilt die unbeschränkte, gesamtschuldnerische sowie unmittelbare Haftung.

Unter einer unbeschränkten, gesamtschuldnerischen und unmittelbaren Haftung versteht man nicht nur bei einer GbR, sondern auch bei allen persönlich haftenden Gesellschaftern einer Personengesellschaft:

- Unbeschränkte Haftung: Die Gesellschafter haften mit ihrem gesamten Privatvermögen.
- Gesamtschuldnerische bzw. solidarische Haftung: Jeder einzelne Gesellschafter haftet gegenüber den Gläubigern für die Erfüllung sämtlicher Gesellschaftsschulden, auch wenn diese von einem anderen Gesellschafter initiiert wurden. Die Gläubiger können also von jedem Gesellschafter die Zahlung bestehender Schulden verlangen. Ein neu eingetretener Gesellschafter übernimmt auch die Verantwortung für die vor seinem Beitritt entstandenen Verbindlichkeiten.
- Unmittelbare Haftung: Gläubiger müssen nicht erst gegen die Gesellschaft klagen, sondern können direkt gegen einzelne Gesellschafter auf Zahlung klagen.

Die Geschäftsführungsbefugnis liegt in der Regel gemeinschaftlich bei allen Gesellschaftern, d.h. sie führen die Gesellschaft zusammen. Allerdings können abweichende Regelungen in dem Gesellschaftsvertrag vereinbart worden sein, wonach die Geschäftsführung auf nur einen oder zwei Gesellschafter übertragen wurde. Nach dem Gesetz gilt für die GbR eine Gesamtvertretungsmacht, so dass z.B. beim Abschluss eines Vertrages alle Gesellschafter zustimmen müssen.

Sollten im Rahmen des Geschäftszwecks ein Gewinn – oder gar ein Verlust – entstanden sein, so wird dieser nach Köpfen verteilt. Eine eventuell unterschiedliche Höhe der Kapitaleinlage bleibt als Verteilungsmaßstab unberücksichtigt.

Was ist eine Offene Handelsgesellschaft (OHG)?

Die offene Handelsgesellschaft hat eine gewisse Ähnlichkeit mit der Gesellschaft des bürgerlichen Rechts (GbR). Auch hier schließen sich mindestens zwei gleichberechtigte und voll haftende Gesellschafter zusammen. Allerdings ist die OHG nicht nur für kurze Dauer möglich, sondern soll langfristige Ziele verfolgen. Dies unterstreicht auch die Forderung, dass eine OHG in das örtliche Handelsregister einzutragen ist.

Geregelt ist die offene Handelsgesellschaft im HGB ab § 105. Es handelt sich um eine Gesellschaft zum Betrieb eines Handelsgewerbes. Die Gesellschafter bringen das gesamte Eigenkapital aus ihrem Privatvermögen ein und haften – ebenso wie der GbR – den Gläubigern unbeschränkt, unmittelbar und gesamtschuldnerisch. Durch diese intensive Haftung genießt die OHG sowohl bei Banken als auch bei Geschäftspartnern ein hohes Vertrauen und eine gute Kreditwürdigkeit.

In der Vergangenheit war es Pflicht, dass eine offene Handelsgesellschaft den Namen mindestens eines Gesellschafters enthält, mit einem Zusatz über das Gesellschaftsverhältnis. So gibt es auch noch heute eine Reihe von OHGs mit Namen wie »Karl Müller & Co.« oder »Karl Müller OHG«.

Alle Gesellschafter sind zur Geschäftsführung berechtigt, es sei denn, ein Gesellschaftsvertrag schließt einzelne Gesellschafter von der Geschäftsführung aus. So kann es auch zu einer Einzelgeschäftsführungsbefugnis kommen, was bedeutet, dass im Innenverhältnis jeder Gesellschafter alleine berechtigt ist, die Geschäfte zu führen und Entscheidungen zu treffen. Nur bei außergewöhnlichen Aktivitäten, wie z.B. dem Kauf oder Verkauf von Grundstücken oder Unternehmensbeteiligungen, müssen auch bei der

Einzelgeschäftsführungsbefugnis alle Gesellschafter zustimmen. Korrespondierend gibt es auch die Möglichkeit der Einzelvertretungsmacht für das Außenverhältnis.

Interessant ist, dass der Gesellschafter einer OHG nicht auch an einer anderen gleichartigen Handelsgesellschaft als persönlich haftender Gesellschafter teilnehmen darf. Er unterliegt nämlich laut § 112 HGB einem Wettbewerbsverbot.

Für die Gewinnverteilung einer OHG gilt: Wenn ein Gesellschaftsvertrag dies nicht anders bestimmt, sind (sofern der Jahresüberschuss ausreicht) die Einlagen der Gesellschafter mit 4% zu verzinsen (§ 121 HGB). Ein eventueller Gewinnrest ist dann nach Köpfen – und nicht nach der Höhe der Einlagen – zu verteilen. Dies resultiert aus dem Umstand, dass alle Gesellschafter gesamtschuldnerisch, unbeschränkt und unmittelbar mit ihrem gesamten Privatvermögen haften. Ein Verlust wird ebenfalls nach Köpfen aufgeteilt und von den Eigenkapitalkonten der einzelnen Gesellschafter abgezogen.

Was ist eine Kommanditgesellschaft (KG)?

Die Kommanditgesellschaft unterscheidet sich von der OHG in erster Linie dadurch, dass sie zwei Arten von Gesellschaftern hat. Mindestens ein Gesellschafter, der Komplementär, haftet wie bei der OHG unbeschränkt, unmittelbar, gesamtschuldnerisch und mit seinem gesamten Vermögen. Weitere Gesellschafter, die Kommanditisten, haften nur auf eine bestimmte, im Handelsregister eingetragene Kapitaleinlage. Geregelt ist die Kommanditgesellschaft ab § 161 HGB.

Zur Geschäftsführung sind nur die Komplementäre berechtigt. Grundsätzlich können alle Komplementäre gemeinsam die Geschäftsführung repräsentieren, doch wie bei der OHG kann ein Gesellschaftsvertrag auch hier einzelne Komplementäre von der Geschäftsführung ausschließen. Auch die Vertretung nach außen übernehmen die Komplementäre in Form von Einzelvertretungsmacht. Die Kommanditisten haben keine Erlaubnis zur Vertretung der Gesellschaft gegenüber Dritten.

Analog der OHG, sofern durch einen Gesellschaftsvertrag nicht anders bestimmt, gilt auch bei der KG folgende Gewinnverteilung: Die Einlagen aller Gesellschafter (Komplementäre und Kommanditisten) sind mit 4% aus dem Gewinn zu verzinsen (§ 168 HGB). Erst bei der Verteilung des Restgewinns zeigt sich ein Unterschied zur OHG auf: Ist am Ende des Geschäftsjahres und abzüglich der 4% Zinsen ein Restgewinn übrig, so soll dieser

»angemessen« verteilt werden, wobei die Komplementäre für die Funktion der Unternehmensleitung sowie das höhere Risiko mehr erhalten sollen als die Kommanditisten. An etwaigen Verlusten nimmt ein Kommanditist nur bis zum Betrage seines Kapitalanteils teil.

Die Kommanditgesellschaft (KG) ist eine typische Unternehmensform für mittelständische Betriebe. Der Vorteil gegenüber einer offenen Handelsgesellschaft (OHG) liegt in der Aufnahme von Kommanditisten. Dies ermöglicht die Zufuhr von Eigenkapital, ohne dass die Geschäftsführungs- und Vertretungsbefugnisse der Komplementäre betroffen sind. Dennoch genießt die KG, wie die OHG, ein hohes Vertrauen bei Geschäftspartnern und Banken, was auch zu einer hohen Kreditwürdigkeit und damit verbundenen günstigeren Fremdkapitalzinsen führt.

Was ist eine GmbH & Co. KG?

Die GmbH & Co. KG ist eine Kommanditgesellschaft und somit zu den Personengesellschaften zu zählen. Es handelt sich um eine aus taktischen Überlegungen entwickelte Variante einer klassischen Kommanditgesellschaft (KG), mit einer GmbH (→ **Kapitalgesellschaften**) als einzigem Komplementär. Mit anderen Worten: Die GmbH & Co. KG gehört vor allem einer anderen Gesellschaft, die wiederum die Rechtsform einer GmbH hat. Oft sind auch die Gesellschafter der GmbH die Kommanditisten der GmbH & Co. KG.

Wichtigster Hintergrund für diese Rechtsform ist der Wunsch nach einer Haftungsreduzierung. Diese entsteht dadurch, dass normalerweise bei einer KG die Komplementäre unbeschränkt haften müssen. Doch als Komplementär haftet nun eine Gesellschaft mit beschränkter Haftung. Da zudem auch die Kommanditisten bei einer KG nur bis zur Höhe ihrer Kapitaleinlage haften, liegt hier eine Personengesellschaft vor, bei der kein Gesellschafter mit seinem persönlichen Vermögen haftet. Für die etwaigen Schulden einer GmbH & Co. KG haften die Komplementär-GmbH nur mit dem Gesellschaftsvermögen der GmbH & Co. KG und die Kommanditisten nur in Höhe ihrer Einlagen.

Das Eigenkapital der GmbH & Co. KG wird – wie bei jeder Kommanditgesellschaft – von den Komplementären, hier die GmbH, und den Kommanditisten aufgebracht. Die Geschäftsführungs- und Vertretungsbefugnis liegt, wie bei KGs üblich, bei den Komplementären. Da der einzige Komplementär eine Kapitalgesellschaft ist, übernimmt sie auch die Geschäftsführung der GmbH & Co. KG. Als Geschäftsführer können aber immer nur natürliche

Personen eingetragen sein, so dass Mitarbeiter der GmbH von dieser als Geschäftsführer der GmbH & Co. KG eingesetzt werden. Anfallende Gewinne oder Verluste werden genauso verteilt, wie bei klassischen Kommanditgesellschaften üblich.

Die Rechtsform der GmbH & Co. KG wird nicht uneingeschränkt positiv bewertet: Aufgrund der Haftungsbeschränkung ist die Kreditwürdigkeit nicht so hoch wie bei einer klassischen Kommanditgesellschaft. Zudem hat die Rechnungslegung wie bei einer Kapitalgesellschaft zu erfolgen.

Was ist eine Stille Gesellschaft?

Die stille Gesellschaft hat wiederum gewisse Ähnlichkeiten mit einer Kommanditgesellschaft. Auch bei dieser ist mindestens ein Gesellschafter in seiner Haftung auf die Höhe seiner Kapitaleinlage beschränkt. Der stille Gesellschafter tritt aber – im Gegensatz zu einem Kommanditisten – nicht nach außen in Erscheinung. Dementsprechend ist diese Unternehmensform auch für außenstehende Dritte nicht erkennbar. Vielmehr engagiert sich in einer bereits bestehenden Personengesellschaft (Ausnahme: GbR) ein »stiller Gesellschafter«. Dieser leistet mit seinem Eintritt eine Einlage, die in das Vermögen der bisherigen Gesellschaft übergeht.

Die stille Gesellschaft ist in den §§ 230 bis 237 HGB geregelt. Dort findet sich, dass der stille Gesellschafter von der Geschäftsführung ausgeschlossen ist. Er hat lediglich ein Kontrollrecht und haftet nur in Höhe seiner Einlage, aber nicht unmittelbar und nicht gesamtschuldnerisch. An einem anfallenden Gewinn wird der stille Gesellschafter »angemessen« beteiligt, eine Beteiligung am Verlust kann vertraglich ausgeschlossen werden.

Der Vorteil einer stillen Gesellschaft liegt für die Inhaber einer existierenden Gesellschaft zum einen in der Möglichkeit, weiteres Eigenkapital bzw. neue Fachkompetenzen in das Unternehmen aufzunehmen. Gleichzeitig ist kein Verlust der eigenen Machtposition, z.B. Geschäftsführungs- und Vertretungsbefugnis, zu befürchten. Die Rechtsform der bestehenden Gesellschaft wird nicht berührt, umgekehrt kann der neue Gesellschafter keinen positiven Einfluss in der Außenwirkung bewirken.

Beispiel:
Unter dem Namen »Eigenkapital für den breiten Mittelstand« bietet eine Initiative der Bayerischen Landesregierung zusammen mit der KfW Mittelstandsbank, der Bayerischen Garantie Gesellschaft (BGG) und der Bayerischen Beteiligungsgesellschaft (BayBG) mittelständischen Unternehmen Eigenkapital im Umfang von einer Million bis zu fünf Millionen Euro. Die Beteiligung, die in Form einer stillen Beteiligung erfolgen kann, soll zur Finanzierung zusätzlicher Wachstumsmaßnahmen, zur Optimierung der Kapitalstruktur oder zur Regelung der Nachfolge eingesetzt werden. Es handelt sich in der Regel um Minderheitsbeteiligungen mit einer Laufzeit zwischen sechs bis acht Jahren. Die Einflussnahme auf die Geschäftsführung ist begrenzt.

Personalplanung

Als ein Bestandteil der Unternehmensplanung fungiert die Personalplanung. Aufgrund ihrer hohen Bedeutung für Betriebsräte und Wirtschaftsausschüsse erhält die Personalplanung an dieser Stelle eine besondere Erläuterung.

Welche Bedeutung hat die Personalplanung?

Die Personalplanung ist für Betriebsräte und Wirtschaftsausschüsse von besonders großem Interesse, da sie direkt die Interessen der Arbeitnehmer tangiert. Nach § 92 Abs.1 Satz 1 BetrVG hat der Arbeitgeber den Betriebsrat rechtzeitig und umfassend über die Personalplanung, insbesondere den gegenwärtigen und künftigen Personalbedarf zu unterrichten.

> **Rechtliche Grundlage: § 92 Abs. 1 BetrVG**
> Der Arbeitgeber hat den Betriebsrat über die Personalplanung, insbesondere über den gegenwärtigen und künftigen Personalbedarf sowie über die sich daraus ergebenden personellen Maßnahmen und Maßnahmen der Berufsbildung an Hand von Unterlagen rechtzeitig und umfassend zu unterrichten. Er hat mit dem Betriebsrat über Art und Umfang der erforderlichen Maßnahmen und über die Vermeidung von Härten zu beraten.

Es handelt sich hierbei um ein Unterrichtungs- und Beratungsrecht, kein Mitbestimmungsrecht. Der Betriebsrat kann zudem nach § 92 Abs. 2 BetrVG dem Arbeitgeber selbst Vorschläge für die Einführung einer Personalplanung und ihre Durchführung machen.

> **Wichtig!**
> Wirtschaftsausschüssen dient im Rahmen der wirtschaftlichen Angelegenheiten nach § 106 Abs. 3 BetrVG die Personalplanung als Frühwarninstrument über mögliche Rationalisierungsvorhaben, Einführung neuer Arbeitsmethoden, Einschränkung oder Stilllegung von Betrieben oder von Betriebsteilen, Verlegung von Betrieben oder Betriebsteilen, mögliche Zusammenschlüsse oder Spaltungen von Unternehmen oder Betrieben oder mögliche Änderungen der Betriebsorganisation oder des Betriebszwecks.

Zur Personalplanung gehören insbesondere Maßnahmen der Personalbeschaffung (z.B. der Einsatz von Leiharbeitnehmern), der Personalentwicklung (z.B. Schulungsmaßnahmen, vgl. auch §§ 96 bis 98 BetrVG 1972), des Personalabbaus (z.B. Maßnahmen nach § 111 BetrVG) und des Personaleinsatzes. Die Personalplanung bezieht sich auf den gegenwärtigen und künftigen qualitativen und quantitativen Personalbedarf, allerdings sind Fragen der Personalbedarfsplanung, insbesondere ob der Personalbestand vergrößert oder verkleinert werden soll, nicht beratungspflichtig.

Die Vorlage von Personalplanungsunterlagen soll dem Betriebsrat die Prüfung ermöglichen, ob die vom Arbeitgeber für seine Personalplanung genannten Gründe auch tatsächlich zutreffen.

Wichtig!
Der Betriebsrat muss bereits im Planungsstadium einbezogen werden, damit noch eine Möglichkeit der Einflussnahme besteht. Der Wirtschaftsausschuss unterstützt dabei den Betriebsrat als Dienstleister für wirtschaftliche Angelegenheiten, wie z.B. zur ökonomischen Überprüfung der Personalkostenplanung.

Grundsätzlich spielen bei der Personalplanung folgende Aspekte eine große Rolle:

- Personalausgangslage,
- Personalbedarfsplanung,
- Personalbeschaffungsplanung,
- Personalentwicklungsplanung,
- Personalabbauplanung,
- Personaleinsatzplanung und
- Personalkostenplanung.

Welche Informationen beschreiben die Personalausgangslage?

Damit der Betriebsrat einen Überblick zur personellen Ist-Situation erhält, sollte er regelmäßig – monatlich oder vierteljährlich – folgende Angaben erhalten:

- Wie viele Arbeitnehmer arbeiten aktuell je Organisationseinheit, betrieblichen Standorten und Eingruppierungsklassen im Unternehmen?

- Wie setzt sich die Belegschaft zusammen? Dabei interessiert die Zusammensetzung nach Frauen, Männern, Vollzeit-/Teilzeitbeschäftigten, unbefristeten/befristeten Arbeitsverträgen, Anzahl der Tarifangestellten, Anzahl der Auszubildenden und deren Ausbildungsstand, Hierarchiestufen.
- Wie sieht die Altersstruktur der Belegschaft aus?
- Gibt es Quoten oder Zielvorgaben für die Besetzung von Stellen?
- Gibt es eine Diskriminierung gegenüber Frauen oder Behinderten?
- Gibt es anstehende Einstellungen, für wann und welche Positionen?
- Gibt es anstehende Entlassungen, für wann und welche Positionen?
- Welche Mitarbeiter sind bei aktuell anstehenden Entlassungen konkret betroffen?
- Welche Maßnahmen wurden bereits für diese Mitarbeiter getroffen?
- Wie hoch ist die geleistete Mehrarbeit je Mitarbeiter?
- Wie viele Mitarbeiter von Fremdfirmen sind im Einsatz? Zu den Fremdarbeitern zählen die Leiharbeitnehmer, mit Werkverträgen Beschäftigte, externe Berater, freie Mitarbeiter o. ä.

Welche Informationen beschreiben die Personalbedarfsplanung?

Im Rahmen der Personalbedarfsplanung werden Personal-Soll- bzw. Personal-Zielgrößen mit der Entwicklung des aktuellen Personalbestandes (Ist) einander gegenübergestellt. Der Saldo ergibt dann die jeweiligen Personalveränderungen. Ist das Soll größer als das Ist, dann führt dies zur Notwendigkeit, Personal zu beschaffen. Umgekehrt wird ein Unternehmen versuchen, sein Personal zu reduzieren, wenn das Soll kleiner ist als die aktuellen Beschäftigtenzahl.

Zu den relevanten Informationen der Personalbedarfsplanung gehören die folgenden Informationen:

- Nach welchen Kriterien wird der Soll-Bedarf an zukünftigen Arbeitskräften ermittelt?
- Wie entwickelt sich das zukünftige operative Geschäft des Unternehmens, aus dem sich die Personalbedarfsplanung ableitet?
- Wie viele und welche Arbeitskräfte benötigt es in der Zukunft?
- Liegt eine Unter- (Soll > Ist) oder ein Überdeckung (Soll < Ist) zum aktuellen Personalbestand vor?

- Welche Bereiche sind von einer Unter- oder Überdeckung besonders betroffen?
- Auf welchen Arbeitsplätzen sollen zukünftig wie viele und welche Arbeitskräfte eingesetzt werden?
- Wie stark ist der Einsatz von Fremdarbeitern vorgesehen?
- Welche Qualifikationen sind zukünftig notwendig?
- Welche Stellenpläne, Qualifizierungsmaßnahmen und neue Stellenbeschreibungen ergeben sich aus den Planungen?

Welche Informationen beschreiben die Personalbeschaffungsplanung?

Betriebsräte und Wirtschaftsausschüsse sollten bei der Überprüfung und Analyse der Personalbeschaffungsplanung die folgenden Informationen hinterfragen:

- Wie können erforderliche neue Mitarbeiter gewonnen werden?
- Über welche Kanäle sollen die neuen Mitarbeiter gefunden werden (z. B. Headhunter, Zeitung)?
- Nach welchen Kriterien werden einzelne Stellen neu besetzt?
- Werden einzelne Stellen nur noch auf Zeit (temporär) besetzt?
- Wie viele Auszubildende werden voraussichtlich übernommen?
- Existieren Maßnahmen für einen internen Stellenmarkt?
- Wie ist der interne Stellenmarkt organisiert?

Die Personalbeschaffung kann intern oder extern erfolgen. Sofern die interne Personalbeschaffung favorisiert wird, stellt sich die Frage, ob die freien Soll-Stellen mit eigenen Mitarbeitern des Unternehmens bzw. Betriebs besetzt werden können. Dies ist oft eine Frage der Qualifikation bzw. der Personalentwicklung.

> **Wichtig!**
> Generell sollte es das Ziel sein, rechtzeitig die schon vorhandenen, eigenen Beschäftigten derart zu entwickeln, dass sie die zukünftigen Anforderungen des Unternehmens erfüllen können. In der Praxis wählen aber viele Firmen den umgekehrten Weg: Sie sparen bei der Personalentwicklung und stellen lieber neue, besser qualifizierte Mitarbeiter ein.

Welche Informationen beschreiben die Personalentwicklungsplanung?

Unter Personalentwicklung sind alle Aspekte und Maßnahmen einzuordnen, die mit der Fort- und Weiterbildung der vorhandenen Beschäftigten zu tun haben. Oft gibt es systematische Karriere- bzw. Entwicklungspfade, in denen festgelegt ist, welche theoretischen Kenntnisse und praktischen Erfahrungen Arbeitnehmer besitzen müssen, um eine bestimmte Aufgaben- bzw. Hierarchiestufe zu erreichen.

Zu den relevanten Informationen zur Planung der Personalentwicklung gehören:

- Welche Qualifikationen werden zur Bewältigung (zukünftiger) Aufgaben benötigt und wie können den Arbeitnehmern des Betriebs fehlende Qualifikationen vermittelt werden?
- Welche Weiterbildungsmaßnahmen müssen wann und in welchem Umfang durchgeführt werden, um die erforderlichen Qualifikationen zu sichern?
- Wie hoch ist das Budget für Weiterbildungsmaßnahmen?
- Wer organisiert die Weiterbildungsmaßnahmen?
- Welche Mitarbeiter erhalten überhaupt Weiterbildungsmaßnahmen? Nach welchen Kriterien werden diese ausgewählt?
- Bei welchen Instituten erfolgen die Weiterbildungsmaßnahmen?
- Gibt es eine spezielle Förderung für Frauen in der Weiterbildung und für ihre Karriere?
- Gibt es eine spezielle Förderung für Behinderte in der Weiterbildung und für ihre Karriere?

Welche Informationen beschreiben die Personalabbauplanung?

Personalreduzierungen führen meist zur Beendigung von Arbeitsverhältnissen, sei es durch Aufhebungsverträge oder auch durch betriebsbedingte Kündigungen. Zur sozialen Absicherung und Unterstützung der Betroffenen sind folgende Fragen von Bedeutung:

- Welche Maßnahmen sind genau vorgesehen?
- Was sind die genauen Gründe für diese Maßnahmen?
- Welche Planungsvorstellungen gibt es kurz-, mittel- und langfristig?

- Welche einzelnen Schritte sind vorgesehen?
- Welche Betriebsteile und / oder Abteilungen sind betroffen?
- Wie viele Arbeitsplätze sollen abgebaut werden?
- Welche Mitarbeiter sind betroffen?
- Welche personellen Auswirkungen hat die Maßnahme?
- Handelt es sich vor allem um ältere oder weibliche Mitarbeiter?
- Handelt es sich vor allem um Mitarbeiter aus unteren Hierarchien?
- Welche Alternativen hat die Geschäftsleitung bisher geprüft? Alternativen sind z.B. Vorruhestand, Frühpensionierung, Altersteilzeit und Teilzeit.
- Aus welchen Gründen sollen Alternativen nicht umgesetzt werden?
- Wie sehen die internen wirtschaftlichen Berechnungen aus?
- Wie sieht die Kosten-Nutzen-Berechnung aus?

Welche Informationen beschreiben die Personaleinsatzplanung?

Die Personaleinsatzplanung hat die Aufgabe, dafür zu sorgen, dass zu einem bestimmten Zeitpunkt in den verschiedenen Organisationseinheiten (Kostenstellen, Abteilungen, Betrieben) eine ausreichende Anzahl von Arbeitnehmern mit den erforderlichen Qualifikationen anwesend sind, damit ein reibungsloser Betriebsablauf gewährleistet ist. Engpässe, die durch eine falsche, oft zu knappe Personalbemessung entstehen, zeigen sich in der Regel in der Personaleinsatzplanung. Dann reichen die vorhandenen arbeitswirksamen Personalkapazitäten nicht aus, den erforderlichen Einsatzbedarf abzudecken. Aushilfen, Leiharbeitnehmer und Überstunden sind dann die Konsequenz.

Wichtige Informationen zur Überprüfung der Personaleinsatzplanung sind:

- Welche Arbeitnehmer müssen zu welchem Zeitpunkt an welchem Arbeitsplatz eingesetzt werden?
- Gibt es Zeiten einer stärkeren Leistungserbringung (sog. Peaks)?
- Welche Maßnahmen werden getroffen, um Engpässe in der Einsatzplanung zu vermeiden?
- Welche Arbeitszeitmodelle werden berücksichtigt?
- Wie sehen die Schichtmodelle bzw. die einzelnen Schichten aus?

Welche Informationen beschreiben die Personalkostenplanung?

Die Personalkostenplanung ist ein wesentlicher Teil der wirtschaftlichen Unternehmensplanung. Sie bietet eine gute Möglichkeit, die gesamte bisherige Personalplanung auf Fehler und Unstimmigkeiten zu überprüfen. Dabei können sich die Arbeitnehmervertreter der folgenden Informationen bedienen:

- Welche Personalkosten werden in welchen Unternehmensbereichen und nach den verschiedenen Eingruppierungen in Zukunft entstehen?
- Wie haben sich die Personalkosten in den letzten drei Jahren pro Unternehmensbereich und Eingruppierung entwickelt?
- Wie entwickeln sich zukünftig das Entgeltsystem und die Vergütungsverordnungen für die unterschiedlichen Beschäftigungsgruppen?
- Welche Kosten ergeben sich aus den Maßnahmen der Personalbeschaffung?
- Welche Kosten ergeben sich aus den Maßnahmen des Personalabbaus?
- Welche Kosten ergeben sich aus den Maßnahmen der Personalentwicklung?
- Wie hoch ist das Entgelt in der niedrigsten Vergütungsgruppe?
- Ist es für vollzeitig Beschäftigte existenzsichernd, auch wenn sie nach allen anderen lohnsteigernden Kriterien (z.B. Altersgruppen, Betriebszugehörigkeit) jeweils in der niedrigsten Stufe sind?
- Wie ist der Abstand zwischen den einzelnen Vergütungsgruppen?
- Nimmt die Differenz in den oberen Bereichen zu? (D.h., wer im oberen Bereich eingruppiert ist, bekommt bei einer Höhergruppierung mehr dazu als jemand, der unten eingruppiert ist und höher gruppiert wird).
- Wofür gibt es Zulagen und Zuschläge?
- Nach welchen Kriterien werden Leistungszulagen vergeben? Existieren Diskriminierungsmöglichkeiten nach dem Geschlecht?
- Können sie Männern und Frauen in gleichem Maße zugutekommen?

Was ist zu tun, wenn der Arbeitgeber seiner Auskunftspflicht nicht nachkommt?

Kommt der Arbeitgeber seiner Informationspflicht bei der Personalplanung nicht oder unvollständig nach, kann der Betriebsrat seinen Auskunftsanspruch zunächst im arbeitsgerichtlichen Beschlussverfahren unmittelbar geltend machen. Hierfür kann in Eilfällen auch eine einstweilige Verfügung genutzt werden.

Außerdem kann der Betriebsrat nach § 121 BetrVG für die dort genannten Auskunftsansprüche ein Ordnungswidrigkeitsverfahren einleiten und bei häufigen Verstößen wegen grober Pflichtverletzung nach § 23 Abs. 3 BetrVG gegen den Arbeitgeber vorgehen.

Rechte und Pflichten des Wirtschaftsausschusses und seiner Mitglieder

Der Wirtschaftsausschuss ist grundsätzlich ein unselbstständiges Hilfsorgan des Betriebsrats bzw. des Gesamtbetriebsrats. Diese Gremien errichten den Wirtschaftsausschuss und entscheiden über seine Zusammensetzung. Der Wirtschaftsausschuss kann nicht vom Betriebsrat bzw. Gesamtbetriebsrat losgelöst existieren. Aus dieser unselbstständigen Stellung ergibt sich auch, dass es Aufgabe des Betriebsrats bzw. des Gesamtbetriebsrats ist, die Rechte des Wirtschaftsausschusses gegenüber dem Unternehmer durchzusetzen. Insoweit ist der Wirtschaftsausschuss den sonstigen Ausschüssen vergleichbar. Sein Wirkungsbereich liegt anders als bei den Ausschüssen aber auf Unternehmensebene.

Welche Voraussetzungen gelten für die Bildung eines Wirtschaftsausschusses?

In einem Unternehmen mit mehr als 100 Arbeitnehmern soll ein Wirtschaftsausschuss gebildet werden. Dies ist nach dem BetrVG eine Sollpflicht, nachdem theoretisch in jedem Unternehmen mit mehr als 100 ständig beschäftigten Arbeitnehmern ein solcher Ausschuss zu gründen ist.

> **Rechtliche Grundlage (§ 106 Abs. 1 Satz 1 BetrVG)**
> In einem Unternehmen mit in der Regel mehr als einhundert ständig beschäftigten Arbeitnehmern ist ein Wirtschaftsausschuss zu bilden.

Bei der Ermittlung der Beschäftigtenzahl gelten verschiedene Regelungen:

- Es gilt die normale Beschäftigungszahl des Betriebs und nicht die durchschnittliche Beschäftigtenzahl eines bestimmten Zeitraumes (LAG Berlin v. 25.4.1988 – 9 TaBV 2/88, LAGE § 106 BetrVG 1972 Nr. 1).
- Es gilt die Zahl aller beschäftigten Arbeitnehmer, und nicht nur jener, für die ein Betriebsrat besteht (LAG Köln v. 21.2.2001 – 7 TaBV 59/00, AuR 2001/281).

- Befristete Beschäftigte zählen dann in die Beschäftigungszahl, wenn der Arbeitsplatz auf Dauer besteht (LAG Berlin v. 6.12.1989 – 2 TaBV 6/89, DB 1990/538).
- Auch Leiharbeitnehmer, deren jeweiligen Arbeitsplätze auf Dauer bestehen, sollen laut neueren Kommentaren zum BetrVG den »ständig« beschäftigten Arbeitnehmern hinzugerechnet werden (siehe DKKW § 106 Rn. 11f.).
- Auszubildende, die das 18. Lebensjahr vollendet haben, gehören gemäß §§ 5, 7 BetrVG zu den ständigen wahlberechtigten Arbeitnehmern und sind mangels entgegenstehender Anhaltspunkte auch i.s. des § 106 BetrVG anzusehen (LAG Niedersachsen v. 27.11.1984 – 8 TaBV 6/84, BB 1985/2173).

Fällt die Anzahl der Beschäftigten noch vor Ende der Amtszeit des Wirtschaftsausschusses erheblich unter die 100 Arbeitnehmer, so endet die Amtszeit nicht automatisch, sondern erst mit der Beendigung der Amtszeit des Betriebsrats, der die Mitglieder des Wirtschaftsausschusses bestimmt hat. Bis dahin bleibt die Existenz des Wirtschaftsausschusses unberührt, auch wenn in dem Unternehmen nunmehr weniger als 100 Arbeitnehmer ständig beschäftigt sind (Hessisches LAG v. 17.8.1993 – 4 TaBV 61/93, AuR 1994/108).

Unternehmensleitung ⟶ Betriebsrat ⟶ Wirtschaftsausschuss

Abbildung 46: Wirtschaftsausschuss im Einbetriebs-Unternehmen mit über 100 Mitarbeitern

Hat ein Unternehmen langfristig weniger als 100 Arbeitnehmer, dann besteht kein gesetzliches Recht zur Bildung eines Wirtschaftsausschusses. Zwei Möglichkeiten bieten dem Betriebsrat aber dennoch die Chance für ein Analyseinstrument über die wirtschaftlichen Angelegenheiten:

1. Den Abschluss einer freiwilligen Betriebsvereinbarung (vgl. § 88 BetrVG). Der Betriebsrat kann versuchen, eine Betriebsvereinbarung zur Bildung eines Wirtschaftsausschusses mit dem Arbeitgeber zu verhandeln. Dabei sollten soweit wie möglich die Rechte eines echten Wirtschaftsausschusses integriert werden.
2. Der Betriebsrat als Datensammler und -analyst. Nach § 80 BetrVG ist der Betriebsrat zur Durchführung seiner Aufgaben rechtzeitig und umfassend vom Arbeitgeber zu unterrichten. Dies beinhaltet auch Informationen zur

wirtschaftlichen Lage (auch in Verbindung mit §§ 43, 92a und 110 BetrVG). Ferner kann der Betriebsrat nach § 80 Abs. 3 Sachverständige hinzuziehen und nach § 37 Abs. 6 BetrVG Schulungen besuchen. Damit hat er die Möglichkeit, eigenständig – auch ohne einen speziellen Wirtschaftsausschuss – die wirtschaftliche Lage zu untersuchen und zu bewerten.

Wichtig!
Der Wirtschaftsausschuss wird nicht auf der Ebene des Betriebs, sondern auf der Ebene des Unternehmens errichtet. Hat daher ein Unternehmen mehrere Betriebe, so ist das Unternehmen das gemeinsame Dach für diese Betriebe und der Gesamtbetriebsrat bildet für das Unternehmen den Wirtschaftsausschuss.

Der Gesamtbetriebsrat hat also im Falle einer Unternehmensstruktur mit mehreren Betrieben das alleinige Recht, einen Wirtschaftsausschuss zu bilden. In den lokalen Betrieben existiert nur ein Betriebsrat, es gibt keinen gesetzlichen Anspruch für einen lokalen Wirtschaftsausschuss.

In Unternehmen, in denen mehrere Betriebsräte bestehen, die aber unzulässigerweise keinen Gesamtbetriebsrat gebildet haben, kann der Wirtschaftsausschuss nicht errichtet werden. Hierzu hat weder der jeweilige Betriebsrat noch die Gesamtheit der Betriebsräte auf Unternehmensebene die Kompetenz. Existieren aber in einem Unternehmen mehrere Betriebe, die jeder für sich einen Betriebsrat gründen könnten, und ist aber nur in einem Betrieb ein solcher Betriebsrat gebildet worden, dann kann dieser eine Betriebsrat selbst einen Wirtschaftsausschuss nach § 107 Abs. 2 Satz 1 BetrVG errichten.

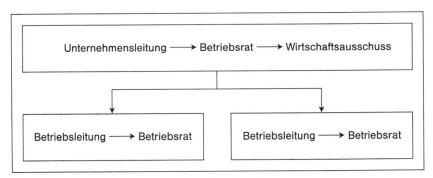

Abbildung 47: Wirtschaftsausschuss in Mehrbetrieb-Unternehmen

Das heißt aber nicht, dass die lokalen Betriebe und ihre Arbeitnehmervertreter, die Betriebsräte, damit keinen Anspruch auf die Information über die wirtschaftliche Lage haben. Vielmehr sollten die Informationen und Analysen des GBR-Wirtschaftsausschusses über den Gesamtbetriebsrat in die einzelnen Betriebsratsgremien transportiert werden. Dies regelt auch § 106 Abs. 1 BetrVG, nachdem der Wirtschaftsausschuss den Betriebsrat zu unterrichten hat.

Leider zeigt die Praxis aber immer wieder Kommunikationsprobleme zwischen manchen GBR-Wirtschaftsausschüssen und lokalen Betriebsräten. Im GBR-Wirtschaftsausschuss vorhandene, für lokale Betriebsräte wichtige Daten werden gar nicht, zu spät oder unzureichend an die lokalen Kollegen weitergeleitet. Dies behindert die Arbeit der lokalen Betriebsräte. Ist die Kommunikation daher bleibend gestört, so sollte sich der lokale Betriebsrat selbst die wirtschaftlichen Daten für seinen Betrieb organisieren. Hierzu hat er verschiedene Möglichkeiten:

1. Wie bereits gesehen, hat der Betriebsrat auch ohne einen Wirtschaftsausschuss eigene Rechte, um an Daten über die wirtschaftliche Lage zu kommen. Zu den Grundlagen gehören die §§ 80 Abs. 2, 92a und 111 BetrVG.
2. Zudem kann jeder Betriebsrat nach § 28 BetrVG mit Betrieben mit mehr als 100 Arbeitnehmern Ausschüsse bilden und ihnen bestimmte Aufgaben übertragen. Mit anderen Worten: Auch wenn ein Wirtschaftsausschuss auf der Ebene des GBR existiert, kann ein lokaler Betriebsrat einen eigenen Ausschuss für wirtschaftliche Angelegenheiten gründen.

Ebenso kann der Betriebsrat oder Gesamtbetriebsrat mit der Mehrheit seiner Mitglieder (mindestens neunköpfiger BR) auf die Bildung eines Wirtschaftsausschusses verzichten und die Aufgaben des Wirtschaftsausschusses einem Ausschuss des Betriebsrats oder dem Betriebsausschuss übertragen (§ 107 Abs. 3 BetrVG). Die Zahl der Mitglieder dieses Ausschusses darf die Zahl der Mitglieder des Betriebsausschusses nicht überschreiten. Der Betriebsrat kann jedoch weitere Arbeitnehmer einschließlich leitender Angestellten in den Ausschuss berufen. Die Höchstzahlen an Mitgliedern dieses Ausschusses liegen zwischen zehn (ab neun bis 15 BR/GBR Mitglieder) und 22 (ab 37 BR/GBR Mitglieder).

Betreiben mehrere Unternehmen einen einheitlichen Betrieb mit mehr als 100 Arbeitnehmern, dann ist ein Wirtschaftsausschuss zu bilden, selbst wenn keines der Einzelunternehmen mehr als 100 Arbeitnehmer beschäftigt (BAG v.1.8.1990 – 7 ABR 91/88 – Gemeinschaftsbetrieb mehrerer Unternehmen).

Viele Betriebsräte befinden sich gar in einer Konzernstruktur. Daher stellt sich auch die Frage nach einem Konzernwirtschaftsausschuss:

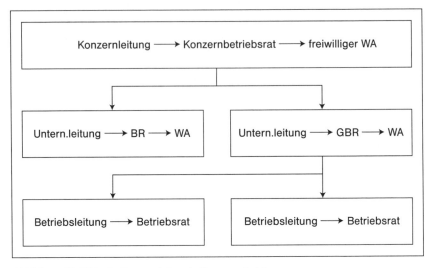

Abbildung 48: Wirtschaftsausschüsse in Konzernstrukturen

Einen rechtlichen Anspruch auf die Bildung eines Konzernwirtschaftsausschusses besteht nach dem Gesetz nicht (BAG v. 23.8.1989 – 7 ABR 39/88). Doch in vielen Konzernen wurde ein solcher Wirtschaftsausschuss auf Basis freiwilliger Vereinbarungen gebildet. Alternativ kann ein Konzernbetriebsrat wie oben gezeigt, nach § 28 BetrVG einen Ausschuss bilden, um die laut § 80 Abs. 2 BetrVG vom Konzernvorstand zu liefernden Wirtschaftsdaten auszuwerten (DKKW, § 106 Rn. 17).

Das Betriebsverfassungsgesetz kommt aufgrund des sog. Territorialgrundsatzes nur für Unternehmen mit Sitz im Inland zur Anwendung. Demzufolge kann also in einem Unternehmen mit Sitz im Ausland kein Wirtschaftsausschuss gegründet werden! Hat dieses »ausländische« Unternehmen jedoch in Deutschland einen oder mehrere Betriebe, welche die Voraussetzungen des § 106 BetrVG erfüllen, kann der Wirtschaftsausschuss gebildet werden (BAG v. 31.10.1975 – 1 ABR 4/74 – Wirtschaftsausschuss auch für inländische Unternehmensteile).

Welche Amtszeit hat ein Wirtschaftsausschuss?

Der Wirtschaftsausschuss ist eine ständige Einrichtung. Er selbst hat keine feste Amtszeit, nur seine Mitglieder werden für eine bestimmte Dauer, in der Regel vier Jahre, in den Ausschuss entsandt. Die Amtszeit der Wirtschaftsausschussmitglieder endet mit der Beendigung der Amtszeit des Betriebsrats bzw. Gesamtbetriebsrats.

Wie setzt sich ein Wirtschaftsausschuss zusammen?

Die Zusammensetzung des Wirtschaftsausschusses ergibt sich aus dem BetrVG:

> **Rechtliche Grundlage (§ 107 Abs. 1 BetrVG)**
> Der Wirtschaftsausschuss besteht aus mindestens drei und höchstens sieben Mitgliedern, die dem Unternehmen angehören müssen, darunter mindestens einem Betriebsratsmitglied.

Es ist vom Gesetzgeber nicht zwingend vorgeschrieben, Ersatzmitglieder zu berufen. Die Rechtsprechung hat dies aber für zulässig erachtet, da ein wesentliches praktisches Bedürfnis besteht und dies im Betriebsverfassungsrecht üblich ist.

Der Wirtschaftsausschuss ist kein direkter Bestandteil des Betriebsrats, sondern dessen Hilfsorgan und Dienstleister, der auch von Nicht-Betriebsräten besetzt werden kann. Aber Achtung: Mindestens ein Mitglied des Wirtschaftsausschusses muss Betriebsratsmitglied sein!

Die Möglichkeit der Aufnahme von Mitgliedern in den Wirtschaftsausschuss, die nicht im BR sind, ermöglicht es, dass z.B. gerade auch Experten aus dem Rechnungswesen (d.h. Buchhaltung oder Kostenrechnung), dem Controlling oder aus anderen Fachbereichen in das Gremium integriert werden, um von ihrem internen Wissen zu profitieren. Leider aber zeigt sich auch hier in der Praxis, dass die theoretischen Grundlagen aus dem Betriebsverfassungsgesetz nur selten umgesetzt werden können. Einer der Hauptgründe ist, dass jene Mitglieder des Wirtschaftsausschusses, die nicht Betriebsräte sind, nicht dem Kündigungsschutz nach § 15 Abs. 1 bis 3a KSchG unterliegen.

> **Wichtig!**
> Mitglieder des Wirtschaftsausschusses, die nicht Betriebsräte sind, unterliegen nicht dem Kündigungsschutz. Sie haben nur einen reduzierten Schutz durch das Benachteiligungsverbot des § 78 BetrVG.

> **Tipp!**
> Mitglieder des Wirtschaftsausschusses, die nicht Betriebsräte sind und damit nicht dem Kündigungsschutz unterliegen, sollten eher im Hintergrund des Ausschusses agieren. Gerade in harten Verhandlungen mit dem Arbeitgeber, wie z. B. in der Debatte um Zugang zu Wirtschaftsdaten, empfiehlt es sich, Betriebsräte vorzuschicken. Umgekehrt profitiert der Wirtschaftsausschuss gerade vom Fachwissen der übrigen Mitglieder.

Genauso muss der Wirtschaftsausschuss aufpassen, dass er nicht von zu arbeitgebertreuen Fachleuten unterwandert wird. Daher sollte ein Mitglied des Wirtschaftsausschusses zuerst auf seine persönliche Integrität überprüft werden, danach auf seine fachliche Kompetenz. Der § 107 BetrVG führt ferner aus, dass zu den Mitgliedern des Wirtschaftsausschusses auch leitende Angestellte bestimmt werden können. Dies erweist sich in der Realität als noch schwieriger, da diese dann erst recht zwischen den Stühlen sitzen würden.

Voraussetzung für eine Mitgliedschaft im Wirtschaftsausschuss ist laut § 107 BetrVG, dass die Mitglieder die zur Erfüllung ihrer Aufgaben erforderliche fachliche und persönliche Eignung besitzen. Diese Regelung ist eine Soll-Vorschrift (DKKW, § 107 Rn. 14). Dabei ist unter fachlicher Eignung gemeint, dass jedes Mitglied des Wirtschaftsausschusses über genügend betriebswirtschaftliche Grundkenntnisse verfügt, um die Daten des Arbeitgebers im Auftrag des Betriebsrats analysieren und interpretieren zu können. Die Mitglieder des Wirtschaftsausschusses sollen beispielsweise fähig sein, den Jahresabschluss anhand der gegebenen Erläuterungen zu verstehen und gezielte Fragen zu stellen (BAG v. 18. 7. 1978 – 1 ABR 34/75). Unter persönlicher Eignung versteht man den gesunden Menschenverstand, Zuverlässigkeit, Verschwiegenheit und Integrität.

> **Wichtig!**
> Betriebsräte im Wirtschaftsausschuss, die noch nicht über die fachliche Eignung für die Aufgaben im Wirtschaftsausschuss verfügen, können sich diese nach § 37 Abs. 6 BetrVG durch Schulungen aneignen. Genauso kann der Wirtschaftsausschuss nach § 80 Abs. 3 BetrVG und § 108 Abs. 2 BetrVG Sachverständige hinzuziehen.

Welche Rechtsstellungen haben die Mitglieder des Wirtschaftsausschusses?

Die Tätigkeit im Wirtschaftsausschuss ist ehrenamtlich. Die Vorschriften des § 37 Abs. 2 und 3 BetrVG gelten entsprechend für Mitglieder des Wirtschaftsausschusses. Danach sind die Mitglieder des Betriebsrats von ihren beruflichen Tätigkeiten ohne Minderung des Arbeitsentgelts zu befreien. Versäumnisse der Arbeitszeit, die durch die Teilnahme an Beratungen des Wirtschaftsausschusses entstehen, berechtigen den Arbeitgeber nicht zur Minderung des Arbeitsentgelts.

Zur Anwendung kommt auch das Behinderungs- und Diskriminierungsverbot nach § 78 BetrVG. Demnach dürfen die Mitglieder des Betriebsrats und des Wirtschaftsausschusses u.v.a. in der Ausübung ihrer Tätigkeit nicht gestört und behindert werden. Sie dürfen wegen ihrer Tätigkeit nicht benachteiligt oder begünstigt werden, dies gilt auch für die berufliche Entwicklung. Als Ausnahme des Diskriminierungsverbots gilt der bereits angesprochene fehlende Kündigungsschutz jener Mitglieder im Wirtschaftsausschuss, die gleichzeitig nicht Mitglieder im Betriebsrat sind (§ 15 KSchG und § 103 BetrVG).

Mitglieder des Wirtschaftsausschusses unterliegen nach § 79 Abs. 2 BetrVG der Verschwiegenheitspflicht und Geheimhaltung, so wie es für den Betriebsrat nach § 79 Abs. 1 BetrVG gilt. Demnach sind sie verpflichtet → **Betriebs- und Geschäftsgeheimnisse**, die ihnen wegen ihrer Tätigkeit bekannt geworden sind, nicht zu offenbaren und zu verwerten.

Soweit den Mitgliedern des Wirtschaftsausschusses mit der Durchführung ihrer Tätigkeit Kosten entstehen und sie für die Tätigkeit im Wirtschaftsausschuss notwendig sind, wie z. B. Reisekosten oder Kopierkosten, hat das Unternehmen diese Kosten zu übernehmen. Die rechtliche Grundlage liegt hier auf § 40 BetrVG, der zwar primär nur für den Betriebsrat gilt, doch sinngemäß auf den Wirtschaftsausschuss übertragen werden kann, da der Wirtschaftsausschuss im Auftrag des Betriebsrats handelt.

Welche Schulungsansprüche hat der Wirtschaftsausschuss?

Schulungsansprüche gelten – wie oben gesehen – nur für BR-Mitglieder. Mitglieder des Wirtschaftsausschusses, die nicht Betriebsräte sind, haben keinen direkten Anspruch auf Schulungen (zuletzt BAG v. 11.11.1998 – 7 AZR 491/97).

> **Wichtig!**
> Mitglieder des Wirtschaftsausschusses, die nicht Betriebsräte sind, haben keinen direkten Anspruch auf Schulungen.

Dies bleibt aber rechtlich umstritten. Ausgangsgrund für diese Regelung ist die Annahme, dass man bei den Nicht-BR-Mitgliedern im Wirtschaftsausschuss die Fachkompetenzen erwarten darf. Damit wird jedoch ein sehr hoher Anspruch an die Fachkompetenz der WA-Mitglieder vorausgesetzt. Denn selbst wer in der Buchhaltung tätig ist, hat im beruflichen Alltag nicht unbedingt mit der Analyse eines Jahresabschlusses zu tun, so dass diese Fachkompetenz offen sein kann. Daher wird in manchen Teilen der Fachliteratur sowie zum Teil in der Rechtsprechung der Schulungsanspruch von Nicht-Betriebsräten im Wirtschaftsausschuss dennoch bejaht, um die uneingeschränkte Funktionsfähigkeit des WA zu gewährleisten (siehe Fitting/Kaiser/Heither/Engels, 20. Aufl., RN 19a zu § 107 BetrVG; ebenso DKKW, 14. Aufl., RN 32 zu § 107 BetrVG).

Umgekehrt gilt für Mitglieder des Betriebsrats der § 37 Abs. 6 BetrVG, der ihnen Schulungen zum Erwerb ihrer Kenntnisse für die Arbeit als Betriebsrat ermöglicht (§ 37 Abs. 3 BetrVG sowie BAG vom 6.11.1973 – 1 ABR 8/73, AP Nr. 5 zu § 37 BetrVG). Die Erforderlichkeit eines Schulungsanspruchs muss für BR-Mitglieder nicht gesondert dargelegt werden (LAG Hamm v. 8.8.1996 – 7 SA 2016/95).

Welche Informationsrechte hat der Wirtschaftsausschuss?

Die Informationsrechte des Wirtschaftsausschusses werden in einem ausführlichen Kapitel beschrieben (→ **Informationsrechte**).

Darf der Wirtschaftsausschuss Sachverständige und Gewerkschaftsvertreter zur Erfüllung seiner Aufgaben einbinden?

Sowohl der Unternehmer, als auch der Wirtschaftsausschuss können zu ihren Sitzungen interne und externe Sachverständige hinzuziehen. Für den Unternehmer ergibt sich dieses Recht aus § 108 Abs. 2 BetrVG, nachdem er weitere Personen – auch Sachverständige – zu den Sitzungen mit dem Wirtschaftsausschuss hinzuziehen kann. Die Anzahl und Auswahl dieser Personen liegt im Ermessen des Unternehmers. Das zahlenmäßige Ungleichgewicht, das daraus entstehen kann, wirkt sich nicht zu Lasten des Wirtschaftsausschusses aus, da er seine Entscheidungen selbstständig und intern trifft. Es erfolgt keine Abstimmung oder Überstimmung durch den Unternehmer und dessen Ratgeber.

> **Rechtliche Grundlage (§ 108 Abs. 2 BetrVG)**
> An den Sitzungen des Wirtschaftsausschusses hat der Unternehmer oder sein Vertreter teilzunehmen. Er kann sachkundige Arbeitnehmer des Unternehmens einschließlich der in § 5 Abs. 3 genannten Angestellten hinzuziehen. Für die Hinzuziehung und die Verschwiegenheitspflicht von Sachverständigen gilt § 80 Abs. 3 und 4 entsprechend.

Aus der Norm des § 80 Abs. 3 BetrVG und dem Recht des Betriebsrats, zur Durchführung seiner Aufgaben ebenfalls Sachverständige einbinden zu dürfen, leitet sich auch das Recht des Wirtschaftsausschusses ab, seinerseits im Einvernehmen mit dem Unternehmer Sachverständige beizuziehen.

> **Rechtliche Grundlage (§ 80 Abs. 3 BetrVG)**
> Der Betriebsrat kann bei der Durchführung seiner Aufgaben nach näherer Vereinbarung mit dem Arbeitgeber Sachverständige hinzuziehen, soweit dies zur ordnungsgemäßen Erfüllung seiner Aufgaben erforderlich ist.

Der Sachverständige hat dem Wirtschaftsausschuss die ihm zu Beurteilung der wirtschaftlichen Lage fehlenden fachlichen Kenntnisse zu vermitteln. Seine Zuziehung ist nur dann notwendig, wenn der Wirtschaftsausschuss einzelne seiner gesetzlichen Aufgaben ohne sachverständige Beratung nicht ordnungsgemäß erfüllen kann (BAG v. 18.7.1978 – 1 ABR 34/75).

Der Sachverständige ist wie auch jedes Mitglied des Betriebsrats und Wirtschaftsausschusses nach § 79 BetrVG zur Geheimhaltung verpflichtet. Da die Mitglieder des Wirtschaftsausschusses im Regelfall selbst ausreichende Sachkompetenz haben sollen, ist die Hinzuziehung von Sachverständigen die Ausnahme für komplexere und speziellere Problemkreise. Die Erforderlichkeit des Sachverständigen richtet sich danach, ob der Wirtschaftsausschuss andernfalls seiner Tätigkeit nicht ordnungsgemäß nachgehen kann.

Neben internen oder externen Sachverständigen kann der Wirtschaftsausschuss nach Auffassung des Bundesarbeitsgerichts in Anwendung des § 31 BetrVG auch Gewerkschaftsbeauftragte zu seinen Sitzungen einladen, wenn die Sachkunde des Wirtschaftsausschusses selbst nicht ausreicht (BAG v. 18.11.1980 AP BetrVG 1972 § 108 Nr. 2). Früher setzte dies einen auf die jeweilige Sitzung bezogenen Beschluss voraus. Ein genereller auf die Zukunft gerichteter Beschluss war nicht zulässig (BAG v. 8.3.1983, AB BetrVG 1972 § 108 Nr. 4). Mit der Entscheidung des BAG (DB 90, 1288) ist diese Rechtsprechung als überholt anzusehen. Es genügt jetzt ein genereller Beschluss in der Geschäftsordnung des Wirtschaftsausschusses, der die Teilnahme des Gewerkschaftsbeauftragten an den Sitzungen des Wirtschaftsausschusses regelt. Der WA kann die Hinzuziehung des Gewerkschaftsbeauftragten jedenfalls dann selbst regeln, wenn er hierzu vom BR/GBR ermächtigt ist.

Aus Gründen der Gleichberechtigung kann in entsprechender Anwendung von § 29 Abs. 4 Satz 2 BetrVG der Arbeitgeber einen Verbandsvertreter zu den Sitzungen hinzuziehen (BAG v. 18.11.1980, AP Nr. 2 zu § 108 BetrVG 1972). Dieses Recht besteht unabhängig davon, ob der Wirtschaftsausschuss tatsächlich einen Gewerkschaftsbeauftragten hinzuzieht.

Das BAG hat zudem ein Teilnahmerecht des Schwerbehindertenvertreters gem. § 95 Abs. 4 SGB IX (früher § 25 Abs. 4 Schwerbehindertengesetz) bejaht. (BAG v. 4.6.1987 AP Schwerbehindertengesetz § 22 Nr. 2).

Literatur

Cox P.M., Offermann J.: Wirtschaftsausschuss, Frankfurt a.M., 2004.
Däubler W. u.a.: BetrVG, Frankfurt a.M., 2014 (zit.: DKKW).
Laßmann N., Rupp R.: Handbuch Wirtschaftsausschuss, Frankfurt a.M., 2014.

Rechtsformen

Was versteht man unter einer Rechtsform und welche Bedeutung hat diese für Unternehmen?

Jedes Unternehmen hat eine bestimmte rechtliche Struktur. Mit dieser werden einerseits die rechtlichen Beziehungen zur Umwelt und andererseits Fragen der internen Organisation des Unternehmens selbst geregelt. Dabei ist die Frage nach einer Rechtsform nicht nur während der Gründungsphase von Bedeutung. Auch nach einer Gründung können Entscheidungen über den Wechsel der Rechtsform für ein Unternehmen anstehen, wie z.B. zur Verringerung der Steuerlast oder des Haftungsrisikos, bei einem Wechsel der Gesellschafter oder bei der Umstrukturierung eines Konzerns.

Wichtig!
Auch für Betriebsräte hat die jeweilige Rechtsform des Unternehmens eine große Bedeutung. Je nach Größe und Rechtsform des Betriebs muss ein Unternehmen seine wirtschaftlichen Daten, z.B. Umsatz, Kosten, Rentabilität, Eigentümer sowie Pensionsrückstellungen veröffentlichen. Dabei handelt es sich um die sogenannte Publikationspflicht.

Diese Daten, die meist in Form einer Bilanz, Gewinn- und Verlustrechnung sowie des Anhangs vorliegen, informieren gezielt über die Eigentümerstruktur eines Unternehmens (z.B. beherrschende Konzerngesellschaft oder neue Hauptaktionäre) und können Hinweise auf versteckte, stille Reserven geben.

Die Rechtsform beeinflusst zudem die Höhe und Verwendung des Unternehmensgewinns, das Haftungsrisiko sowie die Glaubwürdigkeit und langfristige Sicherheit eines Unternehmens. Je nach Rechtsform schenken Gläubiger und Banken einem Unternehmen ein größeres Vertrauen und eine höhere Kreditwürdigkeit.

> **Wichtig!**
> Abhängig von der Rechtsform und der Größe eines Unternehmens verfügen die Arbeitnehmer und ihre Vertreter über mehr Möglichkeiten der Einflussnahme. Kapitalgesellschaften haben ab einer bestimmten Anzahl von Beschäftigten z.B. einen Aufsichtsrat, in dem auch Arbeitnehmervertreter ihren Platz haben. Ein Aufsichtsrat kann neben der Kontrolle in manchen Fällen auch der Mitsprache bei wichtigen Unternehmensentscheidungen dienen.

Welche Bestimmungsgründe existieren für die Wahl einer Unternehmensform?

Unternehmensformen und die Gründe für ihre Wahl werden vor allem nach den folgenden Kriterien klassifiziert:

- Eigentümer: Art und Anzahl;
- Eigenkapital: Höhe, Art und Verfügbarkeit;
- Haftungsverhältnisse: für Rechtsansprüche Dritter;
- Ausübung der Unternehmerfunktion: Geschäftsführungsbefugnis und Vertretungsmacht;
- Gewinnverteilung: Verteilung der Gewinne oder Verluste;
- Finanzierungsmöglichkeiten;
- Steuerliche Belastung;
- Kosten der Rechtsform sowie
- Publizitätspflicht.

Je nach Rechtsform eines Unternehmens bezeichnet man die Eigentümer als Gesellschafter, Aktionäre, Komplementäre, Kommanditisten oder als stillen Gesellschafter. Dabei kann es sich um eine einzige natürliche Person, um eine Vielzahl natürlicher Personen oder gar um eine juristische Person handeln.

Unter Eigenkapital (→ **Kapital**) versteht man jene Mittel, die von den Eigentümern eines Unternehmens zu dessen Finanzierung aufgebracht oder als erwirtschafteter Gewinn im Unternehmen belassen wurden. Das Eigenkapital wird dem Unternehmen langfristig zur Verfügung gestellt und ist die Grundlage der Existenzsicherung. Wichtig ist bei der Bewertung einer Rechtsform auch die Übertragbarkeit der Eigenkapitaleinlage bzw. der Beteiligung. Während der Kauf bzw. Verkauf einer Beteiligung bei börsennotierten Aktiengesellschaften (Aktien) über die Börse geschieht, ist dies z.B. bei GmbHs wesentlich schwieriger und zeitintensiver. Obendrein ist die

Übertragbarkeit oft eine existenzielle Frage: So ist es bei Familienunternehmen von großer Bedeutung, was im Erbschaftsfall mit dem in der Firma investierten Vermögen geschieht. Eine Barabfindung der Erben oder eine Aufteilung kann die Existenzgrundlage des Betriebs aufs Schwerste gefährden. Deshalb verlangt auch das Interesse eines Unternehmens, dass die Kapitalgrundlage in solchen Fällen wenig berührt wird.

Die Haftung bildet für die Geschäftsverbindlichkeiten zwischen einem Unternehmen und seinen Zulieferern, Kunden und Gläubigern den wesentlichen juristischen Aspekt und Unterschied zwischen den verschiedenen Unternehmensformen. Betriebswirtschaftlich betrachtet geht es dabei hauptsächlich um die Risikobeschränkung für die Eigentümer: Während der Einzelunternehmer mit seinem gesamten Privatvermögen gegenüber Gläubigern haftet, reduziert sich die Haftung z. B. von Aktionären – also den Eigentümern von Aktiengesellschaften – auf das bereits oben angesprochene gezeichnete Kapital.

Die wichtigste Unternehmerfunktion ist die innengerichtete Führung eines Unternehmens, mit dem Recht, grundlegende Entscheidungen zu treffen und die Unternehmenspolitik kurz- und langfristig zu bestimmen. In diesem Falle spricht man von der sogenannten Geschäftsführungsbefugnis. Dabei unterscheiden sich je nach Rechtsform die Rechte zur Unternehmensführung: Bei einer Einzelunternehmung steht die Führungsberechtigung in engem Zusammenhang mit der rechtlichen Haftung und damit dem Tragen des Unternehmensrisikos. Kapitalbesitz und Geschäftsleitung liegen in den Händen des Eigentümers. Bei den Kapitalgesellschaften ist die Verbindung zwischen Eigentum und Unternehmensführung aufgelöst. Die Entscheidungsbefugnis und die Haftung mit dem Privatvermögen sind nicht mehr in einer Person vereint. Es entstehen eine Reihe komplizierter Führungsprobleme.

Eine weitere Befugnis im Rahmen der Aufgabenteilung zwischen Gesellschaftern eines Unternehmens ist die Vertretungsmacht nach außen. Hierunter versteht man das Verhältnis der Gesellschaft und ihrer Gesellschafter zu dritten Personen. Es gilt zu regeln, wer von den Gesellschaftern befugt ist, mit der Umwelt des Unternehmens Geschäfte abzuschließen.

Je nach Rechtsform können die Eigentümer frei über einen Jahresüberschuss verfügen, muss dieser nach Köpfen und in gleichen Anteilen verteilt werden oder es sind sogar gesetzliche Rücklagen zu bilden. Ferner heißt der ausgezahlte Gewinn manchmal »Dividende«, manchmal auch einfach nur »Gewinn«.

Unter Finanzierungsmöglichkeiten versteht man die Möglichkeiten, in wieweit ein Unternehmen Eigen- und Fremdkapital beschaffen kann. Auch diese hängen von der jeweiligen Rechtsform ab. Den sogenannten Personengesellschaften ist der Zugang zum Kapitalmarkt (z.B. zur Börse oder für Anleihen) verschlossen, so dass sich bei ihnen das Fremdkapital vor allem aus den Forderungen der Gläubiger und aus Bankkrediten ergibt.

Die Rechtsformen werden unterschiedlich besteuert. Dabei unterliegen die Eigentümer einer Einzelunternehmung der privaten Einkommenssteuer, während Kapitalgesellschaften gewerbliche Steuern zahlen.

Jede Rechtsform verursacht verschiedene Kosten. So unterscheiden sich die Beträge für die Unternehmungsgründung, das Mindestkapital oder auch für eventuell anfallende Abschlussprüfungen durch einen Wirtschaftsprüfer. Auch für Veränderungen in der Unternehmensstruktur (z.B. Ein- und Austritt von Gesellschaftern) entstehen je nach Rechtsform verschiedene Kosten.

Die Rechtsform eines Unternehmens bestimmt auch die Notwendigkeit zur Publizität, d.h. die Unterrichtung der Öffentlichkeit über das Betriebsgeschehen, die Lage und Erfolge sowie über die Ursachen der geschäftlichen Entwicklung. Dabei unterliegen nach dem Deutschen Handelsrecht, je nach Größenklassen (§§ 267 und 325 HGB), Kapitalgesellschaften der Pflicht, ihren Jahresabschluss mit dem Lagebericht zu veröffentlichen.

Welche Rechtsformen gibt es in Deutschland?

Die in Deutschland zulässigen Rechtsformen werden v.a. im Handelsgesetzbuch (HGB) aufgeführt, und können von den Unternehmen frei gewählt werden. Man unterscheidet zwischen öffentlichen und privatwirtschaftlichen Unternehmen. Bei den öffentlichen Betrieben handelt es sich um staatliche Betriebe in Marktwirtschaften (auch sog. Staatsbetriebe). Man findet sie vor allem in der Ver- und Entsorgungswirtschaft (Elektrizität, Gas, Wasser, Abfall), Verkehrswirtschaft (Bahn, Schifffahrt, Straße), Kreditwirtschaft (Bundesbank, Landesbank), Informationswirtschaft (Radio, Fernsehen) und Kommunikationswirtschaft (Post, Telefon). Im Unterschied zu den privatwirtschaftlichen Betrieben haben sie andere rechtlichen Grundlagen, Kapitalbeteiligungen und Freiheiten der Selbstbestimmung.

Innerhalb der privatwirtschaftlichen Unternehmen differenziert man weiter zwischen den folgenden Rechtsformen:

- Personengesellschaften: Zu ihnen gehören die Einzelunternehmung, GbR, OHG, KG, die Stille Gesellschaft und die GmbH & Co. KG.
- Kapitalgesellschaften: Hierzu zählen die GmbH, die AG und die KGaA.
- Genossenschaften.

Die einzelnen Rechtsformen werden detailliert in den Kapiteln → **Personengesellschaften** und → **Kapitalgesellschaften** erläutert.

Tipp!
Der einfachste Weg zur Feststellung der Rechtsform des eigenen Arbeitgebers ist die Betrachtung des Briefpapiers des Unternehmens oder die Homepage im Internet. Es ist gesetzlich vorgeschrieben, dass an diesen Stellen sowohl die Rechtsform genannt wird, wie auch die sog. Handelsregisternummer und die genaue Anschrift des Unternehmens. Im Zweifel kann auch beim Handelsregister des Amtsgerichts, an dem das Unternehmen seinen Sitz hat, ein »Handelsregisterauszug« kostenlos und von jedermann eingesehen werden, der verbindlich über Name und Rechtsform Auskunft gibt.

Welchen Einfluss haben die Rechtsformen auf die Arbeit der Betriebsräte und Wirtschaftsausschüsse?

Eigentlich sind die Organisation und die Instrumente des Betriebsrats unabhängig von der Rechtsform des Arbeitgebers. Vielmehr entscheidet die Größe eines Unternehmens mit der Anzahl der Beschäftigten, über die Errichtung des Betriebsrats, die Anzahl der Betriebsräte, die Anzahl der freigestellten Betriebsräte sowie die Bildung eines Konzern- und GesamtBetriebsrats.

Dennoch beeinflusst die Unternehmensrechtsform die tägliche Arbeit des Betriebsrats und der Wirtschaftsausschüsse. Bestimmte Gesellschaften unterliegen der Publizitätspflicht ihres Jahresabschlusses. Je nachdem, ob der Betriebsrat und der Wirtschaftsausschuss bereits aktiv über die Finanzsituation des Arbeitsgebers informiert werden, brauchen sie keine öffentlich zugängigen Informationsquellen für ihre Arbeit. Es gibt aber immer noch genügend Wirtschaftsausschüsse, die erst durch die öffentlichen Quellen die Daten für die eigene Arbeit erhalten. Kapitalgesellschaften bieten zudem den Vorteil für den Betriebsrat, ab einer bestimmten Anzahl von Beschäftigten eigene Vertreter im Aufsichtsrat zu platzieren. Diese verfügen damit nicht nur über einer Kontroll- sondern auch Steuerfunktion.

Die Rechtsform wirkt auf den Grad des Vertrauens Dritter gegenüber der Gesellschaft. Für Gläubiger aus dem Kreis der Zulieferer und Banken ist es von hoher Bedeutung, ob die Geschäftsführung einer Gesellschaft mit ihrem Privatvermögen für ihre Aktivitäten und Entscheidungen gerade steht. Das Vertrauen beeinflusst die Kreditwürdigkeit und die Kosten für Fremdkapital. Diese Art von Vertrauen kann auch die Arbeitnehmer und ihre Vertreter beeinflussen: Haften die Gesellschafter unmittelbar, unbeschränkt und gesamtschuldnerisch, dann werden sie auch alles für die langfristige Existenzsicherung unternehmen. Zudem achten diese Gesellschafter eher auf die langfristigen Ziele und ihre Erreichung, als auf kurzfristige Erfolge und schöne Zahlen. Gerade die Diskussion um den Shareholder Value (→ **wertorientierte Unternehmensführung**) hat die Gefahr verdeutlicht, dass besonders die Vorstände von Aktiengesellschaften den Quartalsergebnissen mehr Bedeutung zumessen als der langfristigen Unternehmensentwicklung.

Während die Arbeitnehmer und ihre Vertreter also bei Rechtsformen mit persönlich haftenden Geschäftsführern von der langfristigen Existenzsicherung profitieren, haben sie es dann umgekehrt auch öfters mit Unternehmenspatriarchen zu tun. Manche – nicht alle – von ihnen sehen den Betriebsrat immer noch als rein störender Faktor. Hier gilt es, die Unternehmer immer mehr auch vom positiven Mehrwert des Betriebsrats und eines Wirtschaftsausschusses für das Unternehmen und nicht nur für die Beschäftigten zu überzeugen. Dies ist unter anderem ein Bestandteil des Betriebsratsmarketings.

Tipp!
Im Internet gibt es verschiedene Dienste, die über die Rechtsform eines Unternehmens informieren: für Unternehmen mit Sitz in Deutschland empfiehlt sich die Adresse www.unternehmensregister.de, wo gegen eine kleine Gebühr die Handelsregisterdaten abgerufen werden können. Da die Pflicht zur elektronischen Veröffentlichung von Unterlagen der Rechnungslegung (Jahresabschluss etc.) seit dem 1.1.2007 europaweit besteht, können diese Daten – allerdings meist kostenpflichtig – online recherchiert werden. Beispiele sind:
- Belgien: www.nbb.be, www.eurodb.be
- Frankreich: www.euridile.inpi.fr
- Großbritannien: www.companieshouse.gov.uk
- Italien: www.infocamere.it
- Niederlande: www.kvk.nl
- Österreich: www.bmj.gv.at, www.handelsregister.at
- Schweiz: www.zefix.ch

Literatur

Bömle M.: Unternehmensfinanzierung, Zürich, 1986.
Sellien R., Sellien H.: Gabler Wirtschafts-Lexikon, Wiesbaden, 1988.
Schmalen H.: Grundlagen und Probleme der Betriebswirtschaft, Stuttgart, 2001.
Wöhe G.: Einführung in die Allgemeine Betriebswirtschaftslehre, München, 1986.

Rentabilität

Manager sprechen immer gerne von der Rentabilität. Doch was bedeutet diese Kennzahl überhaupt? Gibt es vielleicht verschiedene Rentabilitäten und wann ist eine Rentabilität überhaupt gut oder schlecht?

Was bedeutet der Begriff »Rentabilität«?

Der Begriff »Rentabilität« gibt zunächst einmal nichts anderes an als die Verzinsung des eingesetzten Kapitals während einer bestimmten Zeitspanne. Zur Berechnung dieser Verzinsung dient als Formel:

$$\text{Rentabilität} = \frac{\text{Gewinn}}{\text{Eingesetztes Kapital}} \times 100 = x\,\%$$

Spricht man nun von einem »rentablen« Unternehmen, so meint dies, dass das Unternehmen einen Gewinn erwirtschaftet hat. Ob nun allerdings dieser Gewinn ausreichend ist oder nicht, lässt sich erst in Form verschiedener Rentabilitätskennzahlen ermitteln. Diese werden im Folgenden aufgeführt.

Tipp!
Spricht man hingegen von der **Produktivität**, so bezeichnet dies das mengenmäßige Verhältnis zwischen einem »Output« und einem »Input«. Als Output kann in einer Industrieproduktion z.B. die produzierte Menge (z.B. Anzahl Brötchen) genommen werden, der man die Menge an Rohstoffen (z.B. Mehl, Wasser, Salz) oder die Arbeitsstunden der in der Produktion beschäftigten Mitarbeiter gegenüberstellt. Eine Produktivitätssteigerung läge vor, wenn mit einer geringeren Menge an Rohstoffen oder Personaleinsatz (Input) die gleiche Anzahl an Brötchen, oder aber bei gleicher Menge an Rohstoffen oder Personaleinsatz mehr Brötchen als bisher produziert werden können. Bei der Produktivitätsdiskussion wird jedoch die Qualität außer Acht gelassen.

Welche Arten von Rentabilitäten gibt es?

Bei den Rentabilitätskennzahlen unterscheidet man vor allem zwischen den Kapitalrenditen und der Umsatzrendite.
Der Grundgedanke der unterschiedlichen Kapitalrenditen ist die Tatsache, dass es problematisch ist, einen absoluten Gewinnwert als Zielgröße zu definieren. Ist ein Gewinn von 100 000 Euro viel oder wenig? Für manch kleinere Firmen ist 100 000 Euro ein guter Gewinn, doch für Konzerne wäre diese Summe ein eher schlechter wenn nicht sogar gefährlicher Wert. Man ist deshalb dazu übergegangen, den Gewinn relativ zu betrachten, also in ein Verhältnis zu anderen Werten zu setzen. Nimmt man zum Beispiel den Gewinn im Verhältnis zum eingesetzten Kapital, so erhält man eine der Kapitalrentabilitäten, wie die Eigen- und Gesamtkapitalrendite.

Eigenkapitalrentabilität

Aus der Sicht der Unternehmenseigner ist die Eigenkapitalrentabilität oder Eigenkapitalrendite von hoher Bedeutung. Hier wird der Gewinn zum eingesetzten Eigenkapital ins Verhältnis gesetzt:

$$\text{Eigenkapitalrendite} = \frac{\text{Gewinn}}{\text{Eigenkapital}} \times 100 = x\,\%$$

Beispiel:
Ein Unternehmen erwirtschaftet einen Gewinn von 100 000 Euro. Während eine kleine Firma über relativ wenig Eigenkapital verfügt, wie z.B. 250 000 Euro, liegt das Eigenkapital eines großen Unternehmens schnell über 5 000 000 Euro. Die Eigenkapitalrentabilität liegt bei der kleinen Firma bei einem Wert von 40 Prozent, bei der großen Firma bei nur 2 Prozent. Während die kleine Firma einen für ihre Verhältnisse extrem guten Gewinn erzielt, liegt die Verzinsung des Eigenkapitals der großen Firma sogar noch unter den Zinsen einer sicheren Bundesanleihe.

Die Eigenkapitalrendite (englisch: Return on Equity) interessiert vor allem die Anteilseigner, wie z.B. Aktionäre. Hiermit haben sie eine Basis, die Verzinsung ihres im Unternehmen eingesetzten Kapitals mit anderen Anlagemöglichkeiten, z.B. Anleihen, zu vergleichen. Mittelfristig werden sie jene Anlageform wählen, die die höhere Rendite abwirft. Für ein Unternehmen mit zu geringer Eigenkapitalrentabilität (als sehr schlecht gilt zum Beispiel ein Wert unter 6%) kann dies langfristig zu fehlenden Finanzmitteln und damit zu negativen Konsequenzen für die Beschäftigten führen.

Im Vergleich zu anderen Unternehmen einer Branche gilt grundsätzlich: Je höher die Eigenkapitalrendite desto positiver die Beurteilung. Allerdings muss selbst eine relativ geringe Eigenkapitalrendite für sich nicht unbedingt als negativ interpretiert werden, wenn die Gesellschaft diese z.B. in den letzten Geschäftsjahren sukzessive erhöhen konnte, der Trend also positiv ist. Dann lässt sich hieraus interpretieren, dass das Management die Ertragssituation in den Griff bekommt.

Tipp!
Gute Eigenkapitalrentabilitäten beginnen ab 12%, sehr gute ab 15%.

Gesamtkapitalrentabilität

Die Gesamtkapitalrentabilität oder Gesamtkapitalrendite betrachtet sowohl das Eigenkapital als auch das Fremdkapital, also alle lang-, mittel- und kurzfristigen Forderungen Dritter an das Unternehmen (wie z.B. Bankkredite).

$$\text{Gesamtkapitalrendite} = \frac{\text{Gewinn} + \text{Fremdkapitalzinsen}}{\text{Gesamtkapital}} \times 100 = x\%$$

Die Gesamtkapitalrendite ist die gemeinsame Rendite der Eigen- und Fremdkapitalgeber. Daher sind die Fremdkapitalzinsen dem Gewinn hinzuzurechnen. Sie wurden in der gleichen Periode erwirtschaftet, schmälern jedoch als Aufwand den Gewinn.

Die Gesamtkapitalrentabilität interessiert besonders externe Analytiker und Investoren (z.B. Banken), da sie die Verzinsung des gesamten im Unternehmen eingesetzten Kapitals ausdrückt. Dieser Wert hilft einer besseren Beurteilung der Leistungsfähigkeit eines Unternehmens, da darin die lediglich von der Finanzierung ausgehenden Einflüsse eliminiert wurden. Daher lässt sich die Gesamtkapitalrentabilität auch gut mit den Zinssätzen für Fremdkapital vergleichen. Eine über den Fremdkapitalzinsen liegende Gesamtkapitalrentabilität besagt, dass in und mit dem Unternehmen ein höherer Investitionsgewinn erzielt werden kann, als an Zinsen für Fremdkapital zu zahlen sind. Eine weitere Aufnahme von Fremdkapital zur weiteren Gewinnsteigerung und damit zur Erhöhung der Eigenkapitalrentabilität wäre denkbar.

> **Tipp!**
> Da bei den monatlichen Gewinn- und Verlustrechnungen meist nur der Betriebsgewinn (EBIT) errechnet wird, kann notfalls auch mit Betriebsgewinnen im Zähler eine zeitliche Entwicklung überprüft werden.

Umsatzrentabilität

Unter der Umsatzrentabilität oder Umsatzrendite versteht man die Kennzahl, bei der der Jahresüberschuss durch den Umsatz dividiert wird. Die Umsatzrendite zeigt damit an, wie gut sich die Produkte und Dienstleistungen des Unternehmens am Markt verkaufen und wie kostengünstig diese erbracht bzw. hergestellt werden.

$$\text{Umsatzrendite} = \frac{\text{Gewinn}}{\text{Umsatz}} \times 100 = x\,\%$$

Eine Umsatzrendite von 8 Prozent gibt zum Beispiel an, dass von 100 Euro Umsatz 8 Euro als Jahresüberschuss dem Unternehmen übrig bleiben. Die Umsatzrendite ist somit die Gewinnspanne des Unternehmens. Je höher diese ist, desto mehr Spielraum besteht für das Unternehmen, einen möglichen Absatzrückgang, Preisverfall oder eine Kostensteigerung aufzufangen.

> **Tipp!**
> Für die Umsatzrendite existiert keine branchenübergreifende Bewertung. Vielmehr ist die Umsatzrendite branchenspezifisch zu bewerten. Orientierung bieten hierzu die Branchenverbände, Kammern und Gewerkschaften.

Etwa ein Drittel des deutschen Mittelstandes erwirtschaftete jedoch gar keinen Gewinn bzw. sogar negative Umsatzrentabilitäten. Doch selbst mit bescheidenen Umsatzrenditen kann ein Unternehmen eine gute Gesamtkapitalrentabilität erwirtschaften. Voraussetzung ist dabei, dass mit dem Kapitaleinsatz ein hoher Umsatz erreicht wird. Dies ist beispielsweise bei vielen Händlern der Fall. Sie erreichen mit wenig Kapitaleinsatz große Umsätze, so dass sie parallel eine eher bescheidene Umsatzrendite von 1,5 Prozent und eine hohe Gesamtkapitalrendite von über 10 Prozent aufweisen.

> **Tipp!**
> Vorsicht beim Vergleich der Umsatzrenditen verschiedener internationaler Standorte! Hier empfiehlt sich die Verwendung der Berechnung vor Steuern, also einer Umsatzrendite mit dem Gewinn vor Steuern dividiert durch den Umsatz. Dies eliminiert die Effekte der zwischen je nach Staat jeweils unterschiedlichen Unternehmensbesteuerung.

Welche Gefahren resultieren aus Rentabilitätskennziffern?

Die Rentabilitätskennziffern gehören zu den klassischen Instrumenten der Bilanzpolitik. Dennoch sind bei ihrer Verwendung einige Gefahren zu beachten:

- Nicht immer ist ein Bezug zwischen Umsatz und Gewinn gegeben, da der Gewinn auch aus Finanzgeschäften stammen kann.
- Die Basis für die Eigenkapitalrendite ist nicht exakt, da im Eigenkapital bereits der Gewinn (»Jahresüberschuss«) enthalten ist. Manche Wissenschaftler empfehlen daher das Eigenkapital in der Höhe des Vorjahres zu verwenden.
- Die Aussagen über die Rentabilitäten lassen keine Prognose für die Zukunft zu.

Risikomanagement

Was bedeuten die Begriffe »Risiko« und »Risikomanagement«?

Unter dem Begriff »Risiko« ist die Gefahr ungünstiger künftiger Ereignisse zu verstehen, die mit erheblicher, wenn auch nicht notwendigerweise überwiegender Wahrscheinlichkeit erwartet werden. Als derartige Risiken gelten bestandsgefährdende und solche Risiken, die einen wesentlichen Einfluss auf die Vermögens-, Finanz- und Ertragslage des Unternehmens haben. Neben diesen eher finanz- und ertragsorientierten Risiken interessieren den Wirtschaftsausschuss besonders auch die persönlichen und sozialen Risiken für die Beschäftigten. Diese reichen von Einbußen im Gehalt, organisatorischen Veränderungen bis hin zum Verlust des Arbeitsplatzes.

Eine weitere Unterscheidung von Risiken ist jene in die strategischen und operativen Risiken. Operative Unternehmensrisiken sind kurzfristiger Natur und kennzeichnen Verlustgefahren in Teilbereichen unternehmerischen Handelns. Strategische Risiken hingegen umfassen in erster Linie mögliche Gefahren für den Bestand von Unternehmen als Ganzes oder von wesentlichen Unternehmensteilen. Die strategischen Risiken habe oft eine direkte Verbindung zu Risiken der Beschäftigten, da sie hinsichtlich ihrer Intensität und Verlusthöhe gravierend sein können.

Es kann nun aber nicht Sinne der Unternehmensleitung sein, alle Risiken zu vermeiden. Denn Risiken sind auch Chancen! Ein Unternehmen, das z.B. nicht das Risiko eingeht, neue Märkte anzugehen oder neue Produkte / Dienstleistungen anzubieten, verzichtet auf die Chancen, die im Markt liegen. Es gefährdet sogar die langfristige Existenzsicherung für das Unternehmen und die Arbeitsplätze. Da also jede unternehmerische Entscheidung risikobehaftet ist, ist es nicht sinnvoll, Risiken zu vermeiden, sondern nur, sie zu begrenzen und zu managen. Eine wesentliche Voraussetzung hierfür ist die Kenntnis der Risiken in Ausmaß und Eintrittswahrscheinlichkeit. Früherkennungssysteme können dazu dienen, durch frühzeitige Information bessere Entscheidungsgrundlagen zu schaffen und damit Insolvenzen vorzubeugen.

Dies ist die Aufgabe des Risikomanagements. Hierunter versteht man die systematische Vorgehensweise der Unternehmensführung, die Ziele des Unternehmens zu erkennen, analysieren, bewerten und zu steuern.

Welche Bedeutung hat das Risikomanagement für den Wirtschaftsausschuss?

Das Risikomanagement ist für den Wirtschaftsausschuss von hoher Bedeutung. Es bietet diesem eine Reihe wichtiger Funktionen und Daten:

- Wichtige Informationsquelle über alle unternehmensweiten Risiken und damit Basis zur Überprüfung durch den Wirtschaftsausschuss sowie
- Frühwarninstrument über Risiken für das Unternehmen und die Beschäftigten.

Der Wirtschaftsausschuss hat nach § 106 BetrVG auch Anspruch auf die Informationen aus dem Risikomanagement, da die Risiken die verschiedensten wirtschaftlichen Angelegenheiten betreffen können. Diese reichen von der Produktions- und Absatzlage, dem Produktions- und Investitionsprogramm, über die Einführung neuer Arbeitsmethoden, Verlegung von Betrieben oder Betriebsteilen, Zusammenschlüsse oder Spaltungen von Betrieben bis hin zu den Änderungen der Betriebsorganisation.

Dank der Informationen des Risikomanagements kann der Wirtschaftsausschuss die Risikobeurteilung des Managements überprüfen und bewerten. Nicht selten stellt der Wirtschaftsausschuss dabei fest, dass manche Risiken des Unternehmens gar nicht erfasst wurden, ihre Bewertung ungenau ist oder gar das Instrumentarium zur Früherkennung von Unternehmenskrisen in der Unternehmenspraxis nur unbefriedigend gelöst ist. Der Wirtschaftsausschuss kann hier dann nach § 106 Abs. 1 BetrVG eigene Vorschläge einbringen bzw. dem Betriebsrat Anregungen für dessen Vorschläge nach § 92a BetrVG übermitteln.

Beispiel:
Viele Unternehmen betrachten nur ungenügend die Risiken aus Liquiditätsengpässen (→ **Liquidität**), doch können gerade diese sehr schnell das Genick eines Unternehmens brechen. Bei der Planung von Outsourcingmaßnahmen zwecks Senkung der Kosten, werden gerne mögliche Qualitätsmängel oder neue Kostenbelastungen vernachlässigt. Marktausweitungen werden nicht selten in ungenügender Kenntnis des fremden Umfelds projektiert, bei Fusionsphantasien dominieren die Aussichten auf erhebliche geplante Synergieeffekte; unterbewertet bleiben hingegen zu erwartende Unverträglichkeiten der zu verschmelzenden Unternehmenskulturen und daraus resultierende Folgekosten.

Es gibt genügend Beispiele aus den letzten Jahren die zeigen, warum sich der Wirtschaftsausschuss pro-aktiv mit den unternehmerischen Risiken und ihren möglichen Auswirkungen auf die Beschäftigten befassen sollte. Herausragende Negativbeispiele sind mit den Namen der Unternehmen Metallgesellschaft (Fast-Konkurs durch Spekulation mit Öl-Termingeschäften), Südmilch (Missmanagement und fehlende Liquidität), Balsam (Kaschieren von Verlusten und Liquiditätsproblemen mit Luftgeschäften) und Bremer Vulkan (rechtswidriges Verschieben von Subventionen innerhalb des Konzerns) verbunden. Weitere Beispiele sind die Bayerische Hypothekenbank (Riskante Immobiliengeschäfte, Falschbewertung in der Bilanz) und Holzmann (keine ausreichende Absicherung für das große Engagement im riskanten Bauträgergeschäft, verbunden mit Bilanzmanipulationen).

Die Betrachtung von Risiken ist immer auch ein Blick in die Zukunft. Daher haben die Informationen des Risikomanagements der Unternehmensleitung eine Frühwarnfunktion für die Arbeitnehmer und ihre Vertreter. Viele Risiken wachsen erst mit der Zeit zu großen, die Existenz gefährdenden Risiken an. Beispielsweise beachten gerne größere Unternehmen kleinere Wettbewerber nicht als direkte Konkurrenz und verpassen dann den Augenblick, an dem diese Unternehmen zu Gefahren für die eigene Existenz werden. So konnte Microsoft an IBM vorbeiziehen und heute den Weltmarkt der Bürosoftware dominieren. Doch IBM hat nicht daraus gelernt: Jahre später wiederholte sich diese Entwicklung mit dem Computer Lieferanten / Händler Dell, der in kürzester Zeit IBM als Anbieter von PCs überholte.

> **Tipp!**
> Das Thema Risikomanagement hat nicht nur für den Wirtschaftsausschuss eine hohe Bedeutung. Besonders betroffen sind auch die Arbeitnehmervertreter in den Aufsichtsräten.

Im Rahmen ihrer Überwachungsfunktion gegenüber dem Vorstand bzw. der Geschäftsführung haben Arbeitnehmervertreter im Aufsichtsrat zu prüfen, ob das Management alle Maßnahmen getroffen hat, um bestehende und zukünftige Risiken erkennen, analysieren, bewerten und steuern zu können und ob die unternehmensinternen Richtlinien zum Umgang mit Risiken ausreichend sind. Hierzu benötigt der Aufsichtsrat umfassende und aktuelle Informationen über das Risikomanagementsystem des Unternehmens. Bei prüfungspflichtigen Unternehmen kann der Aufsichtsrat auf die Prüfergebnisse des Wirtschaftsprüfers zurückgreifen. Das allein genügt jedoch nicht. Die Überwachungsfunktion des Aufsichtsrats beschränkt sich nämlich nicht auf die Ordnungsmäßigkeit des Jahresabschlusses und des Lageberichts, sondern bezieht sich auf die Tätigkeit des Managements während des gesamten Geschäftsjahres. Daher sind Arbeitnehmervertreter im Aufsichtsrat auch unter haftungsrechtlichen Gesichtspunkten gut beraten, wenn sie sich ausführlich mit dem Risikomanagementsystem des Unternehmens beschäftigen. Unterlassungen in diesem Zusammenhang sind als Verletzung der Sorgfaltspflicht der Mitglieder des Aufsichtsrats zu werten (§ 93 AktG).

Welcher gesetzliche Rahmen existiert für das Risikomanagement?

Gemäß dem durch den Deutschen Bundestag am 5. März 1998 verabschiedeten und am 30. April 1998 im Bundesgesetzblatt verkündeten Gesetz zur Kontrolle und Transparenz im Unternehmensbereich (KonTraG) sind Publikumsgesellschaften verpflichtet, ein System zur frühzeitigen Erkennung bestandsgefährdender Entwicklungen zu errichten.

Rechtliche Grundlage (§ 91 Abs. 2 AktG)
Der Vorstand hat geeignete Maßnahmen zu treffen, insbesondere ein Überwachungssystem einzurichten, damit den Fortbestand der Gesellschaft gefährdende Entwicklungen früh erkannt werden.

Der neue § 91 Abs. 2 AktG fordert von der Geschäftsführung ein angemessenes Risikomanagement. § 317 HGB legt fest, dass bei Aktiengesellschaften mit amtlich notierten Aktien der Abschlussprüfer zu prüfen hat, ob diese Maßnahmen auch in geeigneter Form getroffen worden sind und ob das eingerichtete Überwachungssystem seine Aufgabe erfüllen kann.

Rechtliche Grundlage (§ 317 Abs. 4 HGB)
Bei einer börsennotierten Aktiengesellschaft ist außerdem im Rahmen der Prüfung zu beurteilen, ob der Vorstand die ihm nach § 91 Abs. 2 des Aktiengesetzes obliegenden Maßnahmen in einer geeigneten Form getroffen hat und ob das danach einzurichtende Überwachungssystem seine Aufgabe erfüllen kann.

Die Wirtschaftsprüfer testieren in ihrem Wirtschaftsprüfungsbericht die Funktionalität eines Risikomanagements. Dieser Aspekt ist im Prüfungsbericht gesondert darzustellen und gegebenenfalls um Maßnahmen zur Verbesserung zu ergänzen.

> **Wichtig!**
> Die Regelung des § 91 Abs. 2 AktG gilt analog für GmbHs bei entsprechender Größe, Branche, Struktur usw. Das Risikomanagement ist zudem Bestandteil der Sorgfaltspflicht eines jeden GmbH-Geschäftsführers gemäß § 43 I GmbHG, zum anderen kann dies auch aus den Pflichten der Aufsichtsräte aus dem Corporate Governance Kodex abgeleitet werden.

Am wichtigsten ist aus Sicht des § 91 Abs. 2 AktG die Verpflichtung der Unternehmen, für ein aktives Risikomanagement und eine angemessene Interne Revision (als Überwachungssystem) zu sorgen. Die grundsätzliche Aufgabe des Risikomanagements ist es, Risikopotenziale für das Unternehmen auszumachen und ein entsprechendes Konzept von Gegensteuerungsmaßnahmen bereitzustellen. In Anlehnung an die Unternehmensstrategien und Ziele werden Risiken definiert und zugeordnet. Diese Risiken können einer Analyse unterzogen werden und sind dann gezielt steuerbar. Die Erkenntnisse aus der Risikoanalyse fließen erneut in die Bestimmung der Unternehmensstrategie und in die Zielsetzungen ein. Dabei sind die Grundsätze der erreichbaren Sicherheit und der Wirtschaftlichkeit mit einzubeziehen. Schließlich sollte eine Dokumentation des ganzen Kreislaufes in einem Risikomanagementhandbuch stattfinden.

Die primären Ziele des Risikomanagements sind somit:

- Nachhaltige Erhöhung des Unternehmenswertes;
- Sicherung der Unternehmensziele (leistungswirtschaftliche, finanzielle Ziele usw.);
- Sicherung des künftigen Erfolgs des Unternehmens;
- Optimierung der Risiko-Kosten und
- Verfolgung sozialer Ziele aus der gesellschaftlichen Verantwortung des Unternehmens.

Bedeutsam ist die Erfassung aller Risiken im Unternehmen, also sowohl der unternehmensspezifischen Risiken, wie zum Beispiel dem Qualitätsrisiko bei der Produktion von Babynahrung, als auch die allgemeinen nicht-branchenspezifischen Risiken, wie z.B. das Liquiditätsrisiko. Nur so sind die Vorteile des Risikomanagements, wie z.B. ein unternehmensweites Risikobewusstsein, wirklich auszuschöpfen.

Welche Aspekte betrachtet das Risikomanagement?

Das Risikomanagement versucht die unternehmensweiten Risiken zu erkennen, zu analysieren, zu bewerten und zu steuern. Dies erfordert folgende Arbeitsschritte:

- Risikoidentifizierung,
- Risikobewertung,
- Risikohandhabung bzw. -steuerung und
- Risikodokumentation.

Die Risikoidentifikation stellt den ersten Schritt des Risikomanagements dar. Dieser Phase obliegt die vom KonTraG geforderte systematische Identifikation aller auf das Unternehmen einwirkenden Risiken – insbesondere der bestandsgefährdenden Risiken. Dabei sind die folgenden Risikofelder zu betrachten: Strategische Risiken, Marktrisiken, Finanzmarktrisiken, rechtliche und politische Risiken, personelle Risiken sowie Leistungsrisiken aus der Leistungserbringung / Produktion. Die Risikoidentifikation sucht nicht nur nach den einzelnen Risiken, sondern analysiert jedes Risiko auf seine Ursachen und die Wechselwirkungen auf das Unternehmen.

Nachdem die Risiken im Unternehmen mittels der verschiedenen möglichen Analysepraktiken ermittelt worden sind, ist es im nächsten Schritt erforderlich, diese Risiken in ihrer Auswirkung auf das Unternehmen zu bewerten. Die Bewertung erfolgt klassischerweise einerseits nach der möglichen Schadenshöhe, andererseits nach der Eintrittswahrscheinlichkeit des Schadens. Die Bewertung visualisiert die Wichtigkeit der einzelnen Risiken. Darüber hinaus dient sie der Planung und Vorbereitung zur Risikobewältigung. Für eine erste Beurteilung des originären Risikos können beispielsweise Kriterien wie die potentiellen finanziellen Auswirkungen (z.B. auf die Rentabilität oder die Liquidität) und die Wirkung auf das Image des Unternehmens herangezogen werden. Der Einfluss von Risiken auf die Reputation ist insbesondere wegen seiner strategischen Bedeutung hervorzuheben. Weiterhin kann die Häufigkeit der Entscheidung oder des Sachverhalts, die einem Risiko zugrunde liegen, wichtige Anhaltspunkte für die spätere Beurteilung der Ereigniswahrscheinlichkeit liefern.

Wie bereits gesagt, darf es nicht das Ziel des Unternehmens ein, alle Risiken zu vermeiden, denn Risiken sind auch Chancen! Es muss vielmehr versucht werden, Risiken zu begrenzen und zu managen. Grundsätzlich gibt es mehrere Strategien zum Umgang mit Risiken (Risikohandhabung und -steuerung):

- Risikovermeidung (z. B. Ausstieg aus »gefährlichem« Geschäftsfeld);
- Risikoreduzierung durch ursachenorientierte Minderung der Eintrittswahrscheinlichkeit (z. B. zweiten Server zur Sicherung elektronischer Daten in der Datenverarbeitung) oder eine wirkungsorientierte Minderung der Schadenshöhe (z. B. Substitution von fixen durch variable Kosten);
- Überwälzen von Risiken (z. B. durch eine Versicherung, geeignete Verträge mit Kunden und Lieferanten) oder
- Risiko selbst tragen und Schaffung eines adäquaten Risikodeckungspotenzials (z. B. in Form ausreichender Eigenkapital- und Liquiditätsreserven).

Wichtig!
Wirksames Risikomanagement erfordert dessen vollständige Verankerung in der Organisation des Unternehmens sowie die Einbeziehung aller Mitarbeiter bei der Umsetzung.

Die sich ständig ändernden Umweltbedingungen wirken auch auf die Risikosituation des Unternehmens ein. Das Risikomanagementsystem hat daher durch organisatorische Regelungen – insbesondere eine klare Verantwortungszuordnung – sicherzustellen, dass Risiken frühzeitig identifiziert und regelmäßig bewertet werden. Mit anderen Worten: Alle Mitarbeiter sind für die Risiken des Unternehmens zu sensibilisieren und in ihre Steuerung einzubinden. Weitere Personen sind konkret zu bestimmen, die für die Überprüfung des Risikomanagements verantwortlich sind. Zwischen all diesen beteiligten Personen sollte es zudem Berichtswege geben, die die Informationen über die Risiken (Art, Status und Ursache) von den Betroffenen über die Unternehmensleitung bis in den Aufsichtsrat transportieren.

Eine Institutionalisierung von Risikomanagement kann durch die Einrichtung einer Risikomanagement-Funktion als eigenem Verantwortungsbereich erfolgen, deren Aufgabe in der konkreten Ausgestaltung eines Risikomanagementsystems besteht. Sie fungiert darüber hinaus als Unterstützungsfunktion für die Unternehmensbereiche in Fragen des Risikomanagements.

Die eigentliche Verantwortung für die Umsetzung von Risikomanagement in den Unternehmensbereichen und -prozessen muss beim operativen Management liegen. Diese wird wiederum über die Festlegung von Zuständigkeiten und Verantwortlichkeiten für Risiken und die Kommunikation von Risikosachverhalten in den Bereichen und Prozessen manifestiert. Hierbei kann sinnvollerweise auf Zielverantwortlichkeiten zurückgegriffen werden, die bereits im Unternehmen bestehen.

Die Interne Revision hat als unabhängige Überwachungsinstanz schließlich die Aufgabe, in unregelmäßigen Abständen die Wirksamkeit, Angemessenheit und Effizienz vorgegebener Prozesse zu überprüfen und Schwachstellen aufzuzeigen. Dabei muss die Funktion »Interne Revision« nicht unbedingt von einer eigenen Revisionsabteilung wahrgenommen werden, sondern kann bei Wahrung der Funktionstrennung durchaus anderen fachkundigen internen oder externen Kräften übertragen werden. Die Überwachungsaufgabe der internen Revision ergänzt und unterstützt de facto die externen Überwachungsinstanzen, insbesondere Aufsichtsrat und Abschlussprüfer.

> **Wichtig!**
> Das Risikomanagementsystem ist so zu gestalten, dass der bürokratische Aufwand begrenzt ist und die Flexibilität des Unternehmens nicht durch eine übertrieben restriktive Risikopolitik eingeschränkt wird.

Die Risikodokumentation hat drei Funktionen: Rechenschaft abzulegen, die Maßnahmen des Risikomanagements im Zeitablauf abzusichern und die Prüfbarkeit des Systems zu gewährleisten. Besonders die Wirtschaftsprüfer achten nach § 317 Abs. 4 HGB auf die Dokumentation der Risiken und das hierzu einzurichtende Überwachungssystem. Die Dokumentation der Risiken und ihrer Maßnahmen erfolgt normalerweise in einem »Risiko-Handbuch« mit den folgenden Inhalten:

- Risikopolitische Grundsätze,
- risikoorientierte Verhaltensregeln,
- Risikomanagement-Prozess,
- Risikomanagement-Organisation,
- aktuelles Risikoprofil,
- potenzielle Risiken,
- aktuelle Risiken,
- bestehende Regulative und
- eingeleitete Maßnahmen mit der entsprechenden Begründung.

Wie sollte der Wirtschaftsausschuss beim Thema Risikomanagement vorgehen?

Der Wirtschaftsausschuss sollte sich regelmäßig mit den Risiken des Unternehmens und dem Instrument des Risikomanagements beschäftigen. Dabei geht es zuerst darum zu überprüfen, welche Risiken im Unternehmen existieren und ob ein Risikomanagementsystem eingeführt und betrieben wird und wie dieses beschaffen ist. Die Einsicht in das Risikohandbuch ist hierzu bereits ein erster wichtiger Schritt.

Mindestens einmal im Jahr sollte im Rahmen der Erläuterung und Beratung über die → **Unternehmensplanung** das Risikomanagement der Unternehmensleitung besprochen werden. Es bietet sich an, diesen Termin im letzten Quartal des Geschäftsjahres zu halten, da dann die Planung soweit vorliegen sollte. Zu diesem Anlass geht es neben der Nennung und Diskussion der konkreten Risiken und ihrer Bewertung vor allem um die vorgesehenen Maßnahmen zur Risikovermeidung, Risikobegrenzung und Risikoüberwälzung. Diese Maßnahmen werden mit hoher Wahrscheinlichkeit die Interessen der Beschäftigten wesentlich berühren (§ 106 Abs. 3, Ziffer 10 BetrVG).

In den monatlichen Wirtschaftsausschusssitzungen sollte der Unternehmer lediglich über aktuelle Risiken informieren und über vorgesehene Maßnahmen zur Risikosteuerung mit dem Wirtschaftsausschuss beraten. Sofern diese geplanten Maßnahmen Beteiligungsrechte des Betriebsrats berühren (z.B. Betriebsänderungen gemäß §§ 111 ff. BetrVG), ist der Betriebsrat einzuschalten.

Neben der Ausübung seiner Informationsrechte kann der Wirtschaftsausschuss während oder außerhalb der Gespräche mit dem Arbeitgeber eigene Vorschläge zu für ihn wichtigen Risiken und deren Handhabung führen. Als rechtliche Grundlage dient § 106 Abs. 1 BetrVG sowie über den Betriebsrat § 92a BetrVG. Der Beitrag der Mitglieder des Wirtschaftsausschusses darf nicht unterschätzt werden. Sie verfügen üblicherweise über Kenntnisse aus dem Unternehmen, die anderen Fachleuten und Managementvertretern fehlen. Darüber hinaus bieten sie eine ungewohnte Perspektive an und können damit zu einer Infragestellung alter eingefahrener Denk- und Beurteilungsweisen beitragen. Dies ist wichtig, da viele Entscheider ihre Denk- und Entscheidungswege selten verlassen, mit denen sie bisher Erfolg hatten. Innovationen werden nicht selten ignoriert.

Beispiel:
In Deutschland wurde zunächst kein Hersteller gefunden, der die technischen Entwicklungen für Faxtechnik oder Flachbildschirme unterstützen wollte. Diese Techniken galten als zu riskant oder nicht zielführend. Man hielt lieber an herkömmlichen, durchaus erfolgreichen Verfahren und Produkten fest, obwohl ihr Lebenszyklus bald enden konnte. Erst nachdem andere Hersteller große Erfolge mit diesen Innovationen feierten, folgten Unternehmen aus Deutschland.

Literatur

Baetge J., Jerschensky A.: Frühwarnsysteme als Instrumente eines effizienten Risikomanagements und -Controlling. in: Controlling, Heft 4/5, 1999, S. 171–176.
Müller M.: Praktische Hinweise zum sogenannten Risikomanagement, herausgegeben von der Hans Böckler Stiftung, Arbeitshilfen für Arbeitnehmervertreter in Aufsichtsräten, Nr. 13, 2000.
Romeike F., Finke R.B.: Erfolgsfaktor Risiko-Management, Wiesbaden, 2003.
Wolf K., Runzheimer B.: Risikomanagement und KonTraG, Wiesbaden, 2003.

Rückstellungen

Was sind Rückstellungen?

Durch Rückstellungen werden künftige Risiken vorweggenommen und Mittel zur finanziellen Vorsorge für einen späteren Zeitpunkt gebildet. Es handelt sich um Aufwendungen, die ihren wirtschaftlichen Grund in der laufenden Periode haben, die aber erst in einer späteren Periode zu Auszahlungen oder Mindereinzahlungen führen.

Wirtschaftlich sind sie als Fremdkapital (→ **Kapital**) anzusehen, denn sie sind Schulden des Unternehmens, die sich jedoch noch nicht konkretisiert haben. Sie unterscheiden sich von den Verbindlichkeiten dadurch, dass ihre Fälligkeit und Höhe noch ungewiss ist, während bei den Verbindlichkeiten der Rückzahlungstermin und die -Höhe klar definiert sind.

Wofür können Rückstellungen gebildet werden?

Zur Bildung von Rückstellungen existieren auch laut § 249 HGB verschiedene Möglichkeiten, die sich in gesetzlich zwingend vorgeschriebene Rückstellungen (Pflichtrückstellungen) und gesetzlich erlaubte, aber nicht zwingend vorgeschriebene Rückstellungen (Rückstellungswahlrecht) gruppieren lassen (siehe Abbildung auf folgender Seite).

Das Handelsgesetz gliedert die Rückstellungen für die Bilanz laut § 266 HGB in diese drei Blöcke:

- Rückstellungen für Pensionen und ähnliche Verpflichtungen,
- Steuerrückstellungen und
- Sonstige Rückstellungen.

Möglichkeiten der Rückstellungen

- Ungewisse Verbindlichkeiten: z. B. für Steuernachzahlungen, Jahresabschlusskosten, Garantieverpflichtungen und Pensionen
- Drohende Verluste aus schwebenden Geschäften: z. B. erheblicher Preisrückgang von gekauften, jedoch noch nicht gelieferten Rohstoffen
- Unterlassene Instandhaltung, wenn sie im folgenden Geschäftsjahr innerhalb von drei Monaten nachgeholt wird
- Gewährleistung ohne rechtliche Verpflichtungen (Kulanzaufwendungen)

Abbildung 49: Die Möglichkeiten der Rückstellungen nach § 249 HGB

Was ist wichtig bei Pensionsrückstellungen?

Eine Pensionszusage liegt vor, wenn sich der Betrieb gegenüber einem Arbeitnehmer oder einem Geschäftsführer (GmbH) bzw. Vorstand (AG) verpflichtet, im Versorgungsfall (Alter, Gebrechlichkeit) gewisse laufende Zahlungen zu erbringen. Für solche Zusagen müssen dann Rückstellungen gebildet werden, wenn bestimmte Voraussetzungen erfüllt werden (§ 6a EStG):

- Die Zusage muss betrieblich veranlasst sein.
- Der Berechtigte hat einen Rechtsanspruch auf einmalige oder laufende Pensionsleistungen.
- Die Zusage wurde schriftlich erteilt.
- Die Zusage darf keinen Vorbehalt enthalten, der den Pensionsanspruch vermindern oder entfallen lassen könnte.
- Die Pensionsrückstellung darf erstmals in dem Wirtschaftsjahr passiviert werden, bis zu dessen Mitte der Berechtigte das 30. Lebensjahr vollendet. Zuvor können Pensionen zwar wirksam zugesagt, aber nicht bilanziert werden.

Die Rückstellungen für Pensionen sind von besonderer Bedeutung für Wirtschaftsausschüsse. Hier liegt das Kapital, das die heutigen und zukünftigen Pensionsansprüche der betroffenen Arbeitnehmer finanziert. Wichtig ist deshalb die gute Pflege und klare Zielverwendung dieser Gelder.

> **Tipp!**
> Der Wirtschaftsausschuss sollte überprüfen, ob und wie die Pensionsrückstellungen vom Unternehmen abgesichert wurden.

Unternehmen haben mehrere Möglichkeiten, um zukünftige Versorgungsleistungen zu gewähren und diese abzusichern:

- Abschluss einer Direktversicherung: Das Unternehmen schließt bei einer betriebsfremden Versicherungsgesellschaft eine Versicherung für den Arbeitnehmer ab. Die vom Unternehmen periodisch gezahlten Versicherungsbeträge sind Aufwand der jeweiligen Periode und erscheinen nur in der Gewinn- und Verlustrechnung. Rückstellungen für Pensionen sind in der Bilanz nicht zu bilden. Tritt ein Versorgungsfall ein, so ist das Versicherungsunternehmen Träger der Versorgungsleistungen.
- Zuweisung zu einer Pensions- oder Unterstützungskasse: Unternehmen besitzen die Möglichkeit, rechtlich selbstständige Versorgungseinrichtungen (Unterstützungs- oder Pensionskasse) zu gründen oder sich an solchen zu beteiligen. Auch die periodischen Zahlungen an eine solche Kasse sind Aufwendungen und erscheinen lediglich in der GuV, aber nicht in der Bilanz.
- Unmittelbare Versorgungszusage: Gibt das Unternehmen selbst eine Versorgungszusage, so ist es bei Eintritt des Versorgungsfalles selbst der Verpflichtete. Nur dann sind wirklich Rückstellungen in der Bilanz zu bilden. Zur Absicherung dieser Pensionsverpflichtungen ist der Abschluss einer Rückdeckungsversicherung bei einem externen Versicherer gesetzlich vorgeschrieben. Der jeweilige Aktivwert der Rückdeckungsversicherung wird in der Bilanz aktiviert und findet sich in den sonstigen Vermögensständen.

Die Absicherung der Pensionen ist nicht zu unterschätzen, damit es den Arbeitgebern nicht wie manchem US-amerikanischen Kollegen ergeht, wo in den letzten beiden Jahren durch misslungene Spekulationen der Pensionsfonds Verluste von über 200 Milliarden Dollar entstanden.

Die Betriebswirtschaft bezeichnet die Pensionsrückstellungen auch gerne als »eigenkapitalähnliche Mittel«, da sie dem Unternehmen als langfristige Finanzierungsquelle zur Verfügung stehen. Außerdem werden diese Rückstellungen ja nicht einfach nur auf der Passivseite gebildet, sondern auch auf der Aktivseite im Anlage- oder Umlaufvermögen investiert. In der Praxis übersteigen die Rentenzusagen vieler deutscher Unternehmen bereits ihr gesamtes, eigentliches Eigenkapital. Dies ist z.B. bei den Firmen Thyssen Krupp, Lufthansa, Daimler Chrysler und der Deutschen Post der Fall, wo die Pensionsrückstellungen höher als das gesamte jeweilige Eigenkapital sind. Bei RWE sind die Pensionsverpflichtungen sogar fast doppelt so hoch wie das Eigenkapital.

Warum gibt es Steuerrückstellungen?

Die zweite Bilanzposition der Rückstellungen laut § 266 HGB sind die Steuerrückstellungen. Diese sind zu bilden für die im folgenden Geschäftsjahr zu zahlenden Steuern auf das im laufenden Geschäftsjahr erzielte steuerliche Ergebnis. Auch für das Risiko, dass aufgrund einer Betriebsprüfung Steuern nachzuzahlen sind, sind Rückstellungen zu bilden. Am Bilanzstichtag bereits fällige Steuerzahlungen sind hingegen als Verbindlichkeiten zu buchen, da ihre Höhe schon gewiss ist.

Warum sind die sonstigen Rückstellungen für den WA besonders wichtig?

Die dritte Bilanzposition der Rückstellungen steht für die sonstigen Rückstellungen. Hierzu zählen beispielsweise:

- Rückstellungen für drohende Verluste, wie z.B. aus einem schwebenden Geschäft. Ein solcher Verlust aus einem schwebenden Geschäft droht immer dann, wenn Erträge und Aufwendungen aus demselben noch nicht abgewickelten Geschäft sich nicht ausgleichen, sondern per Saldo ein Verpflichtungsüberschuss besteht.
- Rückstellungen für Kulanzen zielen auf die Behebung von Mängeln an eigenen Lieferungen und Leistungen vor dem Bilanzstichtag ab, wobei sich das Unternehmen auch ohne rechtliche Verpflichtung nicht entziehen kann oder will.
- Rückstellungen für Garantieverpflichtungen sollen das Risiko künftigen Aufwands durch kostenlose Nacharbeiten oder durch Ersatzlieferungen oder aus Minderungen oder Schadenersatzleistungen wegen Nichterfüllung auf Grund gesetzlicher oder vertraglicher Gewährleistungen erfassen.
- Prozessrückstellungen dürfen nur noch für anhängige Prozesse gebildet werden, bei denen das betroffene Unternehmen als Kläger oder Beklagte beteiligt ist.
- Rückstellungen für unterlassene Aufwendungen für Instandhaltung, die im folgenden Geschäftsjahr innerhalb von drei Monaten, oder für Abraumbeseitigung, die im folgenden Geschäftsjahr nachgeholt werden.
- Provisionsrückstellungen und
- Jahresabschluss- und Prüfungsrückstellungen

> **Wichtig!**
> **1.** Trotz vieler gesetzlicher Regelungen hinsichtlich der Rückstellungen nutzen viele Unternehmen die Bildung von Rückstellungen zur Anpassung ihrer Unternehmensgewinne / -Verluste (→ **Bilanzpolitik**). Umso mehr ist der Wirtschaftsausschuss aufgerufen, sich mit den Rückstellungen – z.B. im Rahmen der Bilanzanalyse – zu beschäftigen.
>
> **Wichtig!**
> **2.** Nach § 249 HGB finden sich unter den sonstigen Rückstellungen auch Positionen, die direkt die Arbeitnehmer und deren Vertreter betreffen, wie z.B. Rückstellungen für Prozesskosten und Provisionen.

Literatur

Coenenberg A.G.: Jahresabschluss und Jahresabschlussanalyse, Landsberg / Lech, 2000.
Ossola-Haring C., Cremer U.: Jahresabschluss und Bilanz, Landsberg / Lech, 2001.
Petersen K., Zwirner C.: BilMoG – Das neue Bilanzrecht, München, 2009.

Standortpolitik

Die Entscheidungskriterien für einen neuen Standort bzw. für die Schließung eines Standorts haben immer eine wirtschaftliche Komponente für das Unternehmen mit menschlichen Auswirkungen für die Beschäftigten. Die Wahl des Standorts ist zudem eine langfristige Entscheidung, die nur schwer revidiert werden kann. Sie ist demnach mit besonderer Sorgfalt zu treffen, unter Berücksichtigung einer Vielzahl von Einflussfaktoren.

> **Wichtig!**
> Standortentscheidungen haben meist enorme Auswirkungen für die Beschäftigten. Der Wirtschaftsausschuss hat nach § 106 BetrVG das Recht, Informationen über Standortentscheidungen zu erhalten.

Die Entscheidungskriterien für einen neuen Standort bzw. für die Schließung eines Standorts unterliegen den Informationspflichten des Arbeitgebers an den Wirtschaftsausschuss nach § 106 Abs. 3 BetrVG. Der Paragraph zählt zu den wirtschaftlichen Angelegenheiten, um die sich ein Wirtschaftsausschuss kümmern soll, die Stilllegung und Verlagerung von Betrieben sowie die Änderung der Betriebsorganisation. Viele dieser letztgenannten Themenfelder korrespondieren mit der Frage nach dem betrieblichen Standort eines Unternehmens oder einzelner Unternehmensbereiche.

Was charakterisiert einen Standort?

Unter dem Standort eines Unternehmens versteht man den geografischen Ort, an dem ein Unternehmen seine Produktionsfaktoren einsetzt. Mit anderen Worten: Der Standort liegt dort, wo sich die unternehmerischen Räumlichkeiten, wie z.B. Verwaltungsgebäude, Produktionshallen, Lagerhäuser, Geschäfte und Niederlassungen, befinden. Sind diese Betriebsstätten auf verschiedene Orte verteilt, dann verfügt der Betrieb über mehrere Standorte und man bezeichnet jede Betriebsstätte als individuellen Standort. Insbesondere bei Konzernen verteilen sich die Tochtergesellschaften auf verschiedene nationale und sogar internationale Standorte.

Standortpolitik

Beispiel:
Das Drogeriemarktunternehmen Schlecker hat in Deutschland und im europäischen Ausland mehr als 13 300 Schlecker-Märkte. Jede Filiale ist dabei ein eigener Standort, auch wenn mehrere Filialen dem gleichen Betrieb zugeordnet werden. Bereits alle drei Kilometer finden die Kunden heute einen Schlecker-Markt. Das Unternehmen verfügt über das größte Verkaufsstellennetz aller deutschen Händler.

Wichtig!
Die Standortproblematik betrifft nicht nur die regionale oder internationale Standortwahl, sondern auch innerbetriebliche Standorte. Dabei geht es um die Frage, wo innerhalb eines Betriebs welche Abteilungen räumlich angesiedelt werden.

Welche Einflussfaktoren gibt es für Standorte?

Die Wahl eines geeigneten Standorts stellt sich erstmals bei der Gründung eines Unternehmens. Aber auch während der laufenden Geschäftstätigkeit, beispielsweise wenn eine Verlegung des Standorts, die Errichtung von Niederlassungen oder weiterer Betriebsstätten ansteht, müssen die Unternehmen einen geeigneten Standort finden. Es gibt eine Reihe von Beweggründen für die Beurteilung eines neuen Standorts, die man in drei Gruppen unterteilen kann:

Abbildung 50: Beweggründe der Standortwahl

Besonders in inhabergeführten Unternehmen trifft der Unternehmer die Standortentscheidung gerne aufgrund seiner persönlichen Verhältnisse. Dies ist beispielsweise der Fall, wenn ein Jungunternehmer eine Firma in seiner Heimatstadt gründet, um in der Nähe seiner Familie, seiner Freunde und Bekannten zu sein. Zudem profitiert er von seinem lokalen Netzwerk, was ihm bei der Gründung (z.B. Stadtverwaltung, Hausbank) sowie der Geschäftsentwicklung (z.B. aus Bekannten werden erste Kunden) hilft. Von

Standortpolitik 319

einem gebundenen Standort spricht man, wenn der Standort aufgrund bestimmter materieller Voraussetzungen nicht frei gewählt werden kann. Dies ist etwa bei Bergwerken oder Wasserkraftwerken der Fall, da durch die Natur der Standort des Unternehmens vorgegeben ist.

Bei denjenigen Unternehmen, die Ihren Standort frei wählen können und nicht von persönlichen Verhältnissen beeinflusst sind, kommen vorwiegend wirtschaftliche Erwägungen in Betracht. Sie treffen die Entscheidung für oder gegen einen Standort anhand verschiedener Einflussfaktoren, welche als Standortfaktoren bezeichnet werden. Diese Standortfaktoren können beispielsweise eine gute Verkehrsanbindung oder das Vorhandensein besonders qualifizierter Arbeitskräfte sein. Für manche Branchen ist die Nähe zu Absatzmärkten ein Argument für die Wahl des Standorts.

Ein Unternehmen hat in der Praxis meist eine Vielzahl möglicher Standorte zur Verfügung. Generell gilt es dabei denjenigen herauszuwählen, der dem

Standortfaktoren	Beispiele
Arbeitskräfte Verfügbarkeit der menschlichen Arbeitskraft in erforderlicher Qualität und Quantität; Kosten der Arbeitskräfte	Unternehmen mit hohem Arbeitskräftebedarf (Großunternehmen) Unternehmen mit Bedarf an spezialisierten Arbeitskräften, wie Computerindustrie
Verkehrswege Bindung an die Verkehrsnetze Schiene, Straße, Wasser oder Luft; Transportkosten	Stahlunternehmen haben ihren Standort regelmäßig an Flüssen, da häufig ein Transport per Schiff erfolgt
Absatzmöglichkeiten Kundennähe, die potenzielle Nachfrage, die Preisstruktur und die Möglichkeit der Kommunikation	Bindung der Automobilzulieferindustrie an die Automobilproduktion; Einzelhandelsunternehmen müssen für ihre Kunden erreichbar sein
Konkurrenz Verhalten der Konkurrenz	Das Handelsunternehmer Lidl nimmt gerne Standorte neben dem Wettbewerber Aldi, um von dessen Kundenfrequenz zu profitieren.
Staatliche Rahmenbedingungen Politische Verhältnisse, Rechts- und Wirtschaftsordnung, Verwaltungsgebaren, Infrastruktur	Subventionen, Abschreibungsmöglichkeiten Steuergesetzgebung, Mitbestimmung, Kündigungsschutz, politische Stabilität, gesetzliches Verbot für Tabakwerbung, Verkehrsinfrastruktur
Gesellschaftliche Rahmenbedingungen	Gewerkschaftsmacht, Streikkultur, Freizeitangebot, Ausbildungsqualität

Abbildung 51: Wirtschaftliche Standortfaktoren

Unternehmen den größten Nutzen bringt. Die einzelnen Standortfaktoren dürfen dabei nicht unabhängig voneinander betrachtet werden. Vielmehr entscheiden sie gleichzeitig mehr oder weniger stark über die Attraktivität eines Standorts. So mag ein Standort auf den ersten Blick in Hinblick auf die Lohnkosten höher erscheinen, kann dann aber aufgrund staatlicher Subventionen wieder attraktiv werden.

Welche Argumente sprechen für einen Standort in Deutschland?

Arbeitnehmer und Arbeitnehmervertreter werden immer häufiger mit dem Wunsch des Managements konfrontiert, Standorte aus Deutschland ins Ausland zu verlagern.

Begründet werden diese Maßnahmen, die sich hinter dem Namen »Offshoring« verstecken, mit den hohen Arbeitskosten in Deutschland. So erhielt bei einer Umfrage der Industrie- und Handelskammer (IHK) im Frühjahr 2002 unter mehr als 20 000 Firmen Deutschland als Standort gerade noch die Note »befriedigend«. Hauptgründe waren die hohe Steuerbelastung, die fehlende Flexibilität am Arbeitsmarkt, die Leistungsfähigkeit der kommunalen Behörden sowie das deutsche Bildungsniveau.

> **Wichtig!**
> Bei der Diskussion um die Verlagerungen ins Ausland (»Offshoring«) werden viele Vorteile eines Standorts bewusst oder unbewusst vernachlässigt.

Betrachtet man die folgende Übersicht, so ist der Standort Deutschland weiterhin attraktiv, auch wenn einige Nachteile (z. B. hohe Unternehmenssteuern, langwierige Genehmigungsverfahren und hohe Arbeitskosten) die Euphorie trüben. Der Betriebswirtschaftsprofessor Helmut Schmalen hat bei seiner Presseauswertung zum Industriestandort Deutschland einige sehr interessante Fakten gesammelt.

Standortpolitik

Vorteile eines deutschen Standorts	Nachteile eines deutschen Standorts
• Gute Infrastruktur • Gutes Ausbildungssystem • Erfolgreiche Forschung und Entwicklung • Wertschätzung von Termintreue und Qualität • Zentrale Lage in Europa • Hohe Arbeitsproduktivität • Hohe Lebensqualität und kulturelle Vielfalt • Liberaler Außenhandel • Erstklassige Kreditwürdigkeit • Sozialer Friede und soziale Sicherheit • Hohe Kaufkraft • Rechtssicherheit	• Hohe Arbeitskosten • Hohe Unternehmenssteuern und Sozialabgaben • Langwierige Genehmigungsverfahren (Bürokratie, »Einspruchskultur«) • Umfangreiche Umweltschutzauflagen • Hohe Energiekosten • Umfangreiches Arbeits-, Tarif- und Sozialrecht • Geringe Mobilität der Arbeitnehmer • Innovationsskepsis

Abbildung 52: Vor- und Nachteile eines Standorts in Deutschland

Da es bei der Verlagerung von Standorten aus Deutschland ins Ausland immer um den Verlust von Arbeitsplätzen geht, sollte der Wirtschaftsausschuss als Berater des Arbeitgebers (§ 106 Abs. 1 BetrVG) und als Dienstleister des Betriebsrats intensiv auf seine Unterrichtungsrechte durch den Arbeitgeber hinweisen. Standortentscheidungen werden meist nicht spontan, sondern nach ausführlichen Analysen und Diskussionen getroffen, in denen leider in der Praxis viel zu selten die Arbeitnehmervertreter eingebunden sind.

Tipps an den Wirtschaftsausschuss

Der Wirtschaftsausschuss hat bei anstehenden oder laufenden Standortentscheidungen verschiedene Möglichkeiten zur Intervention:

- Zugriff auf sämtliche Informationen: Auch wenn es in der Praxis selten der Fall ist, so ist der Wirtschaftsausschuss rechtzeitig und umfassend über Standortentscheidungen zu informieren. Die rechtliche Grundlage liefert hierzu § 106 Abs. 3 Satz 10 BetrVG, da Standortentscheidungen in der Regel die Interessen der Arbeitnehmer wesentlich berühren können.
- Frühzeitige Analyse der Auswirkungen: Gründungen oder Verlagerungen von Standorten sind eingehend auf ihre Auswirkungen hin zu analysieren. Zu empfehlen ist eine frühzeitige Teilnahme des Wirtschaftsausschusses bei der Projektplanung, am besten mit einem Vertreter im Ent-

scheidungsgremium. Hierfür liegt jedoch keine gesetzliche Grundlage für den Wirtschaftsausschuss vor.
- Intensive Beachtung der menschlichen Konsequenzen: Standortentscheidungen haben nicht nur wirtschaftliche, sondern auch menschliche Auswirkungen auf die Beschäftigten.
- Laufende Berichterstattung an den Betriebsrat: Damit gegen negative Konsequenzen für die Beschäftigten vorgegangen werden kann, muss der Wirtschaftsausschuss den Betriebsrat laufend über die Inhalte und Auswirkungen anstehender Standortentscheidungen unterrichten. Dieser kann dann im Rahmen seiner Mitbestimmungsrechte aktiv werden.
- Eigene Alternativen: Der Wirtschaftsausschuss sollte nicht nur passiv kontrollierend einwirken, sondern auch aktiv eigene Verbesserungsvorschläge, z.B. für innerbetriebliche Standorte, erarbeiten und kommunizieren. Dies ermöglicht auch der Gesetzgeber mittels § 106 Abs. 1 Satz 2 BetrVG (WA als Berater) sowie über den Betriebsrat mittels § 92a BetrVG.

Literatur

Schmalen H.: Grundlagen und Probleme der Betriebswirtschaft, Stuttgart, 2001.

Total Quality Management

Bei Total Quality Management handelt es sich um einen Managementansatz, der heute in vielen Unternehmen gelebt wird.

Was bedeutet Total Quality Management?

Total Quality Management (TQM) steht für die Idee, dass Qualitätskontrolle nicht darauf beschränkt sein sollte, ans Ende der Produktionskette einen »Qualitätskontrolleur« zu stellen, der das Endresultat prüft. Vielmehr sollte Qualitätskontrolle die ganze Organisation durchdringen – vom Augenblick der Anlieferung der Rohmaterialien bis zum Moment, an dem das Endprodukt das Werk verlässt. Das Total Quality Management, das auch gerne als »Null-Fehler-Prinzip« bezeichnet wird, will die Qualität von Dienstleistungen und Produkten sicherstellen. Denn Qualität gilt als wichtige Voraussetzung für das langfristige Überleben von Betrieben, da Kunden nur dann dem Unternehmen treu bleiben, wenn sie mit der Qualität zufrieden sind. Somit lautet das langfristige Managementziel von TQM die Verbesserung der Qualität in allen Teilbereichen, die da wären: Produktqualität, Effizienz, Produktivität, Zeit und Kommunikation.

Das Total Quality Management berechtigt z.B. jeden Mitarbeiter in einer Produktion, beim Auftreten eines Fehlers ein Fließband zu jeder Zeit unverzüglich zu stoppen, die aufgetretene Störung schnellstmöglich zu beseitigen und deren Ursachen zu analysieren. Das Band soll erst dann wieder anlaufen, wenn das entdeckte Problem dauerhaft behoben ist. Mit anderen Worten: Jeder Beschäftigte und jede Arbeitsgruppe trägt die volle Verantwortung für die Qualität, die sie an den nächstgelagerten Arbeitsschritt weiterleitet. Das TQM vermeidet dadurch bereits in der Planung und in jedem Fertigungsschritt, also sehr früh, etwaige Qualitätsmängel.

Dieser auf den ersten Blick eher produktionsorientierte Managementansatz hat einen ganzheitlichen Anspruch. Besonders das T für »Total« weist auf den ganzheitlichen Gedanken des TQM-Konzeptes hin. Konkret bedeutet das »Total«, dass die gesamte Wertschöpfungskette, vom Lieferanten über den Mitarbeiter bis hin zum Kunden in diesen Prozess integriert ist. Das Q (»Quality«) steht für die Qualität der Produkte, die mit TQM ständig verbessert werden soll. Da diese Aufgabe der Qualitätsverbesserung eine Führungsaufgabe ist, entstand die Bezeichnung TQM, wobei M das »Management« bezeichnet.

Das TQM hat vier sehr interessante Grundpfeiler, in denen auch die Beschäftigten eine wichtige und humane Rolle spielen:

- Mitarbeiter-Orientierung: Der Mensch steht im Mittelpunkt und um die Qualität verbessern zu können, muss dieser auch die Qualifikation haben. Dazu ist es nötig, entsprechende Schulungen und Weiterbildungen für die Mitarbeiter durchzuführen.
- Kunden-Orientierung: Durch die Verbesserung der Qualität sollen im Endeffekt die Erwartungen der Kunden erfüllt werden. Aus diesem Grund ist es wichtig zu wissen, was die Kunden, und zwar sowohl die internen als auch die externen Kunden, wünschen. Im Grunde entscheidet der Kunde, was Qualität ist.
- Gesellschafts-Orientierung: Man versucht umweltfreundliche und recyclebare Produkte herzustellen, die außerdem die Ressourcen schonen, um dem Wunsch der Gesellschaft nach hoher Lebensqualität entgegen zu kommen.
- Verschwendungs-Orientierung: Bestimmte Tätigkeiten der Wertschöpfungskette, die Ressourcen wie Zeit, Energie oder Kosten verschwenden, werden erkannt und beseitigt.

> **Wichtig!**
> Beim TQM haben die Mitarbeiter und die Kunden eine hohe Bedeutung. Ohne qualifizierte Mitarbeiter werden die Erwartungen der Kunden nicht erfüllt und die Existenz eines Unternehmens ist langfristig bedroht.

Was bedeutet EFQM und ISO im Zusammenhang mit Total Quality Management?

Ende der 80er Jahre kam der Ansatz des Total Quality Managements von den USA nach Europa. Eine von vierzehn führenden europäischen Unternehmen getragene European Foundation for Quality Management (EFQM) führte später das sogenannte EFQM-Modell zur Verbesserung der Qualität in europäischen Unternehmen ein. Es gilt, Qualität als Wettbewerbsvorteil zu verstehen, sowie »Best-Practice«-Erfahrungen zu nutzen.

Parallel zur Entwicklung des European Foundation for Quality Management wurde 1987 von der International Standard Organization (ISO) das Normensystem DIN 9000ff. entwickelt. Ziel des Normensystems ist es, bei Unternehmen einen Mindeststandard für die Qualität der Produkte (Hardware, Software, Dienstleistungen und Verfahrenstechnik) durchzusetzen. Das Normensystem verfügt über 20 Qualitätssicherungsmaßnahmen für die Bereiche Design / Entwicklung, Produktion, Montage, Endprüfung und Kundendienst. ISO 9000ff. schafft jedoch lediglich eine organisatorische Grundlage, obendrein aus externer Sicht ein Qualitätsimage. Es kommt zu keiner automatischen Steigerung der Qualität.

Wichtig!
Das Total Quality Management birgt für die Beschäftigten eine Reihe von Konsequenzen: So mancher wird sich mit der Übernahme neuer Funktionen bzw. Verantwortungen und erhöhten Arbeitsbelastungen nicht zurechtfinden, während viele schon immer davon geträumt haben. Doch auch diese werden feststellen, dass neue Rechte mit neuen Pflichten einhergehen, wodurch genauso Ängste und Frustration entstehen können.

Was versteht man unter Kaizen oder KVP?

Eng verflochten mit der Verbesserung von Produktqualität und Dienstleistung ist das Bestreben nach ständiger Verbesserung des Gesamtsystems. Japanische Unternehmen entwickelten daher den Ansatz des Kaizen (in Deutschland auch unter »kontinuierliche Verbesserungsprozess (KVP)« bekannt). Dieser stellt permanent alle Standards in Frage. Alle gegebenen Strukturen, Systeme, Prozesse und Produkte werden hinterfragt und weiterentwickelt. Das ständige Hinterfragen der gesetzten Standards und eine damit verbundene Neuformulierung münden letztendlich in neue, verbesserte Standards, die dann wiederum in Zweifel gezogen und abermals verbessert werden.

Ursprünglich wurde der Begriff »Kaizen« von Imai Masaaki 1986 das erste Mal in der westlichen Welt bekannt gemacht. In seiner Publikation über den Schlüssel zum Erfolg der Japaner im Wettbewerb, zeigte er die mentalen Führungs- und Managementvorteile vieler japanischer Beschäftigter, die es als ihre Pflicht sehen, ihre Produkte kontinuierlich zu verbessern.

> **Wichtig!**
> Betroffen sind von diesem permanenten und systematischen Verbesserungsstreben grundsätzlich alle Arbeits- und Erfahrungsbereiche aller Beschäftigten.

Hierdurch realisiert Kaizen sowohl kostensenkende als auch qualitäts- und flexibilisierungssteigernde Vorteile. Die positiven Ergebnisse konzentrieren sich dabei nicht nur auf die beiden Erfolgsfaktoren Zeit und Kosten, sondern führen ferner zu einer Verbesserung der Produktqualität. Konkreter Ausdruck hierfür sind geringere Fehler-, Ausschuss- und Nacharbeitsquoten, eine Reduzierung von Reklamationen, ein geringerer Anteil an Sonderverkäufen und geringere technische Änderungen.

Literatur

Masaaki I: Kaizen – der Schlüssel zum Erfolg der Japaner im Wettbewerb, München, 1992.
TBS NRW: Die neue ISO 9000, das EFQM-Modell und andere Qualitätsmanagementsysteme, Oberhausen, 2001.

Unternehmenskrisen

Was ist eine Unternehmenskrise?

Unternehmenskrisen sind ungewollte und ungeplante Situationen, die den Fortbestand eines Unternehmens substanziell und nachhaltig gefährden können. Dies geschieht durch eine Beeinträchtigung bestimmter → **Unternehmensziele**, deren Gefährdung oder gar Nichterreichung gleichbedeutend ist mit einer nachhaltigen Existenzgefährdung oder Existenzvernichtung des Unternehmens.

> **Wichtig!**
> Unternehmenskrisen müssen nicht immer zu einer Existenzvernichtung des Unternehmens führen. Sie sind grundsätzlich lösbar. Es ist daher das Ziel der Krisenbewältigung, die Existenz des Unternehmens nicht nur zu sichern, sondern sogar zu stärken.

Unternehmenskrisen sind immer mit einschränkenden Veränderungen für das Unternehmen und die Beschäftigten verbunden. Personalfreistellungen, Veräußerungen von Tochtergesellschaften, die Aufgabe ganzer Geschäftsbereiche, Eigentümerwechsel oder Änderungen der Organisationsstruktur sind nur einige der denkbaren Konsequenzen. Im schlimmsten Fall führt eine Unternehmenskrise zu einer → **Insolvenz**, aus der nur die wenigsten Firmen wieder erfolgreich herauskommen.

Unternehmenskrisen und Firmenzusammenbrüche gibt es selbst in Zeiten guter Konjunktur. Meistens werden sie nicht von außen ans Unternehmen heran getragen, sondern sind oftmals »hausgemacht«. Die Gründe liegen dann fast immer in Fehlern der Unternehmensführung, wie z.B.:

- Mängel in Planung und (Markt-) Information,
- ungenügende Berücksichtigung der Marktentwicklungen,
- Fehler bei der Gestaltung des Produkt- bzw. Dienstleistungsprogramms,
- Fehlentscheidungen bei der Standortwahl,
- Fehlentscheidungen bei der technologischen Ausstattung und Rohstoffsicherung,
- Fehlentscheidungen bei der Besetzung von Führungspositionen,

- mangelhafte finanzielle Ausstattung (zu wenig Eigenkapital),
- mangelhaftes Kreditmanagement oder
- Mängel in Planung und Information.

Woran kann man eine Unternehmenskrise erkennen?

Der Ablauf von Unternehmenskrisen verhält sich oft analog der folgenden Darstellung. Die Krise beginnt mit einem schleichenden oder sogar spontanen Rückgang der Kundenaufträge, die in der Folge zu Einbußen im Umsatz führen. Dies hat Konsequenzen auf die Ertrags- und Liquiditätslage (→ **Liquidität**). Ein nicht ausreichender Ertrag kann zu Verlusten und im schlimmsten Fall zu einer Überschuldung führen. Fehlende Liquidität kann über Zahlungsschwierigkeiten bis zur Zahlungsunfähigkeit gleiten. Überschuldung und Zahlungsunfähigkeit sind beides individuelle Anlässe für eine → **Insolvenz**.

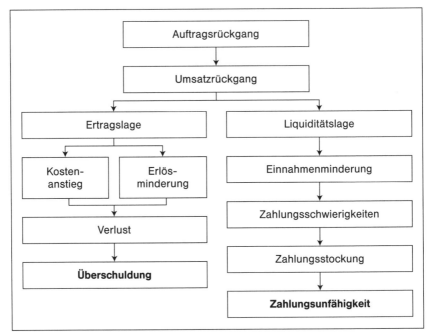

Abbildung 53: Ablauf von Unternehmenskrisen (Quelle: BMWA)

> **Tipp!**
> Je früher die Entstehung einer krisenhaften Situation erkannt wird, desto besser kann diese bewältigt werden.

Jeder Tag, der vergeht, ohne dass einer möglichen Unternehmenskrise entgegengesteuert wird, bedeutet zusätzliche Verluste an Kapital und Vertrauen. Außerdem treten mögliche Maßnahmen zur Bewältigung von Unternehmenskrisen oft mit einem zeitlichen Verzug (von sechs Monaten und mehr) ein.

Was ist bei einer Unternehmenskrise zu tun?

Zur Bewältigung einer Unternehmenskrise ist diese zuerst einmal überhaupt wahrzunehmen.

> **Wichtig!**
> Nicht immer findet die Wahrnehmung einer Krise in den betroffenen Unternehmen rechtzeitig statt. Umso wichtiger ist daher die Funktion des Wirtschaftsausschusses als Frühwarninstrument. Die → **Informationsrechte** geben genügend rechtliche Grundlagen, um an die notwendigen Daten zur wirtschaftlichen Lage heran zu kommen.

Im Zuge der Wahrnehmung einer akuten Krise hat eine Situations- und Ursachenanalyse zu erfolgen. Diese bildet die Basis für die weiteren Schritte zur Bekämpfung der Unternehmenskrise. Dabei gilt es, den Status Quo des Unternehmens schonungslos offenzulegen. Hierzu gehört:

- Die Erstellung einer aktuellen Vermögens- und Schuldenübersicht sowie der damit verbundenen Liquiditätslage.
- Die Darstellung der derzeitigen Kostensituation, aufgeschlüsselt nach einzelnen Kostenarten, Kostenstellen (z.B. Abteilungen, Unternehmensbereichen und Standorten) und Kostenträgern (z.B. Produkte und Produktgruppen).
- Die Übersicht über die derzeitige Ertragslage nach Produkten, Produktgruppen oder Unternehmensbereichen.
- Die momentane Marktposition der einzelnen angebotenen Leistungen und Produkte bzw. der Wettbewerber und deren Leistungen.
- Die seriöse Abschätzung der zukünftigen Erfolgspotenziale, wie z.B. neue Produkte, Absatzwege oder Kundensegmente.

Neben der Situationsanalyse sind im Krisenfalle meist rasche Sofortmaßnahmen einzuleiten, um dem Unternehmen das Überleben solange zu sichern, bis weitreichendere Maßnahmen, sogenannte Sanierungsmaßnahmen, greifen. Zu den möglichen Sofortmaßnahmen zählen:

- Verhandlungen mit den Banken über eine Beibehaltung oder sogar Ausweitung der Kreditlinien zur Verhinderung einer drohenden Zahlungsunfähigkeit.
- Verhandlungen mit den Gesellschaftern über die Abgabe von Patronatserklärungen, Gewährung von (zusätzlichen) Darlehen oder einer Kapitalerhöhung zugunsten des angeschlagenen Unternehmens.
- Die zeitliche Verschiebung geplanter Investitionen oder sogar die Streichung nicht unbedingt notwendiger Investitionen.
- Die Einstellung kostenintensiver Projekte oder Streichung überflüssiger Leistungen.

Zwei weitere, jedoch zeitintensivere Maßnahmen sind:

- Verkauf von nicht benötigtem Betriebsvermögen (wie z. B. Grundstücken) unter Auflösung der eventuell gebildeten stillen Reserven.
- Verkauf und Rückmietung von benötigten Betriebsvermögen (wie z. B. Betriebsgebäude).

> **Wichtig!**
> Wichtig ist neben den wirtschaftlichen Sofortmaßnahmen auch die schnelle und offene Information gegenüber den Beschäftigten, Banken, Gesellschaftern / Investoren und Lieferanten.

Sonst kann es beispielsweise geschehen, dass Lieferanten Gerüchte über eine Unternehmenskrise erfahren und daraufhin ihre eigenen Forderungen stärker absichern wollen. Genauso können sie dann die gewährten Zahlungsfristen drastisch verkürzen oder sogar auf Vorauskasse bestehen, was stets weitere finanzielle Nachteile für das in der Krise befindliche Unternehmen bedeutet. Eine rechtzeitige und offene Kommunikation der Krisensituation und bereits getroffener bzw. geplanter Maßnahmen schafft hingegen Transparenz und Verständnis für die Situation und hoffentlich Vertrauen in die Sofortmaßnahmen. Nur dann ist eine weitere Sanierung überhaupt möglich.

Im Zuge der Sanierung gilt es nach den Sofortmaßnahmen die eigentlichen Ursachen der Unternehmenskrise abzuwenden. Diese Sanierungsmaßnahmen zielen besonders auf die Sicherung der Ertragslage und Liquidität. Dem Management bieten sich hierzu folgende Ansatzpunkte:

- Stärkung der Leistungsfähigkeit des Unternehmens, wie z.B. durch Einführung neuer Produkte, Eliminierung von Problemprodukten, Erschließung neuer oder Verringerung bisheriger Geschäftsfelder, Kooperationen, Anpassung der Fertigungstechnologien, Verringerung oder Vergrößerung der Fertigungstiefe, Änderung der Arbeitsabläufe, Sicherung der Rohstoffbasis oder Aufgabe von Zwischenlagern.
- Änderung der Rechts- und Organisationsstruktur, wie der → **Rechtsform** aus steuer- oder handlungsrechtlichen Aspekten, der Eignerstruktur, der Aufbauorganisation, der Eingliederung von Tochtergesellschaften, Verselbstständigung von Teilbetrieben (Auslagerung etc.) oder im Falle einer Insolvenz die Gründung von Fortführungsgesellschaften.
- Verbesserung der Finanzlage, wie z.B. durch einen schnelleren Forderungseinzug, Erhöhung der Kreditlinien, Verbesserung der Zahlungsmodalitäten mit Schlüssellieferanten, Stundung fälliger Verbindlichkeiten, Verbesserung der Bonitätsprüfung der Kunden, Absicherung der Produzentenhaftung, Patronatserklärungen der Gesellschaften oder der Absicherung von Währungsrisiken.
- Optimierung der Beschaffung, wie dem Abbau von Lagerbeständen, Veränderung der Bestellmengen, Ermittlung neuer Bezugsquellen, Senkung von Transport- und Lagerkosten und dem verstärkten Einsatz von Lieferantenbewertungen.
- Verbesserungen in der Produktion: Optimierung des Produktionsprozesses, Überprüfung und eventuell Verbesserung des Qualitätsniveaus und der Termintreue, Erarbeitung und Durchführung von Sparprogrammen im Hinblick auf Material- und Energieverbrauch. Zu den für Betriebsräte kritischen Maßnahmen sind hier z.B. der Wechsel zwischen Eigen- und Fremdfertigung und die Auslagerung von Funktionen zu nennen.
- Stärkung des Absatzes: Anpassung der Preise (dies indiziert nicht unbedingt eine Preissenkung.), Erhöhung der Serviceleistungen, Ausweitung oder Straffung des Sortiments, Einführung von Prämien für den Vertrieb, Durchführung von Werbeaktionen und Intensivierung der Öffentlichkeitsarbeit.

Wichtig!
Im Rahmen von Sanierungen werden meistens auch personelle Maßnahmen ergriffen, wie der Abbau von Überstunden, Anmeldung von Kurzarbeit, Einführung von Werksurlaub, Abbau freiwilliger sozialer Leistungen, Flexibilisierung der Arbeitszeit, Einführung / Ausbau eines Prämiensystems bis hin zur für Betriebsräte und Gewerkschaften äußerst kritischen Erhöhung der Wochenarbeitszeit oder sogar Freisetzung von Arbeitskräften.

Handlungsempfehlungen an den Wirtschaftsausschuss

Zur Früherkennung einer drohenden Unternehmenskrise hat sich der Wirtschaftsausschuss mindestens über die folgenden Daten zur wirtschaftlichen Lage zu informieren:

- Monatliche Produktions- und Umsatzergebnisse der einzelnen Abteilungen, Leistungsbereiche und / oder Produktgruppen,
- Monatlicher Lagerbestand und Lagerumschlag,
- Monatliche Kosten (z.B. für Material, Mitarbeiter, Leiharbeiter, Abschreibungen) absolut und in Prozent,
- Monatlicher Rohertrag,
- Entwicklung der Mitarbeiterzahl und durchschnittlicher Umsatz je Mitarbeiter,
- Entwicklung der Kundenzahl und durchschnittlicher Umsatz je Kunde,
- Monatliche Übersicht über sämtliche Forderungen und Verbindlichkeiten sowie
- Monatliche Liquiditätsübersicht in Form von Zahlungseingängen, Salden der Bankkonten.

Tipp!
1. Ist die Gefahr einer Unternehmenskrise akut, dann sollte der Wirtschaftsausschuss die oben genannten monatlichen Daten mindestens auf Wochenbasis, wenn nicht sogar täglich, aktualisiert verlangen.
2. Der Wirtschaftsausschuss sollte im Falle einer akuten Unternehmenskrise auch Vorbereitungen für eine → **Insolvenz** treffen.

Literatur

Bundeswirtschaftsministerium für Wirtschaft und Arbeit (BMWA): Gründerzeiten Nr. 22 – Thema: Krisenmanagement, Berlin, Nr. 8, 2003.
Müller M., Krystek U.: Unternehmenssanierung – Strategien zur erfolgreichen Bewältigung von Unternehmenskrisen, Freiburg i.Br., 1995.

Unternehmensplanung

Die Unternehmensplanung ist eine wichtige → **Informationsquelle für den WA.** Sie gibt Aufschluss über die zukünftige wirtschaftliche und finanzielle Lage des Unternehmens und ist das zentrale Frühwarninstrument für den Wirtschaftsausschuss.

Was versteht man unter einer Unternehmensplanung?

Damit ein Unternehmen seine Ziele erreichen kann, sind umfassende Planungstätigkeiten notwendig. Ohne diese Planung würde ein Unternehmen ansonsten orientierungslos durch den Markt gleiten und wäre allen externen und internen Einflussfaktoren schutzlos ausgeliefert. Die Planung selbst ist eine gedankliche Vorwegnahme zukünftigen Handelns. Es kommt zu einem Abwägen verschiedener Handlungsalternativen und zu Entscheidungen für den günstigsten Weg.

> **Wichtig!**
> Ohne eine zielorientierte Unternehmensplanung würde ein Unternehmen orientierungslos durch den Markt gleiten und wäre allen externen und internen Einflussfaktoren schutzlos ausgeliefert.

In der Praxis werden Betriebsräte und Wirtschaftsausschüsse immer wieder mit der Aussage der Arbeitgeber konfrontiert, dass diese über keine Planung verfügen würden. Daher könnten die Arbeitnehmervertreter – trotz gesetzlicher Grundlage – auch keinen Plan zur Einsicht erhalten. Diese Aussage ist in den meisten Betrieben nicht haltbar. Vielmehr handelt es sich oft um eine reine Ausrede gegenüber dem Wirtschaftsausschuss. Denn wäre es wirklich der Fall, dass eine Unternehmensleitung über keinen Plan verfüge, so würde dies sehr schnell von den Gesellschaftern oder Kreditgebern (Banken) gerügt. Gerade nach den neuen Richtlinien zur Kreditvergabe im Rahmen von Basel II ist eine nachweisbare und seriöse Unternehmensplanung unumgänglich (siehe → **Kreditwürdigkeit**). Nur in kleineren mittelständischen Firmen im Familienbesitz kommt es gelegentlich vor, dass wirklich keine Unternehmensplanung vorhanden ist. Grundsätzlich ist aber die Planung für ein Unternehmen aus folgenden Gründen unverzichtbar:

- Die Planung dient dazu, das Risiko von Fehlentscheidungen zu mindern und die Erfolgswahrscheinlichkeit, das Gewinnziel zu erreichen, zu erhöhen.
- Die Planung deckt Risiken und Chancen auf und macht diese kalkulierbar.
- Die Planung legt Voraussetzungen für das zukünftige Handeln sowie für die Maßnahmen, Mittel und Wege zur zukünftigen Gewinnerzielung.
- Die Planung sichert eine rasche Anpassung an veränderte Bedingungen.

In der Unternehmensplanung wird zwischen strategischer und operativer Planung unterschieden. Hauptkriterium zur Unterscheidung ist dabei die Fristigkeit der jeweiligen Planung.

Was beinhaltet die strategische Planung?

In der strategischen Planung legt die Unternehmensleitung fest, welche Ziele das Unternehmen mit welchen grundsätzlichen, strategischen Maßnahmen erreichen soll. Basierend auf den Erkenntnissen des strategischen → **Controllings** und dessen Analyseinstrumenten (→ **Controlling-Instrumente**) definiert die strategische Planung die wichtigsten langfristigen Rahmenbedingungen für das Unternehmen. Zu diesen Parametern gehören die folgenden Aspekte:

- In welchen geografischen Märkten soll das Unternehmen vertrieblich und serviceseitig tätig sein (Absatzmarkt)?
- In welchen geographischen Märkten soll das Unternehmen produktiv tätig sein (Produktionsstandorte)?
- Welche Kundensegmente stellen die Zielkunden des Unternehmens oder seiner Teilbereiche dar?
- Mit welchen Leistungen (Produkte, Dienstleistungen) sollen die Zielkunden bedient werden?
- Im welchem Umfang sollen eigene oder externe Ressourcen (Mitarbeiter, Lieferanten, Sub-Unternehmer) in die eigene Leistungserbringung eingebunden werden?
- Welche Rollen übernehmen welche Standorte oder Tochtergesellschaften?

- Welche Finanzkennzahlen (Umsatz, Rentabilität, Liquidität etc.) sollen in welchem Zeitraum erreicht werden?

Ein Unternehmen ohne strategische Planung ist wie ein Containerschiff auf dem weiten Meer, aber ohne Zielhafen. Es fährt einfach umher und lässt sich von den Wellen treiben. Dies kann ein schreckliches Ende für das Containerschiff haben.

Tipp!
Die strategische Planung sollte mindestens einen Zeithorizont von den nächsten zwei Jahren abdecken. Besser wäre es, eine strategische Planung auf die nächsten fünf bis sieben Jahre zu konzipieren, die dann jährlich angepasst werden kann.

Die strategische Planung ist Ausgangspunkt für die dann folgenden operative Planungen.

Was beinhaltet die operative Planung?

Die operative Unternehmensplanung versucht die Vorgaben der strategischen Planung in konkrete Handlungen für die nächsten zwölf Monate umzusetzen. Sie steht dabei vor dem schwerwiegenden Problem, dass es im Unternehmen nicht möglich ist, sofort einen operativen Plan für das gesamte Unternehmen zu erstellen. Der operative Gesamtplan wird vielmehr aus den abteilungsspezifischen Teilplänen zusammengesetzt und abgestimmt. Teilpläne der operativen Unternehmensplanung sind dabei:

- Absatzplan,
- Produktionsplan
- → **Personalplan,**
- Beschaffungs- und Lagerhaltungsplan,
- Investitionsplan und
- Finanzplan.

Hinzu kommt, dass auch diese Teilpläne in vielen Betrieben noch in Unter-Teilpläne aufgegliedert werden. So setzt sich z.B. der Absatzplan oft aus einem Sortimentsplan, einem Preisplan und einem Werbeplan zusammen. Der operative Gesamtplan ergibt sich erst am Ende des Planungsprozesses. Er wird durch das Controlling zusammengetragen und an die Geschäftsleitung weitergereicht.

Absatzplan

Die Erstellung des Absatzplans ist Aufgabe des Marketings eines Unternehmens. Doch nicht jeder Betrieb hat in der Praxis eine eigene, separate Abteilung namens »Marketing«. Vielmehr ist die Funktion des Marketings – gerade bei kleineren Unternehmen – oft in der Vertriebs- bzw. Verkaufsabteilung oder im Management angesiedelt. Der Absatzplan legt grundsätzlich fest, welche Produkte (Waren oder Dienstleistungen) ein Unternehmen in welcher Menge, welcher Art, über welche Kanäle, zu welchem Preis und mit welcher kommunikativen Unterstützung an seine Kunden verkaufen kann. Er unterteilt sich somit in vier Teilbereiche: Produkt- und Sortimentsplanung, Preisplanung, Planung der Absatzwege und Planung der Kommunikation.

Bei der Produktplanung geht es um einzelne Produkte, also um die zu verkaufenden Artikel und Dienstleistungen, deren Qualitäten, Mengen, Gestaltung, Verpackung, Namensgebung, etc. Stellt ein Unternehmen mehrere Produkte her, oder erbringt es verschiedene Dienstleistungen, so sind diese im Rahmen der Sortimentsplanung miteinander zu koordinieren. Hätte zum Beispiel jedes individuelle Produkt unterschiedlichste Ausgangsmaterialien, so würden höhere Produktionskosten entstehen.

Die Preisplanung legt fest, zu welchem Preis und mit welchen vertrieblichen Konditionen (z. B. Rabatte, Zahlungstermine) das Unternehmen seine Produkte und Leistungen im Markt verkaufen will. Dabei müssen die Preise langfristig die Kosten der Produkte übersteigen, denn ansonsten erwirtschaftet der Betrieb keinen Gewinn. Andererseits muss der kalkulierte Preis am Markt durchsetzbar sein, d.h. die Kunden müssen bereit sein, diesen Preis für das Produkt zu zahlen, was einmal von ihren Präferenzen sowie von der Konkurrenz abhängt.

Die Planung der Absatzwege behandelt die Frage, wie die erstellten Produkte vom Hersteller zum Endverbraucher gelangen. Ein Unternehmen kann seine Produkte dem Kunden direkt verkaufen (z. B. Metzgereien, Fabrikverkäufe und die meisten Dienstleister). In der Praxis werden aber die meisten Waren über verschiedene Handelsstufen (Groß- und Einzelhandel) vertrieben. Dabei kommt den Händlern erstens eine logistische Funktion zu: Sie spalten die großen Verpackungseinheiten der Produkte in kleine, endverbraucherfreundlichere Einheiten auf, und überbrücken zudem die räumliche Distanz zwischen dem Hersteller und dem Endverbraucher. Zweitens fördern sie den Verkauf der Produkte durch eigene Werbung und ihren Service.

Die Kommunikationsplanung befasst sich mit den Möglichkeiten, wie der Betrieb den Absatz seiner Produkte fördern kann. Dazu zählen die Werbung, die Verkaufsförderung, die Öffentlichkeitsarbeit, das Sponsoring und der persönliche Verkauf. Es geht nicht nur um eine Information der Konsumenten, sondern auch um die direkte Beeinflussung und Motivation zum Kauf. Damit der Wirtschaftsausschuss einen aussagefähigen Überblick über den Absatzplan erhält, sollte er regelmäßig – monatlich oder vierteljährlich – folgende Angaben erhalten:

- Welche Leistungen (Produkte und Dienstleistungen) werden in den nächsten zwölf sowie 24 Monaten angeboten? Welche bisherigen Leistungen fallen aus dem Sortiment, welche neuen Leistungen ergänzen das Sortiment?
- Was sind diejenigen Verkaufsargumente, weshalb die Kunden die einzelnen Leistungen des Unternehmens kaufen sollen? Man spricht an dieser Stelle von sog. Alleinstellungsmerkmalen oder »Unique Selling Propositions«.
- Welche Umsätze (Wert) und Absätze (Menge) sind mit welchen Produkten und Dienstleistungen für die nächsten zwölf Monate geplant?
- Welche Absatzpartner (Händler, Makler, Agenturen) unterstützen zukünftig den Vertrieb und die Leistungserbringung gegenüber den Kunden?
- Welche Kommunikationsmaßnahmen sind zur Förderung des Absatzes für die nächsten 12 Monate vorgesehen?

Zur Erstellung der Absatzplanung benötigt ein Betrieb eine Reihe vorgelagerter Untersuchungen. Jene, die den Markt mit den Konsumenten, den Wettbewerbern etc. betreffen, nennt man Marktforschung. Die internen Analysen über Kundenanforderungen, die z.B. der Vertrieb dem Marketing nennen kann, oder über neue Produktentwicklungen aus der Forschungsabteilung, nennt man Marketingforschung.

Produktionsplan

Die Ergebnisse der Absatzplanung wirken direkt auf die Planungsaktivitäten im Produktionsbereich. Während der Absatzplan vorgibt, welche Produkte und Dienstleistungen voraussichtlich in welcher Menge zu welchem Zeitpunkt verkauft werden können, beantwortet die Produktionsplanung die Frage, wie diese Produkte und Dienstleistungen in dieser Menge und zu diesem Zeitpunkt herzustellen sind.

Unter dem Begriff »Produktion« können dabei grundsätzlich zwei verschiedene Begriffsinhalte verstanden werden: Produktion als Fertigung oder als Leistungserstellungsprozess. Unter der Produktion als Fertigung versteht man die eigentliche Be- und Verarbeitung von Rohstoffen zu Halb- und Fertigfabrikaten. Der technische Aspekt steht hierbei vor der wirtschaftlichen Dimension. Unter der Produktion als Leistungserstellungsprozess wird nicht nur die reine Fertigung verstanden, sondern der gesamte betriebliche Leistungsprozess. Produktion stellt in diesem Sinne eine unternehmerische Funktion neben anderen (z.B. Marketing, Materialwirtschaft, Finanzierung) dar.

Dementsprechend beinhaltet die Produktionsplanung zumindest die Planung der technischen Komponente der Fertigung. Hierzu gehören die Disposition der Rohstoffe und Betriebsmittel, sowie die Konzeption des Ablaufs der Erstellung bzw. Veredelung. Dabei legt die Produktionsplanung die sogenannten Fertigungsverfahren und -typen fest, also ob es sich z.B. um eine Werkstattfertigung, eine Fließbandfertigung oder um eine Gruppenfertigung handelt. Im Rahmen der Fertigungstypen unterscheidet man dann zwischen Einzel- oder Mehrfachfertigung.

Damit der Wirtschaftsausschuss einen aussagefähigen Überblick über den Produktionsplan erhält, sollte er regelmäßig – monatlich oder vierteljährlich – folgende Angaben erhalten:

- Welche Leistungen (Produkte und Dienstleistungen) werden in den nächsten zwölf sowie 24 Monaten an welchen Standorten produziert bzw. erbracht?
- Welche Teile der eigenen Leistungserbringung werden zukünftig und ab wann von externen Dienstleistern übernommen (Outsourcing)?
- Wie sehen die zukünftigen Produktionsprozesse aus? Welche Veränderungen entstehen dadurch gegenüber den heutigen Fertigungsabläufen?

Wichtig!
Ohne den Absatzplan und dem Produktionsplan kann kein Wirtschaftsausschuss die Richtigkeit und Zuverlässigkeit eines Personalplans überprüfen.

Personalplan

Der → **Personalplan** ist für Betriebsräte und Wirtschaftsausschüsse von besonders großem Interesse, da dieser direkt die Interessen der Arbeitnehmer tangiert. So bestimmt auch der § 92 Abs. 1 BetrVG, dass der Arbeitgeber den Betriebsrat über die Personalplanung umfassend zu unterrichten hat.

Dabei zählt der Gesetzgeber bereits Aussagen über den gegenwärtigen und zukünftigen Personalbedarf, die sich daraus ergebenden personellen Maßnahmen und die Maßnahmen der Berufsbildung zu einem Personalplan. Grundsätzlich beinhaltet also die Personalplanung die Analyse der aktuellen Personalausgangslage, die Personalbedarfsplanung, die Personalbeschaffungsplanung, die Personalentwicklungsplanung, die Personalabbauplanung, die Personaleinsatzplanung und die Personalkostenplanung.

Wichtig!
Aufgrund der großen Bedeutung der Personalplanung ist dieser ein eigenes Schlagwort gewidmet (→ **Personalplan**).

Beschaffungs- und Lagerhaltungsplan

Zentrales Ziel der Beschaffungsabteilung (z.B. Einkauf, Materialwirtschaft) ist die Bereitstellung der Materialien mit der richtigen Menge, Art und Qualität, zur richtigen Zeit, am richtigen Ort und mit minimalen Kosten. Damit dieses nicht einfache Gesamtziel erreicht wird, bedarf es einer sorgfältigen Planung. Wird von einem dieser Ziele nämlich abgewichen, so kann das für das gesamte Unternehmen schwerwiegende Folgen haben, so wie z.B. eine Fehlplanung der Menge zu einem totalen Produktionsstillstand führen kann.

Mit dem Beschaffungsplan geht häufig die Planung der Lagerhaltung einher, denn die Materialien müssen auch gelagert werden. So ist es wichtig, dass ausreichend große Lager in der richtigen Art (z.B. Kühllager, Öltank) vorhanden sind. Auch dies ist Aufgabe der Beschaffungsplanung.

Investitionsplan

Bei dem Investitionsplan handelt es sich um die Planung der Investitionen, die für die Erbringung des zukünftigen Produktionsprogramms notwendig sind. Man charakterisiert drei Arten von Investitionen:

- Sachanlagen: Beispiele für Geldanlagen in Sachgüter sind Grundstücke, Gebäude, Maschinen.
- Finanzinvestitionen: Beispiele für Investitionen in Finanzanlagen sind Geldanlagen in Aktien, Obligationen, Sparbücher.

- Immaterielle Investitionen: Beispiele hierfür sind Geldanlagen in die Forschung und Entwicklung, die Aus- und Weiterbildung sowie Patente und Lizenzen.

Je nachdem welcher Zweck bzw. welche Wirkung eine Investition haben soll, unterscheidet man ferner Investitionen in:

- Gründungsinvestitionen: Diese werden in der Gründungsphase eines Unternehmens getätigt, wie z.b. die Erstausstattung eines Betriebs oder der Kauf eines Gebäudes.
- Ersatzinvestitionen: Bereits vorhandene Objekte früherer Investitionen werden durch neue ersetzt.
- Erweiterungsinvestitionen: Ziel ist die Steigerung der betrieblichen Leistungsfähigkeit und Kapazität durch die Anschaffung neuer Investitionsobjekte.
- Rationalisierungsinvestitionen: Durch Kostensenkung soll eine wirtschaftlichere Leistungserstellung ermöglicht werden. Die hierzu notwendigen Investitionen bezeichnet man als Rationalisierungsinvestitionen, die meist in Verbindung mit neuen Technologien, dem technischen Fortschritt und dem Abbau von Arbeitsplätzen in Verbindung stehen.

Die wichtigste Aufgabe der Investitionsplanung ist dabei die Prüfung, ob und wie weit eine bestimmte Investition von Vorteil ist. Hat man mehrere Investitionsalternativen, dann ist die je nach verschiedenen Kriterien vorteilhafteste auszuwählen. Zur Ermittlung vorteilhafter Investitionen stehen verschiedene betriebswirtschaftliche Verfahren der → **Investitionsrechnung** zur Verfügung, wie z.B. die Kosten / Nutzen Rechnung, die Break Even Rechnung, die Amortisationsrechnung oder die Rentabilitätsrechnung (ROI).

> **Wichtig!**
> Der Wirtschaftsausschuss ist laut § 106 Abs. 3 BetrVG vom Arbeitgeber über das Investitionsprogramm zu informieren.

Dies gilt, da Investitionen in der Regel große Auswirkungen auf die Arbeitsplätze und auf die mit den Arbeitsplätzen verbundenen Qualifikationsanforderungen haben. Rationalisierungsinvestitionen sind zudem oft mit der Freisetzung von Arbeitsplätzen verbunden.

Finanzplan

Für die Leistungserbringung / Produktion braucht es regelmäßig finanzielle Mittel, wie z.B. für den Einkauf von Rohstoffen oder die Wartung und Reparatur der Maschinen. Außerdem erfordert der Investitionsplan finanzielle Mittel, um die geplanten Investitionen überhaupt tätigen zu können. All diese notwendigen Zahlungsmittel müssen dabei rechtzeitig bereitgestellt werden. Umgekehrt sind überschüssige finanzielle Mittel zinsbringend anzulegen und erst dann wieder verfügbar zu machen, wenn die Auszahlungen die Einzahlungen übersteigen.

Der Funktion der Steuerung aller finanziellen Mittel und Zahlungsströme dient der Finanzplan. Er hat das finanzielle Gleichgewicht des Betriebs aufrecht zu halten, sowie die kontinuierliche Zahlungsfähigkeit bzw. → **Liquidität** des Unternehmens zu sichern. Oder akademisch ausgedrückt: Der Finanzplan stellt den Mittelbedarf und die zu seiner Deckung momentan vorhandenen und künftig erwarteten Mittel, d.h. die innerhalb eines Zeitraumes veranschlagten Auszahlungen und Einzahlungen, gegenüber. Damit ist der Finanzplan eng mit der Liquiditätsplanung (→ **Informationsquellen**) verknüpft.

Welche Probleme gibt es bei der Erstellung einer operativen Planung?

Bei der ersten Verdichtung der einzelnen Teilpläne in einen Unternehmensgesamtplan kommt es oft zu Koordinations- bzw. Integrationsproblemen. Da jede Abteilung ihren Teilplan meist daran orientiert, was aus ihrer Sicht am günstigsten oder sinnvollsten ist, passen die verschiedenen Teilpläne in der Folge zuerst nicht zueinander.

> **Beispiel:**
> So bevorzugt z.B. die Produktionsabteilung gerne die kostengünstige Fertigung weniger Modelle in großen Stückzahlen, während sich das Marketing viele verschiedene Modelle in begrenzter Stückzahl wünscht, um damit verschiedene Kundenbedürfnisse besser zu befriedigen. Schließlich scheitern beide Teilpläne, wenn die Finanzabteilung nicht genügend Mittel zur Finanzierung der Produktion bereitstellt.

Eine Abstimmung ist daher unbedingt notwendig! Hierzu gibt es verschiedene Möglichkeiten: Manchmal weist ein Teilplan einen Engpass (z.B. nicht genügend Rohstoffe) auf, so dass sich alle übrigen Teilpläne darauf einstellen müssen. Der Regelfall ist jedoch, dass es kurzfristig mehrere und wechselnde Engpässe in einem Betrieb geben kann, also nicht im Vornherein ein alles dominierender Engpass erkennbar ist. Dann empfiehlt sich für die gegenseitige Koordination der Teilpläne die Sukzessivplanung. Bei dieser werden Schritt für Schritt die Interessenunterschiede zwischen den Abteilungen durch Verhandlungen und Kompromisse so ausgeglichen, dass am Ende alle Teilpläne zu einem widerspruchslosen Gesamtplan integriert werden können. Als optimalen Gesamtplan versteht man weiter, dass von allen möglichen widerspruchslosen Gesamtplänen jener auszuwählen ist, der am besten das strategische Unternehmensziel erreicht.

Weitere Probleme bei der Erstellung von Plänen resultieren aus:

- Schlechte Rohdaten: Oft wird mit falschen oder ungenauen Daten geplant. Dies ist noch nachvollziehbar, solange es sich um Schätzungen von zukünftigen Kosten oder Erträgen handelt. Allerdings ist es nicht akzeptabel, wenn schon die Ausgangsdaten (Istdaten), wie z.B. aktuelle Gehaltsstrukturen oder Konzernumlagen, nicht stimmig und schlüssig sind.
- Top Down Ansatz: In vielen Unternehmen werden die einzelnen Unternehmensbereiche zu wenig oder gar nicht in die operative Planung einbezogen. Dann entscheidet einseitig die Unternehmensleitung über die Zielvorgaben und notwendigen Maßnahmen.
- Keine Abstimmung mit Zielvorgaben: Fehlt eine Abstimmung zwischen der strategischen Planung und den persönlichen Zielvorgaben der Beschäftigten, kommt es zum Interessenkonflikt.
- Reine Alibi-Planung: In manchen Unternehmen hat man den Eindruck, die Unternehmensplanung diene nur Alibizwecken. Nach dem Motto »Papier ist geduldig« werden die interessantesten Planungen entworfen und z.B. Banken und Investoren vorgelegt. Doch fehlt oft ein kritisches Hinterfragen, ob und wie diese Ziele und Strategien umgesetzt werden sollen.

Tipps für den Wirtschaftsausschuss

Kommt der Arbeitgeber seiner Informationspflicht nicht oder unvollständig nach, kann der Wirtschaftsausschuss über den Betriebsrat seinen Auskunftsanspruch zunächst über Einigungsstellen oder in arbeitsgerichtlichen Beschlussverfahren geltend machen (→ **Informationsrechte** und → **Einigungsstellen**). Hierfür kann in Eilfällen auch eine einstweilige Verfügung genutzt werden.

Außerdem kann der Betriebsrat nach § 121 BetrVG für die dort genannten Auskunftsansprüche ein Ordnungswidrigkeitsverfahren einleiten und bei häufigen Verstößen wegen grober Pflichtverletzung nach § 23 Abs. 3 BetrVG gegen den Arbeitgeber vorgehen.

Unternehmensziele

Unternehmen verdienen durch die Herstellung und den Verkauf von Gütern und Dienstleistungen ihren »Lebensunterhalt«. Damit dies möglich ist, müssen sie durch ihre unternehmerische Tätigkeit einen Gewinn auf das eingesetzte Kapital erzielen. Neben der Generierung von Gewinn können Unternehmen aber auch noch weitere Ziele haben.

Welche grundsätzlichen Unternehmensziele gibt es?

Die grundsätzlichen Ziele eines Unternehmens bestimmen die strategische Ausrichtung, und zwar unter Berücksichtigung der gegebenen Ressourcen und Möglichkeiten. Die erste strategische Frage zielt dabei meist auf die Art des Geschäftszwecks. Soll das Unternehmen stark auf Entwicklung, Produktion, Dienstleistung oder Handel ausgerichtet sein? Möchte das Unternehmen national oder auch international präsent sein? Versucht man sich als Technologieführer oder eher als Realisierer der Entwicklung Anderer zu positionieren?

> **Beispiel:**
> Das Unternehmen adidas-Salomon formuliert seine Unternehmensziele wie folgt: adidas-Salomon strebt danach, der weltweit führende Anbieter der Sportartikelindustrie zu sein mit Sportmarken, die auf Leidenschaft für den Wettbewerb sowie sportlichem Lifestyle basieren. Das Unternehmen orientiert sich an seinen Konsumenten. Das bedeutet, dass ständig die Qualität, das Design und das Image der Produkte zu verbessern ist, um den Erwartungen der Konsumenten gerecht zu werden und diese sogar zu übertreffen. adidas-Salomon strebt danach, Schuhe, Bekleidung und Sportzubehör mit innovativen Technologien und Designs weiterzuentwickeln, damit Sportler auf jedem Niveau Spitzenleistungen erzielen können. Es handelt sich um ein internationales Unternehmen, das sozial und ökologisch verantwortungsbewusst handelt, kreativ ist und seinen Mitarbeitern und Aktionären finanzielle Attraktivität sichert.

Auch wenn die meisten Arbeitnehmervertreter von ihrem Management in der Praxis besonders mit den Zielen »Kostenreduktion« und »Ertragssteigerung« konfrontiert werden, so existieren in der Betriebswirtschaft weitere wichtige Zielvorstellungen, die oft nicht in Geld bewertet werden können:

- Aufbau einer intensiven Kundenbeziehung,
- Streben nach Marktanteilsvergrößerung,
- Streben nach Prestige und Macht,
- Gewinn politischen Einflusses,
- Verpflichtung gegenüber der Familientradition,
- Sicherung der Arbeitsplätze,
- Soziale Verantwortung (z. B. gegenüber der Belegschaft),
- Verminderung der Umweltbelastung,
- Streben nach Sicherheit und Unabhängigkeit sowie
- Versorgung der Bevölkerung mit bestimmten Leistungen.

Nicht alle diese Ziele können von einem Unternehmen gleichermaßen und in der gleichen Priorität verfolgt werden. Dies resultiert auch daher, dass Ziele untereinander in unterschiedlichen Beziehungen stehen. Dabei sind drei verschiedene Zielbeziehungen möglich: Komplementarität, Konkurrenz und Indifferenz. Eine Zielbeziehung ist komplementär, wenn durch die Erreichung des einen Ziels die Erfüllung des anderen Ziels gesteigert wird. So führt z. B. eine Kostensenkung im Produktionsbereich (Ziel 1) oft zu einer Steigerung des Unternehmensgewinns (Ziel 2). Konkurrierende Ziele liegen hingegen dann vor, wenn die Erfüllung eines Ziels einen negativen Einfluss auf ein anderes Ziel hat. Ein Beispiel ist die mögliche Zielkonkurrenz zwischen der Verbesserung des Kundendienstes (Ziel 1) und einer gewünschten Kostenminimierung (Ziel 2), da das Ziel 1 meist nur mit gesteigerten Kosten realisierbar ist. Beeinflussen sich aber beide Ziel gegenseitig nicht, so liegt eine indifferente oder neutrale Zielbeziehung vor. Das ist beispielsweise der Fall, wenn man das Essen in der Kantine verbessern will (Ziel 1) und gleichzeitig die Menge der Outputgüter der Produktion erhöhen möchte (Ziel 2).

Diese Vielzahl von Zielen hat zum Versuch geführt, diese nach verschiedenen Kriterien zu klassifizieren. Von Bedeutung ist dabei die Unterteilung in ökonomische Ziele, soziale Ziele und ökologische Ziele.

Welches sind die wichtigsten ökonomischen Unternehmensziele?

Ökonomische Ziele sind wirtschaftliche Ziele. Hierzu gehören Themen wie Gewinn, Rentabilität, Wachstum, Kosten, Marktanteile und Sicherheit. Die beiden wichtigsten Ziele sind – entgegen oft zitierter Aussagen in der Presse – der Gewinn und die Liquidität.

> **Wichtig!**
> Der Gewinn ist ein zentrales wirtschaftliches Ziel, ohne den die langfristige Existenz eines Unternehmens und seiner Arbeitsplätze nicht gesichert werden kann.

Erwirtschaftet ein Unternehmen einen Gewinn, so sichert es seine Existenz. Weist ein Unternehmen jedoch am Ende seines Geschäftsjahres in seiner → **Gewinn- und Verlustrechnung** einen Fehlbetrag (»Verlust«) aus, so reduziert dieser das vorhandene Eigenkapital (→ **Kapital**). Im schlimmsten Fall wird das Eigenkapital dabei über die Zeit bis auf Null runter gefahren und ein Unternehmen wird nur noch durch die Finanzmittel von Gläubigern (Fremdkapital) finanziert. Wenn dann noch das Fremdkapital die Summe des → **Vermögens** übersteigt, führt dies oft zu einer → **Insolvenz**, was in den meisten Fällen den Verlust vieler bis aller Arbeitsplätze nach sich zieht.

Doch den Gewinn als absoluten Wert als Zielgröße zu definieren, hat sich als problematisch erwiesen. Denn ist ein Gewinn von 100 000 € viel oder wenig? Für manch kleinere Firmen ist 100 000 € ein guter Gewinn, doch für Konzerne wäre diese Summe ein eher schlechter, wenn nicht sogar gefährlicher Wert. Man ist deshalb dazu übergegangen, den Gewinn relativ zu betrachten, also in ein Verhältnis zu anderen Werten zu setzen. Nimmt man zum Beispiel den Gewinn im Verhältnis zum eingesetzten Kapital, dann erhält man eine Rentabilitätsgröße, in diesem Fall die sogenannte Kapitalrentabilität (→ **Rentabilität**).

Als ein weiteres ökonomisches Ziel wird oftmals die Senkung der unternehmerischen Kosten genannt. Dieses ökonomische Ziel hat aber eigentlich nur das Ziel, den Gewinn des Unternehmens zu steigern. Aus diesem Grunde handelt es sich um ein Unterziel im Rahmen der Gewinnerzielung. Die Senkung der Kosten geschieht meist in Verbindung mit einer Rationalisierung und / oder einer Expansion. Unter einer Rationalisierung versteht man die Senkung von Kosten durch effizientere Arbeitsabläufe. Man will also beispielsweise »rationeller« produzieren, transportieren, verkaufen bzw. einkaufen. Oft geht dies einher mit Investitionen in neue Technologien sowie Reorganisationen der bisherigen Aufbau- und Ablauf-Organisation. Demgegenüber dient auch eine Expansion der Senkung unternehmerischer Kosten. Expansionen in neue Märkte (z. B. ins Ausland) oder durch Umsatzsteigerungen im bestehenden Markt (in gesättigten Märkten meist durch Verdrängung von Wettbewerbern) erlauben es, die Kosten pro produzierten Gütern oder Dienstleistungen aufgrund der Mehrmenge zu senken. Man spricht hier auch von sogenannten Skaleneffekten.

Das zweite, wichtige ökonomische Unternehmensziel ist die Wahrung der Zahlungsfähigkeit (→ **Liquidität**). Dies beinhaltet die Fähigkeit, zu jedem

Zeitpunkt allen anstehenden Zahlungsverpflichtungen (z.B. den Gehaltsforderungen der Mitarbeiter, Rechnungsforderungen der Zulieferer) nachkommen zu können. Bei Zahlungsunfähigkeit, drohender Zahlungsunfähigkeit oder Überschuldung kann hingegen auf Antrag eines Gläubigers ein Insolvenzverfahren eröffnet werden. Dies bedeutet nicht selten die Auflösung des Unternehmens, sowie mindestens einen extremen Prestigeverlust, Abstufung der Kreditwürdigkeit sowie Attraktivitätsverlust auf dem Arbeitsmarkt.

Wichtig!
Ein Unternehmen kann zwar einen ausreichenden Gewinn erwirtschaften, aber mit einem Engpass in der Liquidität dennoch in eine → **Insolvenz** schleudern.

Welche nicht-ökonomischen Unternehmensziele gibt es?

Jedes Unternehmen ist ein soziales Gebilde, d.h. ein Teil unserer Gesellschaft. In ihm arbeiten nicht nur die eigenen Beschäftigten mit ihren vielfältigen individuellen Zielen und Bedürfnissen, es gibt zudem auch viele weitere Menschen, die in einer direkten Beziehung zum Unternehmen stehen. Ob ein kleiner Handwerksbetrieb als Zulieferer, die Mitarbeiter der Hausbank, die öffentliche Verwaltung, die Ehepartner der Beschäftigten, die Aktionäre und viele andere, sie alle arbeiten indirekt für das Unternehmen bzw. finanzieren auch durch dieses ihre Existenz.

Dies bedeutet, dass diese Ziele in das Zielsystem eines Unternehmens Eingang finden müssen. Wie stark dies aber geschieht, hängt u.a. von den gesellschaftlichen Rahmenbedingungen (z.B. rechtliche Grundlagen, Mitbestimmung), der persönlichen Einstellung der Eigentümer, der Geschäftsführung des Unternehmens, der wirtschaftlichen Situation des Unternehmens und vor allem auch der Einflussnahme durch den Betriebsrat ab. Beispiele sozialer Ziele sind:

- Arbeitsplatzsicherheit,
- Freizeitgestaltung,
- Gerechte Entlohnung,
- Gewinnbeteiligung,
- Gute Arbeitsbedingungen (z.B. Arbeitszeiten, Kantine),
- Gute Sozialleistungen (z.B. Betriebsrente),
- Hoher Verbraucherschutz,
- Kulturelles Engagement,

348 Unternehmensziele

- Mitbestimmungsmöglichkeiten und
- Weiterbildungsmöglichkeiten.

Beispiel:
Ein sympathisches Beispiel ist der Schweizer Einzelhändler Migros. Das Unternehmen, das zu den beiden umsatzstärksten Händlern der Schweiz gehört, unterstützt laut Satzung jedes Jahr mit 1 % seines Umsatzes (das sogenannte »Kulturprozent«) soziale Zwecke. Davon profitieren nicht nur alle Mitarbeiter, sondern auch die gesamte Schweizer Bevölkerung. So investierte das Unternehmen alleine im Jahr 2000 über 100 Mio. Schweizer Franken in Aktivitäten wie z.b. der Erwachsenenweiterbildung (Migros Clubschule) und dem Sponsoring von Theater, Musik oder Sportveranstaltungen.

Wichtig!
Allein die obige Aufzählung der möglichen sozialen Ziele macht ihre herausragende Bedeutung für die Arbeit der Arbeitnehmervertreter deutlich. Die Einbringung und Förderung der sozialen Ziele innerhalb eines Unternehmens ist eine der Hauptaufgaben der Wirtschaftsausschüsse und Betriebsräte.

Hier gilt es, die eigenen Interessen und Ziele gegenüber der Unternehmensleitung zu kommunizieren und zu vertreten. Nicht zuletzt profitiert auch das Topmanagement von der Erreichung der sozialen Ziele. Aus diesem Grunde können gerade für die sozialen Ziele der Wirtschaftsausschuss im Rahmen seiner Beraterfunktion gegenüber dem Arbeitgeber nach § 106 BetrVG für die Belegschaft aktiv werden.

Die sozialen Ziele fallen auch in den Bereich der Mitbestimmungsrechte des Betriebsrats (§ 87 BetrVG). Somit liegt es nicht nur an den Arbeitnehmervertretern, soziale Ziele zu definieren und zu kommunizieren, sondern es obliegt auch dem Betriebsrat und dem Wirtschaftsausschuss als seinem Dienstleister, alle sozialen Angelegenheiten zu kontrollieren und zu beeinflussen.

Neben den sozialen Zielen gehören die ökologischen Ziele ebenfalls zu den nicht-ökonomischen Unternehmenszielen. Gerade seit dem wachsenden Bewusstsein der Bevölkerung für umweltpolitische Belange, können sich auch Unternehmen nicht mehr der Beachtung ökologischer Ziele entziehen. Die Umweltverträglichkeit der Produkte, der Produktionsverfahren oder der schonende Umgang mit Rohstoffen, sollen nur drei Beispiele hierfür sein.

Beispiel:
Die Schweizer Sulzer AG etwa ist eine weltweit führende Industriegruppe in den Bereichen Beschichtungstechnologien und -services, Services und Reparaturen für thermische Turbomaschinen, Pumpen und zugehörige Services sowie Komponenten und Services für die chemische Verfahrenstechnik. Der Umsatz des Jahres 2002 lag bei fast 2 Mrd. Schweizer Franken. Als klassische Unternehmensziele nennt Sulzer die Verbesserung der Kundenorientierung, die Steigerung der Qualität sowie eine Erhöhung der

Rentabilität. Daneben will das Unternehmen im Hinblick auf die Umwelt wegweisend sein. So sollen ökonomische und ökologische Vorteile miteinander verbunden werden. Dies erfolgt mittels effizienter und gleichzeitig umweltgerechter Infrastruktur- und Produktionsanlagen oder durch die Entwicklung von Produkten und Dienstleistungen, die einen höheren Kundennutzen bei geringerer Ressourcenbeanspruchung ermöglichen. Es lassen sich Konkurrenzvorteile am Markt wie auch Kostensenkungen realisieren, die zu einer Wertsteigerung für Kunden, Mitarbeitende und Aktionäre beitragen, das Unternehmen langfristig sichern und die Umwelt weniger belasten.

Wichtig!
Ökologische Ziele verursachen nicht nur Kosten!

Immer mehr Konsumenten sind bereit, für umweltverträglich hergestellte Produkte einen entsprechend höheren Preis zu bezahlen. Zudem dient die Umweltverträglichkeit in manchen Branchen bereits als Wettbewerbsvorteil gegenüber der Konkurrenz (z. B. das 3L Auto im Fahrzeugbau und alternative Energiequellen bei den Stromversorgern).

Vermögen

Was bedeutet der Begriff »Vermögen«?

Handelsrechtlich gehören zum Vermögen all jene Mittel, die einem Unternehmen tatsächlich (im Sinne von rechtlich) gehören und unmittelbar für die betrieblichen Zwecke genutzt werden oder dazu bestimmt sind. Wirtschaftsgüter, die einem anderen gehören, können nicht Teil des Vermögens sein (Ausnahme unter bestimmten Voraussetzungen ist das Leasing).

Dieses bisher definierte Vermögen bezeichnet man in der Betriebswirtschaft als Betriebsvermögen. Es grenzt sich ab vom Privatvermögen, zu dem all jene Gegenstände gehören, die in keiner Beziehung zu einem Betrieb stehen und rein privaten Zwecken dienen. Das Privatvermögen ist für das Handelsrecht wie auch für das Steuerrecht bedeutungslos.

Auskünfte über die Art und Höhe des betrieblichen Vermögens findet man in der → **Bilanz** eines Unternehmens. Bei der Bilanzierung des Vermögens bilden die Anschaffungs- oder Herstellungskosten (§ 255 Abs. 2 und 3 HGB) die Wertobergrenze. Dies gilt sowohl für die Handels- und Steuerbilanz.

> **Wichtig!**
> Auch wenn sich der Marktpreis für einen Vermögensgegenstand über den ursprünglichen (historischen) Wert hinaus entwickelt, darf in der Bilanz kein höherer Wert als die Anschaffungs- oder Herstellungskosten angesetzt werden.

Durch diese Regelung werden bei einem Teil der Vermögensgegenstände zwangsweise stille Reserven gebildet, die erst bei einer Veräußerung (z. B. Verkauf) der Vermögensgegenstände aufgedeckt werden. Innerhalb der Bilanz gliedert sich das Vermögen nach der Fristigkeit in das Anlage- und das Umlaufvermögen.

Vermögen 351

Was gehört zum Anlagevermögen?

Zum Anlagevermögen zählen all jene Investitionen (Mittelverwendung), die einem Betrieb nicht kurzfristig, sondern längerfristig (also mindestens mehr als zwölf Monate) zur Verfügung stehen.

Gesetzliche Grundlage (§ 247 Abs. 2 HGB)
Beim Anlagevermögen sind nur die Gegenstände auszuweisen, die bestimmt sind, dauernd dem Geschäftsbetrieb zu dienen.

Hierzu gehören die folgenden Positionen, die auch im § 266 HGB aufgelistet sind:

- Immaterielle Vermögensgegenstände;
- Sachanlagen;
- Finanzanlagen.

Zu den immateriellen Vermögensgegenständen zählt das Handelsgesetzbuch (HGB) erworbene Konzessionen, gewerbliche Schutzrechte, Lizenzen sowie Geschäfts- oder Firmenwerte (GoF). Es handelt sich um nicht fassbare bzw. manchmal sogar auch schwer messbare Werte. Zur Verhinderung böswilliger Manipulationen dürfen daher auch nur jene immateriellen Vermögensgegenstände bilanziert werden, die zuvor käuflich erworben wurden. Eigene Entwicklungen und Patente sind hingegen von einer Bilanzierung im Anlagevermögen ausgeschlossen.

Tipp!
Besonders spannend ist für den Wirtschaftsausschuss oft die Position des Geschäfts- oder Firmenwerts. Dieser entsteht bei der Übernahme von Firmen durch das eigene Unternehmen und spiegelt den Unterschied zwischen dem Reinvermögen (d.h. Gesamtvermögens der übernommenen Firma abzüglich der Schulden) und dem Kaufpreis wider. Wichtig ist für den Wirtschaftsausschuss nicht nur die Erkenntnis, wie viel das eigene Unternehmen für eine Übernahme bezahlt hat, sondern auch die Möglichkeit des übernehmenden Unternehmens, diese Position abzuschreiben und damit den Jahresüberschuss zu schmälern. Mit anderen Worten: Diese Position hilft den Gewinn zu reduzieren, wie in einem der Beispiele im Kapitel der → **Abschreibungen** dargestellt.

Zu den Sachanlagen zählen Grundstücke, Gebäude und Maschinen, also Sachgüter, die man richtig anfassen und greifen kann. Auch Werkzeuge und die Betriebs- und Geschäftsausstattung (z.B. Möbel, Computer) zählen zu den Sachanlagen.

> **Wichtig!**
> In den Sachanlagen verstecken sich gerne sogenannte »Stille Reserven«. Diese entstehen dadurch, dass z.B. Gebäude aufgrund der Abschreibungen nach einiger Zeit zu viel geringeren Werten in der Bilanz stehen, als man für diese bei einem Verkauf erzielen könnte. Mit anderen Worten: Das Unternehmen hat im Falle von stillen Reserven ein größeres Vermögen, als es in der Bilanz kundgibt. Die stillen Reserven gehören dem Unternehmen und können erst durch eine Veräußerung des jeweiligen Vermögensgegenstands realisiert werden.

Finanzanlagen entstehen dadurch, dass ein Unternehmen langfristig eigene finanzielle Mittel investiert. Dazu zählen sowohl Beteiligungen an oder Wertpapiere von anderen Unternehmen sowie Ausleihungen (Kredite) an andere Unternehmen, Arbeitnehmer, Vorstands- oder Aufsichtsratsmitglieder. Das Handelsgesetz unterscheidet im Rahmen der Finanzanlagen in »Beteiligungen« und »Verbundene Unternehmen«. Laut § 271 HGB zählen zu den Beteiligungen alle Anteile an Unternehmen, die einer dauernden Verbindung dienen. Dabei ist ab einem Anteil von mindestens 20 Prozent am Nennkapital des anderen Unternehmens von einer Beteiligung zu sprechen. Liegt der Anteil darunter, so existiert ein Wahlrecht. Die Mitgliedschaft an einer Genossenschaft gilt hingegen nicht als Beteiligung. Verbundene Unternehmen sind Beteiligungen, die als Mutter- oder Tochtergesellschaften (vgl. § 290 HGB) in den Konzernabschluss (→ **Konzern**) eines Mutterunternehmens aufgenommen werden.

Was gehört zum Umlaufvermögen?

Zum Umlaufvermögen gehören jene Vermögensgegenstände, die vom Unternehmen nur kurzfristig (d.h. unter einem Jahr) gehalten werden und nicht dazu bestimmt sind, dem Geschäftsbetrieb dauerhaft zu dienen. Vielmehr benötigt das Unternehmen die Positionen des Umlaufvermögens entweder zum Verbrauch in der Produktion (z.B. Rohstoffe) oder es handelt sich um Ergebnisse aus der Leistungserbringung (z.B. unfertige Erzeugnisse und Forderungen). Nach § 266 HGB gliedert sich das Umlaufvermögen in:

- Vorräte,
- Forderungen und sonstige Vermögensgegenstände,
- Wertpapiere sowie
- Kassenbestand, Bundesbankguthaben, Guthaben bei Kreditinstituten und Schecks.

Vermögen 353

Als Vorräte gelten sowohl Rohstoffe (z. B. Holz zur Herstellung eines Schrankes), Hilfsstoffe (z. B. Schrauben für den Schrank), Betriebsstoffe (z. B. Energie), unfertige Erzeugnisse und unfertige Leistungen (z. B. fast fertiger Schrank oder ein in Arbeit befindlicher Bauauftrag für ein Haus) als auch fertige Erzeugnisse (z. B. bezugsfertiger Neubau eines Hauses) und Waren (z. B. Schrank).

> **Wichtig!**
> Für die Bewertung der Vorräte gibt es unterschiedliche Verfahren. Je nachdem welches Verfahren angesetzt wird, ergeben sich unterschiedliche Werte der Vorräte in der Bilanz mit Konsequenzen bis auf den Jahresüberschuss des Unternehmens.

Die klassischen, handels- und z. T. steuerrechtlich zugelassenen Verfahren zur Bewertung der Vorräte sind die Durchschnittsbewertung und die Verbrauchsfolgeverfahren (z. B. Fifo und Lifo). Die Durchschnittsmethode erlaubt nach § 240 Abs. 4 HGB die Bewertung des Vorratsvermögens mit den durchschnittlichen Anschaffungskosten, solange es sich um gleichartige Gegenstände (z. B. identische Schrauben) handelt.

Die Verbrauchsfolgeverfahren sind nach § 256 HGB erlaubt. Hier wird unabhängig von den tatsächlichen Gegebenheiten unterstellt, dass die zuerst oder zuletzt angeschafften oder hergestellten Güter zuerst oder in einer sonstigen bestimmten Folge verbraucht oder veräußert werden. Es werden also zwei Verbrauchsfolgeverfahren unterschieden:

- Die Lifo-Methode (»Last-in-first-out«) unterstellt, dass die zuletzt angeschafften Güter zuerst verbraucht wurden. Im Endbestand sind demnach der Anfangsbestand und die zuerst beschafften Güter enthalten.
- Die Fifo-Methode (»First-in-first-out«) unterstellt, dass die zuerst angeschafften Güter zuerst verbraucht wurden. Im Endbestand sind daher die zuletzt angeschafften Güter enthalten.

Theoretisch gibt es noch zwei weitere Verbrauchsfolgeverfahren, die aber im Bilanzwesen nicht zum Einsatz kommen:

- Die Hifo-Methode (»High-in-first-out«) unterstellt, dass die teuersten Güter zuerst verbraucht wurden. Im Endbestand sind daher die billigsten Güter enthalten.
- Die Lofo-Methode (»Lowest-in-first-ouot) unterstellt, dass die billigsten Güter zuerst verbraucht wurden. Im Endbestand sind daher die teuersten Güter enthalten. Die Lofo-Methode führt in jeder denkbaren Situation zum höchsten Wertansatz. Sie widerspricht demnach dem Prinzip kauf-

männischer Vorsicht und deren Anwendung ist nach herrschender Meinung nicht erlaubt.

Die Anwendung der Lifo- und Fifo-Methode ist in der Handelsbilanz möglich. Auch die Durchschnittsmethode ist im HGB erlaubt, aber für gleichartige Vermögensgegenstände. In der Steuerbilanz ist grundsätzlich die Ermittlung der Anschaffungs- und Herstellungskosten nach der Durchschnittsmethode zulässig. Darüber hinaus gestattet § 6 Abs. 1 Ziff. 2a EStG die Anwendung der Lifo-Methode. Alle anderen Verbrauchsfolgeverfahren sind verboten.

Beispiel:
In einem Unternehmen zeigt die Lagerkartei der Vorräte an Eisen für die abgelaufene Periode folgende Daten an:

1.1.	Anfangsbestand	50 t	zu	90 Euro/t	=	4500 Euro
5.3	Zugang	80 t	zu	100 Euro/t	=	8000 Euro
10.7	Zugang	110 t	zu	80 Euro/t	=	8800 Euro
20.10.	Zugang	60 t	zu	105 Euro/t	=	6300 Euro
	Summe	300 t				27 600 Euro
31.12.	Endbestand lt. Inventur	90 t				

Je nach Anwendung eines Bewertungsverfahrens ergeben sich unterschiedliche Endwerte der Vorräte für die Bilanz zum Bilanzstichtag:

Bewertungsverfahren	Endbestand
Durchschnittsmethode	8280 $
Lifo	8500 $
Fifo	8700 $
Hifo	7200 $

Je nachdem, welches Verfahren also angewendet wird, unterscheidet sich die Höhe der Vorräte in der Bilanz mit direkter Konsequenz auf den Jahresüberschuss. Ein Unternehmen kann somit seinen »Gewinn« im Sinne der → **Bilanzpolitik** anpassen, um z.B. gegenüber den Arbeitnehmern einen geringeren Gewinn oder sogar einen Verlust auszuweisen, obwohl es dem Unternehmen viel besser geht als angegeben.

Die zweite Position des Umlaufvermögens laut § 266 HGB sind die Forderungen und sonstigen Vermögensgegenstände. Hierzu gehören die Forderungen aus Warenlieferungen und Dienstleistungen an Kunden, die ihre Rechnungen am Bilanzstichtag noch nicht beglichen haben. Zu den Forderungen zählen aber auch jene gegenüber verbundenen Unternehmen sowie gegenüber Unternehmen, an denen das bilanzierende Unternehmen beteiligt ist. Kapitalgesellschaften haben nach § 268 Abs. 4 HGB zudem ihre Forderungen nach Restlaufzeiten (Fristigkeit) zu gliedern, so dass klar ersichtlich ist, welche Forderungen sogar über ein Jahr hinausgehen.

> **Wichtig!**
> Die Außenstände der Kunden, also die Forderungen, sind auch für den Wirtschaftsausschuss eine wichtige Information. Zahlt nämlich ein Kunde seine Rechnungen nicht, so fehlen diese finanziellen Mittel dem Unternehmen. Das Unternehmen hat zwar seine Leistungen schon erbracht, aber der Gegenwert steht noch aus. Geschieht dies in großem Maße, kann es zu einer fehlenden Zahlungsfähigkeit (→ **Liquidität**) beim Unternehmen kommen und direkt die Arbeitsplätze gefährden. Es empfiehlt sich daher ein professionelles → **Forderungsmanagement**.

Sonstige Vermögensgegenstände sind ein Sammelposten, z.B. mit Darlehensforderungen, Gehaltsvorschüssen, Kautionen oder Steuererstattungsansprüchen.

Im dritten Block des Umlaufvermögens finden sich die Wertpapiere, also alle Wertpapiere eines Unternehmens, die nur kurzfristig vom bilanzierenden Unternehmen gehalten werden und innerhalb des nächsten Jahres verkauft werden sollen.

Die Position »Kassenbestand, Bundesbankguthaben, Guthaben bei Kreditinstituten und Schecks« wird oft auch nur als »flüssige Mittel« bezeichnet. Der Vorteil dieser flüssigen Mittel ist, dass sie einem Unternehmen sofort zur Verfügung stehen. Findet man also bei einem Unternehmen einen hohen Anteil an flüssigen Mitteln, so kann dies z.B. auf eine erst kurzfristig durchgeführte Kapitalerhöhung hinweisen, oder aber auch auf eine prall gefüllte »Kriegskasse« zwecks anstehender Übernahme eines weiteren Unternehmens.

> **Wichtig!**
> Nicht nur die flüssigen Mittel, sondern das gesamte Umlaufvermögen, spielen eine wichtige Rolle für die Zahlungsfähigkeit (→ **Liquidität**) eines Unternehmens. Fehlt diese Zahlungsfähigkeit, so sind die Arbeitsplätze direkt gefährdet.

Doch nicht alle Firmen halten einen großen Vorrat an flüssigen Mitteln in ihren Kassen. Besonders Tochtergesellschaften von Konzernen überweisen oft alle frei verfügbaren Mittel direkt an die Konzernmutter zwecks Bündelung der flüssigen Mittel und effizienter Anlage. Dies ist ökonomisch und auch aus Sicht der Arbeitnehmervertreter sinnvoll – solange umgekehrt der Tochtergesellschaft dann wieder genügend flüssige Mittel zugespielt werden, wenn diese benötigt werden.

Als letzte Position erscheinen auf der Aktivseite die **Rechnungsabgrenzungsposten**. Laut § 250 HGB werden hierunter jene Ausgaben erfasst, die vor dem Bilanzstichtag geleistet wurden, jedoch einen Aufwand für eine bestimmte Zeit nach dem Bilanzstichtag darstellen. Oft werden z.b. Mieten bereits im Voraus gezahlt, wobei die Miete über den Bilanzstichtag hinausgehen kann.

> **Rechtlicher Hintergrund: § 250 Abs. 1 HGB**
> Als Rechnungsabgrenzungsposten sind auf der Aktivseite Ausgaben vor dem Abschlussstichtag auszuweisen, soweit sie Aufwand für eine bestimmte Zeit nach diesem Tag darstellen.

Wie analysiert man die Vermögensseite?

Die Analyse der Vermögensseite erfolgt durch eine Reihe von Kennzahlen, zu denen zum Beispiel die Anlagenintensität zählt. Die einzelnen Kennzahlen und ihre Bedeutungen werden in dem Kapital → **Bilanzanalyse** erläutert.

Literatur

Coenenberg A.G.: Jahresabschluss und Jahresabschlussanalyse, Landsberg / Lech, 2000.
Engel-Bock J., Laßmann N., Rupp R.: Bilanzanalyse leicht gemacht, Frankfurt a.M., 2012.
Ossola-Haring C., Cremer U.: Jahresabschluss und Bilanz, Landsberg / Lech, 2001.

Wertorientierte Unternehmensführung

In der Fachliteratur wurde das Konzept der wertorientierten Unternehmensführung erstmals durch den Shareholder Value Ansatz von Alfred Rappaport bekannt. In der Zwischenzeit hat sich die wertorientierte Unternehmensführung über den ursprünglichen Shareholder Value Ansatz weiter entwickelt.

Was versteht man unter wertorientierter Unternehmensführung?

Die wertorientierte Unternehmensführung (englisch: Value Based Management) konzentriert sich auf die Steigerung von Unternehmenswerten. Diese rückt die Interessen der Eigenkapitalgeber, der Aktionäre in den Vordergrund des Zielsystems eines Unternehmens. Das Management soll demnach seine Handlungen stets nach den Auswirkungen auf den Unternehmens-Marktwert, also den Börsenwert des Eigenkapitals, beurteilen.

Wichtige Einflüsse für die wertorientierte Unternehmensführung waren die Gedanken von Alfred Rappapport zum Shareholder Value, die Anregungen von Joel M. Stern und G. Bennett Stewart zum Economic Value Added sowie die Balanced Scorecard (→ **Controlling-Instrumente**) von Kaplan / Norton.

Was beinhaltet der Ansatz des Shareholder Values?

Der Managementansatz des Shareholder Values basiert auf den Ideen des Finanzprofessors Alfred Rappaport und dessen 1986 veröffentlichtem Buch »Creating Shareholder Value«. Darin erklärte er selbst den Shareholder Value (bedeutet übersetzt: Wert / Value für Aktionäre / Shareholder) als global anerkannten Standard zur Messung des Geschäftserfolges.

Der Ansatz Rappaports basiert auf der Annahme, dass ein Investor den Kauf einer Aktie als ausschließlich finanzielles Investment betrachtet. Dieses Investment soll zumindest eine Rendite in einer Höhe erwirtschaften, die nicht schlechter ist, als die einer alternativen Anlage (z. B. in Wertpapiere oder Immobilien). Für die Aktionäre stellt sich dann der Shareholder Value als sogenannter Total Return dar, nämlich der Summe aus Kursgewinnen, Dividenden und Bezugsrechten.

Nach dem Shareholder Value Prinzip ist es die Aufgabe des Managements, den Wert des Unternehmens zu stärken. Nur ein Unternehmen, das eine höhere Rendite auf sein Kapital erwirtschaftet, als ein Investor alternativ an Börsen und Anleihenmärkten gewinnen würde, kann langfristig erfolgreich sein. Im Grunde besagt Rappaport mit dieser Theorie nichts anderes, als bereits viele kluge Betriebswirte vor ihm: Ein Unternehmen muss Gewinne erwirtschaften, damit es langfristig überleben kann. Der besondere Beitrag von Rappaport liegt in zwei Feinheiten:

Erstens reicht der reine Unternehmensgewinn nicht als Kennzahl aus, da man diesen zu leicht manipulieren kann. Vielmehr empfiehlt sich die Betrachtung des Cashflows (Geldflusses), also der Saldo aus allen Ein- und Auszahlungen, und besonders der davon frei verfügbare Teil (free Cashflow).

Zweitens dürfen die Aktionäre bzw. Gesellschafter eines Unternehmens nicht vernachlässigt werden. Denn sie sind und bleiben die Geber des Eigenkapitals, also der langfristigen Kapitalgrundlage für ein Unternehmen. Aber auch die Aktionäre eines Unternehmens haben keinen Spaß an einer Investition, wenn diese nicht rentabel ist. Und die Rentabilität hängt von den Produktionsfaktoren ab, bei denen Menschen in unserer heutigen Wirtschaftsentwicklung den wichtigsten Faktor darstellen.

> **Wichtig!**
> Nur Menschen binden Kunden, erfühlen Markttrends und bringen Innovationen, die die Basis für zukünftige Unternehmensgewinne bieten.

Oder mit anderen Worten: Die Shareholder sind bei der Maximierung ihres Vermögens gezwungen, die Anliegen aller anderen, in irgendeiner Weise mit dem Unternehmen verbundenen Personen (sogenannten Stakeholdern) zu berücksichtigen. Das Nichteinhalten gesetzlicher Vorschriften beispielsweise oder eine schlechte Behandlung von Mitarbeitern und ungenügender Kundenservice würden die Maximierung des Unternehmenswerts verhindern.

Was ist der Cashflow und der Free Cashflow?

Schon Rappaport wies darauf hin, dass der reine Jahresüberschuss aus der → **Gewinn- und Verlustrechnung** nicht als Kennzahl für die wertorientierte Unternehmensführung ausreicht. Dieser kann zu leicht manipuliert werden. Vielmehr empfiehlt sich die Betrachtung des Cashflows (Geldflusses), also der Saldo aus allen Ein- und Auszahlungen, und besonders der davon frei verfügbare Teil (free Cashflow). Die Berechnung dieser beiden wichtigen Kenngrößen wird in dem separaten Kapitel → **Cashflow** erläutert.

Was beinhaltet der Ansatz des Economic Value Added?

Wie gesehen basiert der Ansatz Rappaports auf der Annahme, dass ein Investor den Kauf einer Aktie als ausschließlich finanzielles Investment betrachtet. Dieses Investment soll zumindest eine Rendite in einer Höhe erwirtschaften, die zumindest nicht schlechter ist, als die einer alternativen Anlage (z. B. in Wertpapiere oder Immobilien). Diesen Gedanken griffen Joel M. Stern und G. Bennett Stewart auf und entwickelten ihren Economic Value Added (EVA) Ansatz. Der Economic Value Added zielt auf die mathematische Messung der wertorientierten Unternehmensführung. Er gilt in der Zwischenzeit als Maßgröße für den Wertzuwachs eines Unternehmens im Sinne des Shareholder Values.

Gebildet wird der Economic Value Added als Multiplikation aus dem eingesetzten Kapital (K) und der Differenz aus den Rückflüssen aus dem eingesetzten Kapital (»Return on Capital Employed«, ROCE) und den gewichteten Kapitalkosten (»Weighted Average Cost of Capital«, WACC).

$$EVA = K \times (ROCE - WACC)$$

Übersteigt der Ertrag aus dem eingesetzten Kapital (ROCE) die hierfür notwendigen Kapitalkosten (WACC), so signalisiert dies eine Wertsteigerung des Unternehmens. Mit anderen Worten: Man hat durch den Einsatz von Eigen- bzw. Fremdkapital mehr verdient (ROCE) als man an Kosten für die Kapitalbereitstellung zahlen musste. Multipliziert mit dem investierten Kapital (Capital Employed), führt das Ergebnis zum Economic Profit oder EVA pro Geschäftsperiode.

Der Vorteil dieser Kalkulation liegt darin, dass auch die Kosten für die Kapitalbereitstellung berücksichtigt werden. Ansonsten könnte ein Unternehmen zwar einen positiven ROCE ausweisen, doch bliebe es offen, ob nicht die Kosten für die Kapitalbereitstellung die gute Rentabilität (ROCE) aufbrauchen. In der Summe käme es dann zu einem Fehlbetrag / Verlust, und es wäre für die Shareholder besser gewesen, ihr Investment eher in alternative Anlage (z.B. in Wertpapiere oder Immobilien) zu investieren. Dort hätten sie am Ende wenigstens einen positiven Überschuss gehabt.

Welche Konsequenzen hat die wertorientierte Unternehmensführung für die Beschäftigten?

Während die Grundidee der wertorientierten Unternehmensführung logisch ist, haben leider viele Manager in den letzten Jahren die Maxime des Shareholder Values übertrieben bzw. den wahren Gehalt des Ansatzes ad absurdum geführt: Die Hauptaufgabe des Managements bestand demnach nur noch in der Schaffung von oberflächlichen Werten, besonders der Steigerung der Kursgewinne an der Börse. Alle Maßnahmen wurden nur noch am Einfluss auf den Unternehmenswert gemessen.

Daraus ergab sich leider eine Vielzahl negativer Konsequenzen nicht nur für die Beschäftigten, sondern für die Volkswirtschaften, die übrigens Rappaport früh vorausgesagt hatte:

- Das Wettrennen um die Größe: Zur Steigerung des Unternehmenswertes diente nicht die interne Produktivität, sondern der Zukauf von Umsätzen durch freundliche oder feindliche Firmenübernahmen.
- Verfolgung waghalsiger Strategien: Für den Nachweis bzw. Aufbau attraktiver Geschäftsfelder wurden riskante Investitionen getätigt.
- Bilanztäuschung: Manipulation des Quartals- oder Jahresabschlusses zur Beeinflussung von Aktienkursen.
- Rationalisierung und Massenentlassungen: Zur rein kurzfristigen Senkung der Kosten dienen auch Rationalisierungs- und Kündigungsmaßnahmen.
- Wertevernichtung: Unter dem Deckmantel »Shareholder Value« kam es oft eher zu einer Vernichtung von Werten als dessen Steigerung.

Wichtig!
Der gute Grundgedanke des Shareholder Value wird von manchen Managern gegen die Beschäftigten missbraucht.

Tipps an den Wirtschaftsausschuss

Aus den soeben aufgeführten negativen persönlichen und volkswirtschaftlichen Konsequenzen ergeben sich Konsequenzen auf Betriebsräte und Wirtschaftsausschüsse. Daher empfehlen sich folgende Maßnahmen:

- Kontrollpflicht: Wirtschaftsausschüsse haben sich im Rahmen ihrer Kontrollpflicht (§ 106 Abs. 3 BetrVG) über die wirtschaftliche und finanzielle Lage ihres Unternehmens zu informieren und diese zu überprüfen. Mit den eigenen Hintergrundinformationen aus der Belegschaft etc. können teilweise auch Umsatz- und Gewinn-Manipulationen identifiziert werden, die mit dem Motiv eines falschen »Shareholder Values« begründet sind.
- Mitbestimmung: Im Rahmen der Mitbestimmungsrechte (z.B. §§ 87, 91 und 106 BetrVG) gilt es für Betriebsräte, die Auswirkungen eines falschen Shareholder Value Ansatzes (z.B. Massenentlassungen oder Verkauf unrentabler Unternehmensbereiche) zu vermindern bzw. ganz zu verhindern.
- Innovationen: Zur Steigerung des Cashflows einer jeden Unternehmung benötigt es Innovationen. Diese können und sollen vor allem aus der eigenen Belegschaft und nicht von externen, teuren Beratern kommen. Das BetrVG ruft mit dem § 92a den Betriebsrat auf, eigene Vorschläge zur Sicherung der Beschäftigten durch Innovationen etc. zu unterbreiten.

Literatur

Disselkamp M.: Shareholder Value, in: Disselkamp M., Thome-Braun A., Der Professionelle Betriebsrat, Augsburg, 2003.
Kaub M., Schäfer M.: Wertorientierte Unternehmesführung, Hans-Böckler-Stiftung, Düsseldorf, 2002.
Rappaport A.: Creating Shareholder Value, New York, 1996.
Joel M. Stern und G. Bennett Stewart: Economic Value Added, Düsseldorf, 2001.

Wirtschaftsprüfungsbericht

Zum Schutz der Gläubiger und der Öffentlichkeit lassen viele Unternehmen ihren Jahresabschluss durch einen Abschlussprüfer prüfen und testieren. Das Testat der Abschlussprüfer gibt dabei Auskunft, ob der Jahresabschluss die tatsächlichen Verhältnisse der Vermögens-, Finanz- und Ertragslage abbildet. Der WP-Bericht zählt zu den wichtigen → **Informationsquellen für den WA**.

Wer muss einen Jahresabschluss prüfen lassen?

Mittelgroße und große Kapitalgesellschaften (→ **Unternehmensrechtsformen**) sind verpflichtet, ihre externe Rechnungslegung (→ **Jahresabschluss**), die quasi als Rechenschaftslegung der Geschäftsführung gegenüber externen Gruppen (Gesellschafter, Gläubiger, Arbeitnehmer etc.) betrachtet werden kann, prüfen zu lassen. Dies regelt § 316 HGB.

> **Rechtlicher Hintergrund (§ 316 Abs. 1 HGB)**
> Der Jahresabschluss und der Lagebericht von Kapitalgesellschaften, die nicht klein im Sinne des § 267 Abs. 1 sind, sind durch einen Abschlussprüfer zu prüfen. Hat keine Prüfung stattgefunden, so kann der Jahresabschluss nicht festgestellt werden.

Die Pflicht zur Prüfung gilt auch für → **Konzerne**. Der nach § 290 HGB aufzustellende Konzernabschluss und der Konzernlagebericht sind ebenfalls nach § 317 HGB zu prüfen.

> **Rechtlicher Hintergrund (§ 316 Abs. 2 HGB)**
> Der Konzernabschluss und der Konzernlagebericht von Kapitalgesellschaften sind durch einen Abschlussprüfer zu prüfen. Hat keine Prüfung stattgefunden, so kann der Konzernabschluss nicht gebilligt werden.

Für Personengesellschaften ist grundsätzlich keine Prüfung vorgesehen, es sei denn, sie sind Großunternehmen, die unter das Publizitätsgesetz fallen.

> **Wichtig!**
> Auch die Abschlüsse von großen und mittelgroßen Personengesellschaften ohne natürliche Personen als persönlich haftende Gesellschafter (z.B. gemäß § 264a HGB eine GmbH & Co. KG) sind zu prüfen, sowie große Personengesellschaften mit natürlichen Personen als persönlich haftende Gesellschafter (§ 6 PublG).

Die Prüfung erstreckt sich auf den Jahresabschluss und den Lagebericht, bzw. auf den Konzernabschluss und den Konzernlagebericht, und ist von einer zur Prüfung berechtigten Person durchzuführen.

Wer prüft den Jahresabschluss?

Abschlussprüfer einer großen Kapitalgesellschaft kann nur ein Wirtschaftsprüfer (WP) sein. Eine mittelgroße Kapitalgesellschaft kann sich auch von einem vereidigten Buchprüfer (vBP) prüfen lassen. Dies sind in der Regel Steuerberater mit einer Zusatzqualifikation.

> **Rechtlicher Hintergrund (§ 319 Abs. 1 HGB)**
> Abschlussprüfer können Wirtschafsprüfer und Wirtschaftsprüfungsgesellschaften sein. Abschlussprüfer von Jahresabschlüssen und Lageberichten mittelgroßer Gesellschaften (§ 267 Abs. 2) oder von mittelgroßen Personenhandelsgesellschaften im Sinne des § 264a Abs. 1 können auch vereidigte Buchprüfer und Buchprüfungsgesellschaften sein.

Ein Wirtschaftsprüfer oder vereidigter Buchprüfer darf nur dann Abschlussprüfer eines Unternehmens sein, wenn er laut § 319 Abs. 2 HGB:

- keine Anteile an der zu prüfenden Kapitalgesellschaft besitzt,
- nicht in den letzten drei Jahren Mitglied des Aufsichtsrats der zu prüfenden Gesellschaft war,
- nicht Arbeitnehmer, Geschäftsführer, Vorstand oder Mitglied des Aufsichtsrats eines Unternehmens ist, das Anteile von mehr als 20 Prozent an dem zu prüfenden Unternehmen hält,
- das zu prüfende Unternehmen keinen Umsatzanteil von mehr als 30 Prozent des Gesamtumsatzes des Abschlussprüfers ausmacht und
- einen Nachweis über die Teilnahme an der Qualitätskontrolle nach § 57a der Wirtschaftsprüfungsordnung innehält.

Was prüft der Abschlussprüfer?

Der Abschlussprüfer hat bei der Prüfung des Jahresabschlusses bzw. Konzernabschlusses auf die Einhaltung der gesetzlichen und gesellschaftsrechtlichen Vorgaben zu achten.

> **Rechtlicher Hintergrund (§ 317 Abs. 1 HGB)**
> In die Prüfung des Jahresabschlusses ist die Buchführung einzubeziehen. Die Prüfung des Jahresabschlusses und des Konzernabschlusses hat sich darauf zu erstrecken, ob die gesetzlichen Vorschriften und sie ergänzende Bestimmungen des Gesellschaftsvertrages oder der Satzung beachtet worden sind. Die Prüfung ist so anzulegen, dass Unrichtigkeiten und Verstöße gegen die in Satz 2 aufgeführten Bestimmungen, die sich auf die Darstellung des sich nach § 264 Abs. 2 ergebenden Bildes der Vermögens-, Finanz- und Ertragslage des Unternehmens wesentlich auswirken, bei gewissenhafter Berufsausübung erkannt werden.

Darüber hinaus ist zu prüfen, ob der Lagebericht bzw. der Konzernlagebericht insgesamt eine zutreffende Vorstellung von der Lage des Unternehmens vermittelt (§ 317 Abs. 2 HGB).

> **Wichtig!**
> Hauptaugenmerk der Prüfung ist die Frage, ob »bei der Durchführung der Prüfung Unrichtigkeiten oder Verstöße gegen gesetzliche Vorschriften sowie Tatsachen festgestellt worden sind, die den Bestand des geprüften Unternehmens oder des Konzerns gefährden oder seine Entwicklung wesentlich beeinträchtigen können« (§ 321 Abs. 1 Satz 3 HGB).

Werden der Jahresabschluss oder ein Konzernjahresabschluss nach der Vorlage des Prüfungsberichts geändert, so hat der Abschlussprüfer diese Unterlagen erneut zu prüfen, soweit es die Änderungen erfordern (§ 316 Abs. 3 HGB).

Mit der Einführung des Gesetzes zur Kontrolle und Transparenz (KonTraG) hat sich die Berichtspflicht des Abschlussprüfers noch erweitert. Diese Aspekte zeigen sich besonders im Rahmen der vorgeschriebenen Inhalte des Prüfungsberichts, der über die Ergebnisse der Abschlussprüfer informiert.

Was beinhaltet der Prüfungsbericht?

Die Abschlussprüfer erstellen bei der Prüfung des Jahresabschlusses einen Prüfungsbericht und erteilen ein Testat, welches Auskunft über die Ordnungsmäßigkeit der Bilanzierung gibt.

> **Rechtliche Grundlage (§ 321 Abs. 1 Satz 1 HGB)**
> Der Abschlussprüfer hat über Art und Umfang sowie über das Ergebnis der Prüfung schriftlich und mit der gebotenen Klarheit zu berichten.

In den folgenden Abschnitten des § 321 HGB werden die Angaben des Prüfungsberichts sowie die Anforderungen an seine Gestaltung geregelt:

- Vorwegbericht: Der Abschlussprüfer hat gleich am Anfang des Prüfungsberichts zu den Aussagen der Geschäftsführung / Vorstand über die Lage des Unternehmens oder Konzerns Stellung zu nehmen.
- Hauptteil: Der Hauptteil stellt fest, ob die Buchführung und die weiteren geprüften Unterlagen den gesetzlichen Vorschriften und ergänzenden Bestimmungen (z.B. Verträge, Satzung) entsprechen.
- Weitere Abschnitte: § 231 Abs. 3 HGB ergänzte an dieser Stelle die Pflicht, auch über den Gegenstand, die Art und den Umfang der Prüfung zu berichten sowie über die Prüfung des Risikofrüherkennungssystems nach § 321 Abs. 4 HGB.

Unter der Berücksichtigung dieser gesetzlichen Vorgaben empfiehlt das Institut der Wirtschaftsprüfer in Deutschland e.V. (IDW) mit dem Prüfungsstandard PS 450 den Prüfungsbericht entsprechend der nachfolgenden Gliederung aufzubauen:

---

1. **Prüfungsauftrag**
2. **Grundsätzliche Feststellungen**
   2.1 Lage des Unternehmens
      2.1.1. Stellungnahme zur Lagebeurteilung der gesetzlichen Vertreter
      2.1.2. Entwicklungsbeeinträchtigende oder bestandsgefährdende Tatsachen
   2.2. Unregelmäßigkeiten
      2.2.1. Unregelmäßigkeiten in der Rechnungslegung
      2.2.2. Sonstige Unregelmäßigkeiten
3. **Gegenstand, Art und Umfang der Prüfung**
4. **Feststellungen und Erläuterungen zur Rechnungslegung**
   4.1. Buchführung und weitere geprüfte Unterlagen
   4.2. Jahresabschluss
      4.2.1. Ordnungsmäßigkeit des Jahresabschlusses
      4.2.2. Gesamtaussage des Jahresabschlusses
      4.2.3. Darstellung der Vermögens-, Finanz- und Ertragslage
   4.3. Lagebericht
5. **Feststellungen zum Risikofrüherkennungssystem** (falls relevant)
6. **Feststellungen aus Erweiterungen des Prüfungsauftrags**
7. **Bestätigungsvermerk**

Abbildung 54: Gliederung des Prüfungsberichts der Wirtschaftsprüfer nach IDW PS 450

Die Gliederungsempfehlung ermöglicht es, die gesetzlichen Pflichtbestandteile des Prüfungsberichts in einer sachlich sinnvollen und für den Berichtsleser übersichtlichen Form darzulegen. Ergänzungen und weitere Untergliederungen sind möglich, wenn dadurch die Klarheit der Berichterstattung gefördert wird.

Prüfungsauftrag

Im ersten Gliederungspunkt des Prüfungsberichts nach IDW PS 450 ist der Prüfungsauftrag zu benennen. Die Angaben an dieser Stelle umfassen insbesondere:

- die Firma des geprüften Unternehmens,
- den Abschlussstichtag,
- bei Rumpfgeschäftsjahren das geprüfte Geschäftsjahr,
- einen Hinweis darauf, dass es sich um eine Abschlussprüfung handelt,
- das Datum der Auftragserteilung sowie der
- Hinweis auf die im Rahmen der Auftragserteilung zugrunde geltenden Auftragsbedingungen.

Grundsätzliche Feststellungen

Die grundsätzlichen Feststellungen dienen nach § 321 HGB dem Vorwegbericht zur Stellungnahme der Abschlussprüfer zur Beurteilung der Lage des Unternehmens bzw. des gesetzlichen Vertreters eines Unternehmens (Geschäftsführung / Vorstand, Aufsichtsrat). Dabei ist insbesondere auf die Beurteilung des Fortbestands und der zukünftigen Entwicklung des Unternehmens einzugehen.

Beispiel:
Anhaltspunkte zur wirtschaftlichen Lage des Unternehmens können folgende Angaben sein, die für einen Wirtschaftsausschuss von hohem Interesse sind:
- Entwicklung der Gesamtwirtschaft und Branche und Entwicklung des Unternehmens im Vergleich zur Branche (z.B. Wettbewerbsverhältnisse, Marktanteile, Nachfrageentwicklung, Wechselkursentwicklung),
- Umsatz- und Auftragsentwicklung,
- Produktion (z.B. Änderungen des Sortiments, Rationalisierungsmaßnahmen)
- Beschaffung (z.B. Preisrisiken, Beschaffungsengpässe),
- Investitionen (z.B. wichtige Beteiligungen),

- Finanzierung (z. B. Kreditlinien, Platzierungsvorhaben),
- Personal- und Servicebereich (z. B. besondere Vergütungsregelungen, tarifliche Vereinbarungen),
- Wichtige Kennzahlen zur Vermögens-, Finanz- und Ertragslage und deren Entwicklung und
- Wichtige Segmente / Sparten des Unternehmens.

Wichtig!
Zusätzlich ist in diesem Gliederungsabschnitt auf folgende Tatsachen einzugehen:
(1) Tatsachen, die die Entwicklung des geprüften Unternehmens wesentlich beeinträchtigen können,
(2) Tatsachen, die den Bestand des Unternehmens gefährden können,
(3) Schwerwiegende Verstöße der gesetzlichen Vertreter oder von Arbeitnehmern gegen Gesetz, Gesellschaftsvertrag oder die Satzung.

Indikatoren für berichtspflichtige bestandsgefährdende Tatsachen sind laut dem IDW beispielsweise:

- Erhebliche laufende Verluste, deren Ende nicht abzusehen ist;
- Fertigung kann kostendeckend nicht fortgeführt werden;
- Laufende Liquiditätsengpässe oder sogar drohende Zahlungsunfähigkeit (→ **Liquidität**);
- Drohender Fremdkapitalentzug ohne Möglichkeit, neue Kredite aufzunehmen;
- Tiefgreifende Preisänderungen auf dem Beschaffungs- oder Absatzmarkt;
- Haftungsrisiken, die den Bestand des Unternehmens tangieren sowie
- Fehlmaßnahmen bei größeren Investitionsprojekten.

Gegenstand, Art und Umfang der Prüfung

Zu den berichtspflichtigen Inhalten des Prüfungsberichts gehören Informationen zu den einzeln durchgeführten Prüfungen, wie z. B.

- Festgelegte Prüfungsschwerpunkte,
- Hinweis auf die Zusammenarbeit mit der internen Revision,
- Stichprobenbezogene Prüfungsverfahren,
- Vorgehensweise und Kriterien, nach denen Bestätigungen Dritter eingeholt wurden und
- Besonderheiten bei der Prüfung des Inventars.

Feststellungen und Erläuterungen zur Rechnungslegung

Nach § 321 Abs. 2 HGB hat der Prüfungsbericht im Hauptteil darzustellen, wie die Buchführung und die weiter geprüften Unterlagen (Jahresabschluss etc.) den gesetzlichen Vorschriften und ergänzenden Regelungen entsprechen. So ist auf Mängel in der Darstellung des Jahresabschlusses und seiner Positionen ebenso hinzuweisen, wie auf bestehende sowie zwischenzeitlich behobene Mängel in der Buchführung.

> **Wichtig!**
> Beim Jahresabschluss ist insbesondere auf Besonderheiten beim Ausweis, die Ausübung von Ansatzwahlrechten (→ **Bilanzpolitik**), angewandte Bewertungsmethoden, wesentliche Veränderungen gegenüber dem Vorjahr und deren Gründe sowie auf die Rechte Dritter an ausgewiesenen Vermögensgegenständen hinzuweisen.

Risikofrüherkennungssystem

Gemäß § 321 Abs. 4 Satz 1 HGB ist bei der Jahresabschlussprüfung darauf zu achten, ob die Unternehmensleitung die Maßnahmen im Sinne des → **Risikomanagements** getroffen hat. Hierzu gehört vor allem die Einrichtung eines Überwachungssystems. Ferner ist nach § 321 Abs. 4 Satz 2 HGB darauf einzugehen, ob Maßnahmen erforderlich sind, um das Risikofrüherkennungssystem zu verbessern.

Anlagen

In den Anlagen ist besonders auf wesentliche Veränderungen im Berichtsjahr einzugehen. Dazu gehören z.B. Aussagen über:

- Änderungen von Satzung oder Gesellschaftsvertrag,
- Kapitalverhältnisse (Höhe des Kapitals, Kapitalerhöhungen oder -Herabsetzungen, Eintritt oder Austritt von Gesellschaftern etc.),
- Zusammensetzung der Organe (Aufsichtsrat, Geschäftsführung / Vorstand),
- Beschlüsse von Gesellschafterversammlungen oder Hauptversammlungen,
- Unternehmensverbindungen (z.B. Abhängigkeitsverhältnisse durch Beherrschungsverträge, Gewinnpoolingverträge),

- Wichtige Verträge (z.B. Miet-, Leasing-, Garantie- oder Preisvereinbarungsverträge),
- Schwebende Rechtsstreitigkeiten,
- Bestehende Treuhandsverhältnisse,
- Bestehende Altersversorgung sowie
- Steuerliche Verhältnisse.

Wer bekommt den Prüfungsbericht?

Die gesetzlichen Vertreter einer Gesellschaft haben den Prüfungsbericht nach § 318 Abs. 7 HGB bzw. den Bericht des Abschlussprüfers unverzüglich dem Aufsichtsrat offen zu legen. Die Öffentlichkeit sieht nur das Testat und nicht den ganzen Prüfungsbericht!

> **Wichtig!**
> Der Prüfungsbericht ist jedoch jedem Aufsichtsratsmitglied, oder soweit der Aufsichtsrat dies beschlossen hat, den Mitgliedern eines Ausschusses auszuhändigen.

Ist der Prüfungsauftrag sogar vom Aufsichtsrat einer Gesellschaft erteilt worden, obliegen die Pflichten der gesetzlichen Vertreter dem Aufsichtsrat einschließlich der Unterrichtung der gesetzlichen Vertreter (§ 318 Abs. 7 Satz 5 HGB).

> **Tipp!**
> Der Prüfungsbericht ist eine sehr aussagefähige Informationsquelle für den Wirtschaftsausschuss. Er gehört nach § 106 BetrVG zu den wirtschaftlichen Angelegenheiten, für die der Wirtschaftsausschuss ein Informationsrecht hat.

Verweigert der Unternehmer die Aushändigung oder Einsichtnahme in den Prüfungsbericht, z.B. zur Vorbereitung der WA-Sitzung, auf der der Jahresabschluss erläutert werden soll, ist zur Klärung dieser Frage die Einigungsstelle nach § 109 BetrVG zuständig. Nach einem Beschluss des BAG v. 8.8.1989 – 1 ABR 61/88 DB 89 – AP Nr. zu § 106 BetrVG kann der Arbeitgeber verpflichtet sein, dem Wirtschaftsausschuss den WP-Bericht vorzulegen. Diverse Einigungsstellenverfahren sprachen daher auch dem WA den Zugang zum Prüfungsbericht zu (vgl. AIB 1988, S. 45 und S. 314f.).

Literatur
IDW: WP Handbuch 2000, Düsseldorf, 2000.

Stichwortverzeichnis

Abschreibungen 13, 76, 132
- Abschreibungsquote 19
- außerplanmäßige Abschreibung 14, 18
- degressive Abschreibung 15
- Leistungsabschreibung 17
- lineare Abschreibung 15
- Nutzungsdauer 13
- planmäßige Abschreibung 14
- vereinfachte Abschreibung 17

Anhang 192

Aufwandskennzahlen 35
- Auftragsbestand 38
- Fluktuation 38
- Krankenstand 38
- Lohn pro Mitarbeiter 38
- Materialaufwandsquote 36
- Mitarbeiterleistung 38
- Personalaufwandsquote 35
- Zinsaufwandsquote 37

Basel II 232
Basel III 232

Benchmarking 39, 75
- benchmarks 39
- Best Practices 39
- brancheninternes Benchmarking 40
- branchenübergreifendes Benchmarking 40
- internes Benchmarking 40
- wettbewerbsorientiertes Benchmarking 40

Beschäftigungssicherung 43
- finanzwirtschaftliche Innovationen 45
- Innovationen 44
- Instrumente des Innovationsmanagement 49
- Kostenführer 47
- marktmäßige Innovationen 45
- Nutzenführer 47
- Organisatorische und personale Innovationen 46
- Produktinnovationen 45
- Prozess- oder Verfahrensinnovationen 45
- Sozialinnovationen 46

Betriebs- und Geschäftsgeheimnis 59, 148
- Beispiele für Betriebsgeheimnisse 63
- Beispiele für Geschäftsgeheimnisse 63
- gesetzliche Regelung 59
- Meinungsverschiedenheit 60
- Mittel zur Durchsetzung 60
- Rechte 59
- Wahrung der Geheimhaltung 61

Betriebs- und Geschäftsgeheimnisse 287

Betriebsänderung 51
- Arbeitsmethoden 52
- Betriebsorganisation 56, 57
- Betriebsrat 52
- Betriebsübergang 55, 56
- Betriebszweck 56, 57
- Einschränkung 53
- Fabrikationsmethoden 52
- Spaltung 55
- Stilllegung 53
- Umwandlungsgesetz 56
- Verlegung 54
- Wertpapiererwerbs- und Übernahmegesetz 56
- Zusammenschluss 54

Bilanz 13, 64, 126, 192, 197, 350
- Aktiva 67
- Bilanzidentität und Bilanzwahrheit 66
- Bilanzsumme 67
- Freiräume 70
- Gliederung der Bilanz 67
- Grundsätze ordnungsgemäßer Buchführung und Bilanzierung GoB 66
- Handelsbilanz 64
- Kapital 64
- Kontoform 67
- Liquiditätsbilanz 64, 65
- Niederstwertprinzip 66

Stichwortverzeichnis

- Passiva 67
- Sonderbilanzen 64, 65
- Steuerbilanz 64, 65
- Vermögen 64
- Vorsichtsprinzip 66

Bilanzanalyse 19, 70, 71, 204
- Anlagenintensität 74
- Basel II 73
- Deckungsgrad I 77
- Deckungsgrad II 77
- Deckungsrechnung 76
- Eigenkapitalquote 72
- Forderungsquote 75
- Goldene Bilanzregel 76
- Vorratsintensität 75

Bilanzpolitik 13, 22, 70, 71, 79, 170, 316, 354
- Aktivierungswahlrechte 82
- Bewertungswahlrechte 82
- formelle Bilanzpolitik 80
- materielle Bilanzpolitik 80
- Passivierungswahlrechte 82

Business Process Reengineering 86
- Auswirkungen 87
- Business Process Improvement 88

Cashflow 90, 358, 359
- Brutto Cashflow 92
- Cashflow ROI 96
- Cashflow-Rendite 96
- direkte Berechnung 91
- Discounted Cashflow 93
- Finanzmittelüberschuss 90
- Free Cashflow 92
- indirekte Berechnung 92
- Kapitalflussrechnung 94
- Netto-Cashflow 92
- Selbstfinanzierungskraft 91
- Umsatzüberschuss 90

Controlling 97, 104, 140
- ABC-Analyse 104
- Aufgabengebiet 97
- Auftrags-Controlling 100
- Balanced Scorecard 111
- Controlling-Instrumente 104
- Deckungsbeitragsrechnung 105
- Finanz-Controlling 101
- funktionales Controlling 100
- Lebenszyklus-Analyse 106
- Maßnahmen-Controlling 100
- operatives Controlling 100
- Portfolio-Analyse 108
- Ressourcen-Controlling 100
- Risiko-Controlling 100
- Sortiments-Controlling 100
- Stärken-/Schwächen-Analyse 110
- strategisches Controlling 101
- SWOT 110

Deutscher Giro- und Sparkassenverband (DGSV) 73, 199

Einigungsstelle 118, 157
- Rechtliche Grundlage 118
- Voraussetzung 118
- Zusammensetzung 119

Forderungsmanagement 122, 252, 355
- Betreibung 123
- Debitorenmanagement 122
- Kreditprüfung 122
- Mahnwesen 123
- Zahlungsmodalitäten 123
- Zahlungsziele 122

Generelly Accepted Accounting Principles (GAAP) 161
Genossenschaft 210
Genossenschaften 294
Gewinn- und Verlustrechnung (GuV) 35, 126, 192
- Betriebsergebnis 133
- EBIT 133
- EBITDA 133
- Gesamtkostenverfahren 127
- Gliederung 127
- Staffelform 127
- Umsatzkostenverfahren 127

Informationsquellen für den Wirtschaftsausschuss (WA) 137, 362
- Consultants 138
- Handelsregister 137
- Kostenrechnung 138
- monatliche Erfolgsrechnung 137
- monatliche Liquiditätsplanung 137

Informationsrecht 288
Informationsrechte des Wirtschaftsausschusses 156
- Bußgeldvorschriften 158
- Einsicht 149
- Handelsgesetzbuch 155
- Informationsrechte des Betriebrats 151
- klassische Informationsrechte 147
- rechtzeitige Unterrichtung 148
- umfassende Unterrichtung 148
- weitere Informationsrechte 155
- Wertpapiererwerbs- und Übernahmegesetz 156
Insolvenz 122, 142, 171, 232, 250, 327, 346
- Amtsgericht 174
- Arbeitslosengeld 181
- Bankrott 171
- Betriebsrat 178
- Eigenverwaltung 174
- Gläubigerausschuss 179
- Insolvenzgeld 184
- Insolvenzgericht 174
- Insolvenzordnung 172
- Insolvenzverfahren 174
- Insolvenzverwalter 176
- Konkurs 171
- Liquidation 176
- Liquiditätskennzahlen 177
- Lohnforderungen 182
- Sanierung 176
- Überschuldung 171
- Vergleich 171
- Vergleichsverfahren 174
- Verschuldungsgrad 178
- Zahlungsunfähigkeit 172
- Zurückbehaltungsrecht 184
International Accounting Standards Board (IASB) 163
International Financial Reporting Standards (IFRS) 161
Internationale Rechnungslegung 83
Internationale Rechnungslegungsstandards
- Fair Presentation 164
- Financial Accounting Standard Board FASB 163
- Generelly Accepted Accounting Principles GAAP 163

- Generelly Accepted Accounting Principles US-GAAP 161
- IAS 161
- IASB International Accounting Standards Board 163
- IFRS 161
- International Accounting Standards Board (IASB) 163
- International Accounting Standards Committee IASC 161
- International Financial Reporting Standards (IFRS) 161, 162
Investitionsrechnungen 185
- Amortisationsanalyse 188
- Break-Even-Analyse 187
- Kostenvergleichsrechnung 185
- Nutzenvergleichsrechnung 186
- Rentabilitätsrechnung 189
- ReturnonInvestment ROI 189

Jahresabschluss 13, 21, 64, 71, 79, 126, 137, 161, 191
- Anhang 21
- Größenklassen der Kapitalgesellschaften 194
- Lagebericht 240
- Offenlegung 194
- Publizität 194

Kapital 69, 197, 292, 312
- Fremdkapital 201
- Gewinnrücklagen 197
- Gewinnvortrag 198
- gezeichnetes Kapital 197
- Jahresfehlbetrag 198
- Jahresüberschuss 198
- Kapitalrücklagen 197
- Passive Abgrenzungsposten 201
- Rechnungsabgrenzungsposten 204
- Rückstellungen 201
- Sonderposten mit Rücklagenanteil 200
- Verbindlichkeiten 201
- Verlustvortrag 198
Kapitalgesellschaften 192, 205, 294
- Aktiengesellschaft AG 206
- Aufsichtsrat 206, 208
- Genossenschaft 210
- Geschäftsführung 208

Stichwortverzeichnis 373

- Gesellschaft mit beschränkter Haftung GmbH 208
- Gesellschaftsversammlung 208
- Gewinnverteilung 211
- Haftung 211
- Hauptversammlung 206
- Kommanditgesellschaft auf Aktien KGaA 209
- Vorstand 206

Konzern 212
- Beteiligung 224
- Beteiligungsverwaltungsholding 216
- Cash Management 218
- Credit Management 218
- Finanzholding 216
- Gewinnabführungsverträge 218
- Gleichordnungskonzern 213
- Holding 216
- Konzernabschluss 220
- Konzernlagebericht 220
- Konzernumlagen 222
- Managementholding 216
- Muttergesellschaft 213
- operative Holding 216
- Stammhaus 216
- strategische Holding 216
- Unterordnungskonzern 212
- verbundene Unternehmen 224
- Verrechnungspreise 222
- Zweckgesellschaft 213

Konzerne 194
- Konzernabschlüsse 194

Kostenrechnung 146, 226
- fixe Kosten 228
- Istkosten 228
- Normalkosten 228
- Plankosten 228
- Stückkosten Selbstkosten 230
- variable Kosten 228

Kostenrechnungen
- Durchschnittsprinzip 231
- Einzelkosten 230
- Gemeinkosten 230
- Tragfähigkeitsprinzip 231
- Verursachungsprinzip 231

Kreditwürdigkeit 200, 232
- Basel II 232, 234
- Basel III 232, 233, 234

- Bonität 232
- Eigenkapital 234
- Kernkapital 234
- Rating 232, 234

Kurzfristige Erfolgsrechnung 14

Lagebericht 192

Lean Management 246
- Just-In-Time / Null-Puffer-Prinzip 247
- Kaizen / Kontinuierlicher Verbesserungsprozess KVP 247
- Kundenorientierung 247
- Lean Production 246
- Simultaneous Engineering 247
- Teamarbeit 247
- Total-Quality-Management 247

Liquidität 76, 122, 142, 173, 218, 250, 328, 346
- Barliquidität 254
- Current Ratio 256
- Liquidität auf kurze Sicht 255
- Liquidität auf mittlere Sicht 256
- Liquiditätshilfe 253
- Liquiditätsplanung 251
- Liquiditätsrechnung 253
- Liquiditätssicherungsdarlehen 253
- Mindestliquidität 257
- Mittelstandsprogramm 253
- Net Working Kapital 256
- Quick Ratio 255
- Zahlungsfähigkeit 250
- Zahlungsunfähigkeit 251

Personalplan 338
Personalplanung 272
- Personalabbauplanung 276
- Personalausgangslage 273
- Personalbedarfsplanung 274
- Personalbeschaffungsplanung 275
- Personaleinsatzplanung 277
- Personalentwicklungsplanung 276
- Personalkostenplanung 278

Personengesellschaft 264
- Einzelunternehmen 264
- gesamtschuldnerische Haftung 266
- Gesellschaft des bürgerlichen Rechts 265
- GmbH & Co. KG 269
- Kommanditgesellschaft 268

Stichwortverzeichnis

- Kommanditisten 268
- Komplementär 268
- offene Handelsgesellschaft 267
- solidarische Haftung 266
- stille Gesellschaft 270
- unbeschränkte Haftung 266
- unmittelbare Haftung 266

Personengesellschaften 192, 294
Produktivität 297
Prüfungsbericht 137

Rechnungswesen 226
Rechtsform 291
- Eigenkapital 292
- Finanzierungsmöglichkeiten 293
- Führung 293
- Haftung 293
- Publizität 294
- Publizitätspflicht 295
- Vertretungsmacht 293

Rechtsformen 264
Rentabilität 297, 346
- Eigenkapitalrendite 298
- Produktivität 297
- Return on Equity 298
- Umsatzrendite 299

Risikomanagement 302
- operative Risiken 302
- Risikobewertung 307
- Risikodeckungspotenzials 308
- Risikodokumentation 307, 309
- Risiko-Handbuch 309
- Risikohandhabung 307
- Risikoidentifikation 307
- Risikoidentifizierung 307
- Risikoreduzierung 308
- Risikosteuerung 307
- Risikovermeidung 308
- strategische Risiken 302
- Überwälzen von Risiken 308

Rückstellungen 133, 201, 312
- Direktversicherung 314
- Garantieverpflichtungen 315
- Kulanzen 315
- Pensions- oder Unterstützungskasse 314
- Pensionszusage 313
- Pflichtrückstellungen 312
- Rückstellungswahlrecht 312

- sonstige Rückstellungen 315
- Steuerrückstellungen 315
- Unmittelbare Versorgungszusage 314

Standort
- Offshoring 320
Standortpolitik 317

Total Quality Management 323
- EFQM Modell 324
- International Standard Organization ISO 325
- Kaizen 325
- kontinuierlicher Verbesserungsprozess KVP 325
- Null-Fehler-Prinzip 323

Unternehmenskrise 327
- Sanierungsmaßnahmen 330
- Situationsanalyse 330
- Ursachenanalyse 329

Unternehmensplanung 98, 137, 272, 333
- Absatzplan 335
- Beschaffungs- und Lagerhaltungsplan 335, 339
- Finanzplan 341
- Investitionsplan 335, 339
- Marketing 336
- operative Unternehmensplanung 335
- Outsourcing 338
- Produktionsplan 335, 337
- strategische Planung 334
- Unique Selling Propositions 337

Unternehmensziele 250, 344
- ökologische Ziele 348
- ökonomische Ziele 345
- soziale Ziele 347
- Zielbeziehungen 345

Vermögen 67, 350
- Anlagevermögen 351
- Durchschnittsbewertung 353
- Fifo-Methode 353
- Finanzanlagen 352
- Forderungen und sonstige Vermögensgegenstände 354
- Geschäfts- oder Firmenwert 351
- Hifo-Methode 353

- immaterielle Vermögensgegenstände 351
- Kassenbestand, Bundesbankguthaben, Guthaben bei Kreditinstituten und Schecks 355
- Lifo-Methode 353
- Rechnungsabgrenzungsposten 356
- Sachanlagen 351
- Stille Reserven 350, 352
- Umlaufvermögen 352
- Verbrauchsfolgeverfahren 353
- Vorräte 353
- Wertpapiere 355

Wertorientierte Unternehmensführung 91, 357
- Economic Value Added 359
- Shareholder Values 357
- Total Return 358

Wirtschaftsausschuss 25, 258, 280
- Amtszeit 285
- Aufgaben des Wirtschaftsausschusses 25, 27
- Aufgabenverteilung 258
- Geschäftsordnung 262
- Kündigungsschutz 286
- Leiharbeitnehmer 281
- persönliche Eignung 286
- Pflichten 280
- Protokoll 262
- Rechte 280
- Rechtsstellungen 287
- Sachverständige 288
- Schulungsansprüche 287
- Sitzungen des Wirtschaftsausschusses 260
- Sprecher 259
- Tagesordnung 261
- Terminplanung 260
- Vorsitzende 258
- zentrale Informationsschaltstelle 27
- Zusammensetzung 285

Wirtschaftsprüfungsbericht 144, 196, 362
- Prüfungsauftrag 366
- Prüfungsbericht 364
- Prüfungsstandard PS 450 365
- Testat 364
- Wirtschaftsprüfer WP 363

Kompetenz verbindet

Nicolai Laßmann / Rudi Rupp

Handbuch Wirtschaftsausschuss

Handlungsmöglichkeiten für eine aktive Informationspolitik
9., überarbeitete Auflage
2014. 450 Seiten, gebunden
€ 34,90
ISBN 978-3-7663-6247-6

Das Handbuch vermittelt das gesamte Basiswissen für die Arbeit des Wirtschaftsausschusses. Es stellt die notwendigen Grundlagen zur Verfügung, um die wirtschaftliche Situation des Unternehmens kompetent und unabhängig von Vorgaben des Arbeitgebers einzuschätzen.

Konkrete Handlungsempfehlungen unterstützen den Wirtschaftsausschuss dabei, seine Informations- und Beratungsrechte einzufordern und mit Hilfe des Betriebsrats durchzusetzen.

Im Mittelpunkt der Neuauflage stehen „Personalkennziffern". Die Autoren erläutern die Kennzahlen, die für die Arbeit des Wirtschaftsausschusses und des Betriebsrats bedeutend sind. Neu aufgegriffen haben die Autoren das Thema der Unternehmensinsolvenz mit seiner Besonderheit des sogenannten Schutzschirmverfahrens.

Zu beziehen über den gut sortierten Fachbuchhandel oder direkt beim Verlag unter E-Mail: kontakt@bund-verlag.de

Bund-Verlag

Kompetenz verbindet

Jürgen Engel-Bock / Nikolai Laßmann / Rudi Rupp

Bilanzanalyse leicht gemacht

Eine Arbeitshilfe für Betriebsräte, Wirtschaftsausschussmitglieder und Arbeitnehmervertreter in Aufsichtsräten
6., überarbeitete Auflage
2012. 279 Seiten, gebunden
Mit CD-ROM
€ 34,90
ISBN 978-3-7663-6081-6

Betriebsrat, Wirtschaftsausschuss und Arbeitnehmervertreter im Aufsichtsrat benötigen fundiertes betriebswirtschaftliches Wissen, um Bilanzen richtig lesen und die Vermögens-, Finanz- und Ertragslage ihres Unternehmens oder Konzerns umfassend einschätzen zu können.

Die Autoren vermitteln die dafür notwendigen Grundkenntnisse der Bilanzanalyse und berücksichtigen dabei Einzel- und Konzernabschlüsse. Das Handbuch erläutert:

- den Aufbau einer Bilanz
- die Gewinn- und Verlustrechnung
- die Inhalte der einzelnen Positionen des Jahresabschlusses, der Gewinn- und Verlustrechnung, des Anhangs und des Lageberichts

Im Mittelpunkt der Neuauflage stehen die Veränderungen durch das Bilanzrechtsmodernisierungsgesetz (BilMoG).

Bund-Verlag

Kompetenz verbindet

Thomas Klebe / Jürge Ratayczak / Micha Heilmann / Sibylle Spoo

Betriebsverfassungsgesetz

Basiskommentar mit Wahlordnung
18., überarbeitete Auflage
2014. 935 Seiten, kartoniert
€ 39,90
ISBN 978-3-7663-6325-1

Klar, verständlich und auf dem neuesten Stand erläutert der Basiskommentar das gesamte Betriebsverfassungsrecht. Er bringt die Rechtsprechung auf den Punkt. Zu vielen Einzelfällen bieten die Autoren einen Überblick über den aktuellen Rechtsstand, die Meinung der Rechtsprechung und – wenn nötig – eine arbeitnehmerfreundliche Empfehlung.

Die 18. Auflage verarbeitet die neuesten Diskussionen und die aktuelle Rechtsprechung zum Betriebsverfassungsrecht. Darunter sind diese wichtigen Urteile:

- Neues zu Kosten- und Sachaufwand des Betriebsrats und zur BR-Haftung
- Teilnahme an Fortbildungsveranstaltungen
- Neue BAG-Rechtsprechung zur Beschlussfassung von Betriebsräten
- Anfechtung von Betriebsratswahlen Änderungskündigung bei Betriebsratsmitgliedern
- Neues zu Schicht- und Kurzarbeit
- Neues zu Social Media, Facebook.
- Mitbestimmung bei neuen technologischen Entwicklungen wie Crowdsourcing
- Mitbestimmung bei Lohn- und Vergütungsfragen
- Mitbestimmung bei Leiharbeit und Werkverträgen

Bund-Verlag

Kompetenz verbindet

Michael Kittner

Arbeits- und Sozialordnung 2015

Gesetze/Verordnungen • Einleitungen
• Checklisten/Übersichten • Rechtsprechung
40., aktualisierte Auflage
2015. 1.790 Seiten, kartoniert
€ 28,-
ISBN 978-3-7663-6416-6

Gesetze plus Erläuterungen – das ist die Erfolgsformel der jährlich neu aufgelegten »Arbeits- und Sozial-ordnung«. Die solide Grundlage bilden über 100 für die Praxis relevante Gesetzestexte im Wortlaut oder in wichtigen Teilen – natürlich auf dem neuesten Stand. Die Ausgabe 2015 ist weiter optimiert durch eine allgemeine Einführung in die Arbeits- und Sozialordnung sowie 80 Checklisten und Übersichten zur praxisgerechten Anwendung und raschen Orientierung über komplexe Gesetzesinhalte. Bei wichtigen Gesetzen erklären Übersichten die seit der Vorauflage publizierte höchstrichterliche Rechtsprechung – mit Verweis auf eine Fundstelle.

Fazit: Der »Kittner« ist unerlässlich für alle, die über das Arbeits- und Sozialrecht auf aktuellem Stand informiert sein wollen.

Zu beziehen über den gut sortierten Fachbuchhandel oder direkt beim Verlag unter E-Mail: kontakt@bund-verlag.de

Bund-Verlag